Kirchensteuerrecht und Kirchensteuerpraxis in den Bundesländern

Kirchensteuerrecht und Kirchensteuerpraxis in den Bundesländern

Von Min.-Rat Dr. Jörg Giloy, Mainz
und Oberamtsrat Walter König, Mainz

2., überarbeitete Auflage

Forkel-Verlag Wiesbaden

CIP-Titelaufnahme der Deutschen Bibliothek

Giloy, Jörg:

Kirchensteuerrecht und Kirchensteuerpraxis in den Bundesländern / von Jörg Giloy u. Walter König. – 2., überarb. Aufl. – Wiesbaden : Forkel-Verl., 1988

(Forkel-Reihe Recht und Steuern)
ISBN 3-7719-6349-4

NE: König, Walter:

Forkel-Reihe „Recht und Steuern"

Das vorliegende Werk ist zugleich als
Sonderlieferung der „Rechts- und Wirtschaftspraxis" erschienen.

ISBN 3-7719-6349-4

Printed in Germany

Vorwort zur 2. Auflage

Seit der 1. Auflage im Jahre 1978 haben sich die landesrechtlichen und kirchenrechtlichen Grundlagen in mancherlei Hinsicht geändert. Rechtsprechung und Verwaltungsanweisungen zur Kirchensteuer, aber auch zur Einkommensteuer/Lohnsteuer als Maßstabsteuer zwingen immer wieder zu einer Neuorientierung in der täglichen Kirchensteuerpraxis.

Die Neuauflage aktualisiert, will aber zugleich den Stoff an vielen Stellen vertiefen. Verfasser und Verlag kommen damit vielen Hinweisen und Anregungen entgegen.

Wiesbaden, im März 1988

Verfasser und Verlag

Vorwort zur 1. Auflage

Artikel 140 GG erklärt die Bestimmungen der Weimarer Verfassung, die das Verhältnis des Staates zu den Kirchen regeln, zum Bestandteil des Grundgesetzes.

Es besteht keine Staatskirche (Artikel 137 WRV); die Kirchen ordnen und verwalten ihre Angelegenheiten grundsätzlich selbständig. Die Religionsgemeinschaften — Körperschaften des öffentlichen Rechts — sind berechtigt, Steuern nach Maßgabe der landesrechtlichen Bestimmungen zu erheben.

Die einzelnen Länder haben durch Landesgesetze die Voraussetzungen dafür geschaffen, daß die Religionsgemeinschaften die Kirchensteuern erheben können. Die Landesgesetze haben dabei den Freiheitsraum der Religionsgemeinschaften zwar in unterschiedlicher Weise ausgefüllt, doch lassen sich die Unterschiede regelmäßig einfach auf einen einheitlichen systematischen Sachzusammenhang zurückführen. Denn jeder Akt kirchlicher Besteuerung muß zur verfassungsmäßigen Ordnung gehören, muß also mit dem verfassungsrechtlich vorgegebenen Verhältnis von Kirche und Staat in Einklang stehen und die Grundrechte beachten (BVerfGE 18, 396; 19, 218).

Die vorliegende Abhandlung will eine Verbindung zwischen dem allgemeinen Sachzusammenhang und den Besonderheiten der einzelnen Landesgesetze herstellen. Deshalb wird auf die länderunterschiedlichen Regelungen im Text hingewiesen. Einem jeden Abschnitt vorangestellte Fundstellenhinweise erleichtern den Zugriff auf die jeweilige Textstelle der im Anhang abgedruckten Länderregelungen.

Nicht die wissenschaftliche Rechtsvergleichung, vielmehr das Bedürfnis der Kirchensteuerpraxis prägen Aufbau und Inhalt.

Wiesbaden, im Oktober 1978

Verfasser und Verlag

Inhaltsverzeichnis

Abkürzungsverzeichnis

ak	altkatholisch
AO	Abgabenordnung
Bay	Bayern
BB	BETRIEBS-BERATER
BdW	Baden-Württemberg
BFH	Bundesfinanzhof
BGB	Bürgerliches Gesetzbuch
BGBl	Bundesgesetzblatt
Bln	Berlin
Bre	Bremen
BStBl	Bundessteuerblatt
BVerfG	Bundesverfassungsgericht
BVerfGE	Entscheidungen des Bundesverfassungsgerichts
BVerfGG	Bundesverfassungsgerichtsgesetz
DB	DER BETRIEB
DÖV	Die öffentliche Verwaltung
DStR	DEUTSCHES STEUERRECHT
DVBl	Deutsches Verwaltungsblatt
EFG	Entscheidungen der Finanzgerichte
EStG	Einkommensteuergesetz
EStR	Einkommensteuerrichtlinien
EuGRZ	Europäische Grundrechtszeitschrift
ev.	evangelisch
ev.-luth.	evangelisch-lutherisch
fg., fs.	freireligiös
FG	Finanzgericht
FGO	Finanzgerichtsordnung
FR	FINANZ-RUNDSCHAU
GG	Grundgesetz
GVBl	Gesetz- und Verordnungsblatt
Ha	Hamburg
He	Hessen

HFR	Höchstrichterliche Finanzrechtsprechung
is.	israelitisch
jd., js.	jüdisch
JuS	Juristische Schulung
JZ	JURISTEN-ZEITUNG
KBV	Kleinbetragsverordnung
KiStDV	Kirchensteuer-Durchführungsverordnung
KiStG	Kirchensteuergesetz
KiStRG	Kirchensteuerrahmengesetz
kt., kath.	katholisch
LStR	Lohnsteuerrichtlinien
Nds	Niedersachsen
NJW	NEUE JURISTISCHE WOCHENSCHRIFT
NW	Nordrhein-Westfalen
NWB	NEUE WIRTSCHAFTS-BRIEFE
OFD	Oberfinanzdirektion
OVG	Oberverwaltungsgericht
rf., ref.	reformiert
rk., röm.-kath.	römisch-katholisch
RP	Rheinland-Pfalz
Sa	Saarland
SchlH	Schleswig-Holstein
StGB	Strafgesetzbuch
StuW	Steuer und Wirtschaft
WRV	Weimarer Reichsverfassung
ZPO	Zivilprozeßordnung
ZRP	Zeitschrift für Rechtspolitik

Literaturverzeichnis

Baecker, Kirchenmitgliedschaft und Kirchensteuerpflicht, Kölner Dissertation, 1979

Blümich/Falk, EStG, Verlag Franz Vahlen, München.

Bonner Kommentar, Grundgesetz, Joachim Heitmann Verlag, Hamburg.

Campenhausen, Staatskirchenrecht, München, 1973.

Clauss, Kirchensteuerübersicht 1982, NWB Fach 12, S. 1239.

Damkowski, Kirchensteuer in glaubensverschiedenen Ehen, DÖV 1987, S. 705.

Dieckmann, Kirchensteuerberechnung zusammenveranlagter Ehegatten bei Kirchenaustritten im Laufe des Veranlagungszeitraumes, FR 1972, S. 317.

Engelhardt, Die Kirchensteuer in der Bundesrepublik Deutschland, Verlag Gehlen, 1968.

Evangelisches Staatslexikon, 2. Auflage, Kreuz Verlag, Stuttgart und Berlin, 1975.

Friebe, Entlastung der Familien durch das Steuersenkungsgesetz 1986/88, DB 1985, S. 2012.

Gerich, Ausschüttung von GmbH-Erträgen trotz Kirchensteuerpflicht? GmbH-Rundschau, 1984, S. 124.

Giloy, Kirchensteuer bei Pauschalierung der Lohnsteuer, BB 1984, S. 124, 1978, S. 1056.

Graupner, Kirchensteuer als Unternehmersteuer eigener Art?, DB 1984, S. 687.

Hartmann/Böttcher/Nissen/Bordewin, EStG, Forkel-Verlag, Wiesbaden.

Heinze, Neuformung des Kirchensteuersystems, ZRP 1969, S. 97.

Herrmann/Heuer/Raupach, EStG und KStG, Dr. Otto Schmidt Verlag, Köln.

Hoffmann-Riem, Zur Mitwirkung der Arbeitgeber bei der Erhebung der Kirchensteuer, StuW 1973, S. 90.

Horlemann, Kirchgeld: Kirchensteuer oder Spende? BB 1983, S. 1773.

Isensee, Die Finanzquellen der Kirchen im Deutschen Staatskirchenrecht, JuS 1980, S. 94.

Kirchhof, Die Einkommensteuer als Maßstab für die Kirchensteuer, DStZ 1986, S. 25.

Kirchhof/Söhn, EStG, Dr. Peter Deubner Verlag, Köln.

Koch, Abgabenordnung, 3. Auflage, Carl Heymanns Verlag, Köln, Berlin, Bonn, München, 1986.

König, Aktuelle Fragen des Kirchensteuerrechts, Rechts- und Wirtschafts-Praxis, 1987, S. 1157.

Koops, Verfassungswidrige Nachbesteuerung nach Kirchenaustritt im geltenden Kirchensteuerrecht?, BB 1980, S. 883.

Kreußler, Pauschale Kirchenlohnsteuer, BB 1986, S. 1198.

Kruse, Zur Pauschalierung und Übernahme der Lohnsteuer durch den Arbeitgeber, FR 1985, S. 1.

Leibholz/Rinck/Hesselberger, Grundgesetz, 6. Auflage, Dr. Otto Schmidt Verlag, Köln, 1986.

Leistl, Verfassungsrechtlich unzulässige Form des Kirchenaustritts, JZ 1971, S. 345.

Lietmeyer, Auswirkungen des Steuersenkungsgesetzes 1986/88 auf die Kirchensteuer vor dem Hintergrund der längerfristigen Finanzentwicklung der Kirchen, DStZ 1985, S. 349.

Marrée, Die Kirchenfinanzierung in Kirche und Staat der Gegenwart. Die Kirchensteuer im internationalen Umfeld kirchlicher Abgabensysteme und im heutigen Sozial- und Kulturstaat Bundesrepublik Deutschland. (Christl. Strukturen i. d. modernen Welt, Bd. 28) Ludgerus-Verlag, 1982.

Marrée/Hoffacker, Das Kirchensteuerrecht im Land Nordrhein-Westfalen, Aschendorff, 1969.

Meilicke, Kommt die Kirchensteuer auf Nichtmitglieder wieder?, FR 1981, S. 163.

ders., Kirchensteuer auf pauschale Lohnsteuer, DB 1986, S. 1201.

Meyer, Zur Ehegattenbesteuerung bei der Kirchensteuer, ZevKR, Band 27, S. 171.

— *ders.,* Pauschale Kirchensteuer als Zuschlag zur pauschalen Lohnsteuer, NWB Fach 12, S. 1279.

— *ders.,* Kirchensteuersätze 1987, NWB Fach 12, S. 1293.

Nebe, Kappung der Kirchensteuer, DStR 1970, S. 581.

Noth, Muß Beitrag an die Kirche eine „Steuer" sein?, Die Neue Bonner Depesche 1981, S. 11.

Nuyken, Auswirkungen des Steuersenkungsgesetzes 1986/88 auf die Kirchensteuer, DStZ 1985, S. 480.

Oeftering/Görbing, Das gesamte Lohnsteuerrecht, Verlag Franz Vahlen, München.

Pochhammer, Die Kirchensteuer bei glaubens- und konfessionsverschiedenen Ehen, Berliner Dissertation, 1976.

Risse, Zur Frage der Kirchensteuerkappung im Rheinland, DB 1972, S. 702.

Rößler, Anfechtung von Steuerbescheiden auf verschiedenen Rechtswegen, NWB Fach 12. S. 1149.

Rüfner, Rechtsschutz gegen kirchliche Rechtshandlungen und Nachprüfung kirchlicher Entscheidungen durch staatliche Gerichte, Handbuch des Staatskirchenrechts I 1974, S. 759.

Saliger, Die Berücksichtigung der Kirchensteuer in Steuerbelastungsrechnungen, StuW 1980, S. 163.

Scheuner, Kirchensteuer und Verfassung, ZRP 1969, S. 195.

Schmidt/Bleibtreu/Klein, Grundgesetz, 4. Auflage, Luchterhand Verlag, Neuwied, Darmstadt, 1977.

Sterner, Pauschale Lohn-Kirchensteuer, DStR 1987, S. 77.

Voß, Beschränkte Klagebefugnis bei Kirchensteuerbescheiden, DStR 1979, S. 317.

Tipke, Steuerrecht, 10. Auflage, Verlag Dr. Otto Schmidt KG, Köln.

Ziemer/Haarmann/Lohse/Beermann, Rechtsschutz in Steuersachen, 3. Auflage, Stollfuß Verlag, Bonn.

1. Rechtsgrundlagen

1.1 Verfassungsrechtliche Grundlagen

Heinze (ZRP 1969, 97) bezeichnet die Kirchensteuer als Relikt des Grundsatzes von Thron und Altar. Diese Betrachtung wird der historischen Entstehung der Kirchensteuer nicht gerecht. *Scheuner* (ZRP 1979, 195) weist darauf hin, daß die Kirchensteuer geschichtlich eine Spätfolge der in der napoleonischen Zeit vorgenommenen Säkularisation des Kirchenguts sei. Als in der zweiten Hälfte des 19. Jahrhunderts die kirchlichen Bedürfnisse nicht mehr aus dem Ertrag des Restvermögens und den inzwischen erwachsenen staatlichen Ersatzverpflichtungen gedeckt werden konnten, erschien die staatliche Ermächtigung zur Steuererhebung geeignet, diese Lücke zu schließen.

Die Weimarer Verfassung enthielt die erste umfassende reichsgesetzliche Fixierung des Verhältnisses von Staat und Kirche. Bis zum Inkrafttreten der Weimarer Verfassung konnte das Besteuerungsrecht der steuerberechtigten Religionsgesellschaften auch auf einem anderen Hoheitsakt als einem Gesetz im formellen Sinne oder einer rechtsetzenden Vereinbarung beruhen (Konkordat, Kirchenvertrag). Siehe im einzelnen *Leibholz/Rinck/Hesselberger,* Anm 11 zu Art 140.

Zur Geschichte des deutschen Staatskirchenrechts wird auf die sehr eingehende Darstellung von Obermayer in Bonner Kommentar (zu Art 140 GG Rdnr 1 ff) hingewiesen.

Das Grundgesetz hat das Verhältnis des Staates zu den Kirchen nicht neu normiert, vielmehr die Bestimmungen der Weimarer Verfassung zum Bestandteil des Grundgesetzes erklärt. Diese Inkorporation der Weimarer Kirchenartikel in das Grundgesetz durch Artikel 140 GG war das Ergebnis eines Verfassungskompromisses, weil die aus der Mitte des Parlamentarischen Rates erarbeiteten neuen Vorschläge keine Mehrheit fanden (*Schmidt-Bleibtreu/Klein,* Anm 1 zu Art 140). Als einzige Neuregelung — in Abweichung von der Weimarer Verfassung — wurde die religiöse Koalitionsfreiheit in Artikel 4 GG aufgenommen.

Die inkorporierten Artikel der Weimarer Verfassung sind vollgültiges Verfassungsrecht geworden und stehen mit den anderen Artikeln des Grundgesetzes auf einer Stufe. Da das Grundgesetz als Einheit zu verstehen ist (BVerfGE 3, 232), muß das Verhältnis der inkorporierten Kirchenartikel und anderer im Grundgesetz unmittelbar getroffener Regelungen aus dem Zusammenhang der grundgesetzlichen Ordnung selbst bestimmt werden. Deshalb müssen die Kirchenartikel so ausgelegt werden, daß sie mit den Grundsätzen des Grundgesetzes, insbesondere den Grundrechten, vereinbar sind (BVerfGE 1, 32; 33, 23). Die Einheit der Verfassung ist das „vornehmste Interpretationsprinzip" (BVerfGE 19, 219). Zu den Interpretationstendenzen in Rechtsprechung und Literatur wird auf die umfangreichen Fundstellen bei *Schmidt-Bleibtreu/Klein* (Anm 2 zu Art 140 GG) hingewiesen.

Die Regelung des Verhältnisses von Staat und Religionsgesellschaften im einzelnen wird nach der grundgesetzlichen Ordnung der Landesgesetzgebung zugewiesen. Bei der Ausgestaltung dieser Gesetze sind die Länder gehindert, die Kirchen in ihrer Freiheit stärker zu beschränken, als es nach Bundesverfassungsrecht zulässig ist (EuGRZ 1976, 404 ff). Eine Gesetzgebungszuständigkeit des Bundes (wie in Art 10 Ziff 1 WRV) kennt das Grundgesetz nicht. Mit der Landeszuständigkeit ist jedoch dem Bund eine Bundesaufsicht über die Durchführung der inkorporierten Kirchenartikel nicht verwehrt.

Eine Verfassungsbeschwerde könnte indessen nicht auf die Verletzung des Art 140 GG gestützt werden, weil Artikel 140 GG kein Grundrecht gewährt, das unmittelbar verletzlich wäre (BVerfGE 19, 135). Mit der Verfassungsbeschwerde müßte danach zB die Verletzung der Artikel 3, 4 oder 14 GG gerügt werden. Die Religionsgesellschaften sind grundrechts- und beschwerdefähig (BVerfGE 42, 313).

Die Religionsgesellschaften sind Körperschaften des öffentlichen Rechts. Sie können Steuern nach Landesrecht erheben. Für die Annahme einer konkurrierenden Bundesgesetzgebung auf dem Gebiet der Kirchensteuer gibt es uE keine überzeugende Begründung. Soweit die Auffassung vertreten wird, Art 105 Abs 2 GG eröffne die konkurrierende Gesetzgebung für die Kirchensteuer (s bei *Schmidt-Bleibtreu/Klein,* Anm 7 zu Art 140), steht dies in Widerspruch zu der Zielrichtung des Art 105 Abs 2 GG; denn die konkurrierende Gesetzgebung des Bundes ist in ihrem sachlichen

Zusammenhang untrennbar an die ausdrücklich von der Verfassung erklärte Voraussetzung geknüpft, daß das Aufkommen der Steuer ganz oder zum Teil dem Bund zusteht. ME schließt Art 137 Abs 6 GG als lex specialis den Art 105 Abs 2 GG aus und geht auch Art 72 Abs 2 GG vor. Wir vermögen auch nicht der Feststellung von *Schmidt-Bleibtreu/Klein* (Anm 7 zu Artikel 140 GG) zu folgen, daß in der Gesetzgebungspraxis des Bundes in neuerer Zeit zumindest eine konkurrierende Zuständigkeit des Bundes für Regelungen von Teilbereichen des Kirchensteuerrechts in Anspruch genommen worden sei. Soweit in den beiden angeführten Regelungen in Art 7 Stabilitätszuschlagsgesetz (vom 26. 6. 1973, BGBl I, 676) und § 51 a Einkommensteuergesetz die Festlegung eines Maßstabes für die Kircheneinkommensteuer und die Kirchenlohnsteuer gesehen wird, wird der Systemzusammenhang verkannt. Die Länder sind in der Ausgestaltung der Kirchensteuer autonom. Wird in einem Kirchensteuergesetz die Einkommensteuer oder die Lohnsteuer als Maßstabsteuer zugrunde gelegt, so schlagen bundesgesetzliche Änderungen dieser Maßstabsteuer zwar auf die Kirchensteuer als Anhang- oder Annexsteuer durch, doch rechtstheoretisch nur deshalb, weil es dem gesetzgeberischen Willen des Länderparlaments entspricht.

Denn dem Landesgesetzgeber bleibt eine Abkoppelung von der Maßstabsteuer oder eine Modifizierung des Maßstabes unbenommen. Schließlich wird bei dem Hinweis auf § 51 a EStG übersehen, daß diese Vorschrift gar nicht unmittelbar über die Maßstabsteuer zur Anwendung gelangt. Im Gegenteil mußten die Kirchensteuergesetze der Länder die entsprechende Anwendbarkeit des § 51 a ausdrücklich vorsehen, was im Anschluß an das Einkommensteuerreformgesetz 1975 in allen Ländern auch geschehen ist (vgl im einzelnen 6.1.2).

So unumstößlich der Grundsatz auch ist, daß das Kirchensteuerwesen eine gemeinsame Angelegenheit von Kirche und Staat ist (BVerfGE 19, 206, 217), so darf daraus **kein allgemeiner Mitwirkungsanspruch der Kirchen an der Einkommensteuergesetzgebung als Maßstabsteuer** hergeleitet werden. *Kirchhof* (DStZ 1986 S 25, 28) kann sich nicht auf das Bundesverfassungsgericht berufen, wenn er eine Verpflichtung der staatlichen Gesetzgebung annimmt, „eine kirchensteuerkonforme Maßsteuer“ anzubieten. So hat sich das Bundesverfassungsgericht nicht ausgedrückt. Vielmehr beschränkt es sich auf die Maxime, daß die landesrechtlichen Vorschriften den Grundsätzen des Verfassungsrechts entsprechen müssen. Methodisch wird dabei, so meinen wir, in erster Linie die eigenständige Festschreibung der kirchensteuerrechtlichen Anspruchsvoraussetzungen in Betracht kommen. Wo sich die landesrechtlichen Vorschriften stattdessen eine staatliche Steuer als Maßstabsteuer wählen, kann es keine Rückkoppelungseffekte der Anhangsteuer im Verhältnis zur Maßstabsteuer geben. Es gibt deshalb auch keine Mitwirkungsansprüche der Kirche im Gesetzgebungsverfahren der Maßstabsteuer. *Kirchhof* (aaO) kann auch keine Mitwirkungsmechanismen aufzeigen, die gar in ein institutionalisiertes Verfahren im Rahmen der Gesetzgebung hinsichtlich der Maßstabsteuer einmündeten.

Die Kirchen wären uE deshalb schlecht beraten, wollten sie auf ein – wie auch immer ausgestaltetes – Abstimmungsverhalten zwischen Staat und Kirche vertrauen. Seitdem das Einkommensteuergesetz in immer stärkerem Maße für die Durchsetzung außerfiskalischer Zielsetzungen entdeckt worden ist, gerät die Methode einer absoluten Annexsteuer zumindest in ein Dilemma. Hier liegt zwar die Versuchung nahe, die Einkommensteuer als Maßstabsteuer für Zwecke der Kirchensteuer um solche Entlastungseffekte wieder aufzustocken, die als systemfremd signifikant sind. Anwendungstechnisch bestünden sicherlich in Teilbereichen keine besonderen Schwierigkeiten, die Maßstabsteuer sozusagen für Kirchensteuerzwecke zu einer reinen Fiskalsteuer zu denaturieren. Abgesehen jedoch von der Frage, welche Entlastungseffekte im einzelnen Subventionscharakter haben und außer acht zu lassen wären, wäre das Verhältnis der Maßstabsteuer zur Anhangsteuer der Höhe nach gestört. In Ausnahmefällen könnte die Anhangsteuer größer als die Maßstabsteuer sein, so daß der Vorteil der bisherigen **Akzessorietät** verlorenginge. Eine Lockerung der Akzessorietät müßte deshalb dem Kirchensteuerpflichtigen einsichtig und zugleich überzeugend sein.

Im folgenden werden **Grundsätze der Rechtsprechung zum Kirchensteuerrecht aus verfassungsrechtlicher Sicht** aufgeführt:

Das Besteuerungsrecht einer Kirche kann sich nur auf Personen erstrecken, die ihr angehören. Die Anknüpfung der Kirchensteuerpflicht an innerkirchliche Regelungen, die die kirchliche Mitgliedschaft von Taufe und Wohnsitz abhängig machen, verstößt nicht gegen die Glaubens- und Bekenntnisfreiheit sowie die negative Vereinigungsfreiheit, sofern der Kirchenangehörige jederzeit die Möglichkeit hat, seine Mitgliedschaft zu beenden (BVerfGE 30, 414, siehe Tz 3.4.3).

Die **Heranziehung juristischer Personen** zur Kirchensteuerpflicht **ist unzulässig** (BVerfGE 19, 223; 15, 345; siehe Tz 3.1).

Eine **natürliche Person** kann auch durch **schlüssiges Verhalten der Kirche beitreten** (BVerwGE 21, 330). Das gilt auch für den **Wiedereintritt,** zB durch kirchliche Trauung nach vorangegangenem Austritt (VG Oldenburg v 18. 2. 1986, NJW 1986 S 3103).

Kirchenangehörigkeit kann **auch bei Ausschluß von den Sakramenten** vorliegen, solange der Austritt nicht förmlich erklärt wird und damit die juristische Mitgliedschaft zur Kirche weiterhin besteht (VGH Kassel v 8. 4. 1975, NJW 1976 S 642).

Die **Kirchensteuer** kann auch **als Zuschlag zur Einkommensteuer** erhoben werden (BFH, NJW 1969 S 2031; s Tz 4.1).

Die **Finanzämter dürfen** bei der Kirchensteuer **Erhebungsdienste leisten** (BVerfG, BB 1977 S 435, s Tz 7.1).

Der **Arbeitgeber** wird beim Abzug der Kirchensteuer nach dem Maßstab der Lohnsteuer **für den Staat,** nicht für die Religionsgemeinschaft tätig, so daß sein Grundrecht auf Glaubens- und Gewissensfreiheit nicht eingeschränkt sein kann (Bay VGH, VerfGH 20, 171). Die Erhebung der Kirchensteuer im Steuerabzugsverfahren ist verfassungskonform (BVerfGE 44, 103; vgl auch BFH v 24. 10. 1975, BStBl 1976 II, 104).

Die Angabe der **Religionszugehörigkeit auf der Lohnsteuerkarte** ist zulässig (BFH, DÖV 1968 S 802, s Tz 7.1.2). Die Indienstnahme des Arbeitgebers ist als Berufsausübungsregelung mit Art 12, Art 3 Abs 1 und Art 14 GG – auch bei Unentgeltlichkeit – vereinbar (BVerfGE 44, 103). Der Arbeitgeber haftet für nicht vorschriftsmäßig einbehaltene Lohnsteuer (dazu BVerfG, BB 1977 S 435, s Tz 7.1.2). Die Erhebung der **Kirchensteuer in den Fällen der Pauschalierung** der Lohnsteuer ist zulässig (VG Schleswig v 4. 7. 1985, StB 1986 S 26, bestätigt durch OVG Schleswig v. 24. 3. 1987 — 13 OVG A 295/85).

Der **Halbteilungsgrundsatz bei konfessionsverschiedenen Ehen** ist rechtens (Bay VerfGH 23, 135), **bei glaubensverschiedenen Ehen** indes verfassungswidrig (BVerfGE 19, 268; s Tz 5.1.2).

Das Grundgesetz gebietet nicht, den in einer konfessionsverschiedenen Ehe lebenden Ehegatten, die für die Einkommensteuer die Zusammenveranlagung gewählt haben, die Möglichkeit einzuräumen, für die **Kirchensteuer die getrennte Veranlagung** zu wählen (BVerfGE 20, 40; s Tz 5.1.3).

Die Erhebung der **Kirchengrundsteuer** ist zulässig (Bay VerfGH 21, 170). Die Kirchensteuer einer Kirche angehörenden Ehegatten darf nicht nach dem Grundbesitz des keiner Kirche angehörenden Ehegatten bemessen werden (BVerfGE 19, 242; s Tz 4.3 und 5.3). Die Erhebung der Kirchensteuer vom Grundbesitz ist neben der Erhebung nach dem Maßstab der Einkommensteuer zulässig (OVG Koblenz v 23. 6. 1955 – 1 A 47/54 –). Eine Beschränkung der Kirchensteuer vom Grundbesitz auf das land- und forstwirtschaftliche Vermögen ist zulässig (BFH v 24. 10. 1975, BStBl 1976 II S 99; s Tz 6.3).

Beiträge und Gebühren können die Religionsgemeinschaften aus eigenem Recht gem Art 137 Abs 3 WRV erheben; die Erhebung kann ohne Einmischung des Staates geregelt und durchgeführt werden (BVerfGE 7, 189; 19, 217; s Tz 7.3).

Das **Kirchgeld** (s Tz 4.4) **ist keine Kopfsteuer.** Die Erhebung verletzt nicht das Recht auf Achtung der Menschenwürde (Bay VerfG, BVerfGHE 21, 173).

Auch das in glaubensverschiedenen Ehen erhobene **besondere Kirchgeld** (s Tz 4.5) ist verfassungsgemäß (BVerfGE 19, 253, 268).

Kirchensteuerbescheide der Kirchensteuerämter sind **Akte der öffentlichen Gewalt** iS des § 90 Abs 1 BVerfGG, die mit der Verfassungsbeschwerde angegriffen werden können (BVerfGE 19, 288; s Tz 7.3).

1.2 Staatsrechtliche Grundlagen

Die Regelungsbefugnis der Länder umfaßt neben der Kirchensteuergesetzgebung auch den Abschluß von Staats- und anderen Verträgen mit den Religionsgesellschaften.

Die Regelungsbefugnis der Länder gilt einmal für den Bereich der Konkordate. Konkordate sind Verträge zwischen der römisch-katholischen Kirche, repräsentiert durch den Apostolischen Stuhl, und einem Staat. Die moderne Auffassung sieht in den Konkordaten einen Vertragstyp eigener Art (sui generis), der unter Einschluß ua der evangelischen Kirchenverträge zu werten sei (*Campenhausen,* S 93). Der Abschluß von Konkordaten fällt nicht in den Zuständigkeitsbereich des Bundes, weil die in den Artikeln 32 und 59 GG hinsichtlich der Pflege der Beziehung zu den auswärtigen Staaten und des Abschlusses völkerrechtlicher Verträge begründete Regelungsbefugnis des Bundes insoweit eingeschränkt ist (BVerfGE 6, 309 und *Schmidt/Bleibtreu/Klein,* Anm 3 zu Art 140). Der Abschluß von Konkordaten richtet sich nach der innerstaatlichen Gesetzgebungskompetenz (BVerfGE aaO, 362).

Über den Bereich der Konkordate hinaus haben die Länder vielfach Staatsverträge über Fragen der Rechtsstellung und Vermögensverwaltung geschlossen und diesen durch Landesgesetze (sog Zustimmungsgesetze) Gesetzeskraft verliehen (zB Landesgesetz zu dem Vertrag vom 18. 9. 1975 zwischen dem Land Rheinland-Pfalz und dem Erzbistum Köln sowie den Bistümern Limburg, Mainz, Speyer und Trier über Fragen der Rechtsstellung und Vermögensverwaltung der katholischen Kirche vom 10. 11. 1975, GVBl 1975, 398). Solche Verträge regeln ua die staatliche Gewährleistung der Erhebung der Kirchensteuer und Übernahme von Verwaltungsaufgaben durch das Land und treten dann in eine Konkurrenz zu dem Kirchensteuergesetz des Landes selbst. Das Verhältnis solcher Verträge zu dem Kirchensteuergesetz ist wohl bisher weder eingehend rechtstheoretisch untersucht, geschweige denn endgültig geklärt worden. Die Lösungen dieser Fragen haben aber für die Kirchensteuerpraxis uE keinen erkennbaren Stellenwert.

1.3 Landesrechtliche Grundlagen

Die Religionsgesellschaften können Kirchensteuer nach Maßgabe des Landesrechts erheben. Die Länder haben von der ihnen zustehenden ausschließlichen Gesetzgebungskompetenz durch Kirchensteuergesetze und Verordnungen Gebrauch gemacht. Diese staatsgesetzlichen Bestimmungen bilden den Rahmen, den die Kirchen mit kirchlichen Steuervorschriften (sie heißen regelmäßig Steuerordnungen) und Kirchensteuerbeschlüssen ausfüllen. Dabei stellen die Landesgesetze mehrere Arten von Kirchensteuern (Tz 4) in regelmäßig beliebiger Kombination zur Wahl und stellen es den Religionsgesellschaften grundsätzlich frei, ob sie die Steuer als Landes-(Diözesan-) oder Ortskrichensteuer erheben wollen.

Die Kirchensteuerordnungen müssen sich im Rahmen der verfassungsmäßigen Ordnung halten (BVerfGE 19, 236); dazu auch *Leibholz/Rinck/Hesselberger,* Anm 11 zu Art 140.

Während die Kirchensteuerordnungen die Arten der Kirchensteuer festlegen, wird die Höhe der Steuer regelmäßig durch besondere Kirchensteuerbeschlüsse festgelegt, die wie die Kirchensteuerordnungen der staatlichen Anerkennung bedürfen.

Die zZ geltenden landesgesetzlichen Bestimmungen sind im Anhang abgedruckt.

1.4 Kirchenrechtliche Grundlagen

1.4.1 Kirchensteuerordnungen und Kirchensteuerbeschlüsse

Die von den steuerberechtigten Religionsgesellschaften beschlossenen Kirchensteuerordnungen bilden zusammen mit den Kirchensteuerbeschlüssen die unmittelbare Rechtsgrundlage für die Kirchensteuererhebung.

Die Kirchensteuerbeschlüsse können für ein Steuerjahr oder für einen längeren Zeitraum (zB in Berlin für längstens drei Erhebungszeiträume) beschlossen werden.

Die Kirchensteuerordnungen und Kirchensteuerbeschlüsse sind – nach der staatlichen Anerkennung – bekanntzumachen.

Der gebietsmäßige Geltungsbereich der Kirchensteuer hängt davon ab, ob die betreffende Kirchensteuerart als Landes-(Diözesan-) oder Ortskirchensteuer erhoben wird.

1.4.2 Wirkung der kirchenrechtlichen Regelungen für den staatlichen Bereich

Die kirchenrechtlichen Grundlagen für die Erhebung der Kirchensteuer haben ihrerseits Rückwirkungen für den staatlichen Bereich, weil bestimmte Kirchensteuern unter bestimmten Voraussetzungen von den Landesfinanzbehörden oder den Gemeinden verwaltet werden. Soweit die Landesfinanzbehörden für die Verwaltung der Kirchensteuer nach dem Maßstab der Lohnsteuer zuständig sind, wird auch die Hilfe der Arbeitgeber für die Einbehaltung und Abführung der Kirchensteuer von Lohnsteuerpflichtigen in Anspruch genommen (s Tz 7.1.2).

2. Steuerberechtigte Kirchen, Religionsgemeinschaften und Weltanschauungsgesellschaften

In der nachfolgenden Zusammenstellung sind die steuerberechtigten und steuererhebenden Kirchen, Religionsgemeinschaften und Weltanschauungsgesellschaften aufgeführt, die die Verwaltung der Kirchensteuer vom Einkommen den Landesfinanzbehörden übertragen haben.

Die zZ gültigen Kirchensteuerordnungen und Kirchensteuerbeschlüsse dieser Kirchen, Religionsgemeinschaften und Weltanschauungsgesellschaften sowie Hinweise auf die Veröffentlichungen dieser Steuerordnungen und -beschlüsse sind – soweit dies möglich war – in Tz 9.2 zusammengestellt. Ein Abdruck der Steuerordnungen und -beschlüsse ist im Rahmen dieser Darstellung nicht möglich.

Baden-Württemberg

Evangelische Landeskirche in Baden;
Evangelische Landeskirche in Württemberg;
Erzdiözese Freiburg;
Diözese Rottenburg-Stuttgart;
Altkatholische Kirche;
Israelitische Religionsgemeinschaft Württemberg;
Israelitische Religionsgemeinschaft Baden;
Freireligiöse Landesgemeinde Baden.

Bayern

Evangelisch-lutherische Kirche;
Evangelisch-reformierte Kirche;
(Erz-)Diözesen Augsburg, Bamberg, Eichstätt, München-Freising, Passau, Regensburg, Würzburg;
Altkatholische Kirche;
Landesverband der israelitischen Kultusgemeinden.

Berlin

Evangelische Kirche in Berlin-Brandenburg (Berlin West);
Bistum Berlin (Berlin West);
Französische Kirche zu Berlin (Hugenottenkirche)*);
Jüdische Gemeinde zu Berlin*).

Bremen

Bremische Evangelische Kirche;
Evangelisch-lutherischer Gesamtverband Bremerhaven;
(Evangelisch-lutherische Landeskirche Hannovers);
Evangelisch-reformierte Kirche in Nordwestdeutschland – Bremerhaven;
Evangelisch-reformierte Kirche in Nordwestdeutschland – Bremen – Rekum –;
Katholische Gemeinde zu Bremen;
Katholische Kirchengemeinde St. Godehard in Bremen-Hemelingen;
Katholische Kirchengemeinden in den Gesamtverbänden Bremen-Nord und Bremerhaven (Bistum Hildesheim).

Hamburg

Nordelbische Evangelisch-lutherische Kirche;
Evangelisch-lutherische Landeskirche Hannovers im Bereich der Freien und Hansestadt Hamburg;
Verband der römisch-katholischen Kirchengemeinden in der Freien und Hansestadt Hamburg (Bistum Osnabrück);
Auf hamburgischem Staatsgebiet liegende Kirchengemeinden im Dekanat Hamburg-Harburg (Bistum Hildesheim).

Hessen

Evangelische Kirche in Hessen und Nassau;
Evangelische Kirche von Kurhessen-Waldeck;
Evangelische Kirche im Rheinland;

*) Erhebung der Kirchensteuer in eigener Verwaltung.

Erzdiözese Paderborn, Diözesen Fulda, Limburg, Mainz;
Altkatholische Kirche;
Jüdische Gemeinden in Frankfurt, Gießen, Kassel, Bad Nauheim;
Freireligiöse Gemeinden Mainz und Offenbach.

Niedersachsen

Evangelisch-lutherische Landeskirchen Braunschweig, Hannover, Oldenburg, Schaumburg-Lippe;
Evangelisch-reformierte Kirche in Nordwestdeutschland;
Evangelische Kirchengemeinden der Evangelischen Kirche von Westfalen, deren Gebiet sich teilweise auf Niedersachsen erstreckt;
Evangelische Kirchengemeinden Tettenborn und Bad Sachsa (verwaltet von der Evangelischen Kirche von Westfalen);
Evangelisch-lutherische Kirchengemeinden der Bremischen Evangelischen Kirche mit Gebietsteilen im Land Niedersachsen;
Evangelisch-reformierte Gemeinde in Braunschweig;
Reformierte Gemeinde Göttingen;
Evangelisch-reformierte Kirchen Bückeburg und Stadthagen;
Erzdiözese Paderborn, Diözesen Hildesheim, Osnabrück, Fulda, Münster;
Altkatholische Kirchengemeinden Hannover-Niedersachsen;
Jüdische Gemeinde Hannover.

Nordrhein-Westfalen

Evangelische Kirche im Rheinland;
Evangelische Kirche von Westfalen;
Lippische Landeskirche;
(Erz-)Diözesen Aachen, Essen, Köln, Münster, Paderborn;
Altkatholische Kirche;
Jüdische Kultusgemeinden von Nordrhein und von Westfalen einschließlich Synagogengemeinde Köln.

Rheinland-Pfalz

Evangelische Kirche in Hessen und Nassau;
Evangelische Kirche im Rheinland;

Evangelische Kirche von Westfalen;
Protestantische Landeskirche der Pfalz;
(Erz-)Diözesen Köln, Limburg, Mainz, Speyer, Trier;
Altkatholische Kirche;
Jüdische Kultusgemeinde Koblenz;
Freireligiöse Gemeinde Mainz;
Freireligiöse Landesgemeinde Pfalz;
Unitarische Religionsgemeinschaft Freie Protestanten.

Saarland

Evangelische Kirche im Rheinland;
Protestantische Landeskirche der Pfalz;
Diözesen Speyer und Trier;
Altkatholische Kirche;
Synagogengemeinde Saar.

Schleswig-Holstein

Nordelbische Evangelisch-lutherische Kirche;
Diözese Osnabrück.

3. Kirchensteuerpflicht

3.1 Kirchenangehörigkeit im Sinne juristischer Mitgliedschaft

Quellen:

Baden-Württemberg	§ 3
Bayern	Art 2 Abs 1
Berlin	§ 2 Abs 1
Bremen	§ 4
Hamburg	§ 2
Hessen	§ 1
Niedersachsen	§ 2 Abs 1
Nordrhein-Westfalen	§ 3
Rheinland-Pfalz	§ 4 Abs 1
Saarland	§ 3
Schleswig-Holstein	§ 1 Abs 1

Die Kirchensteuergesetze der Länder gehen bei der Begründung der Kirchensteuerpflicht übereinstimmend von der Kirchenangehörigkeit aus. Damit können nur natürliche Personen kirchensteuerpflichtig sein.

Juristische Personen dürfen grundsätzlich nicht zur Kirchensteuer herangezogen werden (BVerfGE 19, 223). Eine Ausnahme besteht für die Haftung einer juristischen Person für die Kirchensteuer einer natürlichen Person (zB Haftung des Arbeitgebers für die Kirchensteuer des Arbeitnehmers nach dem Maßstab der Lohnsteuer, BVerfGE 30, 292). Dies verkennt *Clauss* (NWB, F 12 S 1241), wenn er annimmt, daß Haftende als Nicht-Kirchensteuerpflichtige nicht herangezogen werden könnten. Eine nur scheinbare Ausnahme von dem Grundsatz, daß juristische Personen nicht zur Kirchensteuer herangezogen werden dürfen, besteht in den Fällen der Pauschalierung der Lohnsteuer. Dort schuldet der Arbeitgeber aufgrund einer verfahrensrechtlichen Besonderheit die Kirchensteuer in eigener Person; der Sache nach handelt es sich aber um die Kirchensteuer der Arbeitnehmer (Tz 6.1.6). So schuldet zwar die juristische Person Kirchensteuer, wenngleich sie nicht zu einer (eigenen) Kirchensteuer herangezogen werden kann.

Zum Teil wird in den einzelnen Kirchensteuerordnungen der Begriff der Kirchenangehörigkeit definiert. Dieser richtet sich nach kirchlichem Recht. Die Kirchengliedschaft wird in der katholischen wie in der evangelischen Kirche durch die Taufe begründet. Es muß zwischen der geistlichen und der juristischen Gliedschaft unterschieden werden.

Nach katholischem Recht besteht die juristische Mitgliedschaft zwar unmittelbar zur katholischen Kirche. Mit dieser Feststellung indes ist zur Beantwortung der Frage, wer kirchensteuerberechtigt ist, noch nichts gewonnen. Von der Kirchensteuerangehörigkeit im juristischen Sinne ist die Kirchensteuerpflicht zu unterscheiden. Für Zwecke der Kirchensteuer wird das Merkmal der Kirchenangehörigkeit regelmäßig mit dem Merkmal des Wohnsitzes oder des gewöhnlichen Aufenthaltes verknüpft. Kirchensteuerberechtigt ist daher nicht die katholische Kirche schlechthin, sondern die einzelne Diözese.

Bei den Reformationskirchen verstehen sich die Partikularkirchen als Teilverbände der Weltchristenheit, so daß die geistliche Gliedschaft unmittelbar zur ecclesia universalis, die juristische Gliedschaft zu einer einzelnen Gliedkirche besteht. Die jeweilige Landeskirche nimmt alle „Evangelischen" mit Wohnsitz oder gewöhnlichem Aufenthalt innerhalb ihrer territorialen Grenzen als Glieder in Anspruch.

Das Steuerschuldverhältnis muß nicht zwangsläufig zwischen dem Kirchenangehörigen einerseits und der Diözese oder Landeskirche andererseits bestehen. Die Kirchensteuer kann auch als Ortskirchensteuer erhoben werden. Es kann auch zu einem Nebeneinander kommen (s § 1 Abs 2 KiStG Rheinland-Pfalz).

Die Kirchenmitgliedschaft im geistlichen **und** im juristischen Sinne fällt beim Kirchenaustritt auseinander (Tz 3.4.3). Tritt ein Getaufter nach einer wirksamen Austrittserklärung wieder in die Kirche ein, wird die unterbrochene juristische Mitgliedschaft als anspruchserzeugendes Merkmal wieder begründet. Der Kirchenaustritt hatte nur Wirkungen im staatsbürgerlichen Bereich erzeugt, die innerkirchliche Seite der Mitgliedschaft jedoch nicht berührt (*v Campenhausen,* S 152). Der (Wieder-)Eintritt kann in einem konkludenten Handeln liegen, so etwa durch eine kirchliche Trauung,

Angabe in der Einkommensteuererklärung und Zahlung von Kirchensteuer (BVerfGE 30, 415, 424; Bay VerfGHE 21, 38; BVerwGE 21, 330; VG Oldenburg, NJW 1986 S. 3103; *v Campenhausen,* S 152).

3.2 Territorialitätsprinzip

Kirchensteuerpflichtig sind regelmäßig alle Kirchenangehörigen (im juristischen Sinne) einer steuerberechtigten Kirche, die ihren Wohnsitz oder gewöhnlichen Aufenthalt im Geltungsbereich des jeweiligen Landesgesetzes haben (Tz 3.2.1). Nach diesem Territorialitätsprinzip kommt es auf die Staatsangehörigkeit nicht an. Deshalb sind auch Ausländer kirchensteuerpflichtig, wenn sie der steuerberechtigten Kirche angehören und in der Bundesrepublik Deutschland oder in Berlin (West) ihren Wohnsitz oder gewöhnlichen Aufenthalt haben. Kirchensteuerpflichtig können danach nur natürliche Personen sein, die unbeschränkt steuerpflichtig (iS des § 1 Abs 1 EStG) sind, weil der Begriff der unbeschränkten Steuerpflicht im Sinne dieser Vorschrift des EStG ebenfalls an dem Wohnsitz oder dem gewöhnlichen Aufenthalt anknüpft. Die Besonderheit des rheinland-pfälzischen Kirchensteuergesetzes vom 24. 2. 1971, wonach zu dem Wohnsitz oder „Aufenthalt" (nicht „gewöhnlicher Aufenthalt") noch die unbeschränkte Einkommensteuerpflicht hinzukommen mußte (§ 4 Abs 1), ist durch das AO-Anpassungsgesetz vom 23. 12. 1976 aufgegeben worden (Art 1 Buchst a, s Anhang).

Modifizierungen des Territorialitätsprinzips sind bei der Kirchensteuer vom Grundbesitz im Sinne des Belegenheitsprinzips (Tz 3.2.2) als zusätzliches Besteuerungsmerkmal oder bei der Kirchensteuererhebung durch den Arbeitgeber nach dem sog Betriebsstättenprinzip (Tz 3.2.3) festzustellen.

3.2.1 Wohnsitz oder gewöhnlicher Aufenthalt

Die Begriffe „Wohnsitz" und „gewöhnlicher Aufenthalt" richten sich nach den abgabenrechtlichen Vorschriften.

Einen **Wohnsitz** hat jemand dort, wo er eine Wohnung unter Umständen innehat, die darauf schließen lassen, daß er die Wohnung beibehalten und benutzen wird (§ 8 AO). Den **gewöhnlichen**

Aufenthalt hat jemand dort, wo er sich unter Umständen aufhält, die erkennen lassen, daß er an diesem Ort oder in diesem Gebiet nicht nur vorübergehend verweilt (§ 9 Abs 1 S 1 AO).

Ein gewöhnlicher Aufenthalt liegt stets von Beginn an vor, wenn ein zeitlich zusammenhängender Aufenthalt von mehr als 6 Monaten besteht; kurzfristige Unterbrechungen bleiben unberücksichtigt (§ 9 S 2 AO). Ein Aufenthalt ausschließlich zu Besuchs-, Erholungs-, Kur- oder ähnlichen privaten Zwecken, der nicht länger als 1 Jahr dauert, führt nicht zu einem gewöhnlichen Aufenthalt (§ 9 Satz 3 AO).

Durch eine vorübergehende Unterbrechung im Innehaben einer inländischen Wohnung wird der ausländische Wohnsitz nicht beendet, falls die Umstände bestehenbleiben, die auf die Beibehaltung einer solchen – wenn auch anderen – Wohnung schließen lassen. Diese Voraussetzungen sind jedenfalls dann erfüllt, wenn ein Steuerpflichtiger beim Auszug aus einer Wohnung bereits die Absicht hat, demnächst eine andere Wohnung im Inland zu beziehen und diese beizubehalten und zu nutzen, und wenn er diese Absicht alsbald verwirklicht (BFH v 26. 7. 1972, BStBl 1972 II, 949).

Ein Steuerpflichtiger mit Wohnsitz in Belgien, der aus einer öffentlichen Kasse innerhalb der Bundesrepublik Dienstbezüge erhält, hat seinen gewöhnlichen Aufenthalt nicht in der Bundesrepublik, wenn er zum Übernachten regelmäßig an seinen Wohnsitz in Belgien zurückkehrt (BFH v. 10. 8. 1983, BStBl 1984 II, 11).

Bei Fremdvermietung einer inländischen Eigentumswohnung wird trotz weiterbestehender polizeilicher Anmeldung der inländische Wohnsitz nicht beibehalten (FG Hamburg v 28. 10. 1983, EFG 1984 S 294).

Bei einer vorübergehendenTätigkeit im Ausland (zB Abordnung), stellt sich die Frage, welcher Zeitraum zu einer Aufgabe des Wohnsitzes führt. Nach der Rechtsprechung des Reichsfinanzhofs (v 18. 2. 1937, RStBl 1937, 382 mit weiteren Nachweisen) genügt es, wenn der Steuerpflichtige seine inländische Wohnung in absehbarer Zeit nicht benutzen wird; der Reichsfinanzhof hatte die Zeitspanne für die Regel auf 1 Jahr bemessen. Auf diese Rechtsprechung nimmt der BFH im Urteil vom 26. 7. 1972 (aaO) ausdrücklich Bezug. Das

FG München (v 26. 05. 1982, EFG 1982 S 628) geht bei der Beibehaltung der inländischen Wohnung bei einem auf 2 Jahre befristeten Auslandsaufenthalt von einem fortbestehenden inländischen Wohnsitz aus. Dies ist mE zu weitgehend. Es wird auf den Einzelfall ankommen. Denn es sind Fälle denkbar, in denen ein Lediger im Zeitpunkt der Aufnahme der Tätigkeit im Ausland oder ein Verheirateter im Zeitpunkt des Nachfolgens der Familie den inländischen Wohnsitz trotz Beibehaltung der Wohnung aufgeben wird. Wenn danach auch aus Gründen der Verfahrenserveinfachung eine Typisierung des Zeitpunkts der Aufgabe des Wohnsitzes (etwa 6 Monate) nützlich wäre, ist dies aus Rechtsgründen nicht unbedenklich. Im übrigen hat die Frage des Kirchensteuerabzugs auch einen Zusammenhang zum Lohnsteuerabzug. Fällt nämlich die unbeschränkte Steuerpflicht nach § 1 Abs 1 EStG wegen der Aufgabe des Wohnsitzes weg, so könnte gleichwohl unbeschränkte Steuerpflicht nach § 1 Abs. 2 EStG bestehen, so etwa bei Auslandsbeamten oder Bundeswehrangehörigen. Trotz der erweiterten unbeschränkten Steuerpflicht nach § 1 Abs. 2 EStG wäre die Lohnsteuer nach § 39 c Abs 3 S 1 EStG unabhängig von einer Lohnsteuerkarte zu ermitteln. Im Fall der erweiterten unbeschränkten Steuerpflicht wäre für den Abzug von Kirchenlohnsteuer kein Raum mehr.

Zweifelhaft kann die Kirchensteuerberechtigung bei mehrfachem Wohnsitz sein. § 19 Abs 1 S 2 AO sieht bei mehrfachem Wohnsitz in der Bundesrepublik Deutschland einschließlich Berlin (West) den Wohnsitz als maßgebend an, an dem sich der Steuerpflichtige vorwiegend aufhält. Bei verheirateten (zusammenlebenden) Ehegatten ist der Wohnsitz maßgebend, an dem sich die Familie vorwiegend aufhält (§ 19 Abs 1 S 3 AO). Sofern die Kirchensteuergesetze oder Kirchensteuerordnungen keine besonderen Regelungen treffen, wird dies im Prinzip auch für die Kirchensteuer gelten, zumal die Kirchensteuergesetze hinsichtlich des Besteuerungsverfahrens auf die Vorschriften der AO insoweit verweisen. Zumindest wird dies bei der Kirchensteuer nach dem Maßstab der Einkommensteuer/Lohnsteuer gelten, weil diese Kirchensteuerart als Anhangsteuer schon anwendungstechnisch der Besteuerung der Maßstabsteuer folgt. Dadurch kann allerdings § 19 AO bei Arbeitnehmerveranlagungen zur Einkommensteuer durch § 46 Abs 6 EStG überlagert werden. Diese Vorschrift führt hinsichtlich der örtlichen Zuständigkeit zu einer Modifizierung der örtlichen Zuständigkeit des Finanzamts hinsichtlich des Zeitpunkts. Dies kann zu Konsequenzen hinsichtlich der Kirchensteuerpflicht führen, weil zB § 4 der VO vom 15. 3. 1967 zu Art 6 des Bay Kirchensteuergesetzes (s Anhang) die Kirchensteuerpflicht an die örtliche Zuständigkeit eines Finanzamts in Bayern knüpft.

3.2.2 Belegenheitsprinzip

Bei der Kirchensteuer vom Grundbesitz kann die Steuerpflicht zusätzlich zu den Merkmalen der juristischen Kirchenangehörigkeit sowie des Wohnsitzes oder gewöhnlichen Aufenthalts davon abhängen, daß das Grundstück im Geltungsbereich des Landesgesetzes belegen ist (zB KiStG Bayern, Art 16 Abs 3).

3.2.3 Betriebsstättenprinzip

Im Lohnsteuerabzugsverfahren wird statt des Wohnsitzprinzips (Tz 3.2.1) nach dem Betriebsstättenprinzip verfahren. Danach hat der Arbeitgeber für sämtliche Arbeitnehmer der Betriebsstätte Kirchensteuer einzubehalten und abzuführen, also auch für solche Arbeitnehmer, die ihren Wohnsitz oder gewöhnlichen Aufenthalt außerhalb des Bundeslands haben, in dem die für die Besteuerung maßgebende Betriebsstätte des Arbeitgebers liegt (s im einzelnen Tz 7.1.2).

Die Lohnkirchensteuer wird durch ein Clearing-Verfahren nach dem Wohnsitzprinzip innerkirchlich ausgeglichen.

3.3 Beginn der Kirchensteuerpflicht

Quellen:

Baden-Württemberg	§ 4
Bayern	Art 6 Abs 3 Satz 2
Berlin	keine ausdrückliche Regelung
Bremen	§ 4 Abs 2
Hamburg	§ 2 Abs 2
Hessen	§ 5 Abs 1
Niedersachsen	§ 3 Abs 2

Nordrhein-Westfalen	keine ausdrückliche Regelung
Rheinland-Pfalz	§ 4 Abs 2
Saarland	§ 5 Abs 2
Schleswig-Holstein	§ 5 Abs 2

Kirchensteuerpflichtig ist, wer eine Kirchensteuer schuldet. Dies folgt aus § 33 Abs 1 AO, der nach den Kirchensteuergesetzen der Länder entsprechend gilt. Neben den persönlichen Voraussetzungen der Kirchenangehörigkeit und des Wohnsitzes oder des gewöhnlichen Aufenthalts kommt die Verwirklichung des materiell-rechtlichen Steuertatbestands hinzu (vgl. § 38 AO).

Aus Gründen der Verfahrensvereinfachung ist jedoch in den meisten Kirchensteuergesetzen der Beginn der Kirchensteuerpflicht auf den Beginn des Monats festgelegt, der auf die Begründung der Kirchensteuerpflicht im Sinne der Erfüllung der persönlichen Voraussetzungen folgt. Damit lösen sich diese Kirchensteuergesetze – ebenso wie § 1 EStG bei der Definition der unbeschränkten und beschränkten Einkommensteuerpflicht – von einer materiellen Steuerschuld.

Der Beginn der Kirchensteuerpflicht ist aus Gründen der Verfahrensvereinfachung auf den Beginn des Monats festgelegt, der auf die Begründung der Kirchenangehörigkeit nach dem Territorialprinzip folgt.

Beispiele:

A gehört der katholischen Kirche an; er verlegt am 7. 5. seinen Wohnsitz von München nach Mainz. Die Diözese Mainz ist ab 1. 6. steuerberechtigt.

Der in Mainz wohnende B, der keiner Kirche angehört, tritt am 7. 5. in die katholische Kirche ein. Die Diözese Mainz ist ab 1. 6. steuerberechtigt.

Abweichungen sind für den Fall des Kirchenübertritts in den Kirchensteuergesetzen der Länder Bremen, Hamburg, Hessen, Niedersachsen und Rheinland-Pfalz vorgesehen. Beim Übertritt aus einer anderen steuerberechtigten Kirche anderer Konfession beginnt die Steuerpflicht erst mit dem Ende der bisherigen Steuerpflicht.

Beispiel:

A wohnt in Frankfurt. Er ist am 5. 4. von der katholischen Kirche in die evangelische Landeskirche Hessen-Nassau übergetreten. Der Austritt ist mit Ablauf des Monats Mai wirksam (s Tz 3.4); deshalb kann die Steuerpflicht zur evangelischen Kirche nicht schon am 1. 5., sondern erst am 1. 6. beginnen.

Kein Neubeginn der Kirchensteuerpflicht nach Austritt aus einer Kirche liegt vor, wenn die Mitgliedschaft zu einem Steuergläubiger evangelischer Kirchensteuer in der neuen Wohnsitzgemeinde zu einem anderen Steuergläubiger evangelischer Kirchensteuer fortgesetzt wird. Dies gilt insbesondere beim Wohnsitzwechsel in ein anderes Bundesland oder in das Erhebungsgebiet eines anderen Steuerberechtigten innerhalb desselben Bundeslands (die Grenzen der Landeskirchen decken sich nicht mit den Staatsgrenzen). Diese Rechtsfolge beruht auf einer Kirchenmitgliedschaftsvereinbarung vom 27./28. 11. 1969 (dazu *Clauss,* NWB F 12 S 1242); dies gilt auch auf katholischer Seite.

Soweit es in den Kirchensteuergesetzen an einer ausdrücklichen Regelung über den Beginn der Kirchensteuerpflicht fehlt (Berlin und Nordrhein-Westfalen), kommt es dazu auf die Kirchensteuerart (Tz 4) an. So beginnt bei der Kirchensteuer nach dem Maßstab der Einkommensteuer/Lohnsteuer die Kirchensteuerpflicht mit der Entstehung der Einkommensteuerschuld (§ 5 Abs 1 KiStG Berlin, § 8 Abs 4 KiStG Nordrhein-Westfalen). In entsprechender Anwendung des § 25 Abs 2 EStG ist dabei der Beginn der Kirchensteuerpflicht (Erfüllung der persönlichen Voraussetzungen) der Bemessungszeitraum.

Bei der Kirchensteuer nach dem Maßstab der Einkommensteuer/Lohnsteuer bestehen Sonderregelungen im Sinne einer Zwölftelung der Maßstabsteuer (Tz 5.1.5).

Vom Beginn und Ende der Kirchensteuerpflicht ist auch die Frage der Aufteilung der evangelischen Kirchensteuer einerseits oder der katholischen Kirchensteuer andererseits unter den verschiedenen Kirchensteuergläubigern im Umzugsfall zu unterscheiden (dazu §§ 6, 7 KiSVO Bayern).

3.4 Ende der Kirchensteuerpflicht

Quellen:

Baden-Württemberg	§ 4
Bayern	Art 6 Abs 3 Satz 2
Berlin	Kirchenaustrittsgesetz v 30. 1. 1979
Bremen	§ 4 Abs 3 Nr 2
Hamburg	§ 2 Abs 3 Buchst c
Hessen	§ 5 Abs 2 Nr 3
Niedersachsen	§ 3 Abs 2 Nr 2 Buchst c
Nordrhein-Westfalen	Kirchenaustrittsgesetz v 26. 5. 1981
Rheinland-Pfalz	§ 4 Abs 3
Saarland	§ 5 Abs 2
Schleswig-Holstein	§ 5 Satz 2

Das Ende der Kirchensteuerpflicht fällt zeitlich regelmäßig nicht mit dem Ereignis zusammen, das die Kirchenangehörigkeit beendet. Die Beendigung der Kirchensteuerpflicht kann auf die folgenden Ursachen zurückgehen:

— Tod,
— Aufgabe des Wohnsitzes oder des gewöhnlichen Aufenthalts,
— Austritt aus der Kirche.

3.4.1 Tod

Beim **Tod** endet die Kirchensteuerpflicht mit dem Ende des Sterbemonats.

3.4.2 Aufgabe des Wohnsitzes oder des gewöhnlichen Aufenthalts

Bei der **Aufgabe des Wohnsitzes** oder des gewöhnlichen Aufenthaltes endet die Kirchensteuerpflicht mit dem Ende des Monats, in dem der Wohnsitz oder der gewöhnliche Aufenthalt aufgegeben worden ist.

Bei einem Wohnsitzwechsel innerhalb des Bundesgebiets einschließlich Berlin (West) in ein anderes Bundesland oder in das Erhebungsgebiet eines anderen Steuerberechtigten desselben Bundeslands bleibt die Kirchensteuerpflicht erhalten. Es kommt lediglich zu einem Wechsel des Steuerberechtigten, wobei es insoweit unerheblich ist, ob dieser Wechsel zu einer Aufteilung der Kirchensteuer zwischen dem alten und dem neuen Steuerberechtigten führt (dazu Tz 3.3 und 5.1.5).

3.4.3 Austritt

Beim **Austritt** aus der Kirche sind in den einzelnen Ländern unterschiedliche Regelungen vorgesehen. Das Bundesverfassungsgericht (Beschluß vom 8. 2. 1977, BStBl II, 451) hat eine „Nachbesteuerung" für grundsätzlich verfassungswidrig angesehen, aber dem Gesetzgeber zugestanden, den Zeitpunkt des Erlöschens generalisierend auf ein Monatsende hinauszuschieben und diese Frist so zu bemessen, daß sich bei einer unverzüglichen Mitteilung des Austritts an die die Kirchensteuer einziehende Stelle Überzahlungen vermeiden lassen; denn aus diesen Zahlungen würden sich Erstattungsansprüche ergeben, die meist auf Kleinstbeträge lauten.

Während die nach dem Preußischen Kirchenaustrittsgesetz vorgesehene Nachbesteuerung bis zum Ablauf des Steuerjahres verfassungswidrig ist, ist die Regelung des Hessischen Kirchenaustrittsgesetzes, nach der die Kirchensteuerpflicht mit Ablauf des Kalendermonats endet, der auf die Erklärung des Kirchenaustritts folgt, verfassungsgemäß (BGBl 1977 I, 572). Der Ablauf des auf die Austritterklärung folgenden Monats wird als der äußerste Zeitpunkt angesehen werden müssen, bis zu welchem eine Nachbesteuerung zulässig ist.

Danach sind im Falle des Kirchenaustritts zwei Ereignisse zu unterscheiden:

- Zeitpunkt der Austrittserklärung bei der zuständigen Stelle und
- Wirksamwerden der Austrittserklärung im Sinne einer Beendigung der Kirchensteuerpflicht.

Der Austritt aus der Kirche ist zu erklären

- **vor dem Standesbeamten**
  in Baden-Württemberg (§ 26 KiStG), Bayern (§ 2 KiStVO v 1. 4. 1976), Hamburg (§ 4 Abs. 3 Kirchenaustrittsgesetz), Niedersachsen (§ 2 Abs 1 Kirchenaustrittsgesetz) und Schleswig-Holstein (§ 2 Abs 1 Kirchenaustrittsgesetz);

- **vor dem Amtsgericht**
  in Berlin (§ 1 Kirchenaustrittsgesetz), Hessen (OFD Frankfurt/Main v 23. 3. 1979 — S 2444 A — 2 — St II 31), Nordrhein-Westfalen (§ 1 Kirchenaustrittsgesetz) und Saarland (§ 1 Kirchenaustrittsgesetz);
- **gegenüber der Kirche**
  in Bremen (§ 10 KiStG).

Der Kirchenaustritt entfaltet Wirkung nur für den staatsbürgerlichen Bereich und berührt die innerkirchliche Seite der Mitgliedschaft nicht (*v. Campenhausen* S 152). Deshalb müßte man wohl erwarten, daß ein Zusatz in der Erklärung, „daß sich der Austritt nicht auf die Zugehörigkeit zur Glaubensgemeinschaft beziehe", wohl unschädlich wäre. Gleichwohl wird man die Austrittserklärung als bedingungsfeindliches – da einseitiges – Rechtsgeschäft ansehen können (so BVerwG v 23. 2. 1979, NJW S 2323). Den Gesichtspunkt der Rechtsklarheit, so meinen wir, wird man indes nicht ins Feld führen können, weil es sich nicht um eine schädliche Bedingung handelt und der Wille des Erklärenden zweifellos klar auf die mit der Austrittserklärung verbundene Rechtswirkung hinweist. Eine der Sache nach unschädliche Hinzufügung kann auf den in materieller Hinsicht bedingungslos erklärten Austritt keinen Einfluß haben. Für die Besteuerungspraxis kommt es indes nicht auf den Inhalt der vor der zuständigen Stelle abgegebenen Erklärung an; vielmehr ist die Austrittsbescheinigung maßgebend.

Kein Kirchenaustritt ist mit der Einschränkung kirchlicher Rechte verbunden, so daß damit die Kirchensteuerpflicht nicht endet (BFH v 11. 12. 1985 – I R 207/84, NWB 1986 F 1 S 141). Die Exkommunikation (Kirchenaustritt) führt nicht zur Beendigung der juristischen Gliedschaft zur katholischen Kirche, da der Betroffene einen Anspruch auf Lossprechung behält, so daß mit der Exkommunikation kein Totalausschluß verbunden ist.

3.5 Einzelfälle der Kirchensteuerpflicht

Abgeordnete des Bundestags oder eines Landtags beziehen in dieser Funktion zwar steuerfreie Abgeordnetenbezüge (§ 22 Nr 4 EStG). Dies ändert aber nichts an der persönlichen Kirchensteuerpflicht, weil es dabei begrifflich nicht auf das Erzielen von Einkommen ankommt, welches über die Einkommensteuer als Maßstabsteuer zu einer Kirchensteuer führt (Tz 3.1).

Arbeitnehmer unterliegen dem Kirchensteuer-Abzugsverfahren nach dem Betriebsstättenprinzip (Tz 3.2.2).

Aufnahme in die Kirche führt zur Kirchenangehörigkeit (Tz 3.1) und damit regelmäßig zum Beginn der Kirchensteuerpflicht.

Auslandsbeamte, die Arbeitslohn aus einer inländischen öffentlichen Kasse beziehen und deshalb trotz mangelnden inländischen Wohnsitzes oder gewöhnlichen Aufenthalts unbeschränkt steuerpflichtig sind (§ 1 Abs 2 und 3 EStG), unterliegen nicht der Kirchensteuerpflicht, weil es vom Territorialitätsprinzip für Zwecke der Kirchensteuer keine Ausnahme gibt (→ Bundeswehrangehörige).

Ausländer, die einer steuerberechtigten Kirche angehören, sind kirchensteuerpflichtig, sofern sie in der Bundesrepublik Deutschland einschließlich Berlin (West) eine Wohnung oder einen gewöhnlichen Aufenthalt haben. Die deutsche Staatsangehörigkeit ist kein Merkmal der Kirchensteuerpflicht.

Austritt aus der Kirche (Tz 3.3) führt zum → Ende der Kirchensteuerpflicht.

Beschränkte Einkommensteuerpflicht (§ 1 Abs 4 EStG) steht der Kirchensteuerpflicht entgegen, weil es am Wohnsitz oder gewöhnlichen Aufenthalt fehlt.

Bundeswehrangehörige sind nach dem Territorialitätsprinzip kirchensteuerpflichtig, wenngleich für Angehörige der Bundeswehr eine exemte Militärseelsorge besteht. Diese Exemtion bezieht sich auf das rein seelsorgerische Gebiet, so daß das Staatskirchenrecht davon nicht betroffen ist (FG München v 12. 6. 1967, EFG S 632). Werden Bundeswehrangehörige ins Ausland auf Zeit abkommandiert und geben sie ihre Wohnung im Inland nicht auf, kann gleichwohl der Wohnsitz im Ausland liegen (Tz 3.2.1).

Doppelbesteuerungsabkommen haben keinen Einfluß auf die persönliche Kirchensteuerpflicht; soweit Einkünfte der deutschen Einkommensteuer nicht unterliegen, fehlt es insoweit an einer die Kirchensteuer bestimmenden Maßstabsteuer.

Ehegatte, der keiner steuerberechtigten Kirche angehört, ist zwar nicht kirchensteuerpflichtig, er kann allenfalls wirtschaftlich mit Kirchensteuer belastet sein, soweit für den kirchenangehörigen anderen Ehegatten ein besonderes Kirchgeld zu zahlen ist (Tz 4.5 und 5.1.4).

Ende der Kirchensteuerpflicht kann durch → Austritt, → Tod oder → Wegzug ausgelöst werden, aber nicht durch → Exkommunikation, weil die juristische Mitgliedschaft erhalten bleibt (Tz 3.4).

Eintritt → Aufnahme.

Exkommunikation beendet nur die geistliche, nicht aber die juristische Mitgliedschaft zur Kirche und kann deshalb nicht zum Ende der Kirchensteuerpflicht führen (Tz 3.5).

Forensen-Besteuerung. Die Erhebung der Kirchensteuer von Personen, die außerhalb des Gebiets des Kirchensteuergläubigers wohnen, kommt bei der Kirchensteuer vom Grundbesitz (Tz 4.3) in Betracht. Dies ist aber keine Ausnahme von dem Erfordernis der Kirchenangehörigkeit. Da Kirchensteuer sowohl als Diözesan- oder Landeskirchensteuer einerseits als auch als Ortskirchensteuer andererseits erhoben werden kann, wird die (örtliche) Kirchengemeinde gleichsam von der Diözese oder der Landeskirche mit dem Besteuerungsrecht beliehen: Zu der Belegenheit des Grundstücks in der Kirchengemeinde (3.2.2) muß der Wohnsitz oder der gewöhnliche Aufenthalt in der Diözese oder Landeskirche hinzukommen.

Gastarbeiter, die im Geltungsbereich des Bundesgebiets einschließlich Berlin (West) ihren Wohnsitz oder ihren gewöhnlichen Aufenthalt haben, können kirchensteuerpflichtig sein (→ Ausländer).

Geburt. Erst die Aufnahme in die Kirche (Taufe) kann zur Kirchensteuerpflicht führen (Tz 3.1).

Gewöhnlicher Aufenthalt ist neben der → Kirchenangehörigkeit und dem → Wohnsitz Anknüpfungspunkt der Kirchensteuerpflicht (Tz 3.2.1).

Grenzgänger, die im (nahen) Ausland wohnen und im Bundesgebiet einschließlich Berlin (West) arbeiten, haben hier weder ihren Wohnsitz noch ihren gewöhnlichen Aufenthalt, wenn sie zum Übernachten regelmäßig an ihren Wohnsitz im Ausland zurückkehren (vgl BFH v 10. 8. 1983, BStBl 1984 II S 11). Deshalb scheidet eine Kirchensteuerpflicht auch dann aus, wenn der Grenzgänger nicht nach einem Doppelbesteuerungsabkommen von der Einkommensteuer/Lohnsteuer befreit ist; denn die beschränkte Einkommensteuerpflicht führt bei der Kirchensteuer – anders als bei der Maßstabsteuer – nicht zur Steuerpflicht (Tz 3.2.1).

Haftende. Haftet ein Dritter für die Kirchensteuer, so etwa der Arbeitgeber für die Kirchensteuer des Arbeitnehmers, kommt es auf die Kirchensteuerpflicht des Haftenden selbst nicht an. Deshalb können auch juristische Personen als Haftende in Betracht kommen (Tz 3.1).

Juristische Personen sind nicht kirchensteuerpflichtig (Tz 3.1). Dies gilt auch in den Fällen der Pauschalierung der Lohnsteuer, in denen der Arbeitgeber aufgrund verfahrensrechtlicher Besonderheiten Schuldner der Kirchensteuer ist (Tz 6.1.6). Juristische Personen können aber als Haftende in Betracht kommen.

Kinder. Die Aufnahme in die Kirche ist regelmäßig Anknüpfungspunkt der Kirchenangehörigkeit. Eine Besonderheit besteht in Bayern für das Kirchgeld. Die Kirchgeldsteuerpflicht tritt erst mit Vollendung des 18. Lebensjahres ein (Art 21 Abs 1).

Kircheneintritt, Kirchenaustritt, → Aufnahme → Ende der Kirchensteuerpflicht, → Austritt.

Mehrfacher Wohnsitz. Bei mehrfachem Wohnsitz kommt es für die Besteuerung grundsätzlich darauf an, wo sich der Steuerpflichtige vorwiegend aufhält. Bei Verheirateten ist dabei der vorwiegende Aufenthalt der Familie maßgebend (Tz 3.2.1).

Natürliche Personen. Nur natürliche Personen können – anders als → juristische Personen – kirchenangehörig sein (Tz 3.1).

Staatsangehörigkeit ist für das Merkmal der Kirchenangehörigkeit nicht entscheidend; es gilt das → Territorialitätsprinzip.

Steuerfreie Einnahmen iS des EStG (vgl insbesondere §§ 3–3 b EStG) können nicht in die Bemessungsgrundlage für die Maßstabsteuer eingehen (Tz 5.1). Auf den Begriff der persönlichen Kirchensteuerpflicht hat diese dem sachlichen Umfang nach bestehende Steuerbefreiung keinen Einfluß (dies verkennt *Clauss,* NWB F 12 S 1241 unter 4. b).

Taufe führt zur Aufnahme in die evangelische oder katholische Kirche und löst damit den Beginn der Kirchensteuerpflicht aus.

Territorialitätsprinzip ist maßgebender Anknüpfungspunkt der Kirchensteuerpflicht (neben dem → Wohnsitz oder gewöhnlichen Aufenthalt). Auf die Staatsangehörigkeit kommt es nicht an.

Tod führt zur Beendigung der Kirchensteuerpflicht (Tz 3.4.1).

Übertritt in eine andere steuerberechtigte Kirche (nicht Fortsetzung der Mitgliedschaft in einer anderen Gliedkirche oder Diözese Tz 3.2) führt zur Beendigung der Kirchensteuerpflicht → Austritt, → Aufnahme.

Wegzug aus dem örtlichen Geltungsbereich einer steuerberechtigten Kirche in den örtlichen Geltungsbereich einer anderen steuerberechtigten Kirche – ohne daß ein Übertritt vorliegt – führt zur Fortsetzung der Mitgliedschaft (Tz 3.2).

Wohnsitz ist neben dem gewöhnlichen Aufenthalt Anknüpfungspunkt der Kirchensteuerpflicht nach dem Territorialitätsprinzip.

Zuzug aus dem Ausland ist für die Begründung des → Wohnsitzes oder des gewöhnlichen Aufenthalts Anknüpfungspunkt für die Begründung der Kirchensteuerpflicht. Zuzug in den Geltungsbereich einer steuerberechtigten Kirche nach bisher schon bestehender Kirchensteuerpflicht führt zur Fortsetzung der bisherigen Mitgliedschaft (Tz 3.2).

4. Arten der Kirchensteuern

Während die älteren Kirchenabgaben einen selbständigen Maßstab für die Berechnung ihrer Höhe besaßen, lehnte sich die Kirchensteuer ab der zweiten Hälfte des 19. Jahrhunderts ziemlich eng an das staatliche Steuerrecht an (*Engelhardt,* S 134).

Die Kirchensteuern sind weitgehend als Zuschlagsteuer ausgebildet. Der Staat stellt in den Kirchensteuergesetzen den Kirchen mehrere Maßstäbe für die Anknüpfung der Kirchensteuer zur Verfügung, nämlich Einkommensteuer – auch in der Erhebungsform der Lohnsteuer – (Tz 4.1), Vermögensteuer (Tz 4.2) und Grundsteuer (Tz 4.3).

Die evangelischen und katholischen Kirchen haben von dem Maßstab „Vermögensteuer" bisher keinen Gebrauch gemacht (s Tz 4.2). Der Zuschlag der Grundsteuer wird nicht überall erhoben (s Tz 6.3). Der Zuschlag zur Einkommensteuer und Lohnsteuer ist die tragende Säule des Kirchensteueraufkommens.

Etwa 98 vH des Kirchensteueraufkommens – das ingesamt zu mehr als ¾ zu den kirchlichen Einnahmen beiträgt – entfallen auf den Zuschlag zur Einkommensteuer (*Isensee,* JuS 1980 S 94; dazu auch *Kirchhof,* DStZ 1986 S 25).

Daneben haben die Kirchensteuerarten mit eigenen Steuertarifen, das Kirchgeld (Tz 4.4) und das besondere Kirchgeld (Tz 4.5) aus haushaltsmäßiger Sicht eine weit geringere Bedeutung.

Die Anknüpfung der Kirchensteuer an die Einkommen- und Lohnsteuer bringt nicht nur die Vorzüge einer verhältnismäßig einfachen Verwaltung; die Nachteile liegen in einer starken Abhängigkeit zur Entwicklung der Maßstabsteuer. Die Einkommen- und Lohnsteuer ist ein von Gesellschaftspolitikern stark bearbeitetes Feld. Entlastungsaktivitäten, etwa aus familienpolitischen Gründen, schlagen auf die Höhe der Kirchensteuer durch. Dieser Effekt hat sich seit der Einführung des § 51 a EStG, der Abzugsbeträge von der Maßstabsteuer für Kinder vorsieht (Tz 6.1.2), noch verstärkt. Während der Staat seine Haushaltslage dadurch ausgleichen kann, daß er im Falle einer Senkung der Einkommen- und Lohnsteuer etwa die Umsatzsteuer erhöht, steht den Kirchen eine entsprechende Möglichkeit nicht ohne weiteres zur Verfügung. Die Erhebung von Mindestbeträgen (Tz 6.1.3) und die Erhöhung des Kirchensteuerhebesatzes rechnen zwar zum technischen Instrumentarium, vermögen die Probleme aber weder zufriedenstellend zu lösen, noch sind sie immer kirchenpolitisch durchsetzbar.

Zu den Auswirkungen des Steuersenkungsgesetzes 1986/88 auf die Kirchensteuer vor dem Hintergrund der längerfristigen Finanzentwicklung der Kirchen siehe *Lietmeyer,* DStZ 1985 S 349, *Friebe,* DB 1985 S 2012 und *Nuyken,* StZ 1985 S 480.

4.1 Kirchensteuer vom Einkommen

Quellen:	Zuschlag zur Einkommensteuer (geltende Praxis)	Kircheneigener Tarif (zZ ohne Bedeutung)
Baden-Württemberg	§ 5 Abs 1 Nr 1 a	§ 5 Abs 1 Nr 1 b
Bayern	Art 1 Abs 2 a	—
Berlin	§ 3 Abs 1 a	§ 3 Abs 5
Bremen	§ 5 Abs 1 Nr 1	—
Hamburg	§ 3 Abs 1 a	—
Hessen	§ 2 Abs 1 Nr 1	§ 2 Abs 2
Niedersachsen	§ 2 Abs 1 Nr 1 a	§ 2 Abs 1 Nr 1 b
Nordrhein-Westfalen	§ 4 Abs 1 a	§ 4 Abs 1 Nr 1 b
Rheinland-Pfalz	§ 5 Abs 1 Nr 1	§ 5 Abs 6
Saarland	§ 4 Abs 1 Nr 1 a	§ 4 Abs 1 Nr 1 b
Schleswig-Holstein	§ 3 Abs 1 Nr 1	—

Die überwiegende Zahl der Kirchensteuergesetze der Länder stellt es zwar den Kirchen frei, die Kirchensteuer nach Maßgabe des Einkommens als Zuschlagsteuer zur Einkommen-(Lohn-)steuer zu bestimmen oder einen kircheneigenen Tarif zu entwickeln. Doch ist zZ in allen Ländern die Kirchensteuer nach Maßgabe des Einkommens eine **Zuschlagsteuer.** Dies hat vornehmlich verwaltungstechnische Gründe. Die Kirchensteuer als Zuschlagsteuer kann von den Finanzbehörden einfach verwaltet werden. Einer Ausgestaltung nach einem kircheneigenen Tarif steht auch entgegen, daß die

Finanzämter in manchen Ländern lediglich die Kirchensteuer als Zuschlag zur Maßstabsteuer verwalten müssen; eine Verwaltung nach einem kircheneigenen Tarif könnte die Kirche nicht beantragen (s zB § 14 Abs 1 Kirchensteuergesetz Rheinland-Pfalz).

Zur Erleichterung der Verwaltung durch die Landesfinanzbehörden ist auch bei der Kirchensteuer als Zuschlagsteuer regelmäßig bestimmt, daß die Kirchensteuer in allen Diözesen und allen Landeskirchen des Landes mit einheitlichen Hundertsätzen (Tz 6.1.1) und einheitlichen Mindestbeträgen (Tz 6.1.3) erhoben werden müssen (s § 14 Abs 1 Kirchensteuergesetz Rheinland-Pfalz). Wegen der Bemessungsgrundlage und der Höhe der Kirchensteuer wird auf Tz 5.1 und 6.1 hingewiesen.

4.2 Kirchensteuer vom Vermögen

Quellen:	Zuschlag zur Vermögensteuer	Kircheneigener Tarif
Baden-Württemberg	—	—
Bayern	—	—
Berlin	§ 3 Abs 1 Buchst b	§ 3 Abs 2
Bremen	—	—
Hamburg	—	—
Hessen	§ 2 Abs 1 Nr 3	§ 2 Abs 2
Niedersachsen	§ 1 Nr 2 a	§ 2 Abs 1 Nr 2 b
Nordrhein-Westfalen	§ 4 Abs 1 Nr 2	—
Rheinland-Pfalz	§ 5 Abs 1 Nr 2	§ 5 Abs 6
Saarland	§ 4 Abs 1 Nr 2	—
Schleswig-Holstein	§ 3 Abs 1 Nr 2	—

Die Erhebung einer Kirchensteuer nach Maßgabe des Vermögens ist zwar in den meisten Kirchensteuergesetzen der Länder vorgesehen, zum Teil wahlweise als Zuschlagsteuer oder durch Bestimmung eines kircheneigenen Tarifs. Doch wird von dieser Besteuerungsart zZ nur von den jüdischen Gemeinden Berlin und Frankfurt Gebrauch gemacht (NWB, Fach 12 S 1243).

4.3 Kirchensteuer vom Grundbesitz

Quellen:	Vomhundertsatz der Grundsteuer-meßbeträge	Kircheneigener Tarif
Baden-Württemberg	§ 5 Abs 1 Nr 2 und 3	—
Bayern	Art 1 Abs 2 a	—
Berlin	§ 3 Abs 1 c	§ 3 Abs 2
Bremen	—	—
Hamburg	—	—
Hessen	§ 2 Abs 1 Nr 2	§ 2 Abs 2
Niedersachsen	§ 2 Abs 1 Nr 3 a	§ 2 Abs 1 Nr 3 b
Nordrhein-Westfalen	§ 4 Abs 1 Nr 3	—
Rheinland-Pfalz	§ 5 Abs 1 Nr 3	§ 5 Abs 6
Saarland	§ 4 Abs 1 Nr 3 a	§ 4 Abs 1 Nr 3 b
Schleswig-Holstein	§ 3 Abs 1 Nr 3	—

Anknüpfungspunkt für die Kirchensteuer vom Grundbesitz ist nicht die Grundsteuer, sondern regelmäßig der Grundsteuermeßbetrag. Der Grundsteuermeßbetrag ist vom Einheitswert des Grundstücks abgeleitet und geht damit vom Wert des Steuergegenstandes aus. Beim kircheneigenen Tarif kann anstelle des Grundsteuermeßbetrages in einigen Ländern auch der Einheitswert zugrunde gelegt werden.

Demgegenüber erscheint der Maßstab „Grundsteuer" nicht geeignet, weil die Höhe der Grundsteuer von dem Hebesatz abhängt, den jede Gemeinde entsprechend ihrem Finanzbedarf beschließt. Mit der Anwendung gemeindeunterschiedlicher Hebesätze auf die Grundsteuermeßbeträge tritt bei gleichwertigen Grundstücken eine Differenzierung auf, die für Zwecke der Kirchensteuer nicht hingenommen werden kann.

Die Kirchensteuerordnungen unterscheiden vielfach zwischen der Grundsteuer A (für land- und forstwirtschaftlichen Besitz) und der Grundsteuer B (für andere Grundstücke). Zum Teil wird Kirchensteuer von Grundbesitz nur für land- und forstwirtschaftliche Grundstücke erhoben, zum Teil wird der Höhe nach zwischen der Grundsteuer A und B unterschieden. Im einzelnen siehe Tz 6.3.

4.4 Kirchgeld

Quellen:

Baden-Württemberg	§ 5 Abs 1 Nr 4
Bayern	Art 1 Abs 2 b
Berlin	§ 3 Abs 1 d
Bremen	§ 5 Abs 1 Nr 2
Hamburg	§ 3 Abs 1 b
Hessen	§ 2 Abs 1 Nr 4
Niedersachsen	§ 2 Abs 1 Nr 4
Nordrhein-Westfalen	§ 4 Abs 1 Nr 4
Rheinland-Pfalz	§ 5 Abs 1 Nr 4
Saarland	§ 4 Abs 1 Nr 5
Schleswig-Holstein	§ 3 Abs 1 Nr 5

Die Möglichkeit, neben der Erhebung der Kirchensteuer nach Maßgabe des Einkommens, des Vermögens oder des Grundbesitzes auch ein Kirchgeld zu erheben, ist erstmals 1928 in Hessen eingeführt worden (*Engelhardt,* S 146). Heute ist in allen Ländern das Kirchgeld als selbständige Steuerart vorgesehen. Zur Frage der Anrechnung siehe Tz 4.7.

Das Kirchgeld hat danach grundsätzlich nicht den Charakter einer Mindeststeuer mit der Folge, daß es nur in Erscheinung treten könnte, wenn die Kircheneinkommensteuer oder die Kirchenlohnsteuer unter die Höhe des Kirchgeldes absinkt (im einzelnen Tz 4.7).

Das Kirchgeld kann fest oder gestaffelt erhoben werden (Tz 6.4). Zur Verwaltung des Kirchgeldes siehe Tz 7.3.5.

Eine Besonderheit besteht bei der Besteuerung der sog glaubensverschiedenen Ehen. Verfügt der kirchenangehörige Ehegatte über kein Einkommen oder nur über ein geringes Einkommen und muß er deshalb selbst keine oder nur eine sehr geringe Kirchensteuer vom Einkommen zahlen, kann aufgrund des Einkommens des anderen Ehegatten, der keiner Kirche angehört, ein (besonderes) Kirchgeld erhoben werden. Siehe dazu Tz 4.5. Dieses besondere Kirchgeld kann bis zu 4800 DM jährlich betragen und geht damit weit über die Beträge des allgemeinen Kirchgelds hinaus.

4.5 Besonderes Kirchgeld (glaubensverschiedene Ehegatten)

Quellen:

Berlin	§ 3 Abs 1 Buchst d
Hamburg	§ 3 Abs 1 Buchst b
Hessen	§ 2 Abs 1 Nr 5
Rheinland-Pfalz	§ 5 Abs 1 Nr 5
Schleswig-Holstein	§ 3 Abs 1 Nr 6

Das besondere Kirchgeld ist eine Steuerart, die bei Ehegatten in Betracht kommen kann, die in glaubensverschiedener Ehe leben. Ehegatten leben dann in glaubensverschiedener Ehe, wenn nur einer von ihnen einer steuerberechtigten Kirche angehört. Mit dem besonderen Kirchgeld wird die Möglichkeit eröffnet, von dem kirchenangehörigen Ehegatten auch dann eine über das allgemeine Kirchgeld deutlich hinausgehende Steuer zu erheben, wenn dieser Ehegatte selbst über kein oder nur über ein geringes Einkommen verfügt.

Das besondere Kirchgeld ist im Anschluß an die Rechtsprechung des Bundesverfassungsgerichts eingeführt worden, mit der der sog **Halbteilungsgrundsatz** bei Ehegatten für verfassungswidrig erklärt worden ist (Entscheidung des Bundesverfassungsgerichts vom 17. 1. 1957, BVerfGE 6, 55). Danach darf nicht mehr die Hälfte des Ehegatteneinkommens Bemessungsgrundlage für die Steuer des kirchenangehörigen Ehegatten sein. Die Einführung des besonderen Kirchgeldes bietet einen Ersatz. Es knüpft an dem Unterhaltsanspruch des der Kirche angehörenden Ehegatten gegen den nicht kirchensteuerpflichtigen Ehegatten an, der das Einkommen allein erzielt. Maßstab ist der sog **Lebensführungsaufwand,** den der kirchenangehörige Ehegatte aus dem ihm wirtschaftlich zukommenden Einkommen des anderen Ehegatten bestreiten kann.

Die Anknüpfung an einen typisierten Lebensführungsaufwand hat das Bundesverfassungsgericht im Beschluß vom 23. 10. 1986 (NJW 1987 S 943) als sachgerecht beurteilt und dabei gleichzeitig zum Ausdruck gebracht, daß die Ausgestaltung dieser Kirchensteuerart im einzelnen nicht staatlicher Rechtsetzung vorbehalten sei, sondern durchaus den Kirchen vorbehalten bleiben könne. Zu den

Bemessungsgrundlagen dieser Steuerart siehe Tz 5.5; zum Tarif Tz 6.5.

Das besondere Kirchgeld ist lediglich in den Ländern **Hessen, Rheinland-Pfalz** und **Schleswig-Holstein** als besondere Art der Kirchensteuer erwähnt und ist neben dem „Kirchgeld" im Katalog der Kirchensteuerarten aufgeführt.

Die anderen Länder erwähnen diese Steuerart nicht als besondere Kirchensteuerart. Eine praktische Bedeutung kommt dem „besonderen Kirchgeld" zZ – außer in den Ländern Hessen, Rheinland-Pfalz und Schleswig-Holstein – nur in **Berlin** und **Hamburg** zu, wo es als Unterfall des Kirchgeldes nach einem besonderen Tarif erhoben wird (Tz 6.5).

4.6 Mindestkirchensteuer

Quellen:

Berlin	§ 3 Abs 5 Satz 3
Saarland	§ 4 Abs 1 Nr 4
Schleswig-Holstein	§ 3 Abs 1 Nr 4

Rechtsgrundlagen

Während Mindestbeträge der Kirchensteuer das Vorhandensein einer Maßstabsteuer oder eines sonst schon für Zwecke der staatlichen Steuern ermittelten bzw festgestellten Besteuerungsmaßstabs voraussetzen, kann eine Mindestkirchensteuer auch von den Kirchenangehörigen erhoben werden, bei denen diese Voraussetzungen nicht vorliegen, also beispielsweise auch dann, wenn sie keine Einkommen- oder Lohnsteuer zu entrichten haben. Die Mindestkirchensteuer gibt den Kirchen die Möglichkeit, auch solche Mitglieder an der Tragung der kirchlichen Lasten zu beteiligen, die bei der schematischen Anbindung der Kirchensteuer an die staatlichen Maßstabsteuern hierzu nicht beitragen. Dieser besondere Inhalt der Mindestkirchensteuer macht es notwendig, sie im Katalog der Kirchensteuerarten gesondert auszuweisen.

Dies ist lediglich in den Kirchensteuergesetzen des **Saarlandes** und des Landes **Schleswig-Holstein** geschehen. Zwar ist auch nach § 3 Abs 5 Satz 3 KiStG **Berlin** die Festsetzung einer Mindeststeuer vom

Einkommen zulässig. Aus dem Gesetzeszusammenhang wird nicht deutlich, ob es sich hier um eine Mindestkirchensteuer im oben beschriebenen Sinne oder um die Möglichkeit der Erhebung von Mindestbeträgen der Kirchensteuer nach dem Maßstab der Einkommensteuer bzw des Einkommens handelt. Die angeordnete Anrechnung der Mindestkirchensteuer auf die Kirchensteuer nach Maßgabe des Einkommens spricht mE für eine selbständige Kirchensteuerart.

Die Antwort auf diese Frage kann aber gegenwärtig dahinstehen, da von der genannten Erhebungsform bisher kein Gebrauch gemacht worden ist. Die begriffliche Undeutlichkeit tritt vollends im KiStG **Hamburg** zutage, in dem in § 3 Abs 3 Satz 3 von einem Mindestbetrag (Mindestkirchensteuer) die Rede ist; es handelt sich hier unstreitig um einen Mindestbetrag der Kirchensteuer, nicht um eine Mindestkirchensteuer im Sinne dieser Tz.

Während im **Saarland** eine Anrechnung der Mindestkirchensteuer auf die Kirchensteuern nach dem Maßstab der Einkommensteuer, des Vermögens oder der Grundsteuermeßbeträge ausgeschlossen ist (§ 4 Abs 4 Satz 2, 2. Halbs), muß in **Schleswig-Holstein** die Mindestkirchensteuer auf die Kirchensteuer vom Einkommen angerechnet werden (§ 3 Abs 2 Satz 1).

Mindestkirchensteuer wird zZ nur in Schleswig-Holstein erhoben; zum Tarif siehe Tz 6.6

4.7 Das Verhältnis der Kirchensteuerarten zueinander (Anrechnung)

Quellen:

Baden-Württemberg	§ 5 Abs 2
Bayern	Art 1 Abs 2
Berlin	§ 3 Abs 3
Bremen	–
Hamburg	§ 3 Abs 5
Hessen	§ 4 Abs 3
Niedersachsen	§ 2 Abs 3
Nordrhein-Westfalen	§ 4 Abs 2 und 3

Rheinland-Pfalz	§ 5 Abs 2
Saarland	§ 4 Abs 4
Schleswig-Holstein	§ 3 Abs 1

Der den steuerberechtigten Kirchen in den Landesgesetzen zur Verfügung gestellte Katalog von Kirchensteuerarten macht Regelungen darüber notwendig, in welchem Verhältnis diese Steuerarten zueinander stehen. Es kommt sowohl eine **Häufung** mehrerer Kirchensteuerarten als auch eine **Anrechnung** der einen auf die andere Kirchensteuerart in Betracht.

Als Grundsatz kann das Recht auf die Erhebung mehrerer Kirchensteuerarten nebeneinander gelten. So ist die Erhebung der Kirchensteuer aufgrund der Grundsteuermeßbeträge neben der Kirchensteuer nach Maßgabe des Einkommens zulässig. Die Besteuerungsgegenstände sind verschieden, weil zum einen das Grundstück, zum andern das Einkommen als Maßstab dient, eine Doppelbesteuerung damit nicht vorliegt. Eine Doppelbesteuerung würde dagegen vorliegen, wenn ein und dieselbe Steuerart zugleich als Diözesan- oder Landessteuer und darüber hinaus auch als Ortskirchensteuer erhoben würde. Dies ist in mehreren Kirchensteuergesetzen ausdrücklich ausgeschlossen.

Eine Doppelbesteuerung würde auch vorliegen, wenn zB Kirchensteuer nach Maßgabe des Einkommens als Zuschlagsteuer und eine Kirchensteuer nach Maßgabe des Einkommens aufgrund eines kircheneigenen Tarifs erhoben würde. Dies wird in **Nordrhein-Westfalen** (§ 4 Abs 2) ausdrücklich ausgeschlossen. ME ist diese Bestimmung überflüssig, weil bereits in § 4 Abs 1 die Möglichkeit „Zuschlagsteuer“ oder „besonderer Tarif“ nur alternativ eröffnet wird. Dies trifft auch für die dem nordrhein-westfälischen Kirchensteuergesetz offensichtlich nachgebildete Regelung des **saarländischen** Kirchensteuergesetzes (§ 4 Abs 3) zu; dort ist darüber hinaus diese entbehrliche Konkurrenzklausel auch für die Wahl der Kirchensteuer vom Maßstab „Grundsteuermeßbetrag“ oder „Einheitswert“ entsprechend erweitert.

Soweit die Kirchensteuergesetze überhaupt zu der Frage der Anrechnung eine Aussage treffen, wird es regelmäßig den Kirchen überlassen, darüber Bestimmungen in den Kirchensteuerordnungen zu treffen.

In den Kirchensteuergesetzen sind besondere Regelungen getroffen, soweit es das Verhältnis des Kirchgeldes, des besonderen Kirchgeldes und der Mindestkirchensteuer zu den übrigen Kirchensteuerarten betrifft.

In **Baden-Württemberg, Hamburg, Niedersachsen** und dem **Saarland** ist die Kirchensteuer nach Maßgabe des Einkommens stets auf das Kirchgeld anzurechnen, soweit das Kirchgeld als Landessteuer erhoben wird. Eine Erhebung des Kirchgelds als Ortskirchensteuer neben der Kirchensteuer nach Maßgabe des Einkommens als Landessteuer ist dagegen zulässig (Beschluß des BVerwG vom 4. 5. 1977, Höchstrichterliche Finanzrechtsprechung 1977, S 549). Im **Saarland** ist darüber hinaus auch die Kirchensteuer nach dem Maßstab des Vermögens und des Grundbesitzes auf das Kirchgeld anzurechnen. Danach hat das Kirchgeld eine Ersatz- oder Ergänzungsfunktion; es soll auch denjenigen Kirchenangehörigen zur Steuer heranziehen, der keine oder nur eine geringe Kirchensteuer vom Einkommen zu zahlen hat.

An der Subsidiarität des Kirchgeldes ändert mE auch die Terminologie des niedersächsischen Kirchensteuergesetzes nichts, wonach angeordnet ist, daß die beiden Steuerarten „aufeinander" anzurechnen sind. Dies liegt daran, daß der haushaltsmäßig bedeutsamen Kircheneinkommensteuer und Kirchenlohnsteuer der Vorrang gebührt.

In **Hessen** und **Rheinland-Pfalz** ist eine Häufung der Kircheneinkommen- und -lohnsteuer mit dem Kirchgeld, aber nicht mit dem besonderen Kirchgeld zulässig. Auf das besondere Kirchgeld ist die Kircheneinkommensteuer anzurechnen.

In **Schleswig-Holstein** wird auch die Mindestkirchensteuer auf die Kirchensteuer nach Maßgabe des Einkommens angerechnet.

5. Bemessungsgrundlagen

Die Vorschriften über die Bemessungsgrundlagen für die Erhebung der Kirchensteuern sind für die Praxis der Kirchensteuerfestsetzung von grundlegender Bedeutung. Zwar gilt auch hier der Grundsatz einer kirchlichen Autonomie dergestalt, daß die Kirchen in den Kirchensteuerordnungen die Bemessungsgrundlagen selbst bestimmen können. Diese Freiheit ist jedoch weitgehend eingeschränkt dadurch, daß das staatliche Recht bei den nach dem Maßstab einer anderen Steuer (Einkommensteuer, Vermögensteuer, Grundsteuermeßbeträge) zu erhebenden Kirchensteuern die Bemessungsgrundlagen im einzelnen festgelegt hat. Da sich die Kirchensteuererhebung bei den Kirchensteuern vom Einkommen, Vermögen und den Grundsteuermeßbeträgen gegenwärtig auf die Erhebungsform der Zuschlag-(Hundertsatz-)besteuerung beschränkt – die alternative Erhebungsform nach Maßgabe des Einkommens, des Vermögens oder des Grundbesitzes findet zZ keine Anwendung –, bleibt in den Kirchensteuerordnungen kein Spielraum für eigene Entscheidungen der Kirchen. Diese Vorgabe muß allerdings auch unter dem Zwang einer Einheitlichkeit des Besteuerungsrechts gesehen und befürwortet werden, da die Festsetzung der vorgenannten Kirchensteuern regelmäßig den Finanzbehörden bzw Kommunalbehörden übertragen und deshalb eine verbindliche Festlegung der Rechtsvorschriften über die Bemessungsgrundlagen sachgerecht ist. Die weiteren Erläuterungen zu den Bemessungsgrundlagen bei den Kirchensteuern vom Einkommen, vom Vermögen und von den Grundsteuermeßbeträgen haben ausschließlich die genannte Zuschlagalternative zum Gegenstand.

Für die anderen Kirchensteuerarten (Kirchgeld, besonderes Kirchgeld, Mindestkirchensteuer) wird dagegen den Kirchen größere Gestaltungsfreiheit eingeräumt. Beim besonderen Kirchgeld gilt jedoch dieser Grundsatz auch nicht uneingeschränkt. Da diese Kirchensteuerart zT auch von den Finanzbehörden verwaltet wird, müssen die kirchenrechtlichen Rahmenvorschriften so beschaffen sein, daß als Bemessungsgrundlage staatliche Steuerrechtsnormen, zB das zu versteuernde gemeinsame Einkommen der Ehegatten, zugrundegelegt werden (vgl Tz 6.5).

Die erläuterte Abgrenzung hinsichtlich der konkreten Festlegung der Besteuerungskriterien bei den einzelnen Kirchensteuerarten entspricht auch verfassungsmäßigen Grundsätzen (BVerfG-Beschluß vom 23. 10. 1986 – 2 BvL 7 und 8/84, HFR 1987 S 143). In dieser zum besonderen Kirchgeld in glaubensverschiedener Ehe ergangenen Entscheidung wird insbesondere die größere Autonomie der Kirchen in der Bestimmung der Bemessungsgrundlagen für ein solches Kirchgeld als bei der an die staatliche Einkommensteuer anknüpfenden Kirchensteuer hervorgehoben (vgl im einzelnen Tz 5.5).

5.1 Bemessungsgrundlage für die Kirchensteuer vom Einkommen

5.1.1 Der allgemeine Grundsatz

Die Kirchensteuer nach dem Maßstab der Einkommensteuer bemißt sich nach der für das Steuerjahr festzusetzenden Einkommensteuerschuld bzw der für das Steuerjahr zu entrichtenden Lohnsteuer des Kirchensteuerpflichtigen. Aus dieser allgemeinen Definition wird gleichzeitig der Grundsatz der Individualbesteuerung deutlich, der auch im Rahmen der Ehegattenbesteuerung grundsätzlich gilt, dort in der Besteuerungspraxis allerdings nur in bestimmten Fällen zu beachten ist. Die Zugrundelegung der Bemessungsgrundlage jeweils auf die Person des einzelnen Kirchensteuerpflichtigen ergibt sich entweder ausdrücklich aus den Kirchensteuergesetzen der Länder (zB **Niedersachsen** § 7 Abs 2 Satz 1, **Rheinland-Pfalz** § 7 Abs 1) oder im Auslegungswege aus den Vorschriften über die Ehegattenbesteuerung.

Die Maßstabsteuer gilt seit 1975 nicht mehr uneingeschränkt als unmittelbare Bemessungsgrundlage für die Kirchensteuer vom Einkommen. Denn seit der Umstellung des Kinderlastenausgleichs im Rahmen des Einkommensteuerreformgesetzes 1974 vom 5. 8. 1974 (BStBl I S 530) durch Wegfall der steuerlichen Kinderfreibeträge und Einfügung des § 51 a in das EStG werden vor der Berechnung der Kirchensteuer die in dieser Vorschrift in ihrer jeweiligen Fassung genannten Beträge von der festgesetzten Einkommensteuer bzw der Jahreslohnsteuer abgezogen. Auch im Rahmen der Neuregelung des steuerlichen Familienlastenausgleichs durch Wiedereinführung von Kinderfreibeträgen neben dem staatlichen Kindergeld durch das Steuersenkungsgesetz 1986/1988 vom 26. 6. 1985 (BStBl I S 391) wird die Maßstabsteuer weiterhin nach Maßgabe der Neufassung des § 51 a EStG gemindert. Die Kirchensteuergesetze der

Länder sind jeweils entsprechend geändert worden (vgl im einzelnen Tz 6.1.2).

5.1.2 Bemessungsgrundlage bei Ehegatten

Quellen:

Baden-Württemberg	§ 6 Abs 2 bis 4
Bayern	Art 9, 10, 13 Abs 3
Berlin	§ 4
Bremen	§ 6 Abs 2 bis 5 und 7
Hamburg	§§ 3 und 5
Hessen	§ 3
Niedersachsen	§ 7 Abs 2 Ziff 1 bis 4
Nordrhein-Westfalen	§§ 6 und 7
Rheinland-Pfalz	§ 7 Abs 1 und 2
Saarland	§§ 7 und 8
Schleswig-Holstein	§ 4 Abs 1

Wie schon angedeutet, ist auch bei Ehegatten, die zusammen zur Einkommensteuer veranlagt werden, grundsätzlich eine Individualbesteuerung bei der Kirchensteuer notwendig. Das war nicht immer so, und dieser Grundsatz ist auch gegenwärtig nur für den Fall der glaubensverschiedenen Ehe zwingend zu beachten.

Das Bundesverfassungsgericht hat in einem Urteil vom 14. 12. 1965 – 1 BvR 606/60 (BVerfGE 19, 268; BStBl 1966 I, S 196) die Regelung zur Besteuerung der Ehegatten in glaubensverschiedener Ehe nach dem sogenannten Halbteilungsgrundsatz für verfassungswidrig erklärt. Dieser Halbteilungsgrundsatz besagt, daß Eheleute auch dann gemeinsam zur Kirchensteuer herangezogen werden, wenn sie verschiedenen Kirchen gegenüber steuerpflichtig sind (Eheleute in **konfessionsverschiedener Ehe**) oder wenn nur einer der Ehegatten kirchensteuerpflichtig ist (Eheleute in **glaubensverschiedener Ehe**); die Kirchensteuer jedes Ehegatten bemißt sich nach der Hälfte der gemeinsamen Steuerbemessungsgrundlage bzw der Hälfte der bei der Zusammenveranlagung festgesetzten staatlichen Maßstabsteuer.

Das hat beispielsweise zur Folge, daß bei der Kirchensteuer als Zuschlag zur Einkommensteuer der einkommenslose kirchenangehörige Ehegatte zur Kirchensteuer herangezogen wird mit Besteuerungsgrundlagen, die in der Person des das Einkommen der Eheleute erzielenden, keiner Kirche angehörenden Ehegatten liegen. Das Bundesverfassungsgericht hat diese Auswirkungen des Halbteilungsgrundsatzes nicht gebilligt und die Auffassung vertreten, daß das Besteuerungsrecht der Kirchen nur gegenüber ihren Mitgliedern und den bei diesen Mitgliedern unmittelbar gegebenen Besteuerungsgrundlagen besteht. Ein Durchgriff auf Besteuerungsgrundlagen in der Person von Nichtmitgliedern sei auch bei einer Zusammenveranlagung von Ehegatten unzulässig. Das Verbot der Anwendung des Halbteilungsgrundsatzes in glaubensverschiedener Ehe gilt auch dann, wenn die Halbteilungsregelung für die Eheleute günstiger wäre (Finanzgericht Bremen, Urt vom 6. 11. 1975 – EFG 1976 S 247, OVG Lüneburg, Urt vom 28. 8. 1980 – 8 OVG A 27/79, NWB Fach 1/1980 S 366).

Die Frage nach der Anwendung des Halbteilungsgrundsatzes, vom Bundesverfassungsgericht lediglich für den Fall der glaubensverschiedenen Ehe entschieden, stellt sich in gleicher Weise auch in der konfessionsverschiedenen Ehe, denn die rechnerische Halbteilung der Bemessungsgrundlagen bzw der Maßstabsteuer weist den verschiedenen Kirchensteuergläubigern Steuerbeträge zu, die regelmäßig nicht mit denen identisch sind, die nach Maßgabe der bei den Ehegatten jeweils tatsächlich gegebenen Besteuerungsgrundlagen zu erheben wären. Das Bundesverfassungsgericht hat aber im Beschluß vom 20. 4. 1966 – 1 BvR 16/66 (BVerfGE 20, 40; BStBl I, S 694) zu erkennen gegeben, daß nach seiner Auffassung der **Halbteilungsgrundsatz in konfessionsverschiedener** Ehe nicht dem Grundgesetz widerspricht. Das Gericht sieht einen Unterschied darin, daß bei der konfessionsverschiedenen Ehe beide Ehegatten der Kirchengewalt steuerberechtigter Religionsgemeinschaften unterworfen sind, in glaubensverschiedener Ehe dagegen nur einer der Ehegatten. Die Anwendung des Halbteilungsgrundsatzes sei auch deshalb verfassungsrechtlich unbedenklich, weil die Ehegatten durch die Wahl der **getrennten** Veranlagung zur Einkommensteuer die Anwendung des Halbteilungsgrundsatzes bei der Kirchensteuer ausschließen und so eine individuelle Kirchensteuerfestsetzung erreichen können. Da überdies die steuerberechtigten

Kirchen die Anwendung des Halbteilungsgrundsatzes in der konfessionsverschiedenen Ehe billigen, haben die Entscheidungen des Bundesverfassungsgerichts für diesen Bereich zu keiner Änderung geführt, so daß in der Vielzahl der Fälle der Ehegattenbesteuerung weiterhin das überkommene, steuertechnisch einfacher zu handhabende Halbteilungsverfahren angewendet werden kann. Daß – wie vorstehend angedeutet – bei der Wahl der getrennten Veranlagung von Ehegatten zur Einkommensteuer die Anwendung des Halbteilungsgrundsatzes auch in der konfessionsverschiedenen Ehe vermieden werden kann, hat der Bundesfinanzhof im Urteil vom 21. 3. 1969 (BStBl Teil II, S 632) im einzelnen ausgeführt.

Für den Komplex der **glaubensverschiedenen Ehe,** für den zunächst eine Übergangsregelung für den Verwaltungsbereich getroffen wurde, ist dagegen die Rechtsprechung des Bundesverfassungsgerichts Anlaß zu Änderungen der Kirchensteuergesetze der Länder gewesen, teilweise sogar zu völligen Novellierungen dieser Gesetze, die weit über den konkreten Anlaß hinausgehen.

Gesetzestechnisch ist die Beseitigung des Halbteilungsgrundsatzes für die glaubensverschiedene Ehe in unterschiedlicher Weise vorgenommen worden. Während zB **Rheinland-Pfalz** den Grundsatz der Individualbesteuerung vorangestellt und danach das Weiterbestehen des Halbteilungsgrundsatzes folgen läßt, gliedern die anderen Länder im allgemeinen in der Weise, daß sie zunächst den Fall der konfessionsverschiedenen, danach den – praktischen Ausnahmefall – der glaubensverschiedenen Ehe abhandeln. Einzelne Länder trennen daneben auch noch zwischen konfessionsgleicher und konfessionsverschiedener Ehe.

5.1.3 Ehegatten in konfessionsgleicher oder konfessionsverschiedener Ehe

Quellen:

Baden-Württemberg	§ 6 Abs 3 und 4, § 19 Abs 2 und 3
Bayern	Art 9 Abs 1
Berlin	§ 4 Abs 1 und 2
Bremen	§ 6 Abs 2 und 3
Hamburg	§ 5 a

Hessen	§ 3 Ziff 1
Niedersachsen	§ 7 Abs 2 Ziff 1 und 2
Nordrhein-Westfalen	§ 6
Rheinland-Pfalz	§ 7 Abs 2
Saarland	§ 7
Schleswig-Holstein	–

Bei der konfessionsgleichen oder konfessionsverschiedenen Ehe bemißt sich die Kirchensteuer bei einer **Zusammenveranlagung** zur Einkommensteuer bzw beim Steuerabzug vom Arbeitslohn und beim Lohnsteuer-Jahresausgleich nach den Grundsätzen der Einkommensteuerzusammenveranlagung nach der Hälfte der gemeinsamen Einkommensteuerschuld der Ehegatten bzw der Hälfte der Lohnsteuer beider Ehegatten, ggf gemindert um die Kindergeldbeträge nach dem Kindergeldgesetz. Bei der konfessionsgleichen Ehe wird dieses Ergebnis auch bei der Anwendung des Steuersatzes auf die ungeteilte Einkommensteuerschuld bzw Lohnsteuer der Ehegatten erreicht.

Bei der Anwendung des Halbteilungsgrundsatzes sind die Ehegatten Gesamtschuldner. Das gilt grundsätzlich auch bei der konfessionsverschiedenen Ehe; vgl zB § 6 Abs 4 S 2 KiStG **Baden-Württemberg,** demzufolge jeder Ehegatte als Gesamtschuldner für die Steuerschuld des anderen Ehegatten haftet. Doch ist für diesen Bereich der konfessionsverschiedenen Ehe teilweise die Gesamtschuldnerschaft ausgeschlossen (so zB § 8 KiStRG **Niedersachsen**, der eine Gesamtschuldnerschaft nur bei konfessionsgleicher Ehe vorsieht). Soweit in den Kirchensteuergesetzen der Länder ausdrückliche Vorschriften über die Gesamtschuldnerschaft fehlen, ergibt sich die Gesamtschuldnerschaft der Ehegatten aus dem Grundsatz der allgemeinen Anwendung abgabenrechtlicher Vorschriften.

Bei der **getrennten Veranlagung** (§ 26 a EStG) sowie bei Ehegatten, bei denen die Voraussetzungen für eine Zusammenveranlagung nicht vorliegen, bemißt sich die Kirchensteuer nach der Einkommensteuerschuld eines jeden Ehegatten, ggf gekürzt um die Hälfte der Kindergeldbeträge nach dem Kindergeldgesetz.Entsprechendes gilt bei der durch das Steuersenkungsgesetz 1986/1988 vom 26. 6. 1985 (BStBl I S 391) mit Wirkung ab 1986 eingeführten

besonderen Veranlagung für den Veranlagungszeitraum der Eheschließung (§ 26 c EStG), bei der Ehegatten für diesen Zeitraum so behandelt werden, als ob sie unverheiratet wären. Diese neue Veranlagungsart war Anlaß zu Änderungen der Kirchensteuergesetze in einigen Ländern (vgl § 6 Abs 2 Nr 1, Abs 3 Nr 1 und Abs 4 Nr 1 KiStG Bremen; § 3 Ziff 1 Buchst b und Ziff 2 Buchst b KiStG Hessen; § 7 Abs 2 KiStRG Niedersachsen; § 6 Abs 2 KiStG Nordrhein-Westfalen, §§ 7 Abs 1 Nr 1 und 8 Abs 1 Nr 1 KiStG Saarland).

Bei **beschränkter Steuerpflicht** eines Ehegatten (zB, wenn die Ehefrau des ausländischen Arbeitnehmers im Heimatland lebt) sind die Kindergeldbeträge in voller Höhe abzuziehen.

5.1.4 Ehegatten in glaubensverschiedener Ehe

Quellen:

Baden-Württemberg	§ 19 Abs 4
Bayern	Art 9 Abs 2
Berlin	§ 4 Abs 3
Bremen	§ 6 Abs 4
Hamburg	§ 5 Abs 2
Hessen	§ 3 Ziff 2
Niedersachsen	§ 7 Abs 2 Ziff 3
Nordrhein-Westfalen	§ 7
Rheinland-Pfalz	§ 7 Abs 1
Saarland	§ 8
Schleswig-Holstein	§ 4 Abs 1 iV mit § 3 Abs 2 KiStDV

Zusammenveranlagung zur Einkommensteuer (§ 26 b EStG) und gemeinsamer Lohnsteuer-Jahresausgleich (§ 42 a EStG)

Werden Ehegatten zur Einkommensteuer zusammenveranlagt (§ 26 b EStG) oder wird für sie ein gemeinsamer Lohnsteuer-Jahresausgleich (§ 42 a EStG) durchgeführt, steht zunächst nur die gemeinsame Einkommensteuerschuld der Ehegatten fest; diese Einkommensteuerschuld muß aufgeteilt werden, um eine Bemessungsgrundlage für die Kirchensteuer des kirchensteuerpflichtigen Ehegatten zu erhalten. Das geschieht nach den Kirchensteuergesetzen der Länder im Grundsatz in der Weise, daß als Bemessungsgrundlage für die Kirchensteuer des einzelnen – kirchensteuerpflichtigen – Ehegatten der Teil der gemeinsamen Einkommensteuerschuld oder der gemeinsamen Lohnsteuer gilt, der auf ihn entfällt, wenn die gemeinsame Steuer – nach Kürzung um die Kindergeldbeträge nach dem Kindergeldgesetz – im Verhältnis der Einkommensteuerbeträge aufgeteilt wird, die sich bei Anwendung der Einkommensteuergrundtabelle auf die **Einkünfte** bzw auf den **Gesamtbetrag der Einkünfte** eines jeden Ehegatten ergeben. Maßgebend ist also das Verhältnis der (fiktiven) Beträge, die sich bei der Anwendung der Grundtabelle auf eine für beide Ehegatten gleiche Bemessungsgröße ergeben, die ihrerseits in den Bundesländern nicht einheitlich festgelegt ist.

In **Bayern, Hamburg, Hessen, Niedersachsen, Nordrhein-Westfalen** und **Rheinland-Pfalz** ist die Grundtabelle auf die „Einkünfte" eines jeden Ehegatten anzuhalten. Einkünfte in diesem Sinne sind die Nettoerträge aus den sieben Einkunftsarten (§ 2 Abs 2 EStG), wobei negative Einkünfte und positive Einkünfte auszugleichen sind. Maßgebende Bemessungsgröße für die Aufteilung ist demnach die **„Summe der Einkünfte"** (§ 2 Abs 3 EStG). Wenn in **Baden-Württemberg** von der Summe der Einkünfte gesprochen wird, so ist dies mit dem Begriff „Einkünfte" in den vorgenannten Bundesländern synonym.

Die Länder **Bremen, Saarland** und **Schleswig-Holstein** stellen auf den **„Gesamtbetrag der Einkünfte"** als Bemessungsgröße für die Aufteilung ab. Dies hat materiellrechtliche Konsequenzen, weil sich der Begriff des „Gesamtbetrags der Einkünfte" von der Summe der Einkünfte ableitet: Für die Ermittlung des Gesamtbetrags der Einkünfte (§ 2 Abs 3 EStG) ist die Summe der Einkünfte zu vermindern um den Altersentlastungsbetrag (§ 24 a EStG), den Ausbildungsplatz-Abzugsbetrag (§ 24 b EStG), den Freibetrag für Land- und Forstwirte (§ 13 Abs 3 EStG) und ausländische Steuern vom Einkommen (§ 34 c Abs 2 und 3 EStG).

Der materiellrechtliche Dissens hinsichtlich der Bemessungsgröße für die Aufteilung ist gesetzeshistorisch erklärbar. Bis einschließlich 1974 kannte das EStG den Begriff der „Summe der Einkünfte" nicht; „Gesamtbetrag der Einkünfte" war das Ergebnis aus den sieben Einkunftsarten nach Ausgleich von Verlusten (§ 2 Abs 2

EStG 1974). Es war deshalb im Ergebnis gleichbedeutend, ob als Bemessungsgröße für die Aufteilung der „Gesamtbetrag der Einkünfte“ oder nur die „Einkünfte“ in den Kirchensteuervorschriften normiert wurden. Erst das EStG 1975 führt durch den Abzug des Altersentlastungsbetrags von der Summe der Einkünfte zu einem eigenständigen Begriff des Gesamtbetrags der Einkünfte. Anknüpfungspunkt für die Aufteilung sollte aber nach der ursprünglichen Konzeption wohl der Gesamtbetrag der Einkünfte sein, weil methodisch insbesondere die Sonderausgaben und außergewöhnlichen Belastungen bei der Aufteilung außer Betracht bleiben sollten. Die neueren Kirchensteuergesetze schließen deshalb auch weitgehend an den Gesamtbetrag der Einkünfte an. Die einkommensteuerrechtliche Rechtsänderung hat jedenfalls zur Folge, daß die unterschiedliche Terminologie in den Kirchensteuergesetzen auch zu unterschiedlicher Rechtsanwendung zwingt. Ob dies in der Praxis der Fall ist, erscheint zweifelhaft. Es steht zu vermuten, daß gleichwohl generell der Gesamtbetrag der Einkünfte als Bemessungsgröße für die Aufteilung verwendet wird. Auch aus dieser praktischen Sicht wäre eine Angleichung der Rechtsvorschriften sachgerecht.

Beim gemeinsamen Lohnsteuer-Jahresausgleich tritt an die Stelle der Einkünfte bzw des Gesamtbetrags der Einkünfte der nach Abzug der Werbungskosten verbleibende Arbeitslohn des einzelnen Ehegatten.

Einen besonderen Weg schließlich geht das KiStG **Berlin.** Dort wird die gegen beide Ehegatten festgesetzte gemeinsame Maßstabsteuer im Verhältnis der Beträge aufgeteilt, die sich bei einer **getrennten Veranlagung** für jeden Ehegatten ergeben würden.

Die Aufteilung der Maßstabsteuer unter Zugrundelegung einer fiktiven getrennten Veranlagung anstelle des Verhältnisses der Steuerbeträge, die sich für den jeweiligen Gesamtbetrag der Einkünfte ergeben, ist sachgerechter und wäre an sich auch wünschenswert. Gleichwohl haben Erschwernisse für die Verwaltungspraxis die übrigen Landesgesetzgeber offensichtlich bewogen, diesen Weg nicht zu gehen. Die fiktive Durchführung einer getrennten Veranlagung bei Ehegatten, die tatsächlich zusammen veranlagt werden, macht zusätzliche Ermittlungen notwendig, bei welchem Ehegatten

Sonderausgaben und außergewöhnliche Belastungen zu berücksichtigen sind.

Die übrigen Länder haben deshalb eine Lösung bevorzugt, bei der die für die Maßstabsteuer vorhandenen Daten der Besteuerungsgrundlagen auch für die Zwecke der Kirchensteuer ausreichen, und dabei in Kauf genommen, daß sich in Einzelfällen die Sonderausgaben und außergewöhnlichen Belastungen in der Person des kirchensteuerpflichtigen Ehegatten nicht hinreichend auswirken. Diese typisierende Regelung nach Maßgabe des Verhältnisses der Einkünfte ist vom FG Baden-Württemberg im Urt vom 27. 11. 1974 (EFG 1975, S 126) gebilligt worden. Diese Entscheidung ist durch BFH-Urteil vom 20. 12. 1977 VI R 39/75 (nv; vgl EFG 1979 S 105) bestätigt worden. Auch § 7 KiStG **Nordrhein-Westfalen** ist nach dem rechtskräftigen Urteil des FG Köln vom 13. 1. 1981 (EFG 1981 S 587) verfassungsgemäß, soweit zur Ermittlung des Anteils am gemeinsamen Einkommen von Eheleuten ein vereinfachter, schematisierender Berechnungsmodus auf der Grundlage der jeweiligen Einkünfte der Ehegatten vorgesehen ist; da die Regelung sich im Rahmen des zulässigen Ermessens des Gesetzgebers hält, besteht kein Anspruch auf Durchführung einer fiktiven Einkommensteuerveranlagung für Alleinstehende.

Es wäre hier noch anzufügen, daß die strenge Beachtung des Individualprinzips letztlich auch keine Aufteilung der gemeinsamen Bemessungsgrundlage bzw Maßstabsteuer zuläßt, sondern es erfordern würde, als Bemessungsgrundlage für die Kirchensteuer des kirchenangehörigen Ehegatten den Betrag zu bestimmen, der sich bei getrennter Veranlagung zur Einkommensteuer durch Anwendung der Grundtabelle auf das Einkommen des kirchenangehörigen Ehegatten ergibt. Wenn demgegenüber die gemeinsame Bemessungsgrundlage der Ehegatten aufgeteilt wird, so kommt dem kirchenangehörigen Ehegatten im allgemeinen ein Vorteil durch die Anwendung der Splittingtabelle auf die gemeinsame Bemessungsgrundlage zugute, der es seinerseits rechtfertigt, für die Aufteilung nicht das zu versteuernde Einkommen, sondern den Gesamtbetrag der Einkünfte zugrunde zu legen.

Die Aufteilungsmethode nach Maßgabe der Einkünfte bzw des Gesamtbetrags der Einkünfte soll an einem Beispiel verdeutlicht werden. Dazu ist nochmals zusammenzufassen, daß die Bemessungsgrundlage regelmäßig nicht gleich der festzusetzenden Einkommensteuer ist, sondern durch Teilung dieser für beide Ehegatten festzusetzenden gemeinsamen Maßstabsteuer ermittelt werden muß. Anknüpfungspunkte für diese Aufteilung sind die jeweiligen Einkünfte bzw der jeweilige Gesamtbetrag der Einkünfte beider Ehegatten und die diesen Anknüpfungspunkten entsprechende Einkommensteuer. Die sich für die Ehegatten hiernach ergebenden fiktiven Steuerbeträge werden ins gegenseitige Verhältnis gesetzt, und nach diesem Verhältnis wird die tatsächliche gemeinsame Einkommensteuer (Lohnsteuer) der Ehegatten aufgeteilt.

Beispiel:

Beide Ehegatten werden für 1987 mit folgenden Besteuerungsgrundlagen zusammen zur Einkommensteuer veranlagt:

Ehemann: Einkünfte aus Gewerbebetrieb		60 000 DM
Ehefrau: Bruttoarbeitslohn		25 000 DM

Es sind geltend gemacht:

Werbungskosten		1 000 DM
Vorsorgeaufwendungen	Ehemann	5 000 DM
Vorsorgeaufwendungen	Ehefrau	4 600 DM
	(Arbeitgeberbeitrag zur gesetzlichen Rentenversicherung)	2 300 DM)
Körperbehinderung Ehemann		50 vH

Die Ehegatten haben ein Kind unter 18 Jahren. Der Ehemann ist 67 Jahre, die Ehefrau 48 Jahre alt. Nur die Ehefrau ist kirchensteuerpflichtig.

Die Ermittlung der Kirchensteuerschuld des kirchensteuerpflichtigen Ehegatten vollzieht sich in mehreren Schritten.

1. **Ermittlung der gemeinsamen Einkommensteuerschuld der Ehegatten** (ggf einschließlich der Kinderentlastung für Zwecke der Kirchensteuer nach § 51 a EStG)

				DM
Gewerbliche Einkünfte				60 000
Einkünfte aus nichtselbständiger Arbeit				
Bruttoarbeitslohn			25 000	
– Werbungskosten		1 000		
– Weihnachtsfreibetrag		600		
– Arbeitnehmerfreibetrag		480	2 080	22 920
Summe der Einkünfte				82 920
– Altersentlastungsbetrag Ehemann				3 000
Gesamtbetrag der Einkünfte				79 920
– Vorsorgeaufwendungen		9 600		
vorweg abzugsfähig	6 000			
abzüglich Arbeitgeberanteil	2 300	3 700	3 700	
verbleibende Vorsorgeaufwendungen		5 900		
Höchstbeträge 2 340 + 2 340		4 680	4 680	
Hälftiger Abzug des übersteigenden Betrags von		1 220	= 610	
			8 990	
– Sonderausgaben-Pauschbetrag			540	9 530
				70 390
— Altersfreibetrag			720	
– Freibetrag wegen Körperbehinderung			1 110	
– Kinderfreibetrag			2 484	4 314
zu versteuerndes Einkommen				66 076
Einkommensteuer lt Splittingtabelle				14 862
– Kinderentlastung (§ 51 a EStG)				600
Maßstabsteuer zur Berechnung der Kirchensteuer				14 262

2. **Ermittlung der auf die jeweiligen Einkünfte** (bzw jeweiligen Gesamtbetrag der Einkünfte) **jedes Ehegatten entfallenden Einkommensteuer**

	Ehemann DM	Ehefrau DM
Einkünfte aus Gewerbebetrieb	60 000	
Einkünfte aus nichtselbständiger Arbeit		22 920
Summe der Einkünfte	60 000	22 920
– Altersentlastungsbetrag	3 000	
Gesamtbetrag der Einkünfte	57 000	22 920
Einkommensteuer lt Grundtabelle	17 816	4 176
Einkommensteuer zusammen	21 992	

Aus diesem Beispiel wird deutlich, daß bei der Ermittlung dieser Steuerbeträge Sonderausgaben und außergewöhnliche Belastungen unberücksichtigt bleiben, ebenso die sonstigen das Einkommen mindernden Steuervergünstigungen wie zB der steuerbegünstigte nicht entnommene Gewinn (§ 10 a EStG), der Verlustabzug (§ 10 d EStG), der Freibetrag für freie Berufe (§ 18 Abs 4 EStG), der Kinderfreibetrag (§ 32 Abs 6 EStG), der Altersfreibetrag (§ 32 Abs 8 EStG) ua. Auch ein bei der Ermittlung der Einkommensteuer ggf zu berücksichtigender Progressionsvorbehalt ist in diesem Zusammenhang nicht zu beachten. Der Progressionsvorbehalt wirkt sich regelmäßig bei der Ermittlung der für die Ehegatten maßgebenden gemeinsamen Einkommensteuer aus und ist somit in dem auf den kirchensteuerpflichtigen Ehegatten entfallenden Anteil an der gemeinsamen Bemessungsgrundlage berücksichtigt. In bestimmten Fällen kommt allerdings trotz Festsetzung einer Maßstabsteuer für die Ehegatten auf der Grundlage des Progressionsvorbehalts eine Kirchensteuer für den kirchensteuerpflichtigen Ehegatten nicht in Betracht; wenn bei der Ermittlung der fiktiven Steuerbeträge nach der Maßgabe des jeweiligen Gesamtbetrags der Einkünfte der Ehegatten dieser Gesamtbetrag bei jedem Ehegatten unter dem Eingangsbetrag der Grundtabelle liegt, so ist eine Aufteilung der gemeinsamen Bemessungsgrundlage nicht möglich.

3. Ermittlung des Anteils des kirchensteuerpflichtigen Ehegatten an der gemeinsamen Einkommensteuer der Ehegatten

$$\frac{\text{Einkommensteuer des kirchensteuerpflichtigen Ehegatten lt Grundtabelle} \times \text{gemeinsame Einkommensteuerschuld der Ehegatten}}{\text{Summe der Einkommensteuer der Ehegatten lt Grundtabelle nach Maßgabe der Einkünfte}}$$

$$\frac{4\ 176 \times 14\ 262}{21\ 992} = 2\ 708 \text{ DM.}$$

4. Berechnung der Kirchensteuer des kirchensteuerpflichtigen Ehegatten

Auf die anteilige Maßstabsteuer (im Beispielsfall: 2708 DM) wird die Kirchensteuer erhoben; bei einem Kirchensteuersatz von 9 vH beträgt die Kirchensteuer 243,72 DM.

5. Anrechnung von einbehaltener Kirchensteuer vom Arbeitslohn

Eine durch den Arbeitgeber einbehaltene Kirchensteuer wird auf die nach den vorstehenden Grundsätzen zu erhebende Kirchensteuer angerechnet.

	DM
Bruttoarbeitslohn	25 000
– Weihnachtsfreibetrag	600
	24 400
Lohnsteuer Steuerklasse III/1 lt Jahreslohnsteuertabelle	1 496
– Kinderentlastung (§ 51 a EStG)	600
Maßstabsteuer	896
Kirchensteuer 9 vH	80,64

Es ist ferner zu beachten, daß die zu erhebende Kirchensteuer nach dem Maßstab der Einkommensteuer uU auf ein etwa zu erhebendes Kirchgeld oder besonderes Kirchgeld anzurechnen ist (vgl hierzu im einzelnen die Anrechnungsvorschriften in Tz 4.7). Dies hat insbesondere Bedeutung in den Ländern, in denen zT das besondere Kirchgeld in glaubensverschiedenen Ehen erhoben wird (Berlin, Hamburg, Hessen, Rheinland-Pfalz und Schleswig-Holstein vgl Tz 4.5 und 5.5). Im vorangehenden Beispielsfall würde bei einem zu versteuernden Einkommen von 66 076 DM dieses besondere Kirchgeld 480 DM betragen. Die oben errechnete Kirchensteuer nach Maßgabe des Einkommens (243,72 DM) wäre auf dieses Kirchgeld anzurechnen.

Auf folgende Besonderheiten bei der Aufteilung der gemeinsamen Einkommensteuerschuld nach Maßgabe der Einkünfte bzw des Gesamtbetrags der Einkünfte ist noch hinzuweisen:

Die Zuordnung der Einkünfte auf die Ehegatten im Rahmen der Einkommensteuerveranlagung ist für die vorstehende Aufteilung verbindlich. Es kann nicht geltend gemacht werden, daß Einkünfte, die einem Ehegatten bei der Einkommensteuerveranlagung zugerechnet worden sind, nunmehr dem anderen – konfessionslosen – Ehegatten zuzurechnen seien (Urteil des Finanzgerichts München vom 27. 4. 1976 – EFG, S 406; vgl auch *Voß* in DStR 1979 S 317).

Für **Schleswig-Holstein** wird aus § 4 Abs 1 Nr 2 KiStG nicht deutlich, nach welchem Maßstab die gemeinsame Steuer aufzuteilen ist, doch ist in § 3 Abs 2 KiStDV in der Fassung der Änderung vom 11. 1. 1978 nach Maßgabe der Ermächtigung in § 12 Nr 2 KiStG die Regelung der anderen Bundesländer übernommen.

In **Niedersachsen** gilt die Besonderheit, daß die sich aufgrund der Gesamtbeträge der Einkünfte der Ehegatten ergebenden Steuerbeträge auf volle 10 DM abzurunden sind.

§ 7 KiStG **Nordrhein-Westfalen** ist entsprechend anzuwenden in Fällen, in denen die Eheleute der erweiterten unbeschränkten Einkommensteuerpflicht (§ 1 Abs 2 und 3 EStG) unterliegen und einer der Ehegatten im Veranlagungszeitraum Wohnsitz oder gewöhnlichen Aufenthalt im Inland begründet; auch wenn eine glaubensverschiedene Ehe insoweit nicht vorliegt, ist die Kirchensteuer für den kirchensteuerpflichtigen Ehegatten gleichwohl nach den Grundsätzen der glaubensverschiedenen Ehe zu berechnen (Finanzgericht Köln, Urteil vom 13. 10. 1982, EFG 1983 S 252).

Die Vorschriften des KiStG **Bayern** über die Bemessungsgrundlagen bei Ehegatten in glaubensverschiedener Ehe (§ 9 Abs 2 KiStG) hat der BFH im Urteil vom 1. 12. 1982 (BStBl 1983 II S 278) als nicht revisibel bezeichnet, weil diese Rechtsnorm dem Landesrecht angehöre.

Getrennte Veranlagung (§ 26 a EStG), Besondere Veranlagung (§ 26 c EStG), Lohnsteuer-Jahresausgleich (§ 42 EStG) und Steuerabzug vom Arbeitslohn

Bei der getrennten Einkommensteuerveranlagung, bei der ab 1986 in Betracht kommenden besonderen Veranlagung (vgl Tz 5.1.3), beim Lohnsteuer-Jahresausgleich von Ehegatten in den Fällen, in denen nur einer der Ehegatten Arbeitslohn bezogen hat, sowie beim Steuerabzug vom Arbeitslohn bestehen die vorstehend für die Zusammenveranlagung zur Einkommensteuer und beim gemeinsamen Lohnsteuer-Jahresausgleich dargestellten Schwierigkeiten und Besonderheiten nicht. Die Kirchensteuer bemißt sich in diesen Fällen stets nach der Einkommensteuerschuld bzw der Lohnsteuer des kirchensteuerpflichtigen Ehegatten, ggf gekürzt um die Kindergeldbeträge nach dem Kindergeldgesetz.

5.1.5 Bemessungsgrundlagen bei Beginn oder Ende der Kirchensteuerpflicht im Laufe des Steuerjahres

Quellen:

Baden-Württemberg	§ 7 Abs 1 Satz 4
Bayern	Art 6 Abs 3 iVm § 5 KiStDV
Berlin	–
Bremen	§ 6 Abs 6
Hamburg	–
Hessen	–
Niedersachsen	§ 3 KiStDV
Nordrhein-Westfalen	–
Rheinland-Pfalz	§ 10
Saarland	§ 5 Abs 2
Schleswig-Holstein	§ 5 Sätze 2 und 3

Bei Beginn oder Ende der Kirchensteuerpflicht während des Steuerjahres kann es uU nicht sachgerecht sein, als Bemessungsgrundlage die als Maßstabsteuer geltende Jahressteuer zugrunde zu legen, dann nämlich, wenn sich die Dauer der Kirchensteuerpflicht nicht mit der Dauer der Steuerpflicht bei der Maßstabsteuer deckt (zB beim Austritt aus der Kirche). Deshalb sehen die Kirchensteuergesetze der Länder bei fehlender zeitlicher Kongruenz von Kirchensteuerpflicht und Steuerpflicht im übrigen regelmäßig eine zeitanteilige Aufteilung der Bemessungsgrundlagen vor. Besteht andererseits die Kirchensteuerpflicht zwar nicht während des ganzen Steuerjahres, ist dies aber auch bei der Maßstabsteuer der Fall und ist die Dauer der Steuerpflicht bei der Kirchensteuer und der Maßstabsteuer identisch, so unterbleibt eine Aufteilung, für die dann kein Anlaß mehr gegeben ist. Eine Aufteilung der Maßstabsteuer entfällt somit stets, wenn gleichzeitig mit dem Beginn oder dem Ende der Kirchensteuerpflicht auch die unbeschränkte Einkommensteuerpflicht beginnt oder endet. Dies gilt allerdings nicht bei der sog erweiterten unbeschränkten Einkommensteuerpflicht iS des § 1 Abs 2 und 3 EStG. Da in diesen Fällen die Steuerpflichtigen weder einen Wohnsitz noch ihren gewöhnlichen Aufenthalt im Inland haben, die Kirchensteuerpflicht nach dem Territorialprinzip aber einen solchen Wohnsitz oder gewöhnlichen Aufenthalt im Gebiet der steuerberechtigten Kirche voraussetzt (vgl Tz 3.1), ist dieser Personenkreis nicht kirchensteuerpflichtig (vgl auch Urteil des FG Köln vom 13. 10. 1982, EFG 1983 S 252). Soweit in einem Steuerjahr ein Steuerpflichtiger sowohl unbeschränkt einkommensteuerpflichtig nach § 1 Abs 1 EStG als auch nach § 1 Abs 2 und 3 EStG ist, liegt wiederum ein Aufteilungsfall im oben erläuterten Sinne vor. Anders dagegen beim Wechsel von der unbeschränkten Einkommensteuerpflicht nach § 1 Abs 1 EStG zur beschränkten Einkommensteuerpflicht nach § 1 Abs 4 EStG oder umgekehrt; weil hier die Besteuerungsgrundlagen jeweils getrennt ermittelt und jeweils selbständige Steuerfestsetzungen durchgeführt werden, ist eine Aufteilung der Maßstabsteuer nicht vorzunehmen.

Die **Aufteilung der Maßstabsteuer** beim Auseinanderfallen von Dauer der Kirchensteuerpflicht und Dauer der unbeschränkten Einkommensteuerpflicht geschieht regelmäßig in der Weise, daß die Maßstabsteuer – verfahrenstechnisch zT auch die sich bei Zugrundelegung der Maßstabsteuer ergebende Jahreskirchensteuer – um ein Zwölftel für jeden Kalendermonat gekürzt wird, in dem die Kirchensteuerpflicht nicht bestand. Dieser in allen Bundesländern gehandhabten Praxis liegen allerdings keine übereinstimmenden, zT sogar unzureichende Rechtsgrundlagen zugrunde.

In den Ländern **Baden-Württemberg, Bayern, Bremen, Niedersachsen, Saarland** und **Schleswig-Holstein** ist die **Zwölftelung** gesetzlich normiert, zT allerdings nur im Verordnungswege. Im Gesetz des Landes **Rheinland-Pfalz** ist lediglich von einer zeitanteiligen Aufteilung der Bemessungsgrundlage die Rede, doch wird man diese Formulierung als hinreichende Grundlage für die Zwölftelung ansehen können. Für **Berlin, Hamburg, Hessen** und **Nordrhein-Westfalen** fehlen jegliche gesetzlichen Vorschriften für die Zwölftelung, die hier verwaltungsmäßig aufgrund von Verwaltungsanordnungen praktiziert wird.

Von diesem Ausgangspunkt her hat der Bundesfinanzhof im Urt vom 25. 10. 1975 (BStBl 1976 II, S 101) entschieden, daß die in Rede stehende Zwölftelung beim Fehlen einer entsprechenden gesetzlichen Grundlage nicht zulässig ist. Diese Entscheidung hat zur Folge, daß als Bemessungsgrundlage für die Kirchensteuer vom Einkommen nur das während der Zeit des Bestehens der Kirchensteuerpflicht erzielte Einkommen zugrunde gelegt werden kann. Der Bundesfinanzhof hat offensichtlich auch die Schwierigkeiten bei der Ermittlung der als Bemessungsgrundlage maßgebenden Einkommensteuer gesehen und es deshalb zugelassen, die Maßstabsteuer ggf zu schätzen.

Der vorgenannte Rechtsspruch stellt die seitherige bundeseinheitliche Praxis der Zwölftelung weitgehend in Frage, soweit hinreichende Rechtsgrundlagen fehlen. Bei deren Vorhandensein dagegen ist die Zwölftelung nach dem Urteil des VG Hannover – 1. Kammer Hildesheim – vom 6. 2. 1980 – 1 Hi VG A 46/79 (vgl NWB Fach 1/1980 S 62) verfassungsgemäß; der zusätzlich notwendig werdende Verwaltungsaufwand rechtfertigt den Verzicht auf eine besondere Ermittlung der Bemessungsgrundlage nur für den Zeitraum der Kirchensteuerpflicht (desgleichen VG Braunschweig, Urteil vom 11. 4. 1979, DStR 1981 S 50; ferner OVG Lüneburg, Urteil vom 16. 10. 1985 – 13 OVG A 19/85, NWB Fach 1/1986 S 279). Das Land **Bremen** hat inzwischen die genannte Entscheidung zum Anlaß genommen, das Kirchensteuergesetz im Sinne der Zwölftelung zu novellieren. Das FG Bremen hat diese Regelung als verfassungsgemäß bestätigt (Urteil v. 30. 4. 1987, EFG 1987 S 423 –

rkr). In den noch verbleibenden Ländern sind Rechtsergänzungen in diesem Sinne noch nicht vorgenommen worden.

Im allgemeinen wird die Zwölftelung zu sachgerechten Ergebnissen führen, so daß die Notwendigkeit einer gesetzlichen Vorschrift in aller Regel keine Bedeutung haben wird. Gegen die Zwölftelung kann aber eingewendet werden, daß diese Methode in Ausnahmefällen zu unbefriedigenden Ergebnissen führen kann, beispielsweise dann, wenn außerordentliche Einkünfte von erheblicher Höhe in einem Zeitraum anfallen, in dem die Kirchensteuerpflicht noch nicht oder nicht mehr bestand. Auch bei erheblich schwankenden Einkünften im Laufe des Kalenderjahres können Härten für den Kirchensteuerpflichtigen eintreten. Rückt man aus dieser Überlegung heraus von einer Zwölftelung ab, so ist es andererseits auch nicht sachgerecht, bestimmte außerordentliche Einkommensteile, die während des Bestehens der Kirchensteuerpflicht erzielt worden sind, in eine Zwölftelung einzubeziehen. Zu den besonderen Problemfällen einer sog „verdeckten" Nachversteuerung nach Kirchenaustritt als Folge des Zwölftelungsverfahrens vgl *Koops* in BB 1980 S 883.

Gleichwohl dürften die angesprochenen Sonderfälle es uE den Landesgesetzgebern nicht verwehren, eine praktikable Regelung im Sinne der Zwölftelung zu treffen. Soweit die Zwölftelung normiert ist, dürfte sie richterlicher Überprüfung standhalten. Die Beibehaltung der Zwölftelung lediglich durch Verwaltungsanordnung und der Verzicht auf sie in Sonderfällen aus Anlaß richterlicher Entscheidung sollte im Interesse der Rechtssicherheit nicht auf Dauer erwogen werden.

Die Frage nach der Bemessungsgrundlage bei Beginn oder Ende der Kirchensteuerpflicht im Laufe des Kalenderjahres stellt sich im einzelnen bei den folgenden Sachverhalten:

Geburt oderTod im Laufe des Steuerjahres

Da die Dauer der Kirchensteuerpflicht mit der unbeschränkten Einkommensteuerpflicht übereinstimmt, bedarf es einer zeitanteiligen Aufteilung der Maßstabsteuer nicht. Die Jahresmaßstabsteuer ist Bemessungsgrundlage für die Kirchensteuer.

Zuzug aus dem Ausland oder Wegzug in das Ausland im Laufe des Steuerjahres

Bei dem Beginn bzw der Beendigung der unbeschränkten Einkommensteuerpflicht durch Zuzug aus dem Ausland oder Wegzug in das Ausland im Laufe des Steuerjahres kommt ebenfalls eine Aufteilung der Bemessungsgrundlage nicht in Betracht. Zu den Besonderheiten beim Wechsel zwischen unbeschränkter Einkommensteuerpflicht nach § 1 Abs 1 EStG und der erweiterten unbeschränkten Einkommensteuerpflicht nach § 1 Abs 2 und 3 EStG vgl die Erläuterungen im ersten Absatz dieser Tz.

Kircheneintritt bzw Kirchenaustritt im Laufe des Steuerjahres

Bei Kircheneintritt, ggf auch bei Kirchenwiedereintritt, bzw bei Kirchenaustritt im Laufe des Steuerjahres sind die Bemessungsgrundlagen zeitanteilig aufzuteilen. Diese Aufteilung erfolgt durch Zwölftelung der Maßstabsteuer bzw der sich aus der Maßstabsteuer ergebenden Jahreskirchensteuer. Die Kirchensteuer ist von der so aufgeteilten Maßstabsteuer für die Zeit der Kirchensteuerpflicht zu berechnen. Wegen des Beginns der Kirchensteuerpflicht bei Eintritt in eine Kirche oder Religionsgemeinschaft und des Endes der Kirchensteuerpflicht bei Kirchenaustritt vgl Tz 3.2 und 3.3.

Die Ermittlung der Kirchensteuer durch Zwölftelung der Maßstabsteuer bereitet keine Schwierigkeiten, wenn die Maßstabsteuer des Kirchensteuerpflichtigen, ggf gekürzt um die Kinderentlastungsbeträge, feststeht. Das ist der Fall

a) bei Alleinstehenden;
b) bei Ehegatten, die getrennt zur Einkommensteuer veranlagt werden;
c) bei Ehegatten in den Fällen der besonderen Veranlagung im Veranlagungszeitraum der Eheschließung (§ 26 c EStG);
d) bei Ehegatten in den Fällen des nicht gemeinsamen Lohnsteuer-Jahresausgleichs (§ 42 EStG);
e) bei Ehegatten, die zusammen veranlagt werden oder für die ein gemeinsamer Lohnsteuer-Jahresausgleich durchgeführt wird, wenn sie zum gleichen Zeitpunkt im Laufe des Jahres in die Kirche eintreten oder aus ihr austreten.

Dagegen ist eine besondere Ermittlung der Maßstabsteuer für die Berechnung der Kirchensteuer erforderlich, wenn bei Eheleuten, die zusammen veranlagt werden bzw für die ein gemeinsamer Lohnsteuer-Jahresausgleich durchgeführt wird, nur ein Ehegatte im Laufe des Jahres in die Kirche eintritt oder aus ihr austritt oder die Ehegatten beide, aber zu unterschiedlichen Zeitpunkten ein- oder austreten. In diesen Fällen liegt für einen Teil des Jahres eine glaubensverschiedene Ehe vor.

Zur Ermittlung der Kirchensteuer ist der Veranlagungszeitraum bzw das Ausgleichsjahr aufzuteilen in einen Abschnitt der konfessionsgleichen bzw konfessionsverschiedenen Ehe und einen Abschnitt der glaubensverschiedenen Ehe.

Beispiel:

Das zu Tz 5.1.4 erläuterte Beispiel zur Kirchensteuerberechnung in glaubensverschiedener Ehe wird um folgenden Sachverhalt ergänzt:

Beide Ehegatten sind zu Beginn des Jahres 1987 kirchensteuerpflichtig (konfessionsgleiche Ehe). Der Ehemann tritt am 15. 7. 1987 aus der Kirche aus. Die Kirchensteuerpflicht soll mit dem 31. 7. 1987 enden. Die Ehefrau tritt am 20. 11. 1987 aus der Kirche aus; ihre Kirchensteuerpflicht endet mit dem 30. 11. 1987.

Die Kirchensteuer berechnet sich in diesem Fall wie folgt:

Januar bis Juli 1987	DM
Einkommensteuer lt Splittingtabelle abzüglich Kinderentlastung	14 262,—
hiervon entfallen 7/12 auf den Zeitraum der konfessionsgleichen Ehe	8 319,—
Kirchensteuer	748,71

(bei konfessionsverschiedener Ehe wäre diese Kirchensteuer nach dem Halbteilungsgrundsatz auf die beiden steuerberechtigten Kirchen oder Religionsgemeinschaften aufzuteilen)

August bis November 1987

Für diesen Zeitraum der glaubensverschiedenen Ehe ist zeitanteilig der Teil der Maßstabsteuer zugrunde zu legen, der auf die Ehefrau nach dem Aufteilungsmaßstab der Steuer nach dem Gesamtbetrag der Einkünfte jedes Ehegatten entfällt.

Nach dem Beispiel zu Tz 5.1.4 beträgt der auf die Ehefrau entfallende Teil der gemeinsamen Einkommensteuer	2 708,—
Bemessungsgrundlage für den Zeitraum der glaubensverschiedenen Ehe sind zeitanteilig $^{4}/_{12}$ hiervon	902,—
Die Kirchensteuer beträgt 9 vH	81,18
Für das Jahr 1987 beträgt die Kirchensteuer insgesamt 748,71 DM + 81,18 DM	829,89

Zur Kirchensteuerberechnung zusammenveranlagter Ehegatten bei Kirchenaustritten im Laufe des Veranlagungszeitraums wird auch auf die Darstellung von *Dieckmann* in FR 1972, S 317 ff, hingewiesen.

Wohnsitzwechsel im Laufe des Steuerjahres

Nach den Kirchensteuergesetzen der Länder ist Voraussetzung für die Kirchensteuerpflicht neben der Kirchenangehörigkeit das Innehaben eines Wohnsitzes oder des gewöhnlichen Aufenthalts im Sinne der Steuergesetze in dem jeweiligen Bundesland. Bei einem Wohnsitzwechsel in ein anderes bzw aus einem anderen Bundesland führt somit die Aufgabe des alten bzw die Begründung des neuen Wohnsitzes oder gewöhnlichen Aufenthalts zum Ende und wiederum zum Beginn der Kirchensteuerpflicht.

Für das Jahr des Wohnsitzwechsels besteht somit zwar ganzjährig Kirchensteuerpflicht, dies jedoch aufgrund unterschiedlicher rechtlicher Vorschriften und grundsätzlich auch unter der Annahme verschiedener Zuständigkeiten für die Erhebung der Kirchensteuer. Denn eine Kirchensteuererhebung wäre grundsätzlich jeweils für die Zeit vor dem Wohnsitzwechsel und für die Zeit danach von dem in Betracht kommenden Kirchensteuergläubiger bzw der mit der Verwaltung beauftragten Finanzbehörde erforderlich. Dabei stellt sich – wie bei Kircheneintritt und Kirchenaustritt – die Frage nach einer Aufteilung der Bemessungsgrundlage, da zwischen jeweiliger Kirchensteuerpflicht und unbeschränkter Einkommensteuerpflicht keine Identität besteht. Anders als bei diesen Sachverhalten ist allerdings die Aufteilungsfrage aus der Sicht des Kirchensteuerpflichtigen weitgehend ohne Bedeutung, zumal dann, wenn der Hundertsatz der Kirchensteuer vom Einkommen in den beiden oder mehreren Wohnsitzländern gleich hoch ist. Lediglich bei unterschiedlichen Hundertsätzen kann ein Interesse für eine besondere Ermittlung der Bemessungsgrundlagen für Zwecke der Kirchensteuer bestehen, beispielsweise, wenn im zu versteuernden Einkommen ein hoher Veräußerungsgewinn enthalten ist, der in dem Zeitraum der Kirchensteuerpflicht mit geringerem Hundertsatz entstanden ist. Gleichwohl sind auch hier die Auswirkungen ungleich geringer als beim Kircheneintritt bzw -austritt.

In der Praxis ist die aufgezeigte Problematik für diesen Bereich in der Weise gelöst, daß die Kirchensteuer für das Jahr des Wohnsitzwechsels von dem Kirchensteuergläubiger des Landes, in dessen Bereich der Kirchensteuerpflichtige für das Umzugsjahr zur Einkommensteuer veranlagt wird, bzw – bei Verwaltung der Kirchensteuer durch die Finanzbehörden – von dem für die Einkommensteuerveranlagung zuständigen Finanzamt festgesetzt wird. Bei unterschiedlichem Hundertsatz der Kirchensteuer vom Einkommen wird dabei eine Zwölftelung der Maßstabsteuer vorgenommen. Die Kirchensteuer wird dann entsprechend der Dauer des jeweiligen Wohnsitzes oder gewöhnlichen Aufenthaltes mit dem Hundertsatz erhoben, der für das jeweilige Bundesland gilt.

Beispiel:

Wohnsitzwechsel von Baden-Württemberg (Kirchensteuer 8 vH) nach Rheinland-Pfalz (Kirchensteuer 9 vH) am 15. 4. 1987

	DM
Maßstabsteuer (ggf nach Kürzung um Kinderentlastungsbeträge)	3600
hiervon 1/12 = 300 DM	
Kirchensteuer für die Zeit der Kirchensteuerpflicht	
a) in Baden-Württemberg	
4 Monate × 300 DM = 1200 DM × 8 vH =	96
b) in Rheinland-Pfalz	
8 Monate × 300 DM = 2400 DM × 9 vH =	216
Kirchensteuer 1987	312

Eine gesetzliche Rechtsgrundlage für diese Verfahrensweise besteht lediglich in **Bayern** (§§ 6 und 7 KiStDV). Die landesrechtlichen Regelungen im übrigen enthalten keine Vorschriften darüber, wie im Falle des Wohnsitzwechsels des Kirchensteuerpflichtigen im Laufe des Kalenderjahres zu verfahren ist. Die obersten Finanzbehörden haben sich aber im Jahre 1955 auf das oben erläuterte Verfahren abgestimmt und im Anschluß an diese Vereinbarung übereinstimmende Verwaltungsanordnungen in diesem Sinne herausgegeben.

Es sind Bedenken geäußert worden, ob diese Anordnungen als hinreichende Grundlage für das praktizierte Verfahren bei Wohnsitzwechsel gelten können. So hat das Finanzgericht Hamburg im Urteil vom 27. 6. 1974 (EFG, S 591) in einem Fall des Wohnsitzwechsels von Schleswig-Holstein nach Hamburg entschieden, daß die Erhebung von Kirchensteuern im Falle des Umzugs des Kirchensteuerpflichtigen für vor dem Umzug liegende Zeiträume nicht auf das neue Wohnsitzfinanzamt übergehen könne. Die oben erwähnten Anordnungen reichen nach dieser Entscheidung für eine wirksame Übertragung der Zuständigkeit der Kirchensteuererhebung an das neue Wohnsitzfinanzamt nicht aus. Selbst eine isolierte landesgesetzliche Regelung genügt nach Auffassung des Gerichts offensichtlich für eine solche Übertragung nicht; neben einer gesetzlichen Regelung bedürfe es zusätzlich des Abschlusses von Staatsverträgen zwischen den beteiligten Bundesländern.

Ungeachtet dieses Rechtsstreits, der inzwischen durch Rücknahme der Revision erledigt ist (vgl Hinweis in EFG 1979 S 2), haben die obersten Finanzbehörden im Einvernehmen mit den Kirchen bisher keinen Anlaß gesehen, von den dargestellten Regelungen abzugehen.

5.2 Bemessungsgrundlage für die Kirchensteuer vom Vermögen

Quellen:

Baden-Württemberg	–
Bayern	–
Berlin	§ 3 Abs 5 Satz 2
Bremen	–
Hamburg	–

Hessen	§ 2 Abs 1 Nr 3
Niedersachsen	§ 7 Abs 3 Satz 1
Nordrhein-Westfalen	§ 4 Abs 1 Nr 2
Rheinland-Pfalz	§ 8
Saarland	§ 9 Satz 1
Schleswig-Holstein	§ 3 Abs 1 Nr 2

In Tz 4.2 ist erläutert, daß die landesrechtlichen Grundlagen nur zT die Erhebungsform der Kirchensteuer vom Vermögen vorsehen.

Soweit hiernach Kirchensteuer vom Vermögen erhoben werden kann, bestimmen die Gesetze der Länder zT im Rahmen der Vorschriften über die Bemessungsgrundlagen auch im einzelnen die Bemessungsgrundlage für die Kirchensteuer vom Vermögen. Teilweise verzichten aber die gesetzlichen Vorschriften auf eine besondere Benennung der Bemessungsgrundlagen, indem sie offensichtlich die Normierung im Rahmen der Kirchensteuerarten als insoweit ausreichend ansehen.

Maßstab für die Kirchensteuer vom Vermögen ist die für das Steuerjahr festzusetzende Vermögensteuerschuld. Die Kirchensteuer wird mit einem Hundertsatz dieser Vermögensteuer erhoben.

Bemessungsgrundlage bei Zusammenveranlagung zur Vermögensteuer

Quellen:

Baden-Württemberg	–
Bayern	–
Berlin	§ 4
Bremen	–
Hamburg	–
Hessen	–
Niedersachsen	§ 7 Abs 3 Sätze 2 und 3
Nordrhein-Westfalen	§ 6 Abs 3

Rheinland-Pfalz	§ 8
Saarland	§ 9 Satz 2
Schleswig-Holstein	§ 4 Abs 2, § 12 Nr 3

Die Rechtsvorschriften über die Vermögensteuer sehen beim Vorliegen bestimmter Voraussetzungen eine Zusammenveranlagung von Ehegatten, ggf auch von Eltern mit Kindern, kraft Gesetzes vor (§ 14 Vermögensteuergesetz). Die an die Vermögensteuer als Maßstabsteuer anknüpfenden landesgesetzlichen Kirchensteuervorschriften sind insoweit nicht einheitlich. Soweit nicht überhaupt ausdrückliche Regelungen fehlen (zB **Hessen**), wird regelmäßig von einer Individualbesteuerung des einzelnen Kirchensteuerpflichtigen ausgegangen. Dabei gilt als Vermögensteuerschuld des einzelnen kirchensteuerpflichtigen Beteiligten der Teil der gemeinsamen Vermögensteuerschuld, der auf ihn entfällt, wenn die gemeinsame Steuer im Verhältnis der Vermögensteuerbeträge aufgeteilt wird, die sich bei einer getrennten Veranlagung der Beteiligten ergeben würden. Wegen der fehlenden Progressionswirkung der Vermögensteuer wirft die auch hier notwendige rechnerische Aufteilung der gemeinsamen Maßstabsteuer nicht die besonderen Probleme auf wie bei der Kirchensteuer vom Einkommen.

Im Gesetz des Landes **Rheinland-Pfalz** ist in § 8 Abs 2 aus Vereinfachungsgründen bestimmt, daß bei einer Zusammenveranlagung kirchensteuerpflichtiger Personen zur Vermögensteuer die Kirchensteuer nach dem kopfanteiligen Bruchteil der gemeinsamen Vermögensteuer bemessen wird; die Beteiligten sind Gesamtschuldner. Nach § 8 Abs 3 können jedoch die Beteiligten, wenn sie verschiedenen Kirchen angehören, dieser schematischen Aufteilung widersprechen und eine Individualbesteuerung verlangen.

In **Niedersachsen** ist bei konfessionsverschiedenen Beteiligten eine solche rechnerische Aufteilung nach Köpfen ausgeschlossen (§ 9 Abs 3 Satz 3). Dies wird damit begründet, daß nach dem in Tz 5.1.2 erwähnten Beschluß des Bundesverfassungsgerichts vom 20. 4. 1966 die Anwendung des Halbteilungsgrundsatzes bei konfessionsverschiedenen Ehen nur dann zulässig sein soll, wenn die Ehegatten die Möglichkeit haben, die getrennte Veranlagung bei der Maßstabsteuer zu wählen; dieses Wahlrecht besteht jedoch bei der Veranlagung zur Vermögensteuer nicht.

5.3 Bemessungsgrundlage für die Kirchensteuer vom Grundbesitz

Quellen:

Baden-Württemberg	§ 6
Bayern	Art 16
Berlin	§ 3 Abs 5 Satz 2
Bremen	–
Hamburg	–
Hessen	§ 2 Abs 1 Nr 2
Niedersachsen	§ 7 Abs 4
Nordrhein-Westfalen	§ 4 Abs 1 Nr 3
Rheinland-Pfalz	§ 9
Saarland	§ 4 Abs 1 Nr 3
Schleswig-Holstein	§ 3 Abs 1 Nr 3, § 12 Nr 4

Außer in den Stadtstaaten **Bremen** und **Hamburg** ist in allen übrigen Landesgesetzen die Erhebung von Kirchensteuer vom Grundbesitz möglich. Auch bei dieser Kirchensteuerart sind die Vorschriften über die Bemessungsgrundlagen in der gesetzlichen Ausformulierung mehr oder weniger ausführlich. Während in einigen Gesetzen auch insoweit die Normierung auf die Benennung der Bemessungsgrundlagen im Rahmen der Aufzählung der Kirchensteuerarten beschränkt bleibt (zB **Hessen, Nordrhein-Westfalen, Schleswig-Holstein)**, bestimmen dagegen andere Gesetze die Bemessungsgrundlagen detailliert (zB **Baden-Württemberg, Niedersachsen, Rheinland-Pfalz)**.

Nach § 9 Abs 4 des Kirchensteuergesetzes **Rheinland-Pfalz** sind Maßstab für die Kirchensteuer vom Grundbesitz die Grundsteuermeßbeträge, die für den Beginn des Steuerjahres oder für einen früheren Zeitpunkt festzusetzen und einer Grundsteuerschuld für das Steuerjahr zugrunde zu legen sind. Diese Definition hat allgemein Gültigkeit für die Bestimmung der Bemessungsgrundlage. Die Kirchensteuer selbst wird mit einem Hundertsatz der Grundsteuermeßbeträge erhoben.

Wie bei den anderen Erhebungsarten stellt sich auch bei der Kirchensteuer vom Grundbesitz die Frage nach der **Aufteilung** der Bemessungsgrundlagen, dann nämlich, wenn ein Grundsteuermeßbetrag für mehrere Miteigentümer zusammen festgesetzt wird. Grundsätzlich ist auch hier das Prinzip der Individualbesteuerung maßgebend, so daß für den einzelnen Beteiligten der auf ihn entfallende Anteil der Bemessungsgrundlage zu ermitteln ist. Als Grundsteuermeßbetrag des Beteiligten gilt dabei der Teil des gemeinsamen Grundsteuermeßbetrages, der auf ihn entfällt, wenn der gemeinsame Meßbetrag in dem Verhältnis aufgeteilt wird, in dem die auf die einzelnen Beteiligten entfallenden Anteile am festgestellten Einheitswert des Grundbesitzes zueinanderstehen (§ 9 Abs 1 Satz 2 KiStG **Rheinland-Pfalz**).

Im einzelnen gelten noch folgende, vom vorstehenden Individualprinzip teilweise abweichende Besonderheiten:

Nach § 6 Abs 2 Nr 2 KiStG **Baden-Württemberg** können – aus Vereinfachungsgründen – bei der notwendigen Aufteilung der Bemessungsgrundlagen gleiche Anteile der Beteiligten angenommen werden, wenn nichts anderes nachgewiesen oder bekannt ist; bei Ehegatten, die der gleichen Religionsgemeinschaft angehören und für die gemeinsam ein Grundsteuermeßbetrag festgesetzt worden ist, kann eine Aufteilung unterbleiben (§ 6 Abs 3).

Auch in **Niedersachsen** entfällt bei der konfessionsgleichen Ehe die Aufteilung der Bemessungsgrundlagen (§ 7 Abs 4 KiStG). Darüber hinaus ermächtigt § 7 Abs 4 Satz 3 die Kirchen, Regelungen zur Vereinfachung des Aufteilungsverfahrens in den Kirchensteuerordnungen zu treffen. Solche Regelungen sollen einen im Verhältnis zu den oft niedrigen Kirchensteuerbeträgen unangemessen hohen Verwaltungsaufwand möglichst vermeiden helfen.

In **Rheinland-Pfalz** wird nach § 9 Abs 2 KiStG die Steuer in den Fällen konfessionsgleicher und konfessionsverschiedener Ehe nach Halbteilung des gemeinsamen Meßbetrages festgesetzt; dies gilt auch dann, wenn neben den Ehegatten noch andere Personen am Grundstück und am Steuermeßbetrag beteiligt sind. Die Bemessungsgrundlagen für diese anderen Personen sind jedoch aus der gemeinsamen Bemessungsgrundlage durch individuelle Aufteilung auszuscheiden. Die Ehegatten haben nach § 9 Abs 3 die Möglichkeit, anstelle der Halbteilung die Individualbesteuerung zu wählen.

5.4 Bemessungsgrundlage für das Kirchgeldd

Wie bereits erwähnt, verzichten die landesrechtlichen Kirchensteuervorschriften weithin auf eine ausdrückliche Beschreibung der Bemessungsgrundlagen für das Kirchgeld und legen allenfalls fest, daß eine Erhebung mit festen oder gestaffelten Beträgen möglich ist; die Festlegung von Kriterien für die Bemessungsgrundlagen bleibt den Kirchensteuergläubigern in ihren Kirchensteuerordnungen überlassen. Eine Ausnahme von diesem Grundsatz macht allerdings **Bayern,** das in den Artikeln 21 und 22 KiStG detaillierte Rahmenvorschriften für die Bemessungsgrundlage zur Erhebung des Kirchgelds getroffen hat.

Die Bestimmung der Bemessungsgrundlagen in den Kirchensteuerordnungen ist recht unterschiedlich. Zum Teil bestehen ausführliche Regelungen, bei denen die bayerischen Vorschriften offensichtlich als Vorlage gedient haben. Nachstehend ein **Beispiel** für eine solche kirchenrechtliche Regelung:

„Das Kirchgeld kann erhoben werden von allen Mitgliedern der Kirchengemeinde, die bei Beginn des Kalenderjahres das 18. Lebensjahr vollendet haben und im Vorjahr eigene Einkünfte hatten. Unterhalt bei Tätigkeit im Haushalt oder im Betrieb desjenigen, der den Unterhalt gewährt, gilt als eigenes Einkommen. Dies gilt nicht für Ehegatten ohne eigenes Einkommen.

Der Kreis der Kirchgeldpflichtigen kann von der Kirchengemeinde enger als in Abs 2 vorgesehen gefaßt werden.

Empfänger von Sozialhilfe (§ 11 des Bundessozialhilfegesetzes in der jeweils geltenden Fassung) sind von der Entrichtung des Kirchgeldes befreit.

Das Kirchgeld kann in einem festen Betrag bis höchstens 12,– Deutsche Mark jährlich erhoben werden. Es kann ferner als gestaffeltes Kirchgeld nach der Höhe der Einkünfte (Abs 2) oder des zur Einkommensteuer herangezogenen Einkommens oder nach anderen Maßstäben festgesetzt werden, wobei der Mindestsatz 6,– Deutsche Mark und der Höchstsatz 60,– Deutsche Mark jährlich nicht übersteigen darf.

Ehegatten werden jeder für sich nach der in ihrer jeweiligen Person gegebenen Bemessungsgrundlage zum Kirchgeld veranlagt.

Bei Erhebung eines gestaffelten Kirchgeldes müssen die Grundsätze für die Staffelung in dem Beschluß so angegeben werden, daß der Steuerpflichtige die Höhe seines Kirchgeldes nachprüfen kann.

Bei mehrfachem Wohnsitz ist für die Erhebung des Kirchgeldes bei Verheirateten diejenige Kirchengemeinde zuständig, in deren Bereich die Familie wohnt, und bei Unverheirateten (Ledigen, Verwitweten, Geschiedenen) die Kirchengemeinde, von der aus der Kirchgeldpflichtige seiner Beschäftigung nachgeht; im Zweifelsfalle entscheidet der .....

Wechselt ein Kirchgeldpflichtiger während eines Jahres seinen Wohnsitz innerhalb des Bereiches der ....., so steht das Kirchgeld für das laufende Jahr derjenigen Kirchengemeinde zu, in deren Bereich der Kirchgeldpflichtige am 1. April seinen Wohnsitz hatte."

Andere Kirchensteuerordnungen bestimmen die Bemessungsgrundlagen für das Kirchgeld weniger deutlich, beispielsweise dergestalt, daß „für das Kirchgeld das Einkommen oder der Grundbesitz als Bemessungsgrundlage dienen kann".

Gleichwohl kann von weitgehend übereinstimmenden Voraussetzungen für die Erhebung des Kirchgeldes ausgegangen werden, denn im Gegensatz zu den Kirchensteuern nach dem Maßstab staatlicher Steuern können auch die ausführlicheren Definitionen beim Kirchgeld nur als grobe Rahmenvorschriften verstanden werden. Auch beim Fehlen solcher Rahmenvorschriften dürften in der Praxis vergleichbare Kriterien Anwendung finden.

In **Berlin** können allerdings zum Kirchgeld nur Gemeindeglieder mit wiederkehrenden Bezügen iSd § 22 EStG herangezogen werden; Bemessungsgrundlage sind die Einkünfte iSd § 22 Nr 1 Buchst a EStG.

In BB 1983 S 1773 hat *Horlemann* Zweifel geäußert, ob das in Bayern von den Kirchengemeinden erhobene Kirchgeld als Kirchensteuer im Sinne des KiStG Bayern – und damit auch als nach § 10 Abs 1 Nr 4 EStG abziehbare Sonderausgaben – angesehen werden kann, weil fraglich sei, ob für die kirchliche Ausgestaltung der Bemessungsgrundlage für das Kirchgeld eine hinreichende Ermächtigung durch das staatliche Kirchensteuerrecht gegeben sei. Angesichts des zum besonderen Kirchgeld in glaubensverschiedener Ehe ergangenen Beschlusses des Bundesverfassungsgerichts vom 23. 10. 1986 – 2 BvL 7 und 8/84, HFR 1987 S 143, dürften diese Zweifel insoweit weitgehend zerstreut sein, als das BVerfG es als sachgerecht ansieht, daß der jeweilige Landesgesetzgeber den kirchlichen öffentlich-rechtlichen Körperschaften eigenständige Regelungsbefugnisse einräumt und diese autonome Befugnis ausdrücklich für das Kirchgeld als Anwendungsbereich aufzeigt.

5.5 Bemessungsgrundlage für das besondere Kirchgeld

Das besondere Kirchgeld in glaubensverschiedener Ehe, das in einigen Kirchensteuergesetzen als besondere Kirchensteuerart ausgestaltet ist und das deshalb auch in Tz 4.5 gesondert abgehandelt ist, kennt wie das allgemeine Kirchgeld, als dessen Sonderfall es zT auch verstanden wird, keine landesgesetzlichen Vorschriften über die Bemessungsgrundlagen. Anders als beim allgemeinen Kirchgeld fehlen auch in Bayern staatliche Rahmenvorschriften, da in Bayern das besondere Kirchgeld nicht als eigenständige Kirchensteuerart ausgebildet ist.

Die Bestimmung der Bemessungsgrundlagen ist somit den Kirchen in den Kirchensteuerordnungen vorbehalten. Die hier gegebene kirchliche Autonomie ist allerdings faktisch weitgehend eingeschränkt. Da die Anknüpfung des besonderen Kirchgelds an den tatsächlichen **Lebensführungsaufwand** des kirchenangehörigen, einkommenslosen Ehegatten als in der Praxis nicht durchführbar angesehen wird, geht man bei den Überlegungen zur Bestimmung der Bemessungsgrundlage davon aus, daß das Einkommen des nicht der Kirche angehörenden Ehegatten zwar nicht unbedingt auf die wirtschaftliche Leistungsfähigkeit des kirchenangehörigen Ehegatten schließen läßt, daß dieses Einkommen aber dennoch mit diesem Lebensführungsaufwand im Zusammenhang steht und deshalb als Bemessungsgrundlage für das besondere Kirchgeld dienen kann. Die Höhe dieses Einkommens kann eine sachgerechte Staffelung der Beträge des besonderen Kirchgelds steuern, wobei im Hinblick auf die Anknüpfung an das Einkommen unter Außerachtlassung der tatsächlichen wirtschaftlichen Leistungsfähigkeit des kirchenangehörigen Ehegatten eine grobe Staffelung der Einkommensstufen und des davon abhängigen besonderen Kirchgelds geboten erscheint.

Die Anknüpfung an das Einkommen als einkommensteuerrechtlichen Begriff und damit einhergehend die Möglichkeit, die Finanzbehörden aufgrund der dort vorhandenen Steuervorgänge mit der Verwaltung des besonderen Kirchgelds zu beauftragen, haben dazu geführt, daß die Kirchensteuerordnungen, soweit sie eine Erhebung des besonderen Kirchgelds ermöglichen, als Bemessungsgrundlage für das besondere Kirchgeld übereinstimmend das zu versteuernde Einkommen der Ehegatten nach § 2 Abs 5 EStG festlegen. In **Berlin** gilt dies nach den Kirchensteuerordnungen und -beschlüssen mit der besonderen Maßgabe, daß diese Bemessungsgrundlage beim Vorhandensein von Kindern, die nach den Vorschriften des Einkommensteuergesetzes zu berücksichtigen sind, um den Anteil zu kürzen ist, der den Kinderentlastungsbeträgen nach § 51 a EStG entspricht (vgl zuletzt BStBl 1986 Teil I, S 271 ff). In **Hamburg** wird auf Grund von Änderungen der Kirchensteuerbeschlüsse der einzelnen Kirchensteuergläubiger (vgl BStBl 1986 I S 445 ff) das jährliche Kirchgeld um 12 DM in den Fällen des § 51 a Nr 1 EStG (hälftiger Kinderfreibetrag) und um 24 DM in den Fällen des § 51 a Nr 2 EStG (voller Kinderfreibetrag) gemindert; für die Jahre 1979 bis 1985 wird für Kinder iSd § 32 Abs 4 bis 7 EStG ein Betrag von 24 DM abgezogen. Die anderen Kirchensteuergläubiger haben angesichts der hier nur sehr im groben bestehenden Anknüpfung an das Einkommen des anderen Ehegatten bisher keine Notwendigkeit zu einer solchen Differenzierung gesehen. Die Bestimmung der vorgenannten Bemessungsgrundlage ist im allgemeinen in einer Anlage zu den Kirchensteuerordnungen erfolgt oder – so in Berlin – durch Aufnahme einer Rahmenvorschrift in der Kirchensteuerordnung (vgl § 8 Abs 3 der Kirchensteuerordnung der Evangelischen Kirche in Berlin-Brandenburg vom 16. 12. 1977 – BStBl 1978 Teil I, S 204; ab 1986: § 6 Abs 2 der Kirchensteuerordnung der Evangelischen Kirche in Berlin-Brandenburg vom 20. 2. 1986 BStBl 1986 I S 272).

Die Ausgestaltung dieser Bemessungsgrundlage in Form einer Staffelung von Einkommensstufen, die die Grundlage für die gestaffelten Beträge des besonderen Kirchgelds bilden (vgl Tz 6.5), ist ebenfalls in den vorstehenden Anlagen zu den Kirchensteuerordnungen bzw – in Berlin – in den Kirchensteuerbeschlüssen geschehen.

Die Erhebung des besonderen Kirchgelds in glaubensverschiedener Ehe ist nicht nur hinsichtlich der generellen Rechtsgrundlagen (vgl

Tz 4.5), sondern auch bezüglich der Bemessungsgrundlagen in zahlreichen Fällen zur gerichtlichen Entscheidung gestellt worden. Während für **Berlin** die Erhebung des Kirchgelds in glaubensverschiedener Ehe in allen Instanzen der Verwaltungsgerichtsbarkeit gebilligt worden ist, wurde eine entsprechende Bestätigung des in **Hamburg** erhobenen Kirchgelds erst durch das Bundesverfassungsgericht erlangt. Das 1979 in Hamburg eingeführte Kirchgeld in glaubensverschiedener Ehe war vom Finanzgericht Hamburg für verfassungswidrig erklärt worden (Urteil vom 24. 7. 1981, EFG 1981 S 585; ferner Urteil vom 14. 7. 1981 – IV 18/81 H – vgl Anmerkung in EFG 1981 S 587). Danach verstößt dieses Kirchgeld gegen den Gleichheitssatz nicht nur deswegen, weil es nur im Fall der Zusammenveranlagung, nicht dagegen bei getrennter Veranlagung erhoben wird, sondern auch deshalb, weil es nicht unmittelbar an den Lebensführungsaufwand der Ehegatten, sondern dem Grunde und der Höhe nach an dem zu versteuernden Einkommen der Ehegatten anknüpft, was weder zulässig noch sachgerecht sei. Eine dementsprechende Auffassung wurde in der Literatur von *Meilicke* in FR 1981 S 163 vertreten.

Auf die Revision gegen das Urteil des FG Hamburg hatte der BFH durch Beschluß vom 14. 12. 1983 (BStBl 1984 II S 332) die Entscheidung des Bundesverfassungsgerichts darüber eingeholt, ob die Ermächtigung des hamburgischen KiStG (§ 4 Abs 1 Satz 1) verfassungswidrig sei, die steuerberechtigten Kirchen über Art und Höhe des Kirchgelds in festen oder gestaffelten Beträgen bestimmen zu lassen. Für den Fall der Gültigkeit dieser Ermächtigung ging der BFH – anders als das FG Hamburg – davon aus, daß es nicht nur verfassungsgemäß sei, daß das Kirchgeld in glaubensverschiedener Ehe nur in den Fällen der Zusammenveranlagung von Ehegatten zur Einkommensteuer erhoben werde; es sei vielmehr auch nicht verfassungswidrig, daß als Bemessungsgrundlage das zu versteuernde Einkommen beider Ehegatten berücksichtigt werde. Angesichts der Schwierigkeit der Ermittlung des Lebensführungsaufwands des kirchenangehörigen Ehegatten sei eine Typisierung der Erhebung des Kirchgelds auf der Grundlage des Einkommens beider Ehegatten zulässig. Bei der Bemessung des Tarifs für das Kirchgeld sei aber zu berücksichtigen, daß ein Teil des gemeinsamen Einkommens nicht zur Erhöhung des Lebensführungsaufwands führt und daß bei einer gewissen Einkommenshöhe dieser Lebensführungsaufwand nicht mehr steigt. Die maßgebende Kirchgeldstaffelung trägt nach Auffassung des BFH diesen Grundsätzen ausreichend Rechnung. Mit dem Gleichheitssatz ist es aber – so der BFH aaO – nicht vereinbar, daß bei der Kirchgeldregelung Kinder unberücksichtigt bleiben.

Unbeschadet dieser Grundsätze der rechtlichen Ausgestaltung des Kirchgelds in glaubensverschiedener Ehe hielt aber der BFH die Ermächtigung des KiStG Hamburg, den Kirchen die Bestimmung von Art und Höhe des Kirchgelds in festen oder gestaffelten Beträgen zu überlassen, für ungültig. Selbst wenn der Landesgesetzgeber nicht alle Einzelheiten des Kirchensteuerrechts regeln müsse, sondern einen Teil den steuerberechtigten Körperschaften überlassen könne, so müsse er gleichwohl diesen eine ausreichend bestimmte Ermächtigung zur eigenen Regelung erteilen, wobei zumindest andeutungsweise die Grenzen der Gesetzgebung durch die Kirchen bezeichnet sein müßten. Insoweit sei die staatliche Normierung für die Kirchensteuer konstitutiv. Da der Gesetzgeber die Kirchensteuer vom Einkommen selbst regle, dürfe er sich der Rechtsetzungsbefugnis bei der Kirchgeldregelung in glaubensverschiedener Ehe, die die Kirchensteuer vom Einkommen ergänze und ggf verdränge, nicht völlig entäußern. Die Ermächtigung zur Erhebung eines Kirchgelds in festen oder gestaffelten Beträgen sei aber zu unbestimmt; sie könne im übrigen auch nicht dahin ausgelegt werden, daß darunter nur eine Ermächtigung zur Erhebung eines Kirchgelds geringeren Umfangs (etwa bis zu 100 DM jährlich) zu verstehen sei mit der Folge, daß dann eine Rechtsgrundlage für ein Kirchgeld in glaubensverschiedener Ehe von vornherein entfalle.

Auf diese Vorlagebeschlüsse des BFH hat das Bundesverfassungsgericht entschieden, daß die von den Vorinstanzen beanstandeten Vorschriften des Hamburger Kirchensteuergesetzes mit dem Grundgesetz vereinbar sind (Beschluß vom 23. 10. 1986 – 2 BvL 7 und 8/84, HFR 1987 S 143; DVBl 1987 S 129; NJW 1987 S 943). Das Gericht führt in seiner Entscheidung grundsätzlich aus, daß die Kirchensteuererhebung zu den gemeinsamen Angelegenheiten von Staat und Kirche gehört und daß deshalb der jeweilige Landesgesetzgeber bei der Regelung des Kirchensteuerrechts sich auf die allgemeine Ermächtigung zur Erhebung von Kirchensteuern beschränken und die Einzelregelungen den steuerberechtigten Religionsgesellschaften überlassen kann, daß ihm andererseits aber auch das Recht zusteht, die Kirchensteuererhebung im einzelnen gesetzlich zu regeln. Wenn der staatliche Gesetzgeber nur von einer allgemeinen Ermächtigung zur Kirchensteuererhebung Gebrauch macht, so wird dem Grundsatz der ausreichenden Bestimmtheit des gesetzlichen Tatbestands durch entsprechende detaillierte kirchliche Regelungen Genüge getan.

Was die streitigen Vorschriften des Hamburger Kirchensteuergesetzes angeht, weist das Bundesverfassungsgericht darauf hin, daß auch bei mehreren zur Auswahl stehenden Kirchensteuerarten der Landesgesetzgeber nicht verpflichtet ist, bestimmte Regelungen vorzuschreiben. Es kann ihm auch zugestanden werden, für eine Kirchensteuerart durch staatliches Recht eingehende Regelungen zu treffen und bei einer anderen die nähere Ausgestaltung den Kirchen zu überlassen. Diese abgestufte staatliche Rechtsetzung ist insbesondere dann sachgerecht, wenn die an das staatliche Einkommensteuerrecht anknüpfende Kirchensteuer vom Einkommen eingehender normiert wird als das daneben gesetzlich zugelassene Kirchgeld, das eher geeignet ist, von den Kirchen nach eigenen Kriterien festgelegt zu werden.

Die Frage der Berücksichtigung von Kindern bei der Bemessung des Kirchgelds war für das Bundesverfassungsgericht nicht mehr entscheidungserheblich, weil inzwischen in diesen Fällen für jedes steuerlich zu berücksichtigende Kind eine Kürzung des Kirchgelds um 24 DM vorgenommen wird.

Für **Hessen** hat das Bundesverwaltungsgericht entschieden, daß die Anknüpfung der Kirchgeldtabelle an das gemeinsame Einkommen der Ehegatten verfassungsmäßig nicht zu beanstanden sei (Urteil vom 18. 2. 1977 – VII C 48/73; BB 1978 S 439; NJW 1977 S 1304). Auch das Bundesverfassungsgericht hat die Erhebung des besonderen Kirchgelds in Hessen als verfassungsgemäß angesehen und eine Verfassungsbeschwerde nicht zur Entscheidung angenommen (Beschluß vom 30. 8. 1982 – 1 BvR 1109/81, HFR 1984 S 73). Der BFH hat im Beschluß vom 14. 12. 1983 (BStBl 1984 II S 332), in dem er dem BVerfG die Frage vorgelegt hat, ob das KiStG Hamburg eine hinreichende Ermächtigung zur Erhebung eines Kirchgelds in glaubensverschiedener Ehe enthalte, angemerkt, daß die Rechtslage in Hessen anders sei, weil dort der Gesetzgeber das Kirchgeld in glaubensverschiedener Ehe ausdrücklich genannt hat.

In **Rheinland-Pfalz** ist nach ständiger Rechtsprechung der Verwaltungsgerichte Koblenz und Mainz die Erhebung des besonderen Kirchgelds in glaubensverschiedener Ehe nicht zu beanstanden. Die fehlende Berücksichtigung von Kindern bei der Bemessungsgrundlage wird als unerheblich beurteilt, weil die Spannweite der einzelnen Einkommensstufen der Tabelle des besonderen Kirchgelds so groß ist, daß die bestehenden wirtschaftlichen Belastungen von Ehepaaren mit Kindern dadurch aufgefangen werden; bei besonderen Härtesituationen könne durch eine Billigkeitsentscheidung im Einzelfall geholfen werden.

Die Erhebung des Kirchgelds in glaubensverschiedener Ehe in **Schleswig-Holstein** ist sowohl vom Schleswig-Holsteinischen Verwaltungsgericht als auch vom Oberverwaltungsgericht Lüneburg (Urteil vom 19. 3. 1986 – 13 OVG A 25/85; NWB Nr. 35/1986 S 2266) als verfassungsgemäß beurteilt worden. Durch die rückwirkende Änderung des KiStG werde die Rechtslage hinsichtlich des Kirchgelds in glaubensverschiedener Ehe ohnehin mit Wirkung für die Vergangenheit konkretisiert; doch sei auch der zuvor geltende staatsgesetzliche Ermächtigungsrahmen ausreichend gewesen. Auch hier wird die Auffassung vertreten, daß es verfassungsrechtlich nicht zwingend geboten ist, beim Vorhandensein von Kindern besondere Abschläge bei der Bemessung des Kirchgelds vorzusehen.

Zusammenfassend kann für alle Bundesländer, in denen ein Kirchgeld in glaubensverschiedener Ehe erhoben wird, davon ausgegangen werden, daß die verfassungsrechtlichen Bedenken gegen diese Kirchensteuerart durch die Entscheidung des Bundesverfassungsgerichts vom 23. 10. 1986 aaO nunmehr ausgeräumt sind (aA *Damkowski,* Kirchensteuer in glaubensverschiedenen Ehen, DÖV 1987 S 705). Allerdings sollte in den Ländern, in denen bisher eine Berücksichtigung von Kindern bei der Bemessung des Kirchgelds nicht vorgesehen ist, auch im Sinne der Zugrundelegung einheitlicher Rechtsnormen die Notwendigkeit einer entsprechenden Ergänzung der Kirchensteuervorschriften überlegt werden.

5.6 Bemessungsgrundlage für die Mindestkirchensteuer

Das Kirchensteuergesetz des **Saarlandes** enthält keine Vorschriften über die Bemessungsgrundlagen für die Mindestkirchensteuer, so daß davon auszugehen ist, daß in den Kirchensteuerordnungen solche Regelungen getroffen werden können. Es ist nicht ersichtlich, inwieweit dies geschehen ist, doch kann dies dahinstehen, da gegenwärtig im Saarland keine Mindestkirchensteuer erhoben wird.

Für **Schleswig-Holstein** ist in § 3 Abs 2 KiStDV 1968 (jetzt gleichlautend in § 3 Abs 6 der Änderungsverordnung vom 26. 6. 1975) ausgeführt, daß die Mindestkirchensteuer mit festen Beträgen erhoben wird und daß die Finanzämter mit der Erhebung der Mindestkirchensteuer nur dann beauftragt werden können, wenn für das gleiche Kalenderjahr eine Einkommensteuer festgesetzt wird. Die Bemessungsgrundlagen im einzelnen und die Beträge der Mindestkirchensteuer sind durch kirchliche Regelungen festgesetzt (vgl Tz 6.6).

6. Höhe der Kirchensteuern

6.1 Kirchensteuer als Zuschlag zur Einkommensteuer (Lohnsteuer)

6.1.1 Fester Hundertsatz

Quellen:

Der feste Hundertsatz der Kirchensteuer vom Einkommen beträgt in

Baden Württemberg	8 vH
Bayern	8 vH
Berlin	9 vH
Bremen	8 vH
Hamburg	8 vH
Hessen	9 vH
Niedersachsen	9 vH
Nordrhein-Westfalen	9 vH
Rheinland-Pfalz	9 vH
Saarland	9 vH
Schleswig-Holstein	9 vH

Die vorgenannten Hundertsätze bestehen seit dem 1. 1. 1975 unverändert. Zu diesem Zeitpunkt haben die Länder **Berlin, Hessen, Nordrhein-Westfalen, Rheinland-Pfalz** und **Saarland** den Hundertsatz von 10 vH auf 9 vH gesenkt; eine entsprechende Senkung war in **Niedersachsen** bereits 1973 erfolgt. Anlaß für diese Senkung war vornehmlich die weithin geforderte Angleichung der Hundertsätze in den einzelnen Bundesländern. Eine völlige Anpassung an diejenigen Bundesländer, in denen seit langem der Hundertsatz nur 8 vH beträgt, ist bei dieser Angleichung aus den verschiedensten, insbesondere auch haushaltsmäßigen Gründen, nicht möglich gewesen, doch ist die Senkung gleichwohl als Beitrag zur Besteuerungsgleichheit und Steuergerechtigkeit verstanden worden.

Die Festlegung der Höhe des Hundertsatzes ist den Kirchen — mit dem Vorbehalt staatlicher Anerkennung — überlassen; lediglich in **Bayern** ist geregelt, daß der Umlagesatz (Hundertsatz) 10 vH der

Einkommen- und Lohnsteuer nicht übersteigen darf (Art 8 Satz 2 KiStG).

Die Kirchensteuergesetze bestimmen regelmäßig, daß die Kirchen einen der Höhe nach einheitlichen Hundertsatz beschließen (vgl zB Art 8 Satz 1 KiStG **Bayern**). Gesetzestechnisch ist diese Maßgabe zT auch auf den Fall der Verwaltung der Kirchensteuern vom Einkommen durch die Landesfinanzbehörden beschränkt (vgl zB § 14 Abs 1 Satz 1 KiStG **Rheinland-Pfalz**). Der einheitliche Hundertsatz wird teilweise auch nur für Kirchen gleicher Konfession gefordert (zB § 14 Abs 1 KiStG **Saarland**); das vorstehende Gesetz von Rheinland-Pfalz ist in diesem Sinne auslegungsfähig. Im einzelnen brauchen diese Fragen hier nicht vertieft zu werden, denn gegenwärtig besteht in den Bundesländern jeweils ein einheitlicher Hundertsatz.

6.1.2 Kürzung um Kinderfreibeträge

Quellen:

Baden-Württemberg	§ 5 Abs 2, geänderte Fassung vom 15. 6. 1987 (GVBl 1978, 770
Bayern	Gesetz vom 20. 12. 1985 (BStBl 1986 I, 64)
Berlin	Gesetz vom 11. 12. 1985 (BStBl 1986 I, 270)
Bremen	Gesetz vom 17. 12. 1985 (BStBl 1986 I, 62)
Hamburg	Gesetz vom 22. 5. 1986 (BStBl I, 426)
Hessen	Gesetz vom 17. 12. 1985 (GVBl, 238)
Niedersachsen	Gesetz vom 17. 12. 1985 (BStBl 1986 I, 63)
Nordrhein-Westfalen	Gesetz vom 17. 12. 1985 (BStBl 1986 I, 83)
Rheinland-Pfalz	Gesetz vom 18. 12. 1985 (BStBl 1986 I, 64)
Saarland	Gesetz vom 13. 12. 1985 (BStBl 1986 I, 62)
Schleswig-Holstein	Gesetz vom 16. 12. 1985 (BStBl 1986 I, 145)

Allgemeines

§ 51 a EStG sieht für Steuern, die nach der veranlagten Einkommensteuer oder nach der Lohnsteuer bemessen werden, eine Kürzung der Maßstabsteuer vor von

- 300 DM für jedes Kind, für das ein Kinderfreibetrag von 1242 DM und
- 600 DM für jedes Kind, für das ein Kinderfreibetrag von 2484 DM

vom Einkommen abgezogen wird.

Die Vorschrift geht auf das Einkommensteuerreformgesetz vom 5. 8. 1974 zurück. Mit der Ersetzung der einkommensteuerlichen Kinderfreibeträge durch ein allgemeines Kindergeld sollte gewährleistet werden, daß sich die bei dem Steuerpflichtigen zu berücksichtigenden Kinder auch weiterhin mindernd auf die Bemessungsgrundlage für die sog. Anhangsteuern oder Annex-Steuern auswirken.

Dies wurde dadurch erreicht, daß die Maßstabsteuer um die Kindergeldbeträge gekürzt wurden, bevor es zur Anwendung des Hebesatzes kommt.

Mit der Wiedereinführung der Kinderfreibeträge durch das Haushaltsbegleitgesetz 1983 vom 20. 12. 1982 ist die staatliche Kinderentlastung wieder auf zwei Säulen gestellt worden. Da dieser Kinderfreibetrag von zunächst nur 432 DM ab 1986 auf 2484 DM (für das sog. Vollkind) erhöht wurde, ging damit eine Kappung der Entlastungswirkung des § 51 a EStG einher; denn die Kinderlasten wirken sich seitdem bereits stark über die Bemessungsgrundlage für die Maßstabsteuer aus. Seit 1986 wird daher ein gekürzter – nicht mehr nach der Kinderzahl gestaffelter Betrag – von 300/600 DM abgezogen. Zur Entstehungsgeschichte und zur Entwicklung im einzelnen siehe insbesondere *Schlief* in: Kirchhof/Söhn zu § 51 a EStG.

Berücksichtigungsfähige Kinder

§ 51 a EStG knüpft an die Gewährung der Kinderfreibeträge iS des § 32 Abs 6 EStG und damit am Kindbegriff des § 32 Abs 1 EStG an.

Kinder sind

- Kinder, die im ersten Grad mit dem Steuerpflichtigen verwandt sind. Dies sind eheliche Kinder einschließlich angenommener Kinder, für ehelich erklärte und nichteheliche Kinder. Durch

Adoption eines minderjährigen Kindes erlischt grundsätzlich das Kindschaftsverhältnis zu den leiblichen Eltern (s im einzelnen Abschnitt 59 LStR);

- Pflegekinder. Das sind Kinder, mit denen der Steuerpflichtige durch ein familienähnliches, auf längere Dauer berechnetes Band verbunden ist und die er in seinen Haushalt aufgenommen hat. Voraussetzung ist, daß das Obhuts- und Pflegeverhältnis zu den Eltern nicht mehr besteht und der Steuerpflichtige das Kind mindestens zu einem nicht unwesentlichen Teil auf seine Kosten unterhält (§ 32 Abs 1 Nr 2 EStG; s im einzelnen Abschnitt 60 LStR).

Kinder unter 16 Jahren werden stets, Kinder über 16 Jahre insbesondere in den Fällen der Ausbildung oder bei körperlicher, geistiger oder seelischer Behinderung berücksichtigt (§ 32 Abs 4 und 5 EStG).

Höhe des Kürzungsbetrags

Der Kürzungsbetrag von 300 DM wird für ein Kind abgezogen, für das ein Kinderfreibetrag von 1242 DM in Betracht kommt. Dieser Betrag ist die Hälfte des vollen Kinderfreibetrags von 2484 DM. Diese Halbierung ist Ausfluß der vom Bundesverfassungsgericht für geboten erachteten Beteiligung jedes Elternteils in sog nicht intakten Ehen (s BVerfGE 45, 104). Für die Kinder, deren Eltern verheiratet sind und nicht getrennt leben, kommt es demnach nicht zu einer Halbteilung.

Nach dem Halbteilungsgrundsatz steht jedem Elternteil eines nichtehelichen Kindes, sowie den getrennt lebenden oder geschiedenen Elternteilen der Kinderfreibetrag von 1242 DM zu.

Der volle Kinderfreibetrag wird in den Fällen der Zusammenveranlagung zur Einkommensteuer gewährt, sofern das Kind zu beiden Elternteilen in ein und demselben Kindschaftsverhältnis steht. Das Kind aus einer früheren Ehe wird also in der neuen Ehe grundsätzlich nur mit 1242 DM berücksichtigt. Der volle Kinderfreibetrag wird ebenfalls gewährt, wenn der andere Elternteil verstorben ist oder nicht mehr unbeschränkt einkommensteuerpflichtig ist (Wegzug in das Ausland). Außerdem kann es zu einer Übertragung der Hälfte des Kinderfreibetrags kommen, etwa, wenn der geschiedene

Ehegatte, bei dem sich der Kinderfreibetrag nicht auswirkt, dem anderen Elternteil seine Hälfte überträgt (§ 32 Abs 6 Satz 3 Nr 2 EStG).

Im Lohnsteuerabzugsverfahren wird aus anwendungstechnischen Gründen grundsätzlich nur der hälftige Kinderfreibetrag gewährt; die Übertragung ist erst im Rahmen der Veranlagung zur Einkommensteuer zulässig. Indes besteht von diesem Grundsatz eine Ausnahme für den Fall, daß sich der Wohnsitz oder der gewöhnliche Aufenthalt des anderen Elternteils nicht ermitteln läßt oder der Vater des Kindes amtlich nicht feststellbar ist (s im einzelnen Abschnitt 63 LStR).

Berechnung der Kirchensteuer bei der Einkommensteuer

Bei der Veranlagung zur Einkommensteuer wird die Bemessungsgrundlage für die Kirchensteuer um die Abzugsbeträge nach § 51 a EStG gekürzt.

Beispiel:
Der Steuerpflichtige ist verheiratet, wohnt in Mainz und lebt nicht getrennt. Aus dieser Ehe sind 2 Kinder im Alter von 5 und 8 Jahren hervorgegangen. Im Haushalt des Steuerpflichtigen lebt außerdem sein 20jähriger studierender Sohn aus erster Ehe. Die Ehegatten werden zusammenveranlagt. Ihre Einkommensteuerschuld lt Steuerbescheid beträgt 3610 DM.

Es kommen in Betracht: Ein Kinderfreibetrag von 1242 DM für den studierenden Sohn und 2 Kinderfreibeträge von 2484 für die Kinder unter 16 Jahre. Daraus folgen die Abzugsbeträge von 300 DM + 600 DM + 600 DM = 1500 DM. Die Einkommensteuer ist um 1500 DM auf 2110 DM zu kürzen. Die Kirchensteuer (9 vH der Maßstabsteuer) beträgt 189,90 DM.

Berechnung der Kirchensteuer beim Lohnsteuerabzug

Für Zwecke des Lohnsteuerabzugs werden auf der Lohnsteuerkarte sog Kinderfreibetragszähler eingetragen. Der Zähler 0,5 steht für einen Kinderfreibetrag von 1242 DM und damit zugleich für einen Abzugsbetrag gem § 51 a EStG in Höhe von 300 DM; der Zähler 1 steht für den (vollen) Kinderfreibetrag von 2484 DM und damit zugleich für einen Abzugsbetrag nach § 51 a EStG in Höhe von 600

DM. Dadurch kann der Arbeitgeber die Kürzung der Maßstabsteuer für Zwecke der Kirchensteuer vornehmen. Sieht man einmal von der tabellenmäßigen Ermittlung ab, ergibt sich folgendes Schema:

Steuerklasse	Zeitraum	Kinderfreibetragszähler			
		0,5	1,0	1,5	pp.
II und III	jährlich	300,—	600,—	900,—	pp.
	monatlich	25,—	50,—	75,—	
	wöchentlich	5,83	11,66	17,50	
	täglich	0,83	1,66	2,50	
IV	jährlich	150,—	300,—	450,—	
	monatlich	12,50	25,—	37,50	
	wöchentlich	2,92	5,83	8,75	
	täglich	0,42	0,83	1,25	

§ 51 a EStG bei beschränkter Steuerpflicht

Da § 51 a EStG zu einer Kürzung der Bemessungsgrundlage für die Kirchensteuer führen soll, kann diese Vorschrift begrifflich nur angewendet werden, wenn überhaupt eine Kirchensteuerpflicht besteht. Da die Kirchensteuerpflicht den Wohnsitz oder gewöhnlichen Aufenthalt im Bundesgebiet einschließlich Berlin (West) voraussetzt (Tz 3.2.1), liegt stets unbeschränkte Steuerpflicht vor. Bei beschränkter Steuerpflicht (§ 1 Abs 4 EStG) kann niemals Kirchensteuerpflicht bestehen.

Der Meinungsstreit, ob § 51 a EStG bei beschränkter Steuerpflicht überhaupt zur Anwendung kommen kann (dazu *Schlief* in: Kirchhof/Söhn, § 51 a EStG, Rdnr B 7), kann für Zwecke der Kirchensteuer auf sich beruhen. Er ist auch im übrigen rein akademisch, da es zZ außer der Kirchensteuer keine weitere Anhangsteuer gibt.

Eine andere Frage ist, ob die Kürzungsbeträge des § 51 a EStG bei beschränkter Steuerpflicht der Kinder in Betracht kommen. Seit 1986 setzt die Gewährung eines Kinderfreibetrags die unbeschränkte Einkommensteuerpflicht des Kindes voraus. Das Kind muß – zu irgendeinem Zeitpunkt im Kalenderjahr – unbeschränkt einkommensteuerpflichtig sein (§ 32 Abs 2 EStG). Von dieser Einschränkung sind insbesondere Kinder von Gastarbeitern betroffen, die der Gastarbeiter im Heimatland zurückläßt. Kinder von unbeschränkt einkommensteuerpflichtigen Eltern, die sich zum Zwecke der Berufsausbildung vorübergehend im Ausland aufhalten, können weiterhin unbeschränkt einkommensteuerpflichtig sein, wenn sie in der elterlichen Wohnung ihr Zuhause behalten und dort gemeldet sind (Abschnitt 61 Abs 1 S 4 LStR).

6.1.3 Höchst- und Mindestbeträge der Kirchensteuer

Quellen:	**Mindestbeträge**	**Höchstbeträge**
Baden-Württemberg	§ 7 Abs 2 Satz 2	§ 7 Abs 2 Satz 2
Bayern	—	—
Berlin	—	§ 3 Abs 5 Satz 3
Bremen	—	§ 5 Abs 3
Hamburg	§ 3 Abs 3	§ 3 Abs 3
Hessen	§ 6 (KiStDV)	—
Niedersachsen	§ 2 Abs 4	§ 2 Abs 4
Nordrhein-Westfalen	§ 4 Abs 1 Nr 1 Buchst a	—
Rheinland-Pfalz	§ 5 Abs 3	—
Saarland	§ 4 Abs 1 Nr 1 Buchst a	—
Schleswig-Holstein	—	§ 3 Abs 3

Allgemeines

Die Bindungswirkung der von den Kirchen in ihren Kirchensteuerordnungen und -beschlüssen zu beachtenden vorgegebenen staatlichen Rahmenvorschriften für die Erhebung der einzelnen Kirchensteuerarten hat regelmäßig eine schematische Anbindung an die Maßstabsteuern bzw die sonst in Betracht kommenden Besteuerungsmaßstäbe zur Folge. Von kirchlicher Seite besteht demgegenüber das Anliegen, diese starre Folgewirkung in gewissem Maße zu variieren und abzumildern. Diesen Wunsch erfüllen die landesrechtlichen Bestimmungen – durch die Einräumung der Befugnis, Kirchensteuern mit Höchst- oder Mindestbeträgen zu erheben – allerdings nur teilweise und, soweit dies geschehen ist, in unterschiedlichem Umfang. Diese Lockerungen der Akzessorietät zur Maßstabsteuer können nach Kirchhof, DStZ 1986 S 25, III. 6., zwar als Modifizierung des Kirchensteuersatzes verstanden werden, sind aber ihrerseits weitgehend als systemwidrig zu beurteilen, weil einerseits der Mindestbetrag das steuerlich verschonte Existenzminimum verringert und zum anderen die Kirchensteuerkappung ihr erklärtes Ziel, die Kirchensteuer von dem Element der Vermögensverteilung freizuhalten, deshalb verfehlt, weil die Progression des Einkommensteuertarifs nicht als Umverteilungsmaßnahme zu verstehen ist.

Rechtsgrundlagen der Höchstbeträge

Soweit die landesrechtlichen Vorschriften die Erhebung der Kirchensteuer mit Höchstbeträgen zulassen, bezieht sich diese Befugnis, die nach der Maßstabsteuer zu erhebende Kirchensteuer durch einen Höchstbetrag zu unterschreiten, in allen Ländern auf die Erhebung der Kirchensteuer vom Einkommen. Darüber hinaus erstreckt sich die Möglichkeit der Erhebung von Höchstbeträgen in den Ländern **Baden-Württemberg, Berlin, Hamburg** und **Niedersachsen** auch auf die Erhebungsarten der Kirchensteuern im übrigen (in **Baden-Württemberg** mit Ausnahme des Kirchgelds nach § 5 Abs 1 Nr 4).

Die Möglichkeit der Erhebung von Höchstbeträgen findet ihre praktische Anwendung bei der sog Kirchensteuerkappung (vgl Tz 6.1.4).

Rechtsgrundlagen der Mindestbeträge

Die Möglichkeit der Erhebung von Mindestbeträgen der Kirchensteuern ist in allen Ländern, deren Kirchensteuerrecht solche Mindestbeträge überhaupt vorsieht, bei der Kirchensteuer vom Einkommen gegeben. Sie beschränkt sich dabei weitgehend auf die Erhebungsart der Kirchensteuer als Zuschlag zur Einkommensteuer und Lohnsteuer (**Baden-Württemberg, Hamburg, Hessen, Nordrhein-Westfalen, Rheinland-Pfalz, Saarland**). In **Niedersach-**

sen bezieht sie auch die Erhebungsform der Kirchensteuer nach Maßgabe des Einkommens (§ 2 Abs 1 Nr 1 Buchst b) ein. Einige Länder gehen allerdings noch weiter und erstrecken die Möglichkeit der Mindestbetragserhebung auch auf andere Kirchensteuerarten (**Baden-Württemberg** auf die Kirchensteuer vom Grundbesitz, **Hamburg** auf das Kirchgeld, **Niedersachsen** auf die Kirchensteuern vom Vermögen, vom Grundbesitz und das Kirchgeld).

Voraussetzung für die Erhebung von Kirchensteuern mit einem Mindestbetrag ist, daß eine Maßstabsteuer zu entrichten oder ein Steuermeßbetrag festgesetzt ist, daß also beispielsweise für den Kirchensteuerpflichtigen eine Einkommensteuerschuld festzusetzen ist oder daß er Lohnsteuer entrichtet hat. Insofern unterscheidet sich die Mindestbetragserhebung von der Mindestkirchensteuer, die eine Kirchensteuererhebung auch ohne Entrichtung einer Einkommensteuer oder Lohnsteuer ermöglicht (vgl Tz 4.6). Die Erhebung von Mindestbeträgen ist demgegenüber als Abwandlung der Zuschlagsberechnung zu verstehen, bei der vermieden werden soll, daß – auf der Grundlage der Maßstabsteuer – nur ganz geringfügige Kirchensteuerbeträge festgesetzt bzw einbehalten werden. Diese Bezugnahme auf die Maßstabsteuer macht aber andererseits deutlich, daß ein Kirchensteuermindestbetrag diese Maßstabsteuer möglichst nicht überschreiten, sondern etwa bei ihr die obere Begrenzung haben und sie allenfalls nur geringfügig überschreiten sollte. Während der weithin erhobene Mindestbetrag von 7,20 DM (vgl Übersicht S 101) bis 1980 geringfügig höher war als der niedrigste Betrag der festzusetzenden Einkommensteuer (6 DM nach der Grundtabelle), ist die niedrigste Maßstabsteuer seit 1981 jeweils höher als dieser Mindestbetrag (Einkommensteuer in der niedrigsten Tabellenstufe der Grundtabelle 1981 bis 1985: 12 DM; ab 1986: 11 DM).

Besondere Bedeutung ist der Erhebung von Mindestbeträgen seit 1975 durch die Vorschrift des **§ 51 a EStG** zugekommen. Die Kürzung der Maßstabsteuer um die Kindergeldbeträge hat vielfach bewirkt, daß eine Kirchensteuer als Zuschlagsteuer nicht mehr zu erheben ist, statt dessen aber eine Kirchensteuer als Mindestbetrag erhoben werden kann. Diese geänderte Rechtslage hat die Kirchen allerdings seither nicht veranlaßt, in größerem Umfang als zuvor von der Möglichkeit der Erhebung von Kirchensteuermindestbeträgen durch Ergänzung der Kirchensteuerbeschlüsse Gebrauch zu machen.

Praxis der Erhebung von Mindestbeträgen

In den Ländern **Nordrhein-Westfalen, Rheinland-Pfalz** und **Saarland** wird die Möglichkeit der Erhebung von Mindestbeträgen der Kirchensteuer von den Kirchen nicht in Anspruch genommen.

In **Baden-Württemberg, Hamburg, Hessen** und **Niedersachsen** werden dagegen Mindestbeträge erhoben. Einzelheiten über die Höhe der Mindestbeträge sind in der nachstehenden Übersicht (S 101) dargestellt.

In **Bremen** ist durch das Kirchensteuergesetz vom 18. 12. 1974 die Möglichkeit entfallen, Mindestbeträge der Kirchensteuer zu erheben. Aufgrund der Überleitungsvorschrift des § 12 Abs 2 konnten bisher erhobene Mindestbeträge letztmalig für das Kalenderjahr 1975 erhoben werden. Der Mindestbetrag belief sich auf 3 DM jährlich.

In **Hessen** setzt die Erhebung eines Mindestbetrags voraus, daß überhaupt Kirchensteuer festzusetzen bzw einzubehalten ist; Mindestbeträge können deshalb nicht erhoben werden, wenn nach Abzug der Kürzungsbeträge des § 51 a EStG keine Bemessungsgrundlage mehr für einen Zuschlag der Einkommen- bzw Lohnsteuer bleibt.

Höhe der Mindestbeträge	Baden-Württemberg		Hamburg		Hessen		Niedersachsen	
	bis 1975 DM	ab 1976 DM	bis 1975 DM	ab 1976 DM	bis 1974 DM	ab 1975 DM	bis 1974 DM	ab 1975 DM
jährlich	5,—	7,20	6,—	7,20	2,40	3,60	3,—	7,20
vierteljährlich	1,25	1,80	—	—	—	—	0,75	1,80
monatlich	0,40	0,60	0,50	0,60	0,20	0,30	0,25	0,60
wöchentl.	0,10	0,14	0,12	0,14	0,10	0,07	0,06	0,14
täglich	0,02	0,02	0,02	0,02	0,05	0,01	0,01	0,02

Da die Erhebung von Mindestbeträgen lediglich als abgewandelte Form der Kirchensteuer nach dem Maßstab der Einkommensteuer anzusehen ist, gelten die für diese Kirchensteuerart maßgebenden Anrechnungsvorschriften (vgl Tz 4.7). Das bedeutet, daß in **Baden-Württemberg, Hamburg** und **Niedersachsen** die Mindestbeträge auf das Kirchgeld anzurechnen sind; in **Hessen** sind Mindestbeträge auf das besondere Kirchgeld nach § 2 Abs 1 Nr 5 KiStG anzurechnen.

6.1.4 Kappung der Kirchensteuer

Quellen:

Baden-Württemberg	§ 7 Abs 2 Satz 2
Bayern	–
Berlin	§ 3 Abs 5 Satz 3
Bremen	§ 5 Abs 3
Hamburg	§ 3 Abs 3 Sätze 1 und 2
Hessen	–
Niedersachsen	§ 2 Abs 4 Satz 1
Nordrhein-Westfalen	–
Rheinland-Pfalz	–
Saarland	–
Schleswig-Holstein	§ 3 Abs 3

Inhalt und Bedeutung der Kirchensteuerkappung

Die sog Kappung der Kirchensteuer bedeutet eine Begrenzung der Kirchensteuer nach dem Maßstab der Einkommensteuer auf einen bestimmten Hundertsatz des zu versteuernden Einkommens. Diese Begrenzung kann zu einer Unterschreitung der sich bei Anwendung des geltenden Zuschlagsatzes zur Einkommensteuer ergebenden Kirchensteuer führen. Beim Überschreiten eines bestimmten Einkommens, der sog **Kappungsschwelle,** tritt ein Steuervorteil ein, denn der Hundertsatz des zu versteuernden Einkommens bleibt unabhängig von der Höhe des zu versteuernden Einkommens stets unverändert, während die Kirchensteuer nach dem Maßstab der Einkommensteuer dem Progressionstarif der Maßstabsteuer folgt.

Beispiel 1

	Grundtabelle DM	Splittingtabelle DM
Zu versteuerndes Einkommen	90 000,—	180 000,—
Einkommensteuer 1987 lt Tabelle	34 620,—	69 240,—
Kirchensteuer (zB 8 vH)	2 769,60	5 539,20
Kirchensteuer bei Kappung (zB 3 vH des zu versteuernden Einkommens)	2 700,—	5 400,—
Kappungsvorteil	69,60	139,20

Das Überschreiten der Kappungsschwelle ist sowohl von der Höhe des festen Hundertsatzes der Kirchensteuer vom Einkommen als auch von der Höhe des Kappungssatzes selbst abhängig, so daß die Kappungsschwelle jeweils nach den Gegebenheiten in den einzelnen Ländern besonders ermittelt werden muß (vgl die inzwischen überholten Berechnungen von *Nebe* in DStR 1970, S 581; ferner ders in DStR 1970 S 742 sowie die nachfolgenden Erläuterungen zur praktischen Anwendung der Kirchensteuerkappung).

In dem obenstehenden Beispiel 1 liegt die Kappungsschwelle bei Anwendung der Grundtabelle bei einem zu versteuernden Einkommen von 84 131 DM (bei der Splittingtabelle bei 168 263 DM); das zu versteuernde Einkommen als Bemessungsgrundlage für die Kirchensteuerkappung dürfte jeweils in der Weise Besteuerungsmaßstab sein, daß der Anfangsbetrag der jeweiligen Tabellenstufe der Einkommensteuertabelle der Kirchensteuerberechnung zugrunde gelegt wird, um zu vermeiden, daß innerhalb einer Tabellenstufe oder sogar innerhalb mehrerer aufeinanderfolgender Tabellenstufen ein Wechsel von der Normalbesteuerung zur Kirchensteuerkappung bzw umgekehrt eintritt (so auch zB Bekanntmachung betr Kirchensteuer ab 1986 in der Freien Hansestadt **Bremen** – BStBl 1986 I, S 65 – oder auch Bekanntmachung über den Kirchensteuerabzug vom Arbeitslohn in **Niedersachsen** vom 10. 6. 1986 – BStBl 1986 I, S 389). Bei dem vorgenannten zu versteuernden Einkommen von 84 131 DM beträgt die Einkommensteuer 31 536 DM und die Kirchensteuer mit 8 vH = 2522,88 DM; demgegenüber beläuft sich die Kirchensteuer bei Kappung auf 3 vH von 84 078 DM (Anfangsbetrag der maßgebenden Tabellenstufe) = 2522,34 DM.

Der durch die Kirchensteuerkappung eintretende Vorteil wird zT wieder gemindert, weil durch die geringere Kirchensteuerbelastung eine Einkommenserhöhung dadurch eintritt, daß die als Sonderausgaben unbeschränkt abzugsfähigen Kirchensteuern sich entsprechend ermäßigen. Zwar steigt durch die Einkommenserhöhung der Kappungsvorteil weiter geringfügig an, doch muß er mit der höheren Einkommensteuerbelastung saldiert werden.

Beispiel 2

	DM	DM
Zu versteuerndes Einkommen (wie Beispiel 1)	90 000,—	
+ Einkommenserhöhung durch Kappungsvorteil	69,—	
	90 069,—	
Einkommensteuer 1987 lt Grundtabelle	34 648,—	
Mehrbelastung gegenüber Beispiel 1		28,—
Kirchensteuer 8 vH	2 771,84	
Kirchensteuer bei Kappung: 3 vH von 90 018 (Beginn der Tabellenstufe)	2 700,54	
Kappungsvorteil	71,30	71,30
saldierter Vorteil der Kirchensteuerkappung		43,30

Rechtsgrundlagen der Kirchensteuerkappung

Die Kappung der Kirchensteuer führt zu einer Abkoppelung der Kirchensteuerbemessung von dem für das staatliche Ertragsteuerrecht geltenden Prinzip der Besteuerung nach der Leistungsfähigkeit. Da die Auswirkungen erst bei den einkommensstarken Kirchenangehörigen eintreten, sind im Hinblick auf den Gleichheitssatz vielfach Bedenken gegen die Anwendung einer Kappung vorgebracht worden, unabhängig davon, ob die rechtlichen Möglichkeiten für eine Kappung vorliegen oder nicht.

Die Bedenken gehen dahin, daß die Kappung gegen die gebotene soziale Rücksichtnahme bei der Besteuerung verstoße, da sie eine einseitige Steuerpräferenz der Steuerpflichtigen mit hohem Einkommen darstelle. Ob diese Einwendungen durchschlagend sind, soll hier vorerst offenbleiben. Doch hat dieser Konflikt über die

Rechtmäßigkeit einer Kirchensteuerkappung und die damit in den zuständigen Organen jeweils verbundene staatliche und kirchliche Willensbildung zu dem Ergebnis geführt, daß sowohl von den rechtlichen Voraussetzungen her als auch bei der Praktizierung der Kirchensteuerkappung in den Bundesländern und bei den Kirchen keine Einheitlichkeit besteht, daß vielmehr eine erhebliche Rechtszersplitterung eingetreten ist.

Lediglich die Gesetze der Länder **Hamburg** und **Schleswig-Holstein** enthalten eine ausdrückliche Rechtsgrundlage für die Kirchensteuerkappung, indem sie bestimmen, daß bei der Kirchensteuer vom Einkommen eine Begrenzung auf einen bestimmten Bruchteil des zu versteuernden Einkommens zulässig ist. Dabei ist ergänzend festgelegt, daß das zu versteuernde Einkommen vor Berechnung der Kirchensteuer um die in **§ 51 a EStG** genannten Beträge zu kürzen ist. Die zuletzt genannte Vorschrift schafft uE eine Ungleichbehandlung insoweit, als bei der Erhebung der Kirchensteuer vom Einkommen in einem Hundertsatz der Einkommensteuer die Beträge des § 51 a EStG von der festgesetzten Einkommensteuer abzuziehen sind. Durch den Bezug auf die Maßstabsteuer tritt aber ein größerer Vorteil ein als bei der Minderung lediglich des Einkommens um die Beträge des § 51 a EStG. Der Kappungsvorteil wird mithin in diesem Zusammenhang teilweise wieder rückgängig gemacht.

Beispiel 3

		DM
Zu versteuerndes Einkommen (wie Beispiel 1)		180 000,—
Einkommensteuer 1987 lt Splittingtabelle	69 240,—	
Kürzung nach § 51 a EStG für 2 Kinder	1 200,—	
	68 040,—	
Kirchensteuer 8 vH		5 443,20
Kirchensteuer bei Kappung:		
Zu versteuerndes Einkommen	180 000,—	
a) Kürzung der Beträge nach § 51 a EStG	1 200,—	
	178 800,—	

Beginn der Tabellenstufe	
Kappung mit 3 vH	5 362,20
Kappungsvorteil	81,—

b) Kirchensteuerkappung entsprechend dem zu versteuernden Einkommen, das der nach § 51 a EStG gekürzten Einkommensteuer entspricht; der Steuerbetrag von 68 040 DM liegt zwischen den tariflichen Steuerbeträgen der Einkommensteuertabelle von 67 990 DM und 68 046 DM (zu versteuerndes Einkommen zwischen 177 552 DM und 177 767 DM); bei einem zu versteuernden Einkommen in diesem Bereich (zB 177 660 DM) beträgt die Kirchensteuer bei Kappung (3 vH von 177 660 DM) — 5 329,80

und der Kappungsvorteil (5 443,20 DM abzüglich 5 329,80 DM) — 113,40

Die unterschiedliche Verfahrensweise der Berücksichtigung des § 51 a EStG bei der Erhebung der Kirchensteuer in einem Hundertsatz der Einkommensteuer einerseits und bei der Kirchensteuerkappung zum anderen ist nach dem Urteil des Finanzgerichts Hamburg vom 6. 2. 1980 (EFG 1980 S 254) verfassungsgemäß; die geringere Kinderentlastung bei der Kirchensteuerkappung ist damit zu rechtfertigen, daß dieser Nachteil nicht isoliert von der Entlastungswirkung gesehen werden darf, die durch die Kirchensteuerkappung eintritt.

Soweit die Kirchensteuergesetze der Länder in der Weise ausgestaltet sind, daß für die Kirchensteuer Höchstbeträge bestimmt werden können **(Baden-Württemberg, Berlin, Bremen, Niedersachsen),** wird die Auffassung vertreten, daß sich eine Kirchensteuerkappung auf diese Bestimmung zurückführen läßt. Über die Berücksichtigung der Beträge des § 51 a EStG bestehen im Zusammenhang mit dieser Rechtsvorschrift keine gesetzlichen Bestimmungen, so daß es von den Rechtsgrundlagen her nicht deutlich ist, ob vom Einkommen die Beträge des § 51 a EStG oder die diesen Beträgen entsprechenden Minderungen des Einkommens abzuziehen sind. Während in **Bremen** (BStBl 1986 I, S 65) und in **Niedersachsen** (BStBl 1986 I, S 389) das zu versteuernde Einkommen um die Kürzungsbeträge des § 51 a EStG gemindert wird, kann die Bestimmung in den staatlich anerkannten Kirchensteuerbeschlüssen in **Berlin** (zB BStBl 1986 I, S 274, 277), derzufolge das zu versteuernde Einkommen um den Anteil zu kürzen ist, der den Kinderentlastungsbeträgen gemäß § 51 a EStG entspricht, im Sinne der vorstehenden zweiten Alternative ausgelegt werden.

Die Anknüpfung der Kirchensteuerkappung an das zu versteuernde Einkommen (§ 2 Abs 5 EStG) hat zur Folge, daß Minderungen der tariflichen Einkommensteuer durch Steuerermäßigungen (§ 2 Abs 6 EStG), die sich bei der Bemessung der Kirchensteuer nach einem Hundertsatz der Einkommensteuer auswirken, bei der Kirchensteuerkappung unberücksichtigt bleiben. So schlagen zB die Steuervergünstigungen nach §§ 16, 17 BerlinFG (sog Berlin-Darlehen) bei der Kirchensteuerkappung nicht durch (Finanzgericht Hamburg vom 6. 2. 1980, EFG 1980 S 254).

Die Kirchensteuergesetze der Länder **Bayern, Hessen, Nordrhein-Westfalen, Rheinland-Pfalz** und **Saarland** enthalten weder eine ausdrückliche Begrenzungsvorschrift noch die Möglichkeit der Bestimmung von Höchstbeträgen. Es besteht zT die Meinung, daß die in den Gesetzen dieser Länder vielfach genannte Erhebungsform der Kirchensteuer vom Einkommen nach Maßgabe des Einkommens aufgrund eines besonderen Tarifs (zB § 4 Abs 1 Nr 1 Buchst b KiStG Nordrhein-Westfalen) einer Kirchensteuerkappung zugrunde gelegt werden könne (vgl *Risse* in DB 1972, S 702). Dieser Auffassung ist aber von staatlicher und kirchlicher Seite entgegengetreten worden (vgl *Risse* aaO).

Ungeachtet der unterschiedlichen Wertung der Zulässigkeit einer Kirchensteuerkappung ist beim Vorliegen entsprechender gesetzlicher Vorschriften die Kappung uE verfassungsmäßig unbedenklich (so auch Verwaltungsgericht Braunschweig, Urteil vom 20. 1. 1972 I A 78/71). Die Einräumung einer Kirchensteuerkappung von kirchlicher Seite durch Kirchensteuerordnung oder Kirchensteuerbeschluß setzt die Möglichkeit der Kirchensteuerkappung nach dem staatlichen Kirchensteuerrecht voraus, da andernfalls die notwendige staatliche Anerkennung der Kirchensteuerordnung bzw des Kirchensteuerbeschlusses insoweit versagt werden müßte. Ist andererseits nach den staatlichen Kirchensteuervorschriften eine Kappung möglich und wird in den Kirchensteuerordnungen bzw -beschlüssen von dieser Möglichkeit Gebrauch gemacht, so ist die

Durchführung der Kappung für die in Betracht kommenden Kirchenangehörigen zwingend; dies gilt auch im Verfahren des Steuerabzugs vom Arbeitslohn durch den Arbeitgeber.

Praktische Anwendung der Kirchensteuerkappung

Die Kirchensteuerkappung folgt in der Praxis weitgehend den erläuterten rechtlichen Grundlagen. Soweit das Kirchensteuerrecht der Länder eine Kappung ermöglicht, wird lediglich in **Baden-Württemberg** von einer Kappung abgesehen. Der Hundertsatz des zu versteuernden Einkommens beträgt in **Berlin, Bremen** und **Hamburg** 3 vH, in **Niedersachsen** und **Schleswig-Holstein** 3,5 vH (in Niedersachsen zT auch 3 vH).

In den Ländern, in denen das staatliche Kirchensteuerrecht eine Kirchensteuerkappung nicht zuläßt, wird die Kappung zT gleichwohl von den Kirchen praktiziert. Diese Praxis ist im einzelnen nur schwer überschaubar. Soweit ersichtlich, wird in den Ländern **Hessen, Nordrhein-Westfalen, Rheinland-Pfalz** und **Saarland** von einem Teil der Landeskirchen und Diözesen die Kappung in der Weise durchgeführt, daß generell auf Antrag die Kirchensteuer von den Kirchen insoweit erstattet wird, als die mit einem festen Hundertsatz der Einkommensteuer erhobene Kirchensteuer einen bestimmten Hundertsatz des zu versteuernden Einkommens übersteigt; der Hundertsatz des zu versteuernden Einkommens beträgt hier 4 vH. In welcher Weise die Beträge nach § 51 a EStG Berücksichtigung finden, ist nicht ersichtlich. Zum Teil gelten Fristen für die Antragstellung. Einige Landeskirchen in den vorgenannten Ländern beschränken dagegen die Anwendung der Kappung darauf, daß sie nur in Einzelfällen aus Billigkeitsgründen zugelassen wird; welche Kriterien für solche Billigkeitsmaßnahmen – bei im allgemeinen einkommensstarken Kirchenangehörigen – gelten sollen, ist nicht ersichtlich. Die Ablehnung einer solchen Kirchensteuerkappung durch die Kirchenbehörde ist kein vollziehbarer Verwaltungsakt iS von § 69 FGO (FG Düsseldorf, Beschluß vom 14. 11. 1986, EFG 1987 S 201). Die übrigen Landeskirchen und Diözesen lehnen eine Kappung aus grundsätzlichen Erwägungen ab. In einer Kirchensteuerübersicht 1987 von *Meyer* in NWB Fach 12, S 1293, sind Hinweise zu der Kappungspraxis in den einzelnen Diözesen und Landeskirchen gegeben.

Soweit hiernach eine Kirchensteuerkappung durchzuführen ist oder in Betracht kommen kann, zeigt die nachstehende Übersicht, bei welchem Betrag des zu versteuernden Einkommens in den einzelnen Bundesländern die Kappung unter Berücksichtigung des jeweiligen Zuschlagsatzes zur Einkommensteuer und des Hundertsatzes des zu versteuernden Einkommens wirksam wird (Kappungsschwelle). Die Abflachung der Progression durch das Steuersenkungsgesetz 1986/1988 vom 26. 6. 1985 (BStBl I S 391) hat dabei ab 1986 zu einer nicht unerheblichen Anhebung der Kappungsschwelle geführt.

Das Verfahren der Kirchensteuerkappung in **glaubensverschiedener Ehe** entspricht den Besonderheiten der Kirchensteuerberechnung in diesen Fällen. Die Kirchensteuer aus dem auf den kirchenangehörigen Ehegatten entfallenden Anteil an der gemeinsamen Einkommensteuer (vgl Tz 5.1.4) ist dem Steuerbetrag gegenüberzustellen, der sich bei Anwendung des Kappungssatzes auf das zu versteuernde Einkommen dieses Ehegatten ergibt. Dieses Berechnungsverfahren dürfte auch dann anzuwenden sein, wenn bei einer Zusammenveranlagung in konfessionsverschiedener Ehe nur bei einem Ehegatten eine Kirchensteuerkappung – auf Antrag – in Betracht kommt, während die Kirche, der der andere Ehegatte angehört, eine Kappung verwehrt.

6.1.5 Rundungsvorschriften

Quellen:

Bayern	§ 9 Abs 2 und § 14 Abs 1 Satz 3 und 4 KiStDV
Bremen	§ 9 Abs 3 Satz 2 und Abs 4 Satz 2
Hessen	§ 5 KiStDV
Niedersachsen	§ 11 Abs 1 Satz 3 und § 12 Abs 2 Satz 2

Der Hundertsatz der Kirchensteuer vom Einkommen (8 bzw 9 vH) hat zur Folge, daß die Kirchensteuer in den meisten Fällen mit Pfennigbeträgen zu berechnen ist, im Lohnsteuerabzugsverfahren rechnerisch sogar mit Bruchteilen von Pfennigen. Zur Vermeidung der Festsetzung von Pfennigbeträgen bestehen daher weitgehend Rundungsvorschriften, zum geringeren Teil in gesetzlicher Form, im übrigen durch Verwaltungsanordnungen.

Land	Zuschlagsatz zur Einkommensteuer (Lohnsteuer)	Hundertsatz des zu versteuernden Einkommens (Kappung)	Kappungsschwelle (zu versteuerndes Einkommen)			
			Grundtabelle		Splittingtabelle	
			1981–1985	1986 und 1987	1981–1985	1986 und 1987
Berlin	9	3	59 993	64 475	119 987	128 951
Bremen	8	3	77 489	84 131	154 979	168 263
Hamburg	8	3	77 489	84 131	154 979	168 263
Hessen	9	4	128 465	142 236	256 931	284 472
Niedersachsen	9	3,5	84 887	92 717	169 777	185 435
Nordrhein-Westfalen	9	4	128 465	142 236	256 931	284 472
Rheinland-Pfalz	9	4	128 465	142 236	256 931	284 472
Saarland	9	4	128 465	142 236	256 931	284 472
Schleswig-Holstein	9	3,5	84 887	92 717	169 775	184 435

Die Länder Baden-Württemberg und Bayern sind in der Übersicht nicht genannt, weil dort eine Kirchensteuerkappung nicht durchgeführt wird.

Die Rundungsregelungen sind nur zT zwischen den Bundesländern abgestimmt. Da überdies unterschiedliche Regelungen für die in Betracht kommenden Verfahren (Steuerfestsetzungsverfahren – Einkommensteuerveranlagung bzw Lohnsteuer-Jahresausgleich – sowie Lohnsteuerabzugsverfahren und Lohnsteuer-Anmeldungsverfahren) bestehen, ergibt sich ein weithin unübersichtliches Bild. Eine Rechtsvereinheitlichung für diesen Bereich wäre für die Vielzahl der Rechtsanwender gewiß angebracht, dürfte aber angesichts der zahlreichen landesrechtlichen und zT kirchenrechtlichen Regelungen sobald nicht zu erreichen sein.

a) Steuerfestsetzungsverfahren

Landesrechtliche Vorschriften in KiStG bzw. KiStDV zur Abrundung bestehen nur in Bayern, Bremen, Hessen und Niedersachsen. Während für **Bayern** in § 9 Abs 2 Satz 1 KiStDV der Grundsatz aufgestellt wird, daß bei der Berechnung der Kircheneinkommensteuer und der Kirchenlohnsteuer Bruchteile von Pfennigen unberücksichtigt bleiben, bestimmen die Sätze 2 bis 4 der vorgenannten Vorschrift, daß die Kircheneinkommensteuer – nach Anrechnung der Kirchenlohnsteuer und der Vorauszahlungen – zugunsten des Steuerpflichtigen auf volle 10 Pfennig zu runden ist, daß im Lohnsteuer-Jahresausgleich die zu erstattende Kirchenlohnsteuer auf volle 10 Pfennig aufzurunden ist und daß bei konfessionsverschiedener Ehe diese Rundungen zugunsten beider Ehegatten erfolgen.

In **Bremen** ist in § 9 Abs 3 Satz 2 KiStG festgelegt, daß die Kirchensteuer – nach Anrechnung der durch Steuerabzug erhobenen Beträge – zugunsten des Steuerpflichtigen auf den nächsten vollen DM-Betrag abzurunden bzw – bei Erstattungen – aufzurunden ist. Für **Niedersachsen** sieht § 11 Abs 1 eine Abrundung auf 0,05 DM vor. Für **Hessen** ist in § 5 KiStDV lediglich der Hinweis gegeben, daß bei der Berechnung der Kirchensteuerbeträge Bruchteile von Pfennigen unberücksichtigt bleiben.

In den übrigen Bundesländern sind hinsichtlich der im Zusammenhang mit der Einkommensteuer festzusetzenden bzw beim Lohnsteuer-Jahresausgleich zu erstattenden Kirchensteuer weitgehend Abrundungsvorschriften im Verwaltungswege erlassen worden. Die Regelungen sind im allgemeinen der Vorschrift des § 8 Kleinbetragsverordnung (KBV) vom 10. 12. 1980 (BStBl I S 784) nachgebildet. Diese Vorschrift, derzufolge Steuern auf volle DM zum Vorteil des Steuerpflichtigen abgerundet festzusetzen sind (§ 8 Abs 1 KBV), wird aber offensichtlich unterschiedlich ausgelegt. Während **Berlin** und **Nordrhein-Westfalen** eine Abrundung zugunsten des Steuerpflichtigen auf volle DM vornehmen, gehen die anderen Länder, soweit nicht ohnehin abweichende landesgesetzliche Regelungen vorliegen, davon aus, daß die Kleinbetragsverordnung nicht unmittelbar für die Kirchensteuer angewendet werden kann und halten an den überkommenen Rundungsregelungen von 0,10 DM oder 0,05 DM fest. Für **Hessen** ist angeordnet (Erlaß vom 20. 1. 1981), daß als Folge der Vorschrift des § 5 KiStDV eine Auf- oder Abrundung der Kirchensteuer nicht zulässig ist. In **Schleswig-Holstein** wird aus den kirchlichen Steuervorschriften, denen zufolge bei der Kirchensteuer Bruchteile von Pfennigen unberücksichtigt bleiben, hergeleitet, daß eine Abrundung der Kirchensteuerbeträge nicht in Betracht kommt. Diese kirchenrechtlichen Grundlagen bestehen zwar auch in **Hamburg,** doch wird dort eine Abrundung auf 0,05 DM durchgeführt.

Im einzelnen ergibt sich hiernach folgendes Bild:

Baden-Württemberg	Abrundung 0,10 DM
Bayern	Abrundung 0,10 DM
Berlin	Abrundung auf volle DM
Bremen	Abrundung auf volle DM
Hamburg	Abrundung 0,05 DM
Hessen	keine Rundung
Niedersachsen	Abrundung 0,05 DM
Nordrhein-Westfalen	Abrundung auf volle DM
Rheinland-Pfalz	Abrundung auf 0,10 DM
Saarland	Abrundung auf 0,10 DM
Schleswig-Holstein	keine Rundung

Soweit eine Abrundung in Betracht kommt, entspricht ihr in Erstattungsfällen eine Aufrundung im gleichen Maße.

Entsprechend der Regelung in § 9 Abs 2 Satz 4 KiStDV **Bayern** wird auch in **Baden-Württemberg** und **Rheinland-Pfalz** bei konfessionsverschiedenen Ehen auf 0,10 DM zugunsten jedes Ehegatten gerundet. Dagegen ist im Saarland die Kirchensteuer in diesen Fällen auf 0,05 DM zugunsten jedes Ehegatten zu runden.

Um einheitliche Rundungsgrundsätze herbeizuführen und ggf mehrfache Rundungen bei der Anrechnung von im Lohnsteuerabzugsverfahren einbehaltenen Kirchensteuern zu vermeiden, haben sich die obersten Finanzbehörden für diese Anrechnung – soweit nicht ausdrücklich gesetzliche Regelungen vorliegen – auf folgende Regelung verständigt:

Die festgesetzte Kirchensteuer – vor Anrechnung der einbehaltenen Lohnkirchensteuer – wird spitz (ohne Rundung) gerechnet. Die einbehaltene Lohnkirchensteuer wird ebenfalls ohne Rundung angerechnet. Die sich nach Abzug der einbehaltenen Lohnkirchensteuer von der festgesetzten Kirchensteuer ergebende Kirchensteuer wird entsprechend den in den einzelnen Ländern geltenden Vorschriften gerundet.

b) Lohnsteuerabzugsverfahren

Ausdrückliche Rundungsvorschriften für den Bereich der Kirchensteuer beim Steuerabzug vom Arbeitslohn bestehen für Bayern, Bremen und Niedersachsen. In **Bayern** bleiben bei der Kirchenlohnsteuer Bruchteile von Pfennigen unberücksichtigt (§ 9 Abs 2 Satz 1 KiStDV). Im KiStG **Bremen** bestimmt § 9 Abs 4 Satz 2, daß die einzelnen Abzugsbeträge auf den nächsten vollen Pfennig-Betrag abzurunden sind. In **Niedersachsen** sind beim Kirchensteuerabzug vom Arbeitslohn die einzelnen Kirchensteuerbeträge bei Monats-, Wochen- und Tageslohnzahlungen jeweils auf 0,01 DM, bei anderen Lohnzahlungen auf 0,05 DM nach unten abzurunden (§ 12 Abs 2 Satz 2 KiStRG). Soweit keine besonderen Regelungen bestehen, ist für die anderen Bundesländer davon auszugehen, daß im Steuerabzugsverfahren keine Bruchteile von Pfennigen zu erheben sind.

Beim **Lohnsteuer-Jahresausgleich** durch den **Arbeitgeber** wird eine Abrundung grundsätzlich nicht in Betracht kommen. In **Bayern** beträgt die Abrundung in diesen Fällen 0,10 DM (§ 9 Abs 2 Satz 3 in Verbindung mit § 14 Abs 2 KiStDV) und in **Niedersachsen** 0,05 DM (§ 12 Abs 2 Satz 2 KiStRG).

Im **Lohnsteuer-Anmeldungsverfahren** werden in **Bayern** nach § 14 Abs 1 Satz 3 KiStDV die für die einzelnen Religionsgemeinschaften in der Lohnsteuer-Anmeldung anzugebenden Kirchensteuerbeträge jeweils auf volle 10 Pfennige gerundet. Nach Maßgabe von § 8 Abs 1 Satz 2 der Kleinbetragsverordnung aaO besteht in den anderen Bundesländern weitgehend eine entsprechende Regelung im Verwaltungswege.

6.1.6 Kirchensteuer bei Pauschalierung der Lohnsteuer

Die Lohnsteuerpauschalierung als Verfahren besonderer Art

Die Einkommensteuer orientiert sich im besonderen Maße an der Leistungsfähigkeit des Steuerpflichtigen und nimmt auf die persönlichen Verhältnisse weitgehend Rücksicht. Im Lohnsteuerverfahren wird dem Familienstand bei der Einreihung des Steuerpfl in die für ihn zutreffende Steuerklasse Rechnung getragen. Die durch Kinder geminderte steuerliche Leistungsfähigkeit wird durch die Eintragung der Kinderfreibetragszahl und die Zahl der Kinder berücksichtigt. Der Arbeitgeber ermittelt anhand der Lohnsteuertabellen aufgrund der Eintragungen auf der Lohnsteuerkarte die individuelle Steuerschuld und – als Anhangsteuer – auch die Kirchensteuerschuld (s auch Abschn 75 Abs 5 LStR).

Abweichend davon sieht das Einkommensteuergesetz in den §§ 40–40 b in bestimmten Fällen eine Verfahrensvereinfachung vor. Die Lohnsteuer wird nach einem festen oder einem von Fall zu Fall zu ermittelnden Pauschsteuersatz erhoben.

Es handelt sich dabei um folgende Zuwendungsarten des Arbeitgebers an den Arbeitnehmer:

- Sonstige Bezüge in einer größeren Zahl von Fällen (§ 40 Abs 1 Nr 1 EStG);
- Nacherhebung von Lohnsteuer wegen nicht vorschriftsmäßiger Einbehaltung (§ 40 Abs 1 Nr 2 EStG);
- Zuwendungen aus Anlaß von Betriebsveranstaltungen (§ 40 Abs 2 Satz 1 EStG);
- Erholungsbeihilfen (§ 40 Abs 2 Satz 2 EStG);
- kurzfristig beschäftigte Arbeitnehmer (§ 40 a Abs 1 Satz 1 und 2 Nr 1 EStG);

- in geringem Umfang und gegen geringen Arbeitslohn beschäftigte Arbeitnehmer (§ 40 a Abs 1 Satz 1 und 2 Nr 2 EStG);
- Aushilfskräfte in der Land- und Forstwirtschaft (§ 40 a Abs 2 EStG);
- Zukunftsicherungsleistungen (§ 40 b EStG).

Für die Besteuerung, zu der die Lohnsteuerkarte nicht herangezogen wird, ist gesetzlich angeordnet, daß der Arbitgeber die pauschale Lohnsteuer zu übernehmen hat. „Er ist der Schuldner der pauschalen Lohnsteuer“ (§ 40 Abs 3 Satz 2, § 40 a Abs 4, § 40 b Abs 3 Satz 1 EStG).

Sowohl der pauschal besteuerte Arbeitslohn als auch die pauschale Lohnsteuer bleiben beim Lohnsteuer-Jahresausgleich oder bei der Veranlagung zur Einkommensteuer außer Ansatz (§ 40 Abs 3 Satz 2, § 40 a Abs 4, § 40 b Abs 3 Satz 1 EStG). Aus dieser Ausgestaltung des Pauschalierungsverfahrens hat der BFH (v 5. 11. 1982, BStBl 1983 II S 91) der Pauschsteuer einen Objektsteuercharakter zugeschrieben.

Wollte man mit dem BFH die pauschale Lohnsteuer als Unternehmenssteuer sehen, die **nicht von der Arbeitnehmersteuer abgeleitet wäre,** könnte Kirchensteuer – als Zuschlagsteuer zur Maßstabsteuer Einkommensteuer/Lohnsteuer – nicht erhoben werden, wenn der Arbeitgeber eine juristische Person, wäre; dies hat zuletzt *Kruse* (FR 1985 S 1) eingehend begründet.

Gleichwohl hat der BFH aus seiner Auffassung keine Folgerungen für die Kirchensteuer gezogen. Hier geraten der BFH und andere Verfechter der Objektsteuertheorie bei der Kirchensteuer in Begründungsnot. Der BFH gibt als Rechtfertigung der Kirchensteuererhebung lediglich an, daß die Kirchensteuer auch für Arbeitnehmer erhoben werde, die keiner steuerberechtigten Kirche angehören. Abgesehen davon, daß die Rechtsgrundlage der Finanzamtspraxis dafür so sicher nicht ist, ist dies doch nur eine Folge der generalisierenden Betrachtung, die sich in dem ermäßigten Kirchensteuersatz, etwa 7 vH statt des Regelsatzes von 9 vH, ausdrückt. Hinter dieser Verwaltungspraxis steht die Ableitung von der Schuld der Arbeitnehmer, weil die Finanzverwaltung mit diesem Rabatt bei der Durchschnittsbelastung berücksichtigen will, daß die Steuerlastquote infolge nichtkirchenangehörigen Arbeitnehmern geringer ist.

Der BFH hätte aus seiner Sicht die Kirchensteuerpflicht in den Fällen der Pauschalierung der Lohnsteuer verneinen müssen: Entweder kann die Kirchensteuer deshalb nicht erhoben werden, weil der Arbeitgeber keiner Kirche angehört; oder die Kirchensteuer kann, obwohl der Arbeitgeber kirchensteuerpflichtig ist, nicht erhoben werden, weil die Pauschsteuer als Unternehmenssteuer eigener Art jedenfalls keine Einkommensteuer des Arbeitgebers ist und deshalb keine Maßstabsteuer sein kann.

Deshalb verneinen auch *Kreußler* (BB 1986 S 1198), *Meilicke* (DB 1986 S 1201), *Graupner* (DB 1984 S 687) und *Sterner* (DStR 1987 S 77) die Kirchensteuerpflicht in den Fällen der Pauschalierung.

Meyer (NWB F. 12 S 1279) sieht eine verfassungsmäßige Pflicht des Staates, die Verwaltung der Kirchensteuer sicherzustellen. Unsere Auffassung (dazu schon *Giloy,* BB 1978 S 1056) ist, daß sich die Erhebung der Kirchensteuer in den Fällen der Pauschalierung aus der Verweisung der Kirchensteuergesetze auf die entsprechende Anwendung der Vorschriften über die Maßstabsteuer rechtfertigen läßt. Ist die Pauschalierung lediglich eine verfahrenstechnische Besonderheit bei der Ermittlung der im Abzugsverfahren zu erhebenden Einkommensteuer, müssen die Kirchensteuergläubiger dieser verfahrenstechnischen Besonderheit Rechnung tragen, soll die Konzeption der Kirchensteuer als Anhangsteuer gültig bleiben.

Die Kirchensteuerpflicht bejaht deshalb das OVG Schleswig (v 25. 3. 1987 – 13 OVG A 295/85 – die Verweisung in § 8 Abs 1 KiStG Schleswig-Holsteins erstreckte sich auch auf die Fälle der Pauschalierung), VG Braunschweig v 29. 1. 1986 (StB 1986 S 259), *Kruse* (FR 1985 S 1), *Hartz/Meeßen/Wolf* (ABC-Führer Lohnsteuer, Stichwort Pauschalierung der Lohnsteuer) und *Reinhart* (FR 1986 S 531).

Dem Schlagwort „Unternehmenssteuer eigener Art“ könnte man das Schlagwort „Lohnsteuer eigener Art“ entgegenstellen und behaupten, daß das eine das andere nicht ausschließt (so *Giloy* in: Grundfragen des Lohnsteuerrechts, S 223). Es handelt sich begrifflich – dem Wortsinn nach – um eine Unternehmenssteuer, weil sich der Anspruch des Fiskus originär gegen das Unternehmen richtet.

Es ist zugleich – dem Gehalt der Steuerforderung nach – eine „Lohnsteuer eigener Art", weil der Steueranspruch seine Wurzel in dem Steueranspruch gegen den Arbeitnehmer hat.

Die Ableitung aus der Position des Arbeitnehmers wird seit der Änderung des § 40 EStG mit Wirkung ab 1983 verdeutlicht. Das Einkommensteuergesetz schreibt nunmehr vor, daß die Übernahme der Steuer durch den Arbeitgeber für den Arbeitnehmer eine in Geldeswert bestehende Einnahme ist (§ 40 Abs 1 Satz 2 EStG). Damit hat der Gesetzgeber den BFH überholt und ein Bindeglied zwischen der Arbeitnehmersteuer und der Pauschsteuer des Arbeitgebers hergestellt. Ob sich im konkreten Einzelfall überhaupt ein Vorteil für den Arbeitnehmer feststellen läßt (so ein wichtiges Argument des BFH im Urteil v 5. 11. 1982 a. a. O.), kann jedenfalls heute nicht mehr relevant sein.

Die Charakterisierung als Unternehmenssteuer ist dadurch zwar nicht begrifflich falsch geworden. Indessen geht die Schlußfolgerung des BFH, es fehle bei der Pauschsteuer an einer Ableitung vom Arbeitnehmer, heute ins Leere. De lege lata könnte auch der BFH die Charakterisierung des Steueranspruchs als „Lohnsteuer eigener Art" wohl nicht mehr leugnen. Der weiterhin gültigen Feststellung, daß der Steueranspruch gegen den Arbeitgeber gesetzestechnisch verselbständigt und damit originär ist, kann keine praktische Bedeutung mehr zukommen.

Der Abschlag vom Hebesatz als kirchensteuerspezifische Notwendigkeit

Wenn man bei der Kirchensteuer entsprechend der Pauschalierung bei der Lohnsteuer von der individualisierenden zur generalisierenden Betrachtung gelangt, ergeben sich hinsichtlich der Ermittlung der Gesamtbelastung mit Kirchensteuer für die in dieses Verfahren einbezogenen Arbeitnehmer Unsicherheiten in zwei Richtungen:

- Da der Arbeitgeber die Pauschsteuer ermittelt, ohne die Lohnsteuerkarte heranzuziehen, ist ungewiß, ob die in die Pauschalierung einbezogenen Arbeitnehmer sämtlich einer steuerberechtigten Kirche angehören;
- der Arbeitgeber kann nicht zweifelsfrei feststellen, ob bei den Arbeitnehmern im Falle der Regelbesteuerung Kinder zu

berücksichtigen wären, so daß die Lohnsteuer als Maßstabsteuer nach § 51 a um die Kinderfreibeträge zu kürzen wäre.

Deshalb ist in den meisten Ländern bei der Erhebung der Kirchensteuer von der pauschalen Lohnsteuer ein Rabatt in Höhe von 1–3 Punkten vom Hebesatz vorgesehen. Einzelheiten ergeben sich aus der Übersicht S 119.

Unmaßgeblichkeit der Kirchenangehörigkeit (Kirchensteuerpflicht) des Arbeitnehmers

Da sich die Pauschalierung der Lohnsteuer mit ihren Durchschnittssteuersätzen von den individuellen Besteuerungsmerkmalen des einzelnen Arbeitnehmers löst, kann es auch bei der Festsetzung der Kirchensteuer in den Fällen der Pauschalierung nicht auf die Kirchenangehörigkeit des Arbeitnehmers im Einzelfall ankommen.

In den Ländern, in denen ein ermäßigter Hebesatz angewendet wird, ist es folgerichtig, die Kirchensteuer von der pauschalen Lohnsteuer auch dann zu erheben, wenn der Arbeitgeber die mangelnde Kirchenangehörigkeit des Arbeitnehmers kennt. Wenn das bundesweite Verhältnis der kirchenangehörigen zu den nicht kirchenangehörigen Arbeitnehmern bereits in der Höhe des ermäßigten Zuschlagsatzes berücksichtigt worden ist, darf dieser Zuschlagsatz aus methodischen Gründen nicht durch den Rückgriff auf die individuellen Verhältnisse nochmals gemindert werden. Auf die Unterscheidung, daß die Lohnsteuerpauschalierung für eine Mehrzahl oder einen einzigen Arbeitnehmer angewendet wird, kann es dabei nicht ankommen (anders offenbar in **Hessen**, siehe NWB Fach 12, S 1189). Der hier vertretenen Auffassung stimmt *Meyer* (NWB F 12 S 1279) zu.

Aufteilung der Kirchensteuer auf die steuerberechtigten Kirchen

Da es in den Fällen einer zulässigen Lohnsteuerpauschalierung weder auf die Kirchenangehörigkeit des Arbeitnehmers überhaupt noch auf die Zugehörigkeit zu einer bestimmten Religionsgesellschaft ankommt, kann auch die Kirchensteuer nur nach einem allgemeinen Schlüssel aufgeteilt werden.

Wie sich aus der letzten Spalte der Übersicht „Kirchensteuer bei Pauschalierung der Lohnsteuer“ ergibt, sind dazu in einzelnen Län-

Kirchensteuer bei Pauschalierung der Lohnsteuer

Bundesland	Pauschalierung nach §§ 40, 40 a Abs 1, 40 b	Pauschalierung nach § 40 a Abs 2	Aufteilung auf die Kirchen rk	ev
Baden-Württemberg	7 vH	7 vH	50 vH	50 vH
Bayern	7 vH	7 vH	2/3	1/3
Berlin[1])	7 vH	7 vH	keine besondere Regelung	
Bremen				
– Stadt	7 vH	7 vH	15 vH	85 vH
– Bremerhaven	7 vH	7 vH	10 vH	90 vH
Hamburg	6 vH	6 vH	15 vH	85 vH
Hessen	7 vH	—	nach örtlichen und betrieblichen Gegebenheiten	
Niedersachsen	6 vH	6 vH	22 vH	78 vH
Nordrhein-Westfalen	7 vH	—	nach örtlichen und betrieblichen Gegebenheiten	
Rheinland-Pfalz	7 vH	—	nach örtlichen und betrieblichen Gegebenheiten, im Zweifel 50:50	
Saarland	7 vH	—	nach örtlichen und betrieblichen Gegebenheiten	
Schleswig-Holstein	7,5 vH	7,5 vH	10 vH	90 vH

1) Bei Arbeitnehmern in Berlin, die Arbeitslohn iSd § 23 Nr 4 BerlinFG beziehen, beträgt der Pauschsteuersatz 10 vH.

dern Anordnungen ergangen, die aus Vereinfachungsgründen eine Aufteilung lediglich zwischen den beiden großen steuerberechtigten Religionsgesellschaften vorsehen. Es kommt dabei – unterschiedlich – auf die im Lande, im OFD-Bezirk, den örtlich oder betrieblich gegebenen Verhältnisse an.

6.2 Kirchensteuer als Zuschlag zur Vermögensteuer

Von der Möglichkeit der Erhebung von Kirchensteuer nach dem Maßstab der Vermögensteuer wird gegenwärtig von den Kirchen kein Gebrauch gemacht. Eine Ausnahme hiervon machen – soweit bekannt – lediglich die jüdischen Gemeinden in **Berlin** und **Frankfurt/Main.**

Die Jüdische Gemeinde zu Berlin erhebt – in eigener Verwaltung – eine Gemeindesteuer vom Vermögen in Höhe von 10 vH der jährlich zu entrichtenden Vermögensteuer. Bei der Jüdischen Gemeinde Frankfurt/Main beträgt der Zuschlagsatz zur Vermögensteuer 8 vH.

6.3 Kirchensteuer als Zuschlag zu den Grundsteuermeßbeträgen

Die Höhe des Hundertsatzes obliegt auch bei dieser Kirchensteuerart der Beschlußfassung durch die Kirchen. Doch besteht auch für diesen Bereich in **Bayern** die Rahmenvorschrift, daß der Hundertsatz 10 vH des Grundsteuermeßbetrages nicht übersteigen darf (Art 16 Abs 4 KiStG). Während die in Bayern für die Kirchensteuer vom Einkommen ebenfalls mit 10 vH festgelegte Obergrenze den im Bundesgebiet geltenden Hundertsatz (8 bzw 9 vH) stets überschreitet, gehen die beschlossenen Hundertsätze bei der Kirchensteuer vom Grundbesitz in den anderen Bundesländern zT weit über diese Begrenzung hinaus.

Die tatsächliche Erhebung von Kirchensteuer nach dem Maßstab der Grundsteuermeßbeträge ist ungeachtet der weithin übereinstimmenden rechtlichen Voraussetzungen recht unterschiedlich und auch wenig übersichtlich. Nähere Einzelheiten über die Erhebungspraxis enthält die folgende Übersicht, in der die Kirchensteuergläubiger aufgeführt sind, in deren Bereich gegenwärtig Kirchensteuer als Zuschlag zu den Grundsteuermeßbeträgen erhoben wird (vgl auch die – zum Teil abweichende – Zusammenstellung „Kirchensteuersätze 1987" von *Meyer* in NWB Fach 12, S 1293):

	Zuschlag zu den Grundsteuer-meßbeträgen	
	A (Hundertsatz)	B (Hundertsatz)
Baden-Württemberg		
Evangelische Landeskirche in Baden	bis 20	bis 20
Bistum Rottenburg	bis 35	bis 25
Bayern		
Evangelisch-lutherische und Evangelisch-reformierte Kirche in Bayern	10	—
(Erz-)Diözesen Augsburg, Bamberg, Eichstätt, München-Freising, Passau, Regensburg, Würzburg	10	—
Berlin		
Jüdische Gemeinde	20	20
Hessen		
Evangelische Kirche von Kurhessen-Waldeck	bis 33⅓	—
Evangelische Kirche im Rheinland	bis 20	—
Diözese Fulda	bis 20	bis 20
Diözese Limburg	bis 20	bis 20
Jüdische Gemeinde Frankfurt	10	20
Nordrhein-Westfalen		
Evangelische Kirche im Rheinland	bis 20	—
Evangelische Kirche von Westfalen	bis 20	—
Rheinland-Pfalz		
Protestantische Landeskirche der Pfalz	15	10
Evangelische Kirche im Rheinland	bis 25	—
Erzdiözese Köln	bis 20	—

	Zuschlag zu den Grundsteuer-meßbeträgen A (Hundertsatz)	B (Hundertsatz)
Diözese Limburg	bis 20	bis 20
Diözese Speyer	bis 15	bis 10
Diözese Trier	bis 20	—
Saarland		
Evangelische Kirche im Rheinland	bis 25	—
Protestantische Landeskirche der Pfalz	15	10
Diözese Speyer	bis 20	—
Diözese Trier	bis 20	—
Schleswig-Holstein		
Nordelbische Evangelisch-lutherische Kirche	bis 15	bis 15

Aus der Zusammenstellung ist ersichtlich, daß in **Niedersachsen** gegenwärtig kein Gebrauch von dieser Erhebungsmöglichkeit gemacht wird. In anderen Bundesländern sind es im allgemeinen nur einzelne Kirchensteuergläubiger, die Kirchensteuer vom Grundbesitz erheben. Dabei fällt auf, daß die Kirchensteuer in größerem Maße von den Grundsteuermeßbeträgen A (land- und forstwirtschaftliche Betriebe) als von den Grundsteuermeßbeträgen B (Grundstücke) erhoben wird, sei es, daß auf die letztere Erhebungsart ganz verzichtet wird oder daß insoweit ein niedrigerer Hundertsatz maßgebend ist.

Im übrigen ist noch anzumerken, daß im örtlichen kirchlichen Bereich oftmals Abweichungen von den Hundertsätzen in der vorstehenden Zusammenstellung bestehen, da es sich zT nur um Rahmenvorschriften der Kirchen handelt, die es den einzelnen Kirchengemeinden erlauben, die genannten Sätze zu überschreiten oder unter ihnen zu bleiben, ggf auch auf eine Erhebung zu verzichten.

6.4 Kirchgeld

Ebenso wie die Bestimmung der Bemessungsgrundlagen ist auch die Festsetzung der Höhe des Kirchgeldes regelmäßig den Kirchen vorbehalten, doch gilt auch insoweit in **Bayern** die landesgesetzliche Regelung in Artikel 22 KiStG, derzufolge das feste Kirchgeld den Betrag von 3 DM, das gestaffelte Kirchgeld einen Betrag von 30 DM nicht übersteigen darf. Was die Erhebungspraxis im einzelnen angeht, so wird auch für diesen Bereich auf die Zusammenstellung in NWB Fach 12, S 1293, hingewiesen. Diese Übersicht zeigt, daß von der Erhebungsmöglichkeit dieser Steuerart auch nur gebietsweise Gebrauch gemacht wird. Während in Bayern die Bindung an die gesetzlich vorgegebenen Höchstbeträge zu beachten ist, haben die Kirchen im übrigen, soweit eine Erhebung in Betracht kommt, Kirchgeldbeträge zwischen 6 DM und 120 DM beschlossen.

6.5 Besonderes Kirchgeld

Das besondere Kirchgeld wird gegenwärtig in **Berlin, Hamburg, Hessen, Rheinland-Pfalz** und **Schleswig-Holstein** erhoben, allerdings nur von einem Teil der Kirchensteuergläubiger. Dies sind

in Berlin

— die Evangelische Kirche in Berlin-Brandenburg (Berlin-West) und das Bistum Berlin

in Hamburg

— die Nordelbische Evangelisch-lutherische Kirche, die Evangelisch-lutherische Landeskirche Hannover und die römisch-katholischen Kirchengemeinden der Bistümer Hildesheim und Osnabrück

in Hessen

— alle Kirchensteuergläubiger, die die Verwaltung den Landesfinanzbehörden übertragen haben (vgl Tz 2), mit Ausnahme der Evangelischen Kirche im Rheinland

in Rheinland-Pfalz

— die Evangelische Kirche in Hessen und Nassau sowie die Diözesen Limburg, Mainz und Trier in Schleswig-Holstein

— die Nordelbische Evangelisch-lutherische Kirche und das Bistum Osnabrück.

Für die Erhebung des besonderen Kirchgelds ist folgende von den steuerberechtigten Kirchen mit staatlicher Anerkennung festgelegte Tabelle maßgebend:

Stufe	Bemessungsgrundlage (gemeinsames zu versteuerndes Einkommen nach § 2 Abs 5 EStG) DM	Jährliches Kirchgeld DM	Monatliches Kirchgeld DM
1	48 000 bis 59 999	240	20
2	60 000 bis 79 999	480	40
3	80 000 bis 99 999	720	60
4	100 000 bis 149 999	996	83
5	150 000 bis 199 999	1 500	125
6	200 000 bis 249 999	1 980	165
7	250 000 bis 299 999	2 520	210
8	300 000 bis 399 999	3 600	300
9	400 000 und mehr	4 800	400

In **Berlin** ist die Bemessungsgrundlage für das Kirchgeld in glaubensverschiedener Ehe ab 1986 dahingehend geändert worden, daß es nach einem gestaffelten Satz erhoben wird, der in den jeweiligen Eingangsstufen von einem Drittel des gemeinsam zu versteuernden Einkommens ausgeht, wobei höchstens 10 Staffelstufen gebildet werden dürfen (§ 6 Abs 2 der Kirchensteuerordnung der Evangelischen Kirche in Berlin-Brandenburg vom 20. 2. 1986, BStBl 1986 I S 272, und § 6 Abs 1 der Kirchensteuerordnung des Bistums Berlin vom 1. 1. 1986, BStBl 1986 I S 275). Nach den Kirchensteuerbeschlüssen der vorgenannten Kirchen vom 16. 11. 1985 (BStBl 1986 I S 274) und vom 1. 1. 1986 (BStBl 1986 I S 277) gilt hiernach ab 1986 in **Berlin** folgende Kirchgeldtabelle:

In **Berlin** mindert sich die Bemessungsgrundlage jeweils um den Anteil, der den Kinderentlastungsbeträgen nach § 51 a EStG entspricht; in **Hamburg** ermäßigt sich das jährliche Kirchgeld im Falle der Berücksichtigung von Kinderfreibeträgen iS des § 51 a EStG jeweils um 12 DM bzw 24 DM. In den übrigen Ländern entfällt bisher eine entsprechende Kinderkomponente (vgl Tz 5.5).

Der Beginn der ersten Stufe des besonderen Kirchgelds bei einem zu versteuernden Einkommen von 48 000 DM hängt damit zusammen, daß die landesrechtlichen Vorschriften eine Verwaltung des besonderen Kirchgelds durch die Finanzbehörden nur bei Kirchensteuerpflichtigen zulassen, die von den Finanzämtern bereits zur Einkommensteuer veranlagt werden (vgl zB § 14 Abs 2 KiStG **Rheinland-Pfalz**). Anläßlich der Erhöhung der Einkommensgrenze des § 46 Abs 1 EStG mit Wirkung vom 1. 1. 1973 von 24 000 DM auf 48 000 DM ist deshalb auch die zuvor nach den Kirchensteuerordnungen bestehende Tabellenstufe für Einkommen von 24 000 DM bis 48 000 DM (jährliches Kirchgeld = 120 DM) weggefallen.

Wegen der Anrechnung des besonderen Kirchgelds auf andere Kirchensteuerarten, insbesondere die Kirchensteuer vom Einkommen, wird auf Tz 4.7 hingewiesen.

Stufe	Bemessungsgrundlage (zu versteuerndes Einkommen nach § 2 Abs 5 EStG) DM	Jährliches Kirchgeld DM	Monatliches Kirchgeld DM
1	48 001 bis 59 999	216	18
2	60 000 bis 79 999	300	25
3	80 000 bis 99 999	456	38
4	100 000 bis 149 999	648	54
5	150 000 bis 199 999	1 224	102
6	200 000 bis 249 999	1 908	159
7	250 000 bis 299 999	2 496	208
8	300 000 bis 349 999	3 000	250
9	350 000 bis 399 999	3 492	291
10	ab 400 000	3 996	333

6.6 Mindestkirchensteuer

Mindestkirchensteuer (siehe Tz 4.6) wird zZ nur in **Schleswig-Holstein** erhoben. Sie beträgt:

jährlich	7,20 DM
monatlich	0,60 DM
wöchentlich	0,14 DM
täglich	0,02 DM

(vgl § 2 des Kirchengesetzes – Kirchensteuerbeschluß – der Nordelbischen Ev.-luth. Kirche vom 22. 11. 1985, BStBl 1986 I S 142, und § 2 des Kirchensteuerbeschlusses der Diözese Osnabrück im Bereich des Landes Schleswig-Holstein vom 25. 11. 1985, BStBl 1986 I S. 143).

Steuerpflichtig sind nicht alle kirchensteuerpflichtigen Kirchenmitglieder iS der Tz 3.1 schlechthin, sondern nur die Kirchenangehörigen, die zur Einkommensteuer veranlagt werden oder lohnsteuerpflichtig sind. Eine Festsetzung von Einkommensteuer oder die Einbehaltung von Lohnsteuer ist nicht Voraussetzung für die Erhebung der Mindestkirchensteuer, doch wird auf die Erhebung verzichtet, wenn eine bestimmte Höhe des Einkommens bzw des Arbeitslohns nicht überschritten wird (vgl § 2 Abs 2 Nr 4 Satz 1 der Kirchensteuerordnung der Diözese Osnabrück im Bereich des Landes Schleswig-Holstein vom 14. 10. 1985, BStBl 1986 I S 131). Im einzelnen bestimmen hierzu die gleichlautenden §§ 3 und 4 der obenstehenden Kirchensteuerbeschlüsse vom 22. 11. 1985 bzw 25. 11. 1985 folgendes:

§ 3
Befreiung von der Mindestkirchensteuer

(1) Eine Mindestkirchensteuer wird nicht erhoben, wenn das zu versteuernde Einkommen im Kalenderjahr den Betrag von 1199,99 DM nicht übersteigt.

(2) Der in Abs 1 genannte Betrag von 1199,99 DM verdoppelt sich im Falle der Zusammenveranlagung nach § 26 b EStG.

(3) Die in Abs 1 und 2 genannten Beträge erhöhen sich um

a) 300,— DM für jeden Kinderabzugsbetrag im Sinne von § 51 a Nr 1 EStG

b) 600,— DM für jeden Kinderabzugsbetrag im Sinne von § 51 a Nr 2 EStG.

§ 4

Befreiung von der Mindestkirchensteuer im Steuerabzugsverfahren

(1) Der Arbeitgeber hat die Mindestkirchensteuer nicht einzubehalten, wenn der Jahresarbeitslohn zu einem zu versteuernden Einkommen führt, das nicht höher ist als die nach § 3 maßgebenden Beträge.

Der sich danach ergebende Jahresarbeitslohn ist auf den nächsten durch 12 ohne Rest teilbaren Betrag aufzurunden.

Bei monatlicher, wöchentlicher oder täglicher Lohnzahlung sind die maßgebenden Beträge mit 1/12, 7/360 bzw 1/360 anzusetzen.

(2) Für die Steuerklassen I, II, III und IV mit bis zu 4 Kinderfreibeträgen ergeben sich die nach Abs 1 maßgebenden Beträge aus der diesem Gesetz beigefügten Anlage.

(3) Liegt dem Arbeitgeber eine Lohnsteuerkarte mit den Steuerklassen V und VI vor, ist nicht die Mindestkirchensteuer, sondern die nach der Lohnsteuer bemessene Kirchensteuer einzubehalten.

	mit Kinderfreibeträgen:								
	0	0,5	1,0	1,5	2,0	2,5	3,0	3,5	4,0
					DM				
a) Steuerklasse I									
jährlich	3 660,—	5 520,—	7 392,—	9 312,—	11 172,—	13 044,—	14 796,—	16 500,—	18 204,—
monatlich	305,—	460,—	616,—	776,—	931,—	1 087,—	1 233,—	1 375,—	1 517,—
wöchentlich	71,17	107,33	143,73	181,07	217,23	253,63	287,70	320,83	353,97
täglich	10,17	15,33	20,53	25,87	31,03	36,23	41,10	45,83	50,57
b) Steuerklasse II									
jährlich	—	11 028,—	12 948,—	14 712,—	16 416,—	18 060,—	19 764,—	21 468,—	23 172,—
monatlich	—	919,—	1 079,—	1 226,—	1 368,—	1 505,—	1 647,—	1 789,—	1 931,—
wöchentlich	—	214,43	251,77	286,07	319,20	351,17	384,30	417,43	450,57
täglich	—	30,63	35,97	40,87	45,60	50,17	54,90	59,63	64,37
c) Steuerklasse III									
jährlich	5 448,—	7 320,—	9 180,—	11 100,—	12 972,—	14 832,—	16 704,—	18 624,—	20 484,—
monatlich	454,—	610,—	765,—	925,—	1 081,—	1 236,—	1 392,—	1 552,—	1 707,—
wöchentlich	105,93	142,33	178,50	215,83	252,23	288,40	324,80	362,13	398,30
täglich	15,13	20,33	25,50	30,83	36,03	41,20	46,40	51,73	56,90
d) Steuerklasse IV									
jährlich	3 660,—	4 620,—	5 520,—	6 480,—	7 392,—	8 400,—	9 312,—	10 272,—	11 172,—
monatlich	305,—	385,—	460,—	540,—	616,—	700,—	776,—	856,—	931,—
wöchentlich	71,17	89,83	107,33	126,—	143,73	163,33	181,07	193,73	217,23
täglich	10,17	12,83	15,33	18,—	20,53	23,33	25,87	28,53	31,03

Aus diesen Bestimmungen wird deutlich, daß auch die Mindestkirchensteuer an das Prinzip der wirtschaftlichen Leistungsfähigkeit anknüpft, dabei aber eigenständige, vom staatlichen Steuerrecht allenfalls abgeleitete Kriterien zugrunde legt. Einmal wird – dem Prinzip der möglichst breiten, wenn auch im Fall der Mindeststeuer nur geringfügigen Teilhabe an der kirchlichen Lastentragung folgend – die Schwelle zur Erhebung der Mindestkirchensteuer wesentlich niedriger angelegt als im staatlichen Bereich mit der Folge, daß die Mindestkirchensteuer bei zur Einkommensteuer Veranlagten im Bereich zwischen dem Grundfreibetrag von 4536 DM (§ 32 a Abs 1 Nr 1 EStG) und einem zu versteuernden Einkommen von 1200 DM erhoben wird. Zum anderen ist dieser Beginn der Steuerpflicht – etwa im Lohnsteuerabzugsverfahren – nur bedingt mit dem Beginn der Tabellensteuer im staatlichen Bereich abgestimmt, wie die Gegenüberstellung auf S 130 zeigt:

Steuer-klasse	Kinder-frei-beträge	Mindestkirchen-steuer wird nicht erhoben bis zu ei-nem Arbeitslohn von monatlich DM	Lohnsteuer wird nicht erhoben bis zu einem Arbeits-lohn von monatlich (1986) DM
I	0	305	595
I	0,5	460	725
I	1,0	616	851
I	1,5	776	977
I	2,0	931	1 099
II	0,5	919	1 175
II	1,0	1 079	1 288
II	1,5	1 226	1 400
II	2,0	1 368	1 517
III	0	454	1 090
III	0,5	610	1 216
III	1,0	765	1 342
III	1,5	925	1 468
III	2,0	1 081	1 594
IV	0	305	595
IV	0,5	385	662
IV	1,0	460	725
IV	1,5	540	789
IV	2,0	616	851

7. Funktionelle (sachliche) Zuständigkeit für das Besteuerungsverfahren

Die Verwaltung einer Steuer ist Ausfluß des Steuererhebungsrechts. An die Stelle der Selbstverwaltung kann auch die Auftragsverwaltung treten: Ein Dritter wird mit der Verwaltung beauftragt. Bei der Frage, wer für die Verwaltung der Kirchensteuer zuständig ist, muß auf die jeweilige Kirchensteuerart abgestellt werden. Im Hinblick auf die Vielfalt der Kirchensteuerarten kommt es zu einer Dreiteilung der Verwaltungszuständigkeit. Der Höhe des Aufkommens nach steht die Verwaltung durch die Landesfinanzbehörden an der Spitze; daneben kommt eine Verwaltung durch die Gemeindebehörden und die Kirchenbehörden in Betracht.

Die Kirchensteuergesetze der Länder unterscheiden zum Teil zwischen dem „Besteuerungsverfahren“ und der „Verwaltung der Kirchensteuer“ und stellen die Regelungen über das Verfahren voran (zB **Rheinland-Pfalz** und das **Saarland**). Vom Sachzusammenhang her ist die funktionelle (sachliche) Verwaltungszuständigkeit Teil des Besteuerungsverfahrens selbst. Nimmt man die Verfahrensordnungen des öffentlichen Rechts als Vergleich, haben die Bestimmungen über die Zuständigkeit logischen Vorrang vor den Regelungen über die Steuerfestsetzung, Stundung und Erlaß der Steuer, Erhebung, Vollstreckung und Rechtsbehelfe. Da sich die Verfahrensvorschriften vielfach danach unterscheiden, welcher Behörde die Verwaltung obliegt, soll nachfolgend zunächst die funktionelle Zuständigkeit dargestellt werden.

7.1 Verwaltung durch die Landesfinanzbehörden

7.1.1 Verwaltung der Kircheneinkommensteuer

Quellen:

Baden-Württemberg	§ 17 Abs 1
Bayern	Artikel 17 Abs 1
Berlin	§ 1 Abs 2
Bremen	§ 9
Hamburg	§ 10
Hessen	§ 9

Niedersachsen	§§ 10, 11
Nordrhein-Westfalen	§ 9
Rheinland-Pfalz	§ 14
Saarland	§§ 12, 14
Schleswig-Holstein	§§ 6, 7

Für die Verwaltung der Kirchensteuer vom Einkommen ist in allen Kirchensteuergesetzen der Länder grundsätzlich eine Auftragsverwaltung durch die Landesfinanzbehörden vorgesehen.

Der Antrag der Kirchensteuerberechtigten auf Übernahme der Verwaltung ist zwar an eine Reihe von Voraussetzungen geknüpft. Soweit diese aber erfüllt sind, können sich die Landesfinanzbehörden der Übernahme der Verwaltung nicht widersetzen.

In **Bremen** ist vorgesehen, daß der steuerberechtigten Kirche wenigstens 1 vH der Bewohner der Freien Hansestadt Bremen angehören (§ 9). In **Bayern** „findet eine Übertragung nicht statt", wenn eine Gemeinschaft in Bayern weniger als 25 000 Mitglieder hat.

Aus Gründen einer möglichst einfachen (auch automationsgerechten) Verwaltung ist regelmäßig Voraussetzung für die Übernahme der Verwaltung, daß die Kirchensteuer jeweils in allen Diözesen und allen Landeskirchen mit einheitlichen Hundertsätzen und einheitlichen Mindestbeträgen für das jeweilige Kalenderjahr (Steuerjahr) erhoben werden. Dasselbe gilt für einheitliche Höchstbeträge (zB § 9 Abs 1 Nr 2 **Bremen**). Deshalb müssen sich die Kirchen untereinander über einheitliche Hundertsätze und einheitliche Mindestbeträge verständigen (§ 14 Abs 1 Satz 4 **Rheinland-Pfalz**).

Das Erfordernis der „möglichst rationellen Verwaltung" ist in **Bremen** als Kriterium der Verwaltungsübernahme normiert (§ 9 Abs 1 Nr 2).

Schließlich müssen die Kirchen für die Verwaltung eine angemessene Vergütung zahlen (§ 9 Abs 1 Nr. 3 **Bremen**).

Die Verwaltungszuständigkeit der Finanzbehörden umfaßt in den Fällen der Auftragsverwaltung regelmäßig die gesamte Verwaltung von der Festsetzung über die Erhebung bis zur Beitreibung. Einschränkungen bestehen hinsichtlich der Entscheidung über Stundungs- und Erlaßanträge (Tz 8.1.3) und der Entscheidung über außergerichtliche Rechtsbehelfe (Tz 8.1.2).

Soweit – wie zZ in **Bayern** – eine Verwaltung der Kircheneinkommensteuer durch die Kirchenbehörden (Kirchensteuerämter) in Betracht kommt, obliegt die **Beitreibung** der Kirchensteuerrückstände auf Ersuchen den Finanzämtern (Artikel 17 Abs 3 Bayern).

7.1.2 Verwaltung der Kirchenlohnsteuer

Quellen:

Baden-Württemberg	§§ 20, 22
Bayern	Art 17 Abs 2
Berlin	§ 1 Abs 2, § 10
Bremen	§ 9 Abs 1 und 4
Hamburg	§§ 10, 11
Hessen	§§ 9, 10
Niedersachsen	§ 12
Nordrhein-Westfalen	§ 10
Rheinland-Pfalz	§§ 14, 15
Saarland	§ 14
Schleswig-Holstein	§ 7

Einbehaltung der Kirchenlohnsteuer vom Arbeitslohn

Die Kirchensteuer nach dem Maßstab der Lohnsteuer wird zZ in allen Ländern von den Landesfinanzbehörden verwaltet. Eine Teilzuständigkeit verbleibt den Kirchenbehörden regelmäßig in den Fällen, in denen vom Steuerpflichtigen eine Erstattung der einbehaltenen Lohnsteuer begehrt wird, die weder vom Arbeitgeber noch von dem Finanzamt vorgenommen wird (zB Art 17 Abs 2 **Bayern**, siehe auch Tz 7.3.2).

Der Arbeitgeber erfüllt bei der Einbehaltung der Kirchensteuer vom Arbeitslohn eine Verpflichtung gegenüber den Finanzbehörden. Der Arbeitgeber wird beim Kirchensteuerabzug als staatliches Organ tätig (s im einzelnen *Engelhardt,* S 201).

Eintragung der Religionsgemeinschaft auf der Lohnsteuerkarte durch die Gemeindebehörde

Die Einbehaltung der Kirchensteuer durch den Arbeitgeber richtet sich nach den Eintragungen auf der Lohnsteuerkarte des Arbeitnehmers. Die Gemeindeverwaltung ist verpflichtet, bei der Ausstellung der Lohnsteuerkarte die Religionszugehörigkeit des Arbeitnehmers und seines Ehegatten auf der Lohnsteuerkarte einzutragen. Bei dauernd getrennt lebenden Ehegatten und bei Arbeitnehmern, deren Ehegatte nicht unbeschränkt steuerpflichtig ist, ist nur die Religionsgemeinschaft des Ehegatten einzutragen, für den die Lohnsteuerkarte ausgestellt wird.

Aus den Angaben müssen die Religionsgemeinschaften erkennbar sein, die die Erhebung der Kirchensteuer den Finanzbehörden übertragen haben (Abschn 75 Abs 5 Lohnsteuer-Richtlinien). Grundsätzlich sind die folgenden Abkürzungen zu verwenden:

- ev = evangelisch (protestantisch)
- rk = römisch-katholisch
- ak = altkatholisch.

Gehört der Arbeitnehmer und (oder) sein Ehegatte keiner Religionsgemeinschaft an, für die die Kirchensteuer von den Finanzbehörden erhoben wird, so sind zwei Striche „— —“ einzutragen (Abschn 75 Abs 9 Lohnsteuer-Richtlinien).

Da die für die Finanzverwaltung zuständigen obersten Landesbehörden sowie die Oberfinanzdirektionen weitere Abkürzungen zulassen können, soweit hierfür ein Bedürfnis besteht, kann man auf der Lohnsteuerkarte folgende Abkürzungen (in alphabetischer Reihenfolge) finden:

- ak = altkatholisch
- ev = evangelisch (protestantisch)
- ev-luth oder ev-lt = evangelisch-lutherisch
- fr = französisch-reformiert
- fg, fb, fm und fs = freireligiös

- is, ib, iw, il = israelisch
- jd und js = jüdisch
- kt oder kath = katholisch
- lt = evangelisch-lutherisch, protestantisch
- rf oder ref = reformiert (evangelisch-reformiert)
- rk oder röm-kath = katholisch (römisch-katholisch)
- ur = unitarisch.

Im Falle der **Begründung** oder der **Beendigung der Kirchenangehörigkeit im Laufe des Kalenderjahres** (s Tz 3.2 und 3.3) wird auf Antrag die auf der Lohnsteuerkarte eingetragene Religionszugehörigkeit des Arbeitnehmers und (oder) des Ehegatten des Arbeitnehmers von dem Zeitpunkt an geändert, von dem an die Änderung der Religionszugehörigkeit wirksam wird.

Die Eintragung auf der Lohnsteuerkarte über die Zugehörigkeit zu einer steuerberechtigten Religionsgemeinschaft ist verfassungsgemäß; der Arbeitnehmer kann nicht verlangen, daß ihm eine Lohnsteuerkarte ohne Angabe seiner Zugehörigkeit zu einer Religionsgemeinschaft ausgestellt wird (BFH-Urt vom 4. 7. 1975, BStBl II, S 839; das BVerfG (Beschluß v 23. 10. 1978; DB 1979 S 1487) hat die dagegen erhobene Verfassungsbeschwerde nicht zur Entscheidung angenommen).

Erhebung der Kirchensteuer nach dem Betriebsstättenprinzip

Das Besteuerungsrecht der Kirchen knüpft zwar an die Kirchenangehörigkeit an (s Tz 3.2), so daß es auf den Wohnsitz oder den gewöhnlichen Aufenthalt des Steuerpflichtigen ankommt. Im Lohnsteuerabzugsverfahren wird aber in allen Bundesländern statt des Wohnsitzprinzips das Betriebsstättenprinzip angewandt. Danach hat der Arbeitgeber Kirchensteuer auch für solche Arbeitnehmer einzubehalten und abzuführen, die ihren Wohnsitz oder gewöhnlichen Aufenthalt außerhalb des Landes haben, in dem sie **beschäftigt** sind. Das Betriebsstättenprinzip ist ein Gebot der Verwaltungsökonomie. Das Betriebsstättenprinzip hat insbesondere den Vorzug, daß der Arbeitgeber nicht auf die in den Ländern uU unterschiedlichen Hebesätze Rücksicht nehmen muß. Der Arbeitgeber hat den Hebesatz anzuwenden, der für den Bereich der Betriebsstätte maßgebend ist.

Gelten für den Ort des Wohnsitzes oder des Aufenthaltes des Arbeitnehmers andere Hundertsätze als für den Ort der Betriebsstätte, so kann das örtlich zuständige Finanzamt dem Arbeitgeber auf Antrag mit Zustimmung der Diözese oder Landeskirche, in deren Gebiet der Arbeitgeber die Betriebsstätte unterhält, gestatten, die Kirchensteuer dieses Arbeitnehmers nach dem am Ort seines Wohnsitzes oder Aufenthaltes geltenden Hundertsatz und Mindestbetrag einzubehalten und abzuführen (s § 15 Abs 7 **Rheinland-Pfalz**).

Ist in einem Land die Möglichkeit des Kirchensteuerabzugs mit dem niedrigeren Hebesatzt nach dem Wohnsitzprinzip nicht vorgesehen oder nicht statthaft, vollzieht sich der Ausgleich regelmäßig am Jahresende durch den Lohnsteuer-Jahresausgleich des Finanzamts oder im Rahmen der Veranlagung zur Einkommensteuer. Soweit ein solches Verfahren nicht in Betracht kommt und das Finanzamt danach den Unterschiedsbetrag nicht erstattet, kann der Steuerpflichtige regelmäßig die Erstattung von der Religionsgemeinschaft verlangen (s § 22 Abs 2 **Baden-Württemberg**).

Wird die Kirchenlohnsteuer nach dem Betriebsstättenprinzip mit einem niedrigeren Hebesatz erhoben, als dies nach dem Wohnsitzprinzip gerechtfertigt wäre, und wird der Unterschiedsbetrag nicht am Jahresende vom Finanzamt im Rahmen des Lohnsteuer-Jahresausgleichs oder der Veranlagung der Einkommensteuer nacherhoben, kann die Religionsgemeinschaft die Kirchensteuer regelmäßig nacherheben (s § 22 Abs 3 **Baden-Württemberg**). Dazu auch BVerwG (v 23. 5. 1986 – 8 C 47.84, NWB 1986 F 1 S 271), das in der unterlassenen Nacherhebung durch das Finanzamt keinen Verstoß gegen den Gleichheitssatz sieht. Siehe dazu aber 7.3.2.

Aufkommensmäßige Verschiebungen, die sich durch die Anwendung des Betriebsstättenprinzips gegenüber dem materiell-rechtlich maßgebenden Wohnsitzprinzip ergeben können, gleichen sich per Saldo durch die gegenseitige Verbürgung der bundesweiten Anwendung – dies als grundsätzliche Voraussetzung des Betriebsstättenprinzips überhaupt – schon weitgehend aus. Mit dem eingeführten Clearing-Verfahren wird nunmehr eine Zuordnung der Lohnkirchensteuer an die steuerberechtigte Kirche im Rahmen der Einkommen-Lohnsteuer-Statistik anhand eines Gemeindeeinkommenschlüssels gewährleistet.

7.1.3 Verwaltung des besonderen Kirchgelds

Quellen:

Berlin	§ 1 Abs 2
Hamburg	§ 10
Hessen	§ 9 Abs 1 Satz 2
Rheinland-Pfalz	§ 14 Abs 2 Satz 1
Schleswig-Holstein	§ 6

Das besondere Kirchgeld ist lediglich in den Ländern Hessen, Rheinland-Pfalz und Schleswig-Holstein als eine besondere Kirchensteuerart vorgesehen und ist deshalb neben dem „Kirchgeld" im Katalog der Kirchensteuerarten aufgeführt (Tz 4.5). In Berlin und in Hamburg ist die Kirchenbesteuerung der Ehegatten in glaubensverschiedenen Ehen mit der Besteuerungsart „Kirchgeld" vorgesehen. Statt einer besonderen Kirchensteuerart liegt insoweit nur ein Unterfall des Kirchgelds vor.

In allein fünf Ländern wird das besondere Kirchgeld antragsgemäß von den Landesfinanzbehörden verwaltet, soweit die Religionsgesellschaften ein besonderes Kirchgeld überhaupt erheben.

In **Berlin** wird das Kirchgeld in glaubensverschiedenen Ehen von dem Berliner Stadtsynodalverband, dem Bistum Berlin und der Französischen Kirche zu Berlin (Hugenottenkirche) erhoben.

In **Hamburg** erheben die Nordelbische Evangelisch-lutherische Kirche, die Evangelisch-lutherische Landeskirche Hannover und die römisch-katholischen Kirchengemeinden oder Bistümer Hildesheim und Osnabrück das besondere Kindergeld.

In **Hessen** wird das besondere Kirchgeld von allen kirchensteuererhebenden Religionsgesellschaften mit Ausnahme der Evangelischen Kirche im Rheinland (Kirchenkreise Wetzlar und Braunfels) erhoben.

In **Rheinland-Pfalz** wird ein besonderes Kirchgeld nur für die Diözesen Limburg, Mainz und Trier (also nicht Köln und Speyer) sowie für die Evangelische Kirche in Hessen und Nassau (also nicht für die Evangelische Kirche im Rheinland und die Protestantische Landeskirche der Pfalz) erhoben. Da sich die Grenzen der Diözesen und Landeskirchen nicht mit den Finanzamtsbezirken decken, kommt es innerhalb bestimmter Finanzämter in Grenzbereichen zu Verwaltungserschwernissen.

In **Schleswig-Holstein** wird das besondere Kirchgeld für die Nordelbische Evangelisch-lutherische Kirche und das Bistum Osnabrück erhoben.

7.1.4 Verwaltung der Mindestkirchensteuer

Die Mindestkirchensteuer, die als besondere Kirchensteuerart nur in den Kirchensteuergesetzen im **Saarland** und in **Schleswig-Holstein** vorgesehen ist (Tz 4.6), wird zZ nur in Schleswig-Holstein erhoben (Tz 6.6). Im Hinblick auf die vorgeschriebene Anrechnung der Mindestkirchensteuer auf die Kirchensteuer nach dem Maßstab der Einkommensteuer (§ 3 Abs 2 Satz 1) ist eine Verwaltungsunion mit der Kircheneinkommensteuer und Kirchenlohnsteuer geboten.

7.2 Verwaltung durch die Gemeindebehörden

7.2.1 Verwaltung der Kirchensteuer vom Grundbesitz

Quellen:

Baden-Württemberg	§ 16 Abs 1
Bayern	Übertragung ist nicht zulässig
Berlin	Übertragung ist nicht zulässig
Bremen	Nicht als Kirchensteuerart vorgesehen
Hamburg	Nicht als Kirchensteuerart vorgesehen
Hessen	Übertragung ist nicht zulässig
Niedersachsen	§ 14 (Steuer wird zZ nicht erhoben)
Nordrhein-Westfalen	§ 11
Rheinland-Pfalz	§ 16
Saarland	§ 15 Abs 1
Schleswig-Holstein	§ 6 Abs 2

Die Kirchensteuerart „Kirchensteuer vom Grundbesitz“ ist in den Ländern **Bremen** und **Hamburg** gar nicht vorgesehen. In **Niedersachsen** wird Kirchensteuer vom Grundbesitz nicht erhoben. In den übrigen Ländern wird die Kirchensteuer vom Grundbesitz von verschiedenen Religionsgemeinschaften zum Teil überhaupt nicht, zum Teil nur als Zuschlag zur Grundsteuer A erhoben. Siehe im einzelnen die Übersicht bei Tz 6.3.

Soweit die Kirchen von der ihnen eingeräumten Möglichkeit, die Verwaltung der Kirchensteuer vom Grundbesitz auf die Gemeindebehörden zu übertragen, Gebrauch gemacht haben, umfaßt die Auftragsverwaltung regelmäßig die gesamte Verwaltung von der Festsetzung über die Erhebung bis zur Beitreibung. Einschränkungen bestehen hinsichtlich der Entscheidung über Stundungs- und Erlaßanträge (Tz 8.1.3) und der Entscheidung über außergerichtliche Rechtsbehelfe (Tz 8.1.2).

Eine Teilzuständigkeit der Gemeindebehörden kann in den Fällen in Betracht kommen, in denen die Kirchenbehörden die Kirchensteuer vom Grundbesitz selbst verwalten; die Gemeindebehörden führen dann die Beitreibung in Auftragsverwaltung auf Ersuchen der Kirchenbehörden durch (Tz 8.1.4 und 8.3).

7.3 Verwaltung durch die Kirchenbehörden

7.3.1 Verwaltung der Kircheneinkommensteuer

In **Bremen** und in **Bayern** kann die Verwaltung der Kirchensteuer vom Einkommen bei kleineren Religionsgesellschaften mit geringer Zahl von Kirchenangehörigen nicht auf die Finanzbehörden übertragen werden (Tz 7.1.1). In Bayern kann auch in anderen Fällen eine Verwaltung der Kircheneinkommensteuer durch die Kirchenbehörden (Kirchensteuerämter) in Betracht kommen (Tz 7.1.1). Soweit die Kirchenbehörden zuständig sind, obliegt die Beitreibung der Kirchensteuerrückstände auf Ersuchen den Finanzämtern (Art 17 Abs 3, Tz 8.3).

Soweit – wie im Regelfall – die Verwaltung der Kirchensteuer nach dem Maßstab der Einkommensteuer und Lohnsteuer auf die Finanzbehörden betragen ist, verbleibt den Kirchen vielfach eine Restzuständigkeit (Tz 7.3.6) hinsichtlich der Stundung, Erlaß (Tz 8.1.3) und der Entscheidung über Rechtsbehelfe in bestimmten Fällen (Tz 8.1.2).

7.3.2 Verwaltung der Kirchensteuer nach dem Maßstab der Einkommen-(Lohn-)steuer in bestimmten Fällen

Besonderheiten in der Verwaltungszuständigkeit können sich bei der **Besteuerung von sonstigen Bezügen** ergeben, weil beim Lohnsteuerabzug die Kürzung um die Beträge nach § 51 a EStG in diesen Fällen unterbleibt (siehe Tz 6.1.2). Soweit danach eine Korrektur im Rahmen des Lohnsteuer-Jahresausgleichs oder der Veranlagung zur Einkommensteuer nicht möglich ist, kommt eine Erstattung durch die Kirchenbehörden in Betracht.

Eine weitere Zuständigkeit der Kirchenbehörden ergibt sich auch im folgenden Fall:

Wird aufgrund der **Betriebsstättenbesteuerung** eine höhere Kirchenlohnsteuer einbehalten, als am Wohnsitz oder gewöhnlichen Aufenthalt des Steuerpflichtigen zu erheben wäre, und wird der Unterschiedsbetrag nicht durch das Finanzamt erstattet, so kann der Steuerpflichtige die Erstattung von der Religionsgesellschaft verlangen, der er angehört. Diese Anordnung in § 22 Abs 3 des Kirchensteuergesetzes von **Baden-Württemberg** stimmt inhaltlich mit der Regelung in **Bayern** (Art 17 Abs 2 Satz 2) überein.

Umgekehrt kann sich auch eine Nachforderung ergeben, wenn die Kirchenlohnsteuer vom Arbeitgeber mit einem niedrigeren Hebesatz einbehalten worden ist, als es dem Hebesatz nach dem Wohnsitzprinzip entspricht (Tz 7.1.2). Die Nacherhebung kann nicht durch die Finanzbehörden vollzogen werden, weil die Besteuerung beim Lohnabzug entsprechend den Besonderheiten des Betriebsstättenprinzips Rechtens war. Für diese Fälle sehen die Kirchensteuergesetze in **Baden-Württemberg** (§ 22 Abs 3), **Niedersachsen** (§ 13 Abs 2) und **Rheinland-Pfalz** (§ 15 Abs 5) vor, daß die zu wenig erhobene Kirchenlohnsteuer von den Kirchenbehörden nacherhoben werden kann. In den übrigen Ländern fehlt eine solche zu Lasten des Kirchensteuerpflichtigen gehende Regelung. Man wird den Kirchen ohne eine solche gesetzliche Grundlage das Recht der Nacherhebung nicht zugestehen können, weil die zu wenig erhobene Lohnsteuer als Folge der Betriebsstättenbesteuerung wohl hingenommen werden muß. Eine praktische Bedeutung hat die Nacherhebung aber auch in den Ländern **Baden-Württemberg, Niedersachsen** und **Rheinland-Pfalz** nicht, weil die Kirchen von ihrem Nacherhebungsrecht offensichtlich keinen Gebrauch machen.

7.3.3 Verwaltung der Kirchensteuer vom Vermögen

Zur Zeit wird eine Kirchensteuer vom Vermögen nur von den **jüdischen Gemeinden in Berlin und Frankfurt** erhoben (Tz 4.2). Die Kirchensteuer vom Vermögen wird dort in kircheneigener Verwaltung erhoben. Wegen der Zuständigkeit im Falle der Beitreibung siehe Tz 8.3.

7.3.4 Verwaltung der Kirchensteuer vom Grundbesitz

Soweit die Kirchensteuer vom Grundbesitz überhaupt erhoben wird (siehe 7.2.1 und 6.3), besteht eine örtlich stark differenzierte Verwaltungszuständigkeit. Zur Verwaltung durch die Gemeindebehörden siehe Tz 7.2.1.

Soweit die Kirchensteuer vom Grundbesitz von den Kirchen verwaltet wird, haben die Staats- und Gemeindebehörden Amtshilfe zu leisten. So bestimmt etwa Artikel 16 Abs 5 des **bayerischen** Kirchensteuergesetzes, daß die Unterlagen, deren die Steuerverbände für die Besteuerung bedürfen, von der zuständigen Staats- und Gemeindebehörde zur Verfügung gestellt werden.

7.3.5 Verwaltung des Kirchgelds

Die Verwaltung des Kirchgelds (Tz 4.4), nicht des (besonderen) Kirchgelds für Ehegatten in glaubensverschiedenen Ehen (Tz 4.5), obliegt den Kirchen selbst. Die Zwangsbeitreibung liegt aber in der Hand staatlicher Stellen, die dazu von der Kirche ersucht werden können (Tz 8.3).

7.3.6 Restzuständigkeit bei Stundung, Erlaß, Kappung der Kirchensteuer und im Rechtsbehelfsverfahren

Auch soweit die Verwaltung der Kirchensteuer den Finanzbehörden oder den Gemeindebehörden obliegt, bleibt den Kirchen eine Restzuständigkeit im Besteuerungsverfahren erhalten. Dies gilt neben den in Tz 7.3.5 aufgezeigten verfahrensrechtlichen Besonderheiten für die Stundung und den Erlaß von Steuern (Tz 8.1.3), die Kappung der Kirchensteuer (Tz 6.1.4) und – in bestimmtem Umfang – für das Rechtsbehelfsverfahren (Tz 8.1.2).

8. Allgemeine Verfahrensvorschriften

8.1 Verwaltung durch die Landesfinanzbehörden

8.1.1 Die Anwendung steuerlicher und abgabenrechtlicher Vorschriften als Grundsatz

Quellen:

Baden-Württemberg	§ 21
Bayern	Art 18
Berlin	§ 7
Bremen	§ 7
Hamburg	§ 12
Hessen	§§ 14, 15
Niedersachsen	§ 6
Nordrhein-Westfalen	§ 8
Rheinland-Pfalz	§§ 11, 12
Saarland	§ 11
Schleswig-Holstein	§§ 8, 9

Neben den besonderen Verfahrensvorschriften über die Bemessungsgrundlagen (Tz 5) und die Höhe der Kirchensteuer (Tz 6) treffen die Kirchensteuergesetze der Länder keine umfassenden Regelungen über das allgemeine Besteuerungsverfahren. Im Grundsatz gilt, daß die Vorschriften des Einkommensteuerrechts und die abgabenrechtlichen Bestimmungen entsprechende Anwendung finden. Doch nehmen die Kirchensteuergesetze bei den Verweisungen auf das staatliche Verfahrensrecht bestimmte Verfahrensregelungen aus.

Dies gilt regelmäßig für das **Straf- und Bußgeldverfahren** nach der AO. Stafbar bleibt aber die Verletzung des Steuergeheimnisses iSd § 30 AO, weil dies ein Straftatbestand des Strafgesetzbuchs (§ 355 StGB) ist.

Die abgabenrechtlichen Vorschriften über die Festsetzung und Erhebung von **Säumniszuschlägen** sind, ausgenommen in den Ländern **Bayern** und **Nordrhein-Westfalen**, ausdrücklich für nicht anwendbar erklärt. In Bayern fehlt ein solcher Ausschluß; in Nordrhein-Westfalen ist vorgesehen (§ 8 Abs 5), daß die Erhebung von Säumniszuschlägen in der Steuerordnung ausgeschlossen werden kann.

Besondere Regelungen sind hinsichtlich der Rechtsbehelfe (Tz 8.1.2), Stundung und Erlaß (Tz. 8.1.3) sowie Vollstreckung und Niederschlagung (Tz 8.1.4) getroffen.

Der Katalog der Verfahrensvorschriften hat in den einzelnen Kirchensteuergesetzen einen unterschiedlichen Umfang. Manche Kichensteuergesetze beschränken sich nicht auf eine Verweisung; sie treffen vielmehr in Teilbereichen weitere Anordnungen, die uE nur klarstellenden Charakter haben können, weil sich der Verfahrensablauf bereits aus der entsprechenden Anwendung der steuerlichen oder abgabenrechtlichen Vorschriften ergibt. So wird zB im rheinland-pfälzischen Kirchensteuergesetz bestimmt, daß bei einer **Aufhebung** oder **Änderung** des dem Kirchensteuerbescheid zugrundeliegenden Einkommensteuer-, Vermögensteuer- oder Grundsteuermeßbescheids auch der Kirchensteuerbescheid aufzuheben oder zu ändern ist (§ 12 Abs 1 Satz 1 in der Fassung vom 23. 12. 1976). Diese Rechtsfolge würde sich unmittelbar aus § 175 Nr 1 AO ableiten lassen, weil die Einkommensteuer-, Vermögensteuer- und Grundsteuermeßbescheide Grundlagenbescheide sind, deren Aufhebung oder Änderung auf die Kirchensteuerbescheide als Folgebescheide ohnehin durchschlagen.

Ein weiteres Beispiel findet sich bei den Bestimmungen über das **Rechtsbehelfsverfahren** (siehe Tz 8.1.2). Soweit dort in den Kirchensteuergesetzen über die Festlegung des Rechtsweges hinaus etwa bestimmt wird, daß der Kirchensteuerbescheid nicht mit Einwendungen angegriffen werden kann, die den Einkommensteuerbescheid berühren, handelt es sich ebenfalls um entbehrliche, weil aus der AO oder dem Verwaltungsverfahrensgesetz abzuleitende Bestimmungen.

Zur funktionellen (sachlichen) Zuständigkeit siehe Tz 7.

8.1.2 Rechtsbehelfe

Quellen	Verwaltungsrechtsweg	Finanzrechtsweg
Baden-Württemberg	§ 14	
Bayern		Art 18 Abs 5 und 6
Berlin	§ 9	
Bremen	§ 8 Abs 3	
Hamburg		§ 12 Abs 1
Hessen	§ 13 Abs 2	
Niedersachsen	§ 10 Abs 2	
Nordrhein-Westfalen		§ 14 Abs 1
Rheinland-Pfalz	§ 13 Abs 1	
Saarland		§ 16
Schleswig-Holstein	§ 10 Abs 2	

In öffentlich-rechtlichen Streitigkeiten über Kirchensteuerangelegenheiten muß nach dem jeweiligen Landesrecht die Frage geprüft werden, ob der Verwaltungsrechtsweg oder der Finanzrechtsweg eröffnet wird.

Wie sich aus der vorangestellten Übersicht ergibt, ist in 7 Ländern der Verwaltungsrechtsweg, in 4 Ländern der Finanzrechtsweg vorgesehen.

Beim **Verwaltungsrechtsweg** ist vor der Erhebung der Klage vor dem Verwaltungsgericht zunächst der außergerichtliche Rechtsbehelf des Widerspruchs auszuschöpfen. Er ist innerhalb eines Monats bei der Verwaltungsstelle anzubringen, deren Entscheidung angefochten wird. Da die Kirchensteuer bei der Verwaltung durch die Finanzämter regelmäßig zusammen mit der Maßstabsteuer, der Einkommen- oder Lohnsteuer, festgesetzt wird, für die der Finanzrechtsweg einzuschlagen ist, muß hinsichtlich der in ein und demselben Bescheid festgesetzten Maßstabsteuer einerseits und der Kirchensteuer andererseits eine unterschiedliche Rechtsbehelfsbelehrung erteilt werden.

Soweit sich der Steuerpflichtige gegen die Maßstabsteuer wendet, ist der Einspruch, soweit er sich gegen die Kirchensteuerfestsetzung wendet, ist der Widerspruch zulässig.

Möchte der Steuerpflichtige gegen die Festsetzung der Kirchensteuer lediglich einwenden, daß diese zu hoch sei, weil die Maßstabsteuer seiner Ansicht nach zu hoch festgesetzt ist, so kann der Steuerpflichtige diesen Einwand ausschließlich mit dem Einspruch geltend machen.

Die Kirchensteuergesetze der Länder bestimmen, daß Entscheidungen in einem Einkommensteuer-, Vermögensteuer- oder Grundsteuermeßbescheid nicht durch Anfechtung des Kirchensteuerbescheides angegriffen werden können. Auch ein Kirchensteuerhaftungsbescheid kann insoweit nicht angegriffen werden, als die Einwendungen gegen die Inanspruchnahme durch Anfechtung des entsprechenden Haftungsbescheides für die Einkommensteuer, Vermögensteuer oder Grundsteuer geltend gemacht werden können.

Damit kann der Kirchensteuerbescheid lediglich mit kirchensteuer**rechtlichen** Gründen angefochten werden.

Beispiel 1:

Gegen den ledigen Steuerpflichtigen ist die Einkommensteuer mit 1000 DM, die Kirchensteuer mit 80 DM im Veranlagungsweg festgesetzt worden.

Der Steuerpflichtige will höhere Werbungskosten geltend machen, die bei der Einkommensteuer zu einer Verminderung auf 500 DM, bei der Kirchensteuer auf 40 DM führen.

Der Steuerpflichtige kann seine Rechte ausschließlich im Einspruch gegen den Einkommensteuerbescheid verfolgen, auch wenn sein Begehren im Ergebnis auf die Herabsetzung der Kirchensteuer abzielt. Sofern sein Einspruch gegen die Einkommensteuerfestsetzung Erfolg hat, wird die Kirchensteuerfestsetzung vom Finanzamt berichtigt.

Beispiel 2:

Wie Beispiel 1, doch will der Steuerpflichtige zusätzlich vorbringen, daß die Kirchensteuer nur mit $\frac{8}{12}$ festzusetzen sei, da er seit Mitte August nicht mehr der Kirche angehöre.

Der Steuerpflichtige muß auch gegen die Kirchensteuerfestsetzung Widerspruch erheben; er kann in diesem Verfahren eine zeitanteilige Kürzung der Kirchensteuer wegen des Kirchenaustritts begehren; sein zusätzliches Vorbringen, daß die Maßstabsteuer zu hoch sei, ist in diesem Verwaltungsrechtsweg nicht statthaft und darf nicht im Rahmen der Widerspruchsentscheidung oder der Klage vor dem Verwaltungsgericht gewürdigt werden.

Diese Grundsätze gelten auch bei der **Stundung** und dem **Erlaß** der Kirchensteuer, soweit die Finanzämter darüber zur Entscheidung befugt sind. Regelmäßig dürfen die Finanzämter Kirchensteuern aus Billigkeitsgründen in dem entsprechenden Umfang stunden oder erlassen, wie eine Stundung oder ein Erlaß auch für die Maßstabsteuer ausgesprochen wird.

Erläßt zB das Finanzamt mit der hälftigen Einkommensteuerschuld zugleich auch die Hälfte der Kirchensteuer, so kann der Steuerpflichtige den zuvor beantragten vollen Erlaß der Einkommensteuer **und** Kirchensteuer auf verschiedenen Wegen erreichen:

- Er legt Beschwerde beim Finanzamt gegen die Ablehnung des vollen Erlasses der Einkommensteuer ein.

  Hat die Beschwerde Erfolg, wird das Finanzamt regelmäßig auch die andere Hälfte der Kirchensteuer erlassen.
- Er legt Beschwerde beim Finanzamt gegen die Ablehnung des vollen Erlasses der Einkommensteuer und der Kirchensteuer ein.

  Die Beschwerde gegen die Ablehnung des Erlasses der Kirchensteuer ist unzulässig, weil der Gesetzgeber dem Finanzamt die Erlaßkompetenz insoweit nicht übertragen hat. Das Finanzamt könnte die Beschwerde hinsichtlich der Kirchensteuer in einen Erlaßantrag umdeuten und diesen an die zuständige Kirchenverwaltungsstelle weiterleiten. Das Finanzamt könnte aber auch diesen Antrag zunächst bis zur Entscheidung über den Erlaß der vollen Maßstabsteuer zurückhalten und erst alsdann – sofern es dem vollen Erlaßbegehren hinsichtlich der Maßstabsteuer nicht entsprechen will – an die Kirchenverwaltung weiterleiten; für dieses Verfahren spricht die Verwaltungsökonomie.
- Er legt Beschwerde beim Finanzamt gegen die Ablehnung des vollen Erlasses der Einkommensteuer ein und stellt daneben bei der Kirchenverwaltung einen Erlaßantrag hinsichtlich der hälftigen noch geschuldeten Kirchensteuer.

  Die Kirchenverwaltung kann ihre Entscheidung über den Erlaßantrag aussetzen, bis über den Erlaßantrag bei der Maßstabsteuer im Finanzrechtsweg rechtskräftig entschieden ist.

Die Kirchenverwaltung kann aber auch über den Erlaßantrag unabhängig von dem Fortgang des Finanzrechtsstreits entscheiden. Dies wird zB in Betracht kommen, wenn die Kirchenverwaltungsstelle dem Erlaßbegehren in jedem Fall im vollen Umfang entsprechen will, weil es etwa die von der Finanzverwaltung verneinte Erlaßwürdigkeit unabhängig vom Ausgang des Finanzrechtsstreits bejahen möchte.

Hat die Finanzverwaltung in der Einspruchs- oder Beschwerdeentscheidung in Verkennung einer Zuständigkeit entschieden und erhebt der Steuerpflichtige gegen diese Entscheidung Klage beim Finanzgericht, so muß das Finanzgericht die Klage insoweit als unbegründet abweisen. Das Finanzgericht kann in diesen Fällen der Finanzverwaltung die Kosten des Verfahrens trotz Obsiegens auferlegen, weil die Finanzverwaltung durch eine fehlerhafte Rechtsbehelfsbelehrung Anlaß zur Klageerhebung gegeben hat.

Ist für die Festsetzung der Kirchensteuer, deren Stundung oder Erlaß der **Finanzrechtsweg** gegeben, muß in gleicher Weise wie beim Verwaltungsrechtsweg darauf geachtet werden, daß die Kirchensteuerfestsetzung mit dem Einspruch nur insoweit angefochten werden kann, als sich die Einwendungen nicht gegen die Maßstabsteuer richten.

8.1.3 Stundung, Erlaß

Quellen:

Baden-Württemberg	§ 21 Abs 2
Bayern	Art 19 Abs 2
Berlin	§ 7
Bremen	§ 9 Abs 8
Hamburg	§ 12 Abs 4
Hessen	§ 11
Niedersachsen	§ 11Abs 4
Nordrhein-Westfalen	§ 8 Abs 4
Rheinland-Pfalz	§ 14 Abs 4
Saarland	§ 11 Abs 2
Schleswig-Holstein	§ 9 Abs 2

Die Befugnis der Landesfinanzbehörden, Kirchensteuer zu stunden oder zu erlassen, ist regelmäßig eingeschränkt. Lediglich das Kirchensteuergesetz von **Berlin** räumt mit der globalen Verweisung auf die abgabenrechtlichen Bestimmungen zugleich die Befugnis zur Stundung oder zum Erlaß ohne Rücksicht auf das Schicksal der Maßstabsteuer ein. Abgesehen von **Nordrhein-Westfalen**, wo die Befugnis der Finanzbehörden zu Billigkeitsmaßnahmen nur auf Antrag der steuerberechtigten Kirche vorgesehen ist, wird eine Stundung oder ein Erlaß in demselben Umfang zugelassen, wie diese Billigkeitsmaßnahme für die Maßstabsteuer getroffen ist. Danach kann das Finanzamt nicht etwa auf der sofortigen Zahlung der Einkommensteuer bestehen, während es zugleich die Kirchensteuer stundet. Wirtschaftliche Schwierigkeiten des Steuerschuldners sollen Staat und Kirche im gleichen Umfang anteilig berücksichtigen. Die Finanzbehörden sollen bei der im Auftrag verwalteten Steuer denselben Maßstab anlegen wie bei den eigenverwalteten Abgaben.

Soweit *Clauss* in seiner „Kirchensteuerübersicht 1982“ (NWB F 12 S 1239) darauf hinweist, daß das FG Bremen (v 8. 12. 1971, EFG 1972 S 305) den Finanzämtern die Erlaßbefugnis unabhängig davon zugesteht, ob lediglich der Erlaß von Kirchensteuer oder daneben auch der Erlaß von Einkommensteuer begehrt wird (NWB a. a. O. S. 1250), berücksichtigt er die Rechtsentwicklung nicht; denn § 9 Abs 8 KiStG Bremen (idF v 10. 1. 1978) weist den Finanzämtern lediglich einen Erlaß der Kirchensteuer in dem entsprechenden Umfang der Maßstabsteuer zu.

Den Kirchen bleiben weitergehende Billigkeitsmaßnahmen im Anschluß an nur anteilige Billigkeitsmaßnahmen der Finanzbehörden unbenommen. Ein solcher Billigkeitserlaß kann auch in der Kappung der Kirchensteuer (Tz 6.1.4) liegen, soweit es an einer Rechtsgrundlage für die Kappung fehlt und die Kappung deshalb als Billigkeitsmaßnahme der Verwaltung anzusehen ist.

Zu Rechtsbehelfen gegen die Ablehnung von Billigkeitsmaßnahmen siehe Tz 8.1.2.

8.1.4 Vollstreckung, Niederschlagung

Quellen:

Baden-Württemberg	§ 15
Bayern	Art 18 Abs 1
Berlin	§ 7
Bremen	§ 7
Hamburg	§ 8
Hessen	§§ 14, 15
Niedersachsen	§ 15
Nordrhein-Westfalen	§ 12
Rheinland-Pfalz	§ 17
Saarland	§ 11
Schleswig-Holstein	§ 8

Die Kirchensteuergesetze verweisen hinsichtlich der Vollstreckung des Kirchensteueranspruchs auf die abgabenrechtlichen Vorschriften. Damit ist gewährleistet, daß sich die Vollstreckung nach denselben Vorschriften vollzieht, die für die regelmäßig mitvollstreckte Maßstabsteuer gelten.

Die Abgabenordnung hat in ihrem 6. Teil das Vollstreckungsverfahren im wesentlichen nach denselben Regeln festgelegt, wie sie in der Zivilprozeßordnung für das Vollstreckungsverfahren privater Gläubiger vorgesehen sind. Das Finanzamt kann regelmäßig in eigener Zuständigkeit mit der eigenen Vollstreckungsbehörde in das Vermögen des Schuldners vollstrecken, ohne daß es hierzu der Inanspruchnahme der Zivilgerichte bedürfte. Ausnahmen bestehen im wesentlichen für die Vollstreckung in das unbewegliche Vermögen.

Nach den Kirchensteuergesetzen der Länder wird die Kirchensteuer weitgehend von den Finanzämtern beigetrieben, auch wenn sie nicht von den Finanzämtern verwaltet wird (vgl die eingehende Zusammenstellung bei *Ziemer/Haarmann/Lohse/Beermann,* Tz 1089/15 f).

Ähnlich wie ein privater Gläubiger einen Titel (Urteil, Zahlungsbefehl) mit einer Vollstreckungsklausel (vollstreckbare Ausfertigung, Vollstreckungsbefehl) benötigt und deren Zustellung nachzuweisen hat (§§ 704, 724, 750 ZPO), ist auch für die Vollstreckung der Kirchensteuerforderung ein Leistungsgebot (der Steuerbescheid), die Fälligkeit und das Verstreichen einer 1-Wochen-Frist seit Bekanntgabe des Leistungsgebots erforderlich (im einzelnen §§ 249 ff AO).

Als Vollstreckungsmaßnahmen kommen regelmäßig die Pfändung körperlicher Gegenstände (Sachpfändung) und die Vollstreckung in Forderungen und andere Vermögensrechte (Forderungspfändung) in Betracht. Aber auch die Immobiliarvollstreckung (Zwangshypothek, Zwangsverwaltung, Zwangsversteigerung) und das Konkurs- und Vergleichsverfahren kann in zweiter Linie angezeigt sein, wenn die Mobiliarvollstreckung zu keiner Befriedigung der Steuerforderung führt.

Im Rahmen des Vollstreckungsverfahrens sind die Rechtsbehelfe nach der ZPO gegeben, regelmäßig also die Beschwerde, über die die Oberfinanzdirektion zu entscheiden hat (anschließend Finanzrechtsweg). Der Vollstreckung können Hindernisse entgegenstehen wie die Aussetzung der Vollziehung des Steuerbescheides oder die Einstellung oder einstweilige Einstellung der Vollstreckung (Vollstreckungsschutz). Darüber hinaus kann es an der Fälligkeit als Voraussetzung der Vollstreckung fehlen, sobald der Steueranspruch gestundet ist (Tz 8.1.3).

Erweist sich die Vollstreckung der Forderung für die Vollstrekkungsbehörde als aussichtslos, sei es nun sogleich oder erst im Verlaufe des Vollstreckungsverfahrens, so kann von Vollstreckungsmaßnahmen einstweilen abgesehen werden: Die Forderung wird niedergeschlagen (§ 261 AO). Die Entscheidung über die Niederschlagung ist rein innerdienstlicher Art und hat somit keine Außenwirkung. Der Anspruch geht nicht unter, er erlischt erst mit Eintritt der Zahlungsverjährung (Tz 8.1.5).

Eine **Niederschlagung** kann außer im Fall der Aussichtslosigkeit der Vollstreckung auch in Betracht kommen, wenn die Kosten der Vollstreckung im Vergleich zum geschuldeten Betrag unangemessen hoch wären. Hier bestehen zum Teil Verwaltungsanordnungen (sog Kleinbetragsregelungen), mit denen auch in der Höhe danach unterschieden wird, ob etwa die Kirchensteuer allein oder mit anderen Steuern beigetrieben wird. Eine Besonderheit besteht nach dem **saarländischen** Kirchensteuergesetz, weil dort eine Niederschlagung ausdrücklich (§ 11) nur im Verhältnis der Maßstabsteuer zulässig ist. Diese Regelung knüpft an die auch in den anderen Ländern bei Stundung und Erlaß bestehende Anordnung an. Dieser Grundsatz entspricht schon der Zweckmäßigkeit der Verwaltung, so daß er regelmäßig auch in den anderen Ländern als allgemeiner Verwaltungsgrundsatz beachtet werden wird.

8.1.5 Verjährung

Die Kirchensteuer darf nicht mehr festgesetzt werden, sobald die **Festsetzungsverjährung** eingetreten ist (§ 169 Abs 1 Satz 1 AO). Der Steueranspruch erlischt. Das Erlöschen ist von Amts wegen zu beachten, begründet also nicht – wie im Zivilrecht – eine bloße Einrede (§ 222 Abs 1 BGB).

Die Verjährungsfrist beträgt im Regelfall 4 Jahre, bei leichtfertiger Steuerverkürzung 5 Jahre, bei Steuerhinterziehung 10 Jahre.

Die Verjährung **beginnt** zwar grundsätzlich mit Ablauf des Jahres, in welchem die Steuer entstanden ist (§ 170 Abs 1 AO); doch tritt bei der Kirchensteuer eine **Anlaufhemmung** bis zur Abgabe der Steuererklärung oder der Einreichung der Kirchensteueranmeldung im Rahmen der Lohnsteueranmeldung durch den Arbeitgeber ein. Wird eine solche Einkommensteuererklärung oder Kirchensteueranmeldung pflichtwidrig nicht abgegeben, so beginnt die 4jährige Festsetzungsverjährungsfrist nach Ablauf von 3 Jahren seit Entstehen des Steueranspruchs. Damit erlischt der Kirchensteueranspruch nach längstens 7 Jahren.

Beispiele:

1. Der Steuerpflichtige gibt seine Einkommensteuererklärung für 1986 am 1. 9. 1987 ab.

   Die Festsetzungsverjährung beginnt mit Ablauf des Jahres 1987; das Finanzamt kann die Einkommensteuer und die Kirchensteuer mit Ablauf des Jahres 1991 nicht mehr festsetzen.
2. Der Steuerpflichtige gibt für 1986 keine Einkommensteuererklärung ab, obwohl er dazu verpflichtet wäre (siehe § 46 EStG).

   Die Festsetzungsverjährungsfrist beginnt mit Ablauf des Jahres 1989; Verjährung tritt mit Ablauf des 31. 12. 1993 ein.

Will der Steuerpflichtige eine Erstattung im Rahmen einer Antragsveranlagung (§ 46 Abs 2 Ziff 7 und 8 EStG) oder durch einen Antrag auf Durchführung des Lohnsteuer-Jahresausgleichs erreichen, tritt Anlaufhemmung nicht ein, weil es an einer Verpflichtung zur Abgabe einer Erklärung fehlt. Die Festsetzungsverjährung tritt nach Ablauf von 4 Jahren ein.

Von der Festsetzungsverjährung ist die **Zahlungsverjährung** zu unterscheiden. Die Ansprüche aus dem Steuerschuldverhältnis erlöschen, sofern sie nicht innerhalb von 5 Jahren seit Fälligkeit getilgt worden sind. Eine Besonderheit besteht bei der Kirchensteueranmeldung durch den Arbeitgeber, weil die Anmeldung regelmäßig erst zur Fälligkeit führt; hier ist angeordnet, daß die Zahlungsverjährung erst mit der Bekanntgabe der Anmeldung beginnt.

Beispiel:

Der Arbeitgeber gibt die Lohnsteueranmeldung November 1987 am 10. Januar 1988 ab.

Die Lohnsteueranmeldung ist eine Steuerfestsetzung unter Vorbehalt. Mit Ablauf des Jahres, in dem sie abgegeben wird, beginnt die Zahlungsverjährung. Sie beginnt also mit Ablauf des Jahres 1988, nicht schon mit Ablauf des Jahres 1987, in welchem der Steueranspruch entstanden war (10. 12. 1987).

8.2 Verwaltung durch die Gemeindebehörden

Quellen:

Baden-Württemberg	§ 16
Bayern	Übertragung auf die Gemeinden ist nicht vorgesehen
Berlin	Übertragung auf die Gemeinden ist nicht vorgesehen
Bremen	Übertragung auf die Gemeinden ist nicht vorgesehen
Hamburg	§ 12
Hessen	Übertragung auf die Gemeinden ist nicht vorgesehen

Niedersachsen	§ 14
Nordrhein-Westfalen	§ 11
Rheinland-Pfalz	§ 16 Abs 3
Saarland	§ 15
Schleswig-Holstein	§ 8

Soweit die Kirchensteuergesetze der Länder überhaupt eine Übertragung der Verwaltung der Kirchensteuer auf die Gemeinden vorsehen (siehe auch Tz 7.2), ist zum Teil ausdrücklich angeordnet, daß die für die Maßstabsteuer geltenden Bestimmungen entsprechend anzuwenden sind (**Baden-Württemberg, Hamburg, Rheinland-Pfalz** und **Schleswig-Holstein**). Auch dort, wo ausdrückliche Regelungen fehlen (**Niedersachsen, Nordrhein-Westfalen** und **Saarland**), folgt die entsprechende Anwendung, der für die Maßstabsteuer geltenden Bestimmungen aus der Maßgeblichkeit der staatlichen Verfahrensbestimmungen im Rahmen der Verwaltungstätigkeit der Gemeinden. Soweit es an Sonderregelungen im Kirchensteuergesetz selbst fehlt, sind die allgemeinen kommunalrechtlichen Verwaltungsvorschriften maßgebend.

In den Ländern sind deshalb die Kommunalabgabengesetze und die Verwaltungsvollstreckungsgesetze anzuwenden. So verweist etwa § 16 Abs 3 des **rheinland-pfälzischen** Kirchensteuergesetzes für die Verwaltung der Kirchensteuer nach dem Maßstab der Grundsteuer auf die Bestimmungen, die für die Grundsteuer gelten. § 4 Nr 3 des **Kommunalabgabengesetzes** Rheinland-Pfalz in der Fassung vom 2. 9. 1977 (GVBl S 305) verweist alsdann für die Vollstreckung auf das **Vollstreckungsverfahrensgesetz** vom 8. 7. 1957 (GVBl S 1017).

In den Kommunalabgaben- und den Vollstreckungsgesetzen sind zum Teil Verweisungen auf die Vorschriften der AO enthalten. Danach ist zB in § 3 des Kommunalabgabengesetzes von **Rheinland-Pfalz** bestimmt, daß für die Niederschlagung (Tz 8.1.4) § 261 AO anzuwenden ist.

8.3 Verwaltung durch die Kirchenbehörden

Quellen:

Baden-Württemberg	§ 11
Bayern	Art 18

Berlin	§ 7
Bremen	§ 8 Abs 6
Hamburg	§ 8
Hessen	§ 15
Niedersachsen	§ 10
Nordrhein-Westfalen	§ 8
Rheinland-Pfalz	§ 17
Saarland	§ 12 Abs 2
Schleswig-Holstein	§ 13

Bei der kircheneigenen Verwaltung der Kirchensteuern gilt der Grundsatz, daß die steuerlichen und abgabenrechtlichen Vorschriften sinngemäß anzuwenden sind. Zum Teil sind aber die Bestimmungen des staatlichen Verfahrensrechts ausdrücklich ausgenommen, so etwa die Bestimmungen über das Straf- und Bußgeldverfahren, die Vorschriften über Säumniszuschläge und Stundungszinsen. Für das Rechtsbehelfsverfahren sind besondere Regelungen getroffen (Tz 8.1.2).

Die Vollstreckung ist regelmäßig aus der kircheneigenen Verwaltung ausgenommen und obliegt auf Antrag staatlichen Stellen (Tz 8.1.4), regelmäßig gegen Erstattung der Kosten.

9. Anhang

9.1 Zusammenstellung der in den Bundesländern geltenden landesgesetzlichen Grundlagen für die Kirchensteuer (Gesetze und Verordnungen)

	Veröffentlichung in	
	GVBl	BStBl
Baden-Württemberg		
Gesetz über die Erhebung von Steuern durch öffentlich-rechtliche Religionsgemeinschaften in Baden-Württemberg (Kirchensteuergesetz – KiStG) in der Fassung vom 15. 6. 1978	1978, S 370	1978, S 403
(Die Neufassung des Kirchensteuergesetzes vom 18. 12. 1969 – GVBl. 1970, S 1, BStBl 1970 I, S 208 – berücksichtigt die Änderungsgesetze vom 10. 12. 1974 – GVBl 1974 S 522, BStBl 1976 I, S 325 – vom 10. 2. 1976 – GVBl 1976, S 98, BStBl 1976 I, S 325 – vom 4. 10. 1977 – GVBl 1977, S 401, BStBl 1987 I, S 255 – und vom 30. 5. 1978 – GVBl 1978, S 286 –)		
Verordnung vom 23. 12. 1969	1970, S 17	1970 I, S 214
Verordnung vom 30. 1. 1970	1970, S 47	1970 I, S 254
Verordnung vom 23. 12. 1970	1971, S 6	1971 I, S 113
Verordnung vom 25. 10. 1974	1974, S 444	1975 I, S 56
Verordnung vom 25. 10. 1974	1974, S 444	1975 I, S 57

Verordnung vom 11. 10. 1979	1979, S 492	1980 I, S 57

Bayern

Gesetz über die Erhebung von Steuern durch Kirchen, Religions- und weltanschauliche Gemeinschaften (Kirchensteuergesetz – KirchStG) vom 15. 3. 1967	1967, S 317	1967 II, S 177
Änderungsgesetz vom 22. 10. 1974	1974, S 551	1975 I, S 55
Änderungsgesetz vom 23. 12. 1976	1976, S 566	—
Änderungsgesetz vom 4. 5. 1982	1982, S 234	1982 I, S 622
Änderungsgesetz vom 20. 12. 1985	1985, S 816	1986 I, S 64
Verordnung zur Ausführung des Kirchensteuergesetzes vom 15. 3. 1967	1967, S 320	1967 II, S 181
Änderungsverordnung vom 29. 1. 1975	1975, S 21	1975 I, S 675
Änderungsverordnung vom 1. 4. 1976	1976, S 159	—
Änderungsverordnung vom 5. 5. 1982	1982, S 243	1982 I, S 622

Berlin

Gesetz über die Erhebung von Steuern durch öffentlich-rechtliche Religionsgemeinschaften im Land Berlin (Kirchensteuergesetz – KiStG) in der Fassung vom 9. 7. 1975	1975, S 1829	—

(Die Neufassung berücksichtigt das Änderungsgesetz vom 30. 1. 1975 – GVBl 1975, S 654, BStBl 1975 I, S 397 – zum Kirchensteuergesetz vom 15. 2. 1967 – GVBl 1967, S 361, BStBl 1967 II, S 85 –)		
Änderungsetz vom 10. 5. 1977	1977, S 922	—
Änderungsgesetz vom 28. 11. 1978	1978, S 2208	—
Änderungsgesetz vom 11. 12. 1985	1985, S 2414	1986 I, S 270

Bremen

Gesetz über die Erhebung von Steuern durch Kirchen, andere Religionsgemeinschaften und Weltanschauungsgemeinschaften in der Freien Hansestadt Bremen (Kirchensteuergesetz – KiStG) in der Fassung vom 10. 1. 1978	1978, S 59	1978 I, S 139
(Die Neufassung des Kirchensteuergesetzes vom 18. 12. 1974 – GVBl 1974, S 345, BStBl 1975 I, S 172 – berücksichtigt die Änderungsgesetze vom 20. 12. 1976 – GVBl 1976, S 334, BStBl 1977 I, S 191 – und vom 19. 12. 1977 – GVBl 1977, S 390, BStBl 1978 I, S 138 –)		
Änderungsgesetz vom 17. 12. 1985	1985, S 235	1986 I, S 62

Hamburg

Kirchensteuergesetz vom 15. 10. 1973	—	1977 I, 195

(Die zuletzt im BStBl 1977 I, S 195 bekanntgemachte Neufassung des Kirchensteuergesetzes vom 15. 10. 1973 – GVBl. 1973, S 431, BStBl. 1974 I, S 342 – berücksichtigt die Änderungsgesetze vom 2. 12. 1974 – GVBl. 1974, S 375, BStBl 1975 I, S 171 – und vom 31. 1. 1977 – GVBl. 1977, S 13, BStBl 1977 I, S 189 –)		
Änderungsgesetz vom 14. 11. 1977	1977, S 358	1978 I, S 182
Änderungsgesetz vom 22. 5. 1986	1986, S 102	1986 I, S 426
Verordnung vom 18. 12. 1973	1973, S 534	1974 I, S 346
Verordnung vom 16. 12. 1975	1975, S 303	—
Verordnung vom 14. 12. 1976	1976, S 254	1977 I, S 198

Hessen

Gesetz über die Erhebung von Steuern durch die Kirchen, Religions- und Weltanschauungsgemeinschaften im Lande Hessen (Kirchensteuergesetz) vom 12. 2. 1986	1986, S 90	—
(Die zuletzt in GVBl 1968, S 90 bekanntgemachte Neufassung des Kirchensteuergesetzes vom 25. 9. 1968 – GVBl 1968, S 268 – berücksichtigt die Änderungsgesetze vom 5. 10. 1970 – GVBl 1970, S 598, vom 4. 9. 1974 – GVBl 1974, S 398, BStBl 1975 I, 992, vom 21. 12. 1976 – GVBl 1976,		

S 532, vom 17. 12. 1985 – GVBl 1985, S 238)		
Verordnung zur Durchführung des Kirchensteuergesetzes vom 23. 11. 1968	1968, S 291	—
Änderungsverordnung vom 20. 12. 1974	1975, S 5	—
Niedersachsen		
Gesetz über die Erhebung von Steuern durch Kirchen, andere Religionsgemeinschaften und Weltanschauungsgemeinschaften (Kirchensteuerrahmengesetz – KiStRG) vom 10. 2. 1972	1972, S 109	1972 I, S 178
Änderungsgesetz vom 18. 12. 1974	1974, S 558	1975 I, S 175
Änderungsgesetz vom 20. 12. 1976	1976, S 325	1977 I, S 2
Änderungsgesetz vom 17. 12. 1985	1985, S 599	1986 I, S 63
Neufassung vom 10. 7. 1986	1986, S 281	—
Verordnung zur Durchführung des Kirchensteuerrahmengesetzes vom 8. 12. 1972	1972, S 492	1973 I, S 16
Verordnung vom 2. 7. 1982	1982, S 272	1982 I, S 637
Nordrhein-Westfalen		
Gesetz über die Erhebung von Kirchensteuern im Land Nordrhein-Westfalen (Kirchensteuergesetz – KiStG)		

in der Fassung vom 22. 4. 1975 (Die Neufassung des Kirchensteuergesetzes vom 13. 11. 1968 – GVBl 1968, S 375, BStBl 1968 I, S 1245 – berücksichtigt das Änderungsgesetz vom 29. 10. 1974 – GVBl. 1974, S 1066, BStBl 1974 I, S 1017 –)	1975, S 439	—
Änderungsgesetz vom 21. 12. 1976	1976, S 473	1977 I, S 28
Änderungsgesetz vom 26. 5. 1981	1981, S 260	—
Änderungsgesetz vom 22. 11. 1983	1983, S 558	1984 I, S 7
Änderungsgesetz vom 17. 12. 1985	1985, S 766	1986 I, S 83
Verordnung zur Durchführung des Gesetzes über die Erhebung von Kirchensteuern im Land Nordrhein-Westfalen vom 27. 12. 1962	1963, S 52	1963 II, S 25
Zweite Verordnung vom 29. 7. 1964	1964, S 289	1964 II, S 160
Dritte Verordnung vom 29. 10. 1968	1968, S 339	1968 I, S 1213

Rheinland-Pfalz

Landesgesetz über die Steuern der Kirchen, Religionsgemeinschaften und Weltanschauungsgesellschaften (Kirchensteuergesetz – KiStG) vom 24. 2. 1971	1971, S 59	1971 I, S 162
Änderungsgesetz vom 3. 12. 1974	1974, S 577	1975 I, 73
Änderungsgesetz vom 23. 12. 1976	1976, S 301	1977 I, 40

Änderungsgesetz vom 18. 12. 1985	1985, S 277	1986 I, S 64
Verordnung vom 27. 9. 1972	1972, S 336	—
Verordnung vom 10. 5. 1979	1979, S 122	1979 I, S 603
Verordnung vom 18. 8. 1986	1986, S 221	1986 I, S 497
Saarland		
Saarländisches Kirchensteuergesetz (KiStG – Saar) in der Fassung vom 1. 6. 1977	1977, S 598	1977 I, S 438
(Die Neufassung des Kirchensteuergesetzes vom 25. 11. 1970 – GVBl 1970, S 950, BStBl 1971 I, S 79 – berücksichtigt die Änderungsgesetze vom 6. 11. 1974 – GVBl 1974, S 979, BStBl 1975 I, S 72 – und vom 28. 3. 1977 – GVBl 1977, S 378, BStBl 1977 I, S 297 –)		
Änderungsgesetz vom 13. 12. 1985	1986, S 26	1986 I, S 62
Verordnung vom 12. 7. 1971	1971, S 523	1971 I, S 402
Schleswig-Holstein		
Gesetz über die Erhebung von Kirchensteuern im Lande Schleswig-Holstein (Kirchensteuergesetz – KiStG) in der Fassung vom 18. 8. 1975	1975, S 220	—
(Die Neufassung des Kirchensteuergesetzes vom 15. 3. 1968 – GVBl 1968, S 81, BStBl 1968 I, S 727 – berücksichtigt das Ände-		

rungsgesetz vom 20. 1. 1975 – GVBl 1975, S 8, BStBl 1975 I, S 297 –)		
Änderungsgesetz vom 20. 12. 1977	1977, S 502	—
Änderungsgesetz vom 16. 12. 1985	1985, S 435	1986 I, S 145
Landesverordnung zur Durchführung des Gesetzes über die Erhebung von Kirchensteuern im Lande Schleswig-Holstein vom 3. 4. 1968	1968, S 100	1968 I, S 729
Änderungsverordnung vom 26. 6. 1975	1975, S 178	1975 I, S 943
Änderungsverordnung vom 11. 1. 1978	1978, S 19	1978 I, 142
Änderungsverordnung vom 28. 11. 1979	1979, S 530	—

9.2 Zusammenstellung der in den Bundesländern geltenden kirchenrechtlichen Grundlagen für die Kirchensteuer (Kirchensteuerordnungen und Kirchensteuerbeschlüsse)

Kirche Religionsgemeinschaft Weltanschauungsgesellschaft	Kirchensteuer-ordnung vom	veröffentlicht in	Kirchensteuer-beschluß vom	veröffentlicht in
Baden-Württemberg				
Evangelische Landeskirche in Württemberg	19. 9. 1971	kirchl. Amtsblatt Bd. 45 S. 81	26. 11. 1986	1987 S. 66
Evangelische Landeskirche in Baden	28. 12. 1971	Gesetz- und Verordnungsblatt Nr. 18 v. 28. 12. 1971	14. 11. 1985	1986 S. 321
Erzdiözese Freiburg	25. 7. 1978	Amtsblatt der Erzdiözese Freiburg v. 7. 8. 1978 S. 407 ff.	13. 12. 1985	1986 S. 43
Diözese Rottenburg-Stuttgart	i. d. ab 1. 1. 1973 geltenden Fassung vom 15. 10. 1972 mit Änderungen	KABl. 1973 S. 233–235	6./7. 12. 1986	1987 S. 564
	vom 30. 4. 1980 und	KABl. 1980 S. 417		
	vom 12. 3. 1986	KABl. 1986 S. 449/450		
Alt-Katholische Kirche in Baden-Württemberg	11. 12. 1971	Amtliches Kirchenblatt des Katholischen Bistums der Alt-Katholiken in Deutschland	22. 11. 1986	1987 S. 573
Israelitische Religionsgemeinschaft Badens			17. 12. 1986	1987 S. 92
Israelitische Religionsgemeinschaft Württemberg			4. 12. 1986	1987 S. 573
Freireligiöse Landesgemeinde Baden	23. 10. 1971	Freie Religion Heft 3/72 S. 45	8. 5. 1986	1987 S. 573

Kirche Religionsgemeinschaft Weltanschauungsgesellschaft	Kirchensteuer- ordnung vom	veröffentlicht in	Kirchensteuer- beschluß vom	veröffentlicht in
Bayern				
Evangelisch-lutherische Kirche	8. 12. 1954	KABl. S. 154	31. 3. 1955	KABl. S. 43/44
	i. d. F. vom 8. 3. 1967	KABl. S. 74		
	14. 2. 1967	KABl. S. 35, BayFMBl. S. 227		
Evangelisch-reformierte Kirche			31. 3. 1955	KABl. S. 43/43
(Erz-)Diözesen Augsburg, Bamberg, Eichstätt, München-Freising, Passau, Regensburg, Würzburg	7. 7. 1976	BayFMBl. S. 408	28. 11. 1966	
Altkatholische Kirche			10. 12. 1966	
Landesverband der israelitischen Kultusgemeinden			29. 11. 1966	
Berlin				
Evangelische Kirche in Berlin-Brandenburg (Berlin-West)	20. 2. 1986	StZBl. Bln. S. 854 BStBl. I S. 272	16. 11. 1985	StZBl. Bln. S. 856 BStBl. I S. 274
Bistum Berlin (Berlin West)	21. 11. 1985 (1. 1. 1986)	StZBl. Bln. S. 857 BStBl. I S. 275	21. 11. 1985 (1. 1. 1986)	StZBl. Bln. S. 859 BStBl. I S. 277
Hugenottenkirche*)	20. 2. 1986	StZBl. Bln. S. 854 BStBl. I S. 272	14. 5. 1986	—
Jüdische Gemeinde zu Berlin*)	27. 8. 1970	StZBl. Bln. S. 1454	24. 9. 1986	StZBl. Bln. S. 2078
	geändert am 29. 1. 1974	StZBl. Bln. S. 203		
	und am 29. 5. 1975	StZBl. Bln. S. 1511		

*) Erhebung der Kirchensteuern nicht den Finanzbehörden übertragen

Kirche Religionsgemeinschaft Weltanschauungsgesellschaft	Kirchensteuer- ordnung vom	veröffentlicht in	Kirchensteuer- beschluß vom	veröffentlicht in
Bremen				
Bremische Evangelische Kirche	21. 3. 1978	Gesetze, Verrechnungen und Mitteilungen, Jahrgang 1978 Nr. 1	14. 3. 1986	Gesetze, Verrechnungen und Mitteilungen, Jahrgang 1986 Nr. 1
Ev.-luth. Gesamtverband Bremerhaven (Ev.-luth. Landeskirche Hannovers)	21. 7. 1975	Kirchliches Amtsblatt Nr. 24 v. 13. 11. 1975	21. 2. 1986	Kirchliches Amtsblatt Nr. 5 v. 3. 6. 1986
Ev.-ref. Kirche in Nordwestdeutschland – Bremerhaven –	24. 11. 1975	Gesetz- u. Verordnungsblatt Bd. 14 S. 209		
Ev.-ref. Kirche in Nordwestdeutschland – Bremen – Rekum –	1. 5. 1981			
Kath. Gemeinde zu Bremen	4. 11. 1975	Kirchliches Amtsblatt Bd. 41 S. 18	17. 3. 1986	Kirchliches Amtsblatt Bd. 46 S. 81
	i. d. F. v. 18. 5. 1978	KABl. Bd. 42 S. 71		
Kath. Kirchengemeinde St. Godehard in Bremen-Hemelingen	9. 11. 1975	KABl. Bd. 42 S. 71		Kirchliches Amtsblatt Bd. 46 S. 81
	i. d. F. v. 18. 5. 1978	KABl. Bd. 42 S. 71		
Kath. Kirchengemeinden in den Gesamtverbänden Bremen-Nord und Bremerhaven (Bistum Hildesheim)	19. 4. 1978	Kirchlicher Anzeiger S. 160	6. 1. 1986	Kirchlicher Anzeiger S. 275
Hamburg				
Nordelbische Evangelisch-Lutherische Kirche	8. 10. 1978	Amtlicher Anzeiger (Teil II des Hamburgischen Gesetz- und Verordnungeblattes) – Amtl. Anz. – 1978 S. 2193, BStBl. 1979 I S. 200	8. 10. 1978	Amtl. Anz. 1978 S. 2199, BStBl. 1979 I S. 205

Kirche Religionsgemeinschaft Weltanschauungsgesellschaft	Kirchensteuer-ordnung vom	veröffentlicht in	Kirchensteuer-beschluß vom	veröffentlicht in
			mit Änderungen vom 22. 11. 1985	Amtl. Anz. 1986 S. 1314, BStBl. 1986 I S. 446
	geändert am 22. 11. 1985	Amtl. Anz. 1986 S. 1314, BStBl. 1986 I S. 445	30. 1. 1987	Amtl. Anz. 1987 S. 737, BStBl. 1987 I S. 464
Evangelisch-lutherische Landeskirche Hannovers im Bereich der Freien und Hansestadt Hamburg	—	—	28. 11. 1986	Amtl. Anz. 1987 S. 618, BStBl. 1987 I S. 462
Verband der römisch-katholischen Kirchengemeinden in der Freien und Hansestadt Hamburg (Bistum Osnabrück)	16. 12. 1985	Amtl. Anz. 1986 S. 1362, BStBl. 1986 I S. 450	16. 12. 1985	Amtl. Anz. 1986 S. 1364, BStBl. 1986 I S. 452
			geändert am 17. 12. 1986	amtl. Anz. 1987 S. 643, BStBl. 1987 I S. 463
Auf hamburgischem Staatsgebiet liegende Kirchengemeinden im Dekanat Hamburg-Harburg (Bistum Hildesheim)	1. 1. 1986	Amtl. Anz. 1986 S. 1330, BStBl. 1986 I S. 447	1. 1. 1986	Amtl. Anz. 1986 S. 1332, BStBl. 1986 I S. 449
			geändert am 21. 3. 1987	Amtl. Anz. 1987 S. 1273

Hessen

Kirche Religionsgemeinschaft Weltanschauungsgesellschaft	Kirchensteuer-ordnung vom	veröffentlicht in	Kirchensteuer-beschluß vom	veröffentlicht in
Evangelische Kirche in Hessen und Nassau	5. 11. 1970	StAnz. 1970 S. 2471	für 1987	StAnz. 1986 S. 2585
	geändert am 27. 11. 1973	KABl. S. 450		
Evangelische Kirche von Kurhessen-Waldeck	6. 11. 1968	StAnz. S. 1929	3. 12. 1986	StAnz. 1986 S. 2585
	zuletzt geändert am 22. 1. 1974	StAnz. S. 770		

Kirche Religionsgemeinschaft Weltanschauungsgesellschaft	Kirchensteuer- ordnung vom	veröffentlicht in	Kirchensteuer- beschluß vom	veröffentlicht in
Evangelische Kirche im Rheinland	1. 3. 1976	KABl. S. 68		
	zuletzt geändert am 27./28. 11. 1985	StAnz. 1986 S. 389		
	neugefaßt am 1. 4. 1987	StAnz. 1987 S. 1145		
Erzdiözese Paderborn	23. 12. 1968	KABl. 1969 S. 111	26. 9. 1986	StAnz. 1986 S. 2075
	geändert am 16. 4. 1974	StAnz. 1974 S. 934		
Diözese Fulda	12. 12. 1968	StAnz. 1969 S. 19	1. 9. 1986	StAnz. 1986 S. 1891
	geändert am 4. 4. 1974	StAnz. 1974 S. 977		
Diözese Limburg	10. 12. 1968	StAnz. 1968 S. 2006	24. 5. 1986	StAnz. 1986 S. 1416
	geändert am 7. 12. 1973	StAnz. 1973 S. 2354		
Diözese Mainz	12. 12. 1968	StAnz. 1969 S. 71	21. 10. 1983	StAnz. 1983 S. 2276
	i. d. F. v. 16. 12. 1970	StAnz. 1971 S. 191		
	geändert am 28. 2. 1974	StAnz. 1974 S. 629		
Altkatholische Kirche	19. 12. 1968	StAnz. 1969 S. 107	für 1987	StAnz. 1987 S. 620
	geändert am 8. 4. 1974	StAnz. 1974 S. 976		
Freireligiöse Gemeinde Mainz	26. 10. 1968	StAnz. 1969 S. 72	für 1987	StAnz. 1986 S. 2325
	geändert am 14. 6. 1974	StAnz. 1974 S. 1380		

Kirche Religionsgemeinschaft Weltanschauungsgesellschaft	Kirchensteuer- ordnung vom	veröffentlicht in	Kirchensteuer- beschluß vom	veröffentlicht in
Freireligiöse Gemeinde Offenbach	29. 11. 1968	StAnz. 1968 S. 1932	für 1987	StAnz. 1986 S. 2273
	geändert am 18. 3. 1979	StAnz. 1979 S. 1454		
Jüdische Gemeinde Frankfurt a. M.	19. 12. 1969	StAnz. 1970 S. 161	11. 12. 1975	StAnz. 1976 S. 22
	geändert am 7. 5. 1986	StAnz. 1986 S. 2003		
Jüdische Gemeinde Gießen	24. 7. 1980	StAnz. 1980 S. 1492	20. 8. 1980	StAnz. 1982 S. 503
Jüdische Gemeinde Bad Nauheim	29. 12. 1985	StAnz. 1986 S. 1446	29. 12. 1985	StAnz. 1986 S. 1535
Jüdische Gemeinde Kassel	20. 8. 1982	StAnz. 1982 S. 1818	15. 7. 1982	StAnz. 1982 S. 1618
Niedersachsen				
Ev.-luth. Landeskirche Hannovers	14. 7. 1972 ([KiStO ev.] KiGes. d. Konföd. ev. Kirchen in Nds.)	Kirchl. Amtsbl. S. 107 u. 113; ABl. EKD S. 488; Nds. MBl. 1973 S. 314 und Berichtigung S. 1348; BStBl. 1974 I S. 351	28. 11. 1986	Nds. MBl. 1987 S. 217
Ev.-luth. Landeskirche in Braunschweig	14. 7. 1972 ([KiStO ev.] KiGes. d. Konföd. ev. Kirchen in Nds.)	Landeskirchl. Amtsbl. S. 107	29. 11. 1986	Nds. MBl. 1987 S. 217
Ev.-luth. Kirche in Oldenburg	14. 7. 1972 ([KiStO ev.] KiGes. d. Konföd. ev. Kirchen in Nds.)	KGVBl. Bd. XVII S. 196	25. 11. 1986	Nds. MBl. 1987 S. 217
Ev.-luth. Landeskirche Schaumburg-Lippe	14. 7. 1972 ([KiStO ev.] KiGes. d. Konföd. ev. Kirchen in Nds.)	KABl. S. 5	29. 11. 1986	Nds. MBl. 1987 S. 217

Kirche Religionsgemeinschaft Weltanschauungsgesellschaft	Kirchensteuerordnung vom	veröffentlicht in	Kirchensteuerbeschluß vom	veröffentlicht in
Ev.-ref. Kirche in Nordwestdeutschland	14. 7. 1972 ([KiStO ev.] KiGes. d. Konföd. ev. Kirchen in Nds.)	KGVBl. Bd. 14 S. 48; ABl. EKD S. 544 und ABl. EKD 1973, S. 58, 171, 196	14. 11. 1986	Nds. MBl. 1987 S. 217
Nordelbische evang.-luth. Kirche (Kirchengemeinden im Land Niedersachsen	i. d. F. v. 22. 11. 1985	GVBl. NEK S. 265	22. 11. 1985/ 30. 1. 1987	GVBl. NEK 1987 S. 29
Bremische evangelische Kirche (Teile v. Kirchengemeinden in Achim, Osterholz-Scharmbeck, Schwanewede und Ritterhude)	i. d. F. v. 21. 3. 1978	GVM Nr. 1 Sp. 3	14. 3. 1986	GVM 1986, Sp. 6
Evang. Kirche von Westfalen (Teile von Kirchengemeinden im Land Niedersachsen)	i. d. F. v. 1. 4. 1987	KABl. 1987 S. 50	5. 9. 1986	unveröffentlicht
Evang. Kirchengemeinde Tettenborn	31. 1 . 1973		21. 11. 1986	unveröffentlicht
Evang. Kirchengemeinde Bad Sachsa	13. 2. 1973		11. 11. 1986	unveröffentlicht
Ev.-ref. Gemeinde in Braunschweig	14. 7. 1972	BStBl. 1974 I S. 351	21. 1. 1987	Nds. MBl. 1987 S. 214
Röm.-kath. Diözese Hildesheim	i. d. F. v. 30. 1. 1986	Nds. MBl. S. 231	15. 11. 1986	Nds. MBl. 1987 S. 214
Röm.-kath. Diözese Osnabrück	14. 10. 1985	KABl. Bd. 16 S. 14 Nds. MBl. 1986 S. 21	15. 11. 1986	Nds. MBl. 1987 S. 16
Röm.-kath. Offizialatsbezirk Oldenburg (oldenburgischer Teil der röm.-kath. Diözese Münster)	i. d. F. v. 12. 2. 1986	Nds. MBl. S. 1009	17. 11. 1986	Nds. MBl. 1987 S. 69
Röm.-kath. Kirchengemeinde St. Joseph in Bad Sachsa (Diözese Fulda)	6. 12. 1972	Nds. Mbl. 1975 S. 491	1. 9. 1986	Nds. MBl. 1986 S. 983
Röm.-kath. Kirchengemeinde St. Georg in Bad Pyrmont (Erzdiözese Paderborn)	30. 1. 1986	Nds. Mbl. S. 231	20. 11. 1986	Nds. MBl. 1987 S. 70

Kirche Religionsgemeinschaft Weltanschauungsgesellschaft	Kirchensteuer-ordnung vom	veröffentlicht in	Kirchensteuer-beschluß vom	veröffentlicht in
Altkatholische Kirchengemeinde Hannover Niedersachsen	19. 11. 1956	Amtl. Kirchenbl. d. Bistums d. Altkath. Deutschlands v. 1. 1. 1957, Nds. MBl. 1957 S. 164	5. 2. 1987	Nds. MBl. 1987 S. 624
Jüdische Gemeinde Hannover	13. 4. 1981	Nds. MBl. 1981 S. 768		Nds. MBl. 1986 S. 471
Nordrhein-Westfalen				
Evangelische Kirche von Westfalen und Evangelische Kirche im Rheinland	10. 12. 1969/ 5. 3. 1970	BStBl. 1970 I S. 1074	13. 11. 1986	
	mit Änderungen vom: 20. 3. 1975	—		
	(Bekanntmachung der Neufassung vom 1. 3. 1976)	—		
	25. 8. 1977/ 6. 10. 1977	—		
	27./28. 11. 1985	—		
	In der Fassung der Bekanntmachung vom 1. 4. 1987	—		
Lippische Landeskirche	4. 12. 1962	BStBl. 1963 II S. 30	11. 6. 1986	
	mit Änderungen vom 29. 11. 1967	BStBl. 1968 I S. 395		
	16. 12. 1969	—		
	Bekanntmachung der Neufassung vom 24. 3. 1970	BStBl. 1970 I S. 935		
	mit Änderungen vom 23. 12. 1974	—		
	22. 11. 1977	—		

Kirche Religionsgemeinschaft Weltanschauungsgesellschaft	Kirchensteuer- ordnung vom	veröffentlicht in	Kirchensteuer- beschluß vom	veröffentlicht in
	Bekanntmachung der Neufassung vom 24. 3. 1970	—		
	vom 10. 12. 1986			
Diözese Aachen	3. 6. 1969	BStBl. 1969 I S. 533	27. 9. 1986	
	mit Änderungen vom:			
	25. 11. 1974	—		
	15. 11. 1977	—		
	(Bekanntmachung der Neufassung vom 1. 3. 1978)	—		
	21. 1. 1986	—		
Diözese Essen	3. 6. 1969	BStBl. 1969 I S. 533	29. 9. 1986	
	mit Änderungen vom:			
	25. 11. 1974	—		
	10. 11. 1977	—		
	(Bekanntmachung der Neufassung vom 23. 2. 1978)	—		
	30. 12. 1985	—		
Erzdiözese Köln	30. 5. 1969	BStBl. 1969 I S. 533	29. 9. 1986	
	mit Änderungen vom:			
	25. 11. 1974	—		
	15. 11. 1977	—		
	(Bekanntmachung der Neufassung vom 30. 3. 1978)	—		
	14. 1. 1986	—		

Kirche Religionsgemeinschaft Weltanschauungsgesellschaft	Kirchensteuer-ordnung vom	veröffentlicht in	Kirchensteuer-beschluß vom	veröffentlicht in
Diözese Münster	30. 5. 1969	BStBl. 1969 I S. 533	29. 9. 1986	
	mit Änderungen vom:			
	25. 11. 1974	—		
	25. 11. 1977	—		
	30. 12. 1985	—		
Erzdiözese Paderborn	3. 6. 1969	BStBl. 1969 I S. 533	26. 9. 1986	
	mit Änderungen vom:			
	22. 11. 1974	—		
	10. 11. 1977	—		
	(Bekanntmachung der Neufassung vom 10. 11. 1977)	—		
	21. 1. 1986	—		
Alt-Katholische Kirche	12. 6. 1964	BStBl. 1964 II S. 160	18. 9. 1986	
	mit Änderungen vom:			
	27. 12. 1969	—		
	19. 9. 1975	—		
	13. 10. 1978	—		
	(Bekanntmachung der Neufassung vom 11. 1. 1979)	—		
	30. 12. 1985	—		
	18. 4. 1986	—		
Landesverbände der jüdischen Kultusgemeinden von Nordrhein und von Westfalen und der Synagogengemeinde Köln	27. 5. 1968	BStBl. 1968 I S. 1214	17. 9. 1986 22. 4. 1986 14. 10. 1986	
	mit Änderungen vom 22. 10. 1969/	—		

Kirche Religionsgemeinschaft Weltanschauungsgesellschaft	Kirchensteuerordnung vom	veröffentlicht in	Kirchensteuerbeschluß vom	veröffentlicht in
	12. 4. 1970/ 18. 6. 1970			
	10. 12. 1974	—		
	21. 4. 1978	Abl. Reg. Arnsberg 1978 S. 431 Abl. Reg. Detmold 1978 S. 245 Abl. Reg. Düsseldorf 1978 S. 302 Abl. Reg. Köln 1978 S. 588 Abl. Reg. Münster 1978 S. 260		
	Bekanntmachung der Gemeinsamen Kultus-Steuerordnung vom 27. 5. 1968 in der Fassung vom 12. 11. 1986	Abl. Reg. Arnsberg 1987 S. 154 Abl. Reg. Detmold 1987 S. 103 Abl. Reg. Düsseldorf 1987 S. 120 Abl. Reg. Köln 1987 S. 126 Abl. Reg. Münster 1987 S. 127		
Rheinland-Pfalz				
Evangelische Kirche in Hessen und Nassau	29. 11. 1971	Staatsanzeiger Rheinland-Pfalz – StAnz. – 1972 S. 4	4. 12. 1986	StAnz. 1986 S. 1315
	geändert am 17. 11. 1972	StAnz. 1972 S. 806		
Evangelische Kirche im Rheinland und Evangelische Kirche von Westfalen	10. 12. 1969/ 5. 3. 1970	StAnz. 1972 S. 94		
	mit Änderungen vom		16. 9. 1986/ 13. 11. 1986	StAnz. 1986 S. 1081/1315
	7. 10. 1971	StAnz. 1972 S. 95		
	20. 3. 1975	StAnz. 1975 S. 410		

Kirche Religionsgemeinschaft Weltanschauungsgesellschaft	Kirchensteuer-ordnung vom	veröffentlicht in	Kirchensteuer-beschluß vom	veröffentlicht in
	25. 8. 1977/ 6. 10. 1977	StAnz. 1977 S. 873		
	27./28. 11. 1985	StAnz. 1986 S. 230		
	neugefaßt am 1. 4. 1987	StAnz. 1987 S. 669		
Protestantische Landeskirche der Pfalz	7. 10. 1971	StAnz. 1972 S. 4	9. 10. 1974	StAnz. 1974 S. 796
	geändert am 7. 2. 1974	StAnz. 1974 S. 241		
Erzdiözese Köln	10. 12. 1971	StAnz. 1972 S. 6	5. 10. 1974	StAnz. 1974 S. 794
Diözese Trier	20. 11. 1971	StAnz. 1971 S. 742	27. 9. 1976	StAnz. 1976 S. 911
Diözese Limburg	8. 11. 1971	StAnz. 1971 S. 274	24. 5. 1986	StAnz. 1986 S. 740
	geändert am 7. 12. 1973	StAnz. 1974 S. 3		
Diözese Mainz	18. 11. 1971	StAnz. 1971 S. 725	21. 10. 1983	StAnz. 1983 S. 1053
	geändert am 28. 2. 1974	StAnz. 1974 S. 202		
Diözese Speyer	25. 11. 1971	StAnz. 1971 S. 739	5. 6. 1974	StAnz. 1974 S. 795
Altkatholische Kirche	18. 12. 1971	StAnz. 1972 S. 78	17. 10. 1974	StAnz. 1974 S. 795
Jüdische Kultusgemeinde Koblenz	5. 3. 1972	StAnz. 1972 S. 221	24. 11. 1975	StAnz. 1975 S. 894
Freireligiöse Gemeinde Mainz	27. 3. 1972	StAnz. 1972 S. 278	21. 10. 1974	StAnz. 1974 S. 797
Freireligiöse Landesgemeinde Pfalz	28. 5. 1986	StAnz. 1986 S. 670	28. 5. 1986	StAnz. 1986 S. 670
Unitarische Religionsgemeinschaft Freie Protestanten	17. 9. 1978	StAnz. 1979 S. 178	17. 9. 1978	StAnz. 1979 S. 179

Kirche Religionsgemeinschaft Weltanschauungsgesellschaft	Kirchensteuer- ordnung vom	veröffentlicht in	Kirchensteuer- beschluß vom	veröffentlicht in
Saarland				
Evangelische Kirche im Rheinland	10. 12. 1969/ 5. 3. 1970	Amtsblatt des Saarlandes – Amtsbl. – 1971 S. 832	10. 10. 1986	Amtsbl. 1986 S. 1190
	mit Änderungen vom 7. 10. 1971	Amtsbl. 1971 S. 835		
	20. 3. 1975	Amtsbl. 1975 S. 1041		
	25. 8. 1977/ 6. 10. 1977	Amtsbl. 1977 S. 1001		
	27./28. 11. 1985	noch nicht veröffentlicht		
Protestantische Landeskirche der Pfalz	7. 10. 1971	Amtsbl. 1971 S. 836	9. 10. 1974	Amtsbl. 1974 S. 982
	mit Änderung vom 10. 6. 1972	Amtsbl. 1972 S. 424		
Diözese Trier	7. 10. 1971	Amtsbl. 1971 S. 827	3. 11. 1975	Amtsbl. 1975 S. 1253
	mit Änderung vom 15. 5. 1972	Amtsbl. 1972 S. 423		
Diözese Speyer	11. 10. 1971	Amtsbl. 1971 S. 830	5. 7. 1974	Amtsbl. 1974 S. 981
	mit Änderung vom 5. 5. 1972	Amtsbl. 1972 S. 424		
Katholisches Bistum der Alt-Katholiken	10. 10. 1971	Amtsbl. 1971 S. 838	2. 10. 1986	Amtsbl. 1986 S. 1191
	mit Änderung vom 6. 5. 1972	Amtsbl. 1972 S. 424		
Synagogengemeinde Saar	Kultussteuerordnung vom 20. 10. 1974	Amtsbl. 1974 S. 983	Beschluß in Kultus- steuerordnung vom 20. 10. 1974	

Kirche Religionsgemeinschaft Weltanschauungsgesellschaft	Kirchensteuer- ordnung vom	veröffentlicht in	Kirchensteuer- beschluß vom	veröffentlicht in
Schleswig-Holstein				
Nordelbische evangelisch-lutherische Kirche	8. 10. 1978		8. 10. 1978	
	i. d. F. v. 22. 11. 1985	BStBl. 1986 I S. 136 ff.	i. d. F. v. 22. 11. 1985	BStBl. 1986 I S. 142 f.
			geändert 30. 1. 1987	BStBl. 1987 I S. 372
Diözese Osnabrück	14. 10. 1985	BStBl. 1986 I S. 131 ff.	25. 11. 1985	BStBl. 1986 I S. 143 f.
			geändert 8. 12. 1986	BStBl. 1987 I S. 372

9.3 Abdruck der in Tz 9.1 bezeichneten Gesetze und Verordnung

(Textsammlung)

Gesetz
über die Erhebung von Steuern durch öffentlich-rechtliche Religionsgemeinschaften in Baden-Württemberg (Kirchensteuergesetz – KiStG)

in der Fassung vom 15. Juni 1978

(GVBl 1978 S 370, BStBl 1978 I S 403)

ERSTER ABSCHNITT

Besteuerungsrecht, Steuerpflicht, Grundlagen der Besteuerung

§ 1

Besteuerungsrecht

(1) Die Kirchen, die anderen Religionsgemeinschaften und ihre örtlichen Gemeinden (Kirchengemeinden), die Körperschaften des öffentlichen Rechts sind, können zur Deckung ihrer Bedürfnisse von ihren Angehörigen Steuern erheben. Sie üben das Besteuerungsrecht nach Maßgabe dieses Gesetzes und der Steuerordnung aus.

(2) Die Steuern werden von den Religionsgemeinschaften als Landeskirchensteuern und von den Kirchengemeinden als Ortskirchensteuern erhoben. Die Ortskirchensteuern können für mehrere Kirchengemeinden von einer Gesamtkirchengemeinde (§ 24 Abs 3) erhoben werden.

(3) Eine Religionsgemeinschaft kann die Ausübung des Besteuerungsrechts mit staatlicher Genehmigung einer anderen Religionsgemeinschaft mit dem Sitz innerhalb des Landes übertragen.

§ 2

Steuerordnung

(1) Die Steuerordnung wird von der Religionsgemeinschaft erlassen und öffentlich bekanntgemacht. Sie bedarf der staatlichen Genehmigung.

(2) Die Steuerordnung umfaßt insbesondere Vorschriften

1. über die Zusammensetzung und die Wahl der Organe, die Steuerbeschlüsse fassen (Steuervertretungen) sowie die Grundzüge ihrer Geschäftsordnungen,

2. über die Mitwirkung der Steuervertretung bei der Feststellung des Haushaltsplans und bei der Rechnungslegung sowie das Recht der Steuerpflichtigen auf Einsichtnahme in den Haushaltsplan und die Jahresrechnung,
3. über die Vornahme der nach diesem Gesetz erforderlichen öffentlichen Bekanntmachungen sowie
4. sonstige ergänzende Vorschriften zur Durchführung der Besteuerung.

(3) Bestimmungen im Sinne des Absatzes 2 Nr 1 bis 3, die vor Inkrafttreten dieses Gesetzes erlassen worden sind, bleiben wirksam.

(4) Änderungen und Ergänzungen von Bestimmungen nach Absatz 2 Nr 1 bis 3 können in Kraft treten, wenn das Ministerium für Kultus und Sport nicht innerhalb eines Monats nach Eingang der Mitteilung widerspricht.

§ 3

Steuerpflicht

(1) Landeskirchensteuerpflichtig ist, wer der steuerberechtigten Religionsgemeinschaft angehört und in ihrem Bereich einen Wohnsitz oder den gewöhnlichen Aufenthalt hat.

(2) Wer landeskirchensteuerpflichtig ist, ist gegenüber derjenigen Kirchengemeinde ortskirchensteuerpflichtig, in der er seinen Wohnsitz oder in Ermangelung eines Wohnsitzes den gewöhnlichen Aufenthalt hat. Bei mehrfachem Wohnsitz darf die Belastung mit einer Steuer insgesamt den Betrag nicht übersteigen, den der Steuerpflichtige bei Heranziehung an dem Wohnsitz mit der höchsten Steuerbelastung zu entrichten hätte. Das Nähere regelt die Steuerordnung.

(3) Die Steuerordnung kann abweichend von Absatz 2 Satz 1 bestimmen, daß die Steuern aus den Grundsteuermeßbeträgen von der Kirchengemeinde erhoben werden, in der das Grundstück liegt.

§ 4

Beginn und Ende der Steuerpflicht

Tatsachen, die die Steuerpflicht begründen oder beenden, werden mit dem Beginn des auf ihr Eintreten folgenden Monats wirksam.

§ 5

Steuerarten

(1) Die Steuern können erhoben werden

1. a) als Zuschlag zur Einkommensteuer oder
   b) nach Maßgabe des Einkommens,

2. aus den Grundsteuermeßbeträgen für land- und forstwirtschaftliche Betriebe (§ 3 Nr 1 des Grundsteuergesetzes),
3. aus den Grundsteuermeßbeträgen für Grundstücke (§ 3 Nr 2 des Grundsteuergesetzes),
4. als Kirchgeld.

Für die Steuern nach den Nrn 1 und 4 gilt die Einkommensteuer und nach den Nrn 2 und 3 die Grundsteuer als Maßstabsteuer im Sinne dieses Gesetzes.

(2) Vor Berechnung der Steuer nach Absatz 1 Nr 1 Buchstabe a ist die festgesetzte Einkommensteuer und die Jahreslohnsteuer nach Maßgabe des § 51a des Einkommensteuergesetzes in seiner jeweiligen Fassung zu kürzen (Bemessungsgrundlage).

(3) Die Steuerordnung kann bestimmen, daß Steuern einer Art auf Steuern einer anderen Art anzurechnen sind. Die Steuer nach Absatz 1 Nr 1 ist auf das Kirchgeld anzurechnen.

§ 6

Bemessungsgrundlagen

(1) Die Steuern sind von den in der Person des Steuerpflichtigen gegebenen Bemessungsgrundlagen zu erheben.

(2) Wird die Bemessungsgrundlage für eine Personengemeinschaft, eine Personengesellschaft oder sonst für mehrere Personen festgesetzt, so ist die Kirchensteuer für den einzelnen Steuerpflichtigen aus seinem Anteil an der Bemessungsgrundlage zu berechnen. Wenn ein Anteil im staatlichen Besteuerungsverfahren nicht festgestellt wird, ist die Bemessungsgrundlage aufzuteilen

1. im Fall des § 5 Abs 1 Nr 1 Buchst a nach dem Verhältnis der Beträge, die sich ergeben, wenn die Beteiligten getrennt veranlagt würden,
2. im Fall des § 5 Abs 1 Nr 2 und 3 nach den Anteilen am Einheitswert des land- oder forstwirtschaftlichen Betriebs, des Grundstücks oder, soweit kein Anteil daran festgestellt wird, des gemeinschaftlichen Vermögens, zu dem der Betrieb oder das Grundstück gehört.

Wenn nichts anderes nachgewiesen oder bekannt ist, sind gleiche Anteile anzunehmen.

(3) Werden Ehegatten, die derselben Religionsgemeinschaft angehören, zur Maßstabsteuer gemeinsam herangezogen, so wird bei der kirchlichen Besteuerung entsprechend verfahren. Die Ehegatten sind Gesamtschuldner. Satz 1 gilt nicht für das Kirchgeld.

(4) Gehören die Ehegatten verschiedenen steuererhebenden Religionsgemeinschaften an und werden sie zur Einkommensteuer zusammen veranlagt, so wird die Kirchensteuer nach § 5 Abs 1 Nr 1 Buchst a für jeden Ehegatten von der

Hälfte der Bemessungsgrundlage erhoben, wenn bei den beteiligten Religionsgemeinschaften darüber Einvernehmen besteht; dies gilt auch im Fall des gemeinsamen Lohnsteuer-Jahresausgleichs. Jeder Ehegatte haftet als Gesamtschuldner für die Steuerschuld des anderen Ehegatten.

§ 7

Erhebungszeitraum, Steuersatz

(1) Die Steuern werden für das Kalenderjahr erhoben. Maßgebend sind die Bemessungsgrundlagen des Kalenderjahres. Die Steuerordnung kann bestimmen, daß die Bemessungsgrundlagen eines früheren Kalenderjahres maßgebend sein sollen. Besteht die Steuerpflicht nicht während des ganzen Kalenderjahres, wird für die Kalendermonate, in denen die Steuerpflicht gegeben ist, je ein Zwölftel des Betrages erhoben, der sich bei ganzjähriger Steuerpflicht als Jahressteuerschuld ergäbe.

(2) Die Steuern als Zuschlag zur Einkommensteuer und aus den Grundsteuermeßbeträgen werden nach einem Hundertsatz der Bemessungsgrundlage erhoben. Für diese Steuern kann die Steuerordnung Höchstbeträge festsetzen, den Verzicht auf die Erhebung von geringfügigen Beträgen bestimmen und zur Erhebung von Mindestbeträgen ermächtigen; bei der Steuer als Zuschlag zur Einkommensteuer können die Mindestbeträge auch dann erhoben werden, wenn Einkommensteuer festzusetzen oder Lohnsteuer einzubehalten ist, bei Anwendung des Hundertsatzes aber keine Kirchensteuer anfällt (Mindeststeuer).

(3) Die Steuer nach Maßgabe des Einkommens und das Kirchgeld werden durch die Steuerordnung näher geregelt. Das Kirchgeld kann auch in gestaffelten Sätzen nach Maßgabe der wirtschaftlichen Leistungsfähigkeit erhoben werden.

§ 8

Entstehung und Erlöschen des Steueranspruchs

Für die Entstehung und das Erlöschen von Steuer- und Erstattungsansprüchen gelten die Vorschriften über die Maßstabsteuern sinngemäß. Im Fall des § 7 Abs 1 Satz 3 entsteht die Steuerschuld mit Beginn des Kalenderjahres, für das die Steuer erhoben wird.

§ 9

Landeskirchensteuerbeschluß

(1) Die Landeskirchensteuervertretung beschließt die Art und die Höhe der zu erhebenden Landeskirchensteuern auf Grund jährlicher Haushaltspläne. Der Beschluß kann für zwei Kalenderjahre gefaßt werden.

(2) Der Beschluß über die Erhebung der Landeskirchensteuern bedarf der staatlichen Genehmigung. Er ist öffentlich bekanntzumachen.

(3) Liegt ein Steuerbeschluß nach Absatz 2 nicht vor, dürfen die Landeskirchensteuern bis zu sechs Monaten in der bisherigen Höhe vorläufig weiter erhoben werden.

(4) Die Religionsgemeinschaft übersendet dem Ministerium für Kultus und Sport jährlich eine Übersicht über die Verwendung der Steuern.

§ 10

Ortskirchensteuerbeschluß

(1) Die Ortskirchensteuervertretung beschließt über die Erhebung der Ortskirchensteuern. § 9 Abs 1 bis 3 gilt entsprechend. Das Ministerium für Kultus und Sport bestimmt mit der Genehmigung des Landeskirchensteuerbeschlusses, unter welchen Voraussetzungen Ortskirchensteuerbeschlüsse als genehmigt gelten.

(2) Das Ministerium für Kultus und Sport wird ermächtigt, durch Rechtsverordnung die Zuständigkeit zur Genehmigung von Ortskirchensteuerbeschlüssen auf nachgeordnete Behörden zu übertragen.

ZWEITER ABSCHNITT

Verwaltung durch die Religionsgemeinschaften

§ 11

Verfahren

Die Kirchensteuern werden von den Religionsgemeinschaften und ihren Kirchengemeinden verwaltet, soweit die Verwaltung nicht nach § 16 den Gemeinden oder nach § 17 den Landesfinanzbehörden übertragen ist. Soweit sich aus diesem Gesetz und der Steuerordnung nichts anderes ergibt, sind dabei die für die Maßstabsteuern geltenden Vorschriften sinngemäß anzuwenden. Der Achte Teil der Abgabenordnung findet keine Anwendung.

§ 12

Einheitliche Kirchensteuer

Die Steuerordnung kann bestimmen, daß die Landeskirchensteuer und die Ortskirchensteuer nach § 5 Abs 1 Nr 1 und 4 jeweils zu einer einheitlichen Kirchensteuer vereinigt werden. Für den Steuerbeschluß gilt § 9 entsprechend.

§ 13

Mitwirkung von Staats- und Gemeindebehörden

Die Staats- und Gemeindebehörden leisten den kirchlichen Behörden Amtshilfe zur Durchführung der Besteuerung und zur Aufstellung der Wählerlisten für die Steuervertretungen; sie erteilen insbesondere Auskünfte und gewähren Einsicht in ihre Akten.

§ 14

Rechtsbehelfe

(1) Gegen die in Kirchensteuersachen ergehenden Bescheide ist der Verwaltungsrechtsweg gegeben. Die Klage kann erst erhoben werden, wenn der Bescheid von der in der Steuerordnung bestimmten kirchlichen Behörde in einem Widerspruchsverfahren gemäß den Vorschriften des 8. Abschnittes der Verwaltungsgerichtsordnung nachgeprüft worden ist.

(2) Widerspruch und Klage können nicht darauf gestützt werden, die Einkommensteuer oder der Grundsteuermeßbetrag sei unrichtig festgesetzt worden.

§ 15

Vollstreckung

Die Steuern nach § 5 Abs 1 Nr 1 werden von den Landesfinanzbehörden nach den Vorschriften der Abgabenordnung, die Steuern nach § 5 Abs 1 Nr 2 bis 4 von den für die Vollstreckung der Gemeindesteuern zuständigen Behörden nach den dafür geltenden Vorschriften vollstreckt.

DRITTER ABSCHNITT

Verwaltung durch die Gemeinden

§ 16

(1) Die Religionsgemeinschaften und die Kirchengemeinden können die Verwaltung der Kirchensteuern durch Vereinbarung gegen angemessene Verwaltungskostenvergütung ganz oder teilweise auf die Gemeinden übertragen.

(2) Für die Verwaltung der Kirchensteuern durch die Gemeinden gelten § 11, § 14 Abs 1 Satz 1 und Abs 2 sowie § 15 zweiter Satzteil sinngemäß

VIERTER ABSCHNITT

Verwaltung durch die Landesfinanzbehörden

§ 17

Übertragung der Verwaltung

(1) Auf Antrag der Religionsgemeinschaft kann das Finanzministerium im Einvernehmen mit dem Ministerium für Kultus und Sport die Verwaltung der Kirchensteuern, die als Zuschlag zur Einkommensteuer erhoben werden, durch Rechtsverordnung ganz oder teilweise den Landesfinanzbehörden übertragen. Soweit die Kirchensteuern beim Inkrafttreten dieses Gesetzes von den Landesfinanzbehörden verwaltet werden, gilt die Verwaltung als nach Satz 1 übertragen.

(2) Für die Verwaltung der Kirchensteuern durch die Landesfinanzbehörden gelten die §§ 18 bis 23.

§ 18

Einheitliche Kirchensteuer

Die Landeskirchensteuer und die Ortskirchensteuer werden zu einer einheitlichen Kirchensteuer vereinigt und nach einem für das Kalenderjahr einheitlichen Steuersatz erhoben. Für den Steuerbeschluß gilt § 9 entsprechend. § 7 Abs 1 Satz 3 findet keine Anwendung.

§ 19

Kircheneinkommensteuer

(1) Die Kirchensteuer der Einkommensteuerpflichtigen wird zusammen mit der Einkommensteuer veranlagt und erhoben (Kircheneinkommensteuer). Die Vorschriften des Einkommensteuerrechts über die Erhebung von Vorauszahlungen gelten entsprechend.

(2) Werden Ehegatten zur Einkommensteuer zusammen veranlagt, wird die Kircheneinkommensteuer der Ehegatten in einem Betrag festgesetzt. Die Ehegatten sind Gesamtschuldner.

(3) Absatz 2 gilt auch, wenn die Ehegatten verschiedenen Religionsgemeinschaften angehören, für die Kircheneinkommensteuer zu erheben ist. Die Steuer entfällt auf die Religionsgemeinschaften je zur Hälfte.

(4) Ist die Kircheneinkommensteuer nur von einem Ehegatten zu erheben, so ist dessen Anteil an der gemeinschaftlichen Bemessungsgrundlage maßgebend. Die Anteile der Ehegatten an der gemeinschaftlichen Bemessungsgrundlage bestimmen sich nach dem Verhältnis der Steuerbeträge, die sich bei Anwendung

der Einkommensteuer-Grundtabelle auf die Summe der Einkünfte eines jeden Ehegatten ergeben.

(5) Absatz 3 findet keine Anwendung, wenn die für die Ehegatten geltenden Steuersätze voneinander abweichen. Die Steuer wird dann für jeden Ehegatten nach Absatz 4 erhoben.

§ 20

Kirchenlohnsteuer

(1) Die Kirchensteuer der Lohnsteuerpflichtigen wird zusammen mit der Lohnsteuer durch Steuerabzug vom Arbeitslohn erhoben (Kirchenlohnsteuer). Die Vorschriften über die Einbehaltung und Abführung der Lohnsteuer und über die Haftung gelten entsprechend.

(2) Gehören Ehegatten, bei denen die Voraussetzungen des § 26 Abs 1 des Einkommensteuergesetzes vorliegen, verschiedenen Religionsgemeinschaften an, für die Kirchenlohnsteuer zu erheben ist, entfällt die einbehaltene Kirchenlohnsteuer zur Hälfte auf die Religionsgemeinschaft des anderen Ehegatten.

(3) Wird ein Lohnsteuer-Jahresausgleich durchgeführt, ist in entsprechender Anwendung der dafür geltenden Vorschriften auch die Kirchenlohnsteuer auszugleichen. Im Fall des gemeinsamen Lohnsteuer-Jahresausgleichs gilt § 19 sinngemäß.

§ 21

Verfahren

(1) Auf das Verfahren einschließlich der Vollstreckung finden die für die Einkommensteuer geltenden Vorschriften Anwendung. Wird die Zugehörigkeit zu der besteuernden Religionsgemeinschaft bestritten, ist diese vor der Entscheidung zu hören.

(2) Wird die Einkommensteuer gestundet, erlassen, niedergeschlagen oder die Vollziehung des Steuerbescheids ausgesetzt, erstreckt sich diese Maßnahme in dem entsprechenden Umfang auch auf die Kirchensteuer. Die Religionsgemeinschaften können darüber hinaus Kirchensteuer stunden, erlassen und erstatten.

(3) Die §§ 234, 235, 237 und 240 sowie der Achte Teil der Abgabenordnung finden auf die Kirchensteuer keine Anwendung.

§ 22

Betriebstättenbesteuerung

(1) Das Finanzministerium kann im Interesse der gleichmäßigen Erhebung der Kirchenlohnsteuer auf Antrag einer Religionsgemeinschaft durch Rechtsver-

ordnung bestimmen, daß die Kirchenlohnsteuer auch dann am Ort der Betriebstätte im Sinne des Lohnsteuerrechts nach den für diesen geltenden Bestimmungen erhoben wird, wenn sich die Betriebstätte außerhalb des Bereichs der Religionsgemeinschaft befindet (Betriebstättenbesteuerung). Die Betriebstättenbesteuerung darf auf Antrag einer Religionsgemeinschaft mit Sitz außerhalb des Landes nur angeordnet werden, wenn die Gegenseitigkeit und die Erfüllung der Erstattungsansprüche gegen die Religionsgemeinschaft nach Absatz 2 gewährleistet sind. Soweit die Betriebstättenbesteuerung nach dem bisherigen Recht angeordnet war, gilt der Antrag nach Satz 1 als gestellt.

(2) Wird auf Grund der Betriebstättenbesteuerung eine höhere Kirchenlohnsteuer einbehalten, als am Wohnsitz oder gewöhnlichen Aufenthalt des Steuerpflichtigen zu erheben wäre, und wird der Unterschiedsbetrag nicht durch das Finanzamt erstattet, so kann der Steuerpflichtige die Erstattung von der Religionsgemeinschaft verlangen, der er angehört.

(3) Wird die Kirchenlohnsteuer in einer außerhalb des Bereichs der Religionsgemeinschaft gelegenen Betriebstätte nicht oder nicht in der für den Wohnsitz oder gewöhnlichen Aufenthalt maßgebenden Höhe einbehalten und nicht vom Finanzamt nacherhoben, kann die Religionsgemeinschaft die Kirchensteuer nacherheben.

§ 23

Erstattung der Verwaltungskosten

Die Religionsgemeinschaften leisten eine angemessene Verwaltungskostenvergütung. Sie wird vom Finanzministerium im Einvernehmen mit der Religionsgemeinschaft festgesetzt.

FÜNFTER ABSCHNITT

Sonstige Vorschriften

§ 24

Kirchengemeinden

(1) Kirchengemeinden erlangen die Rechte einer Körperschaft des öffentlichen Rechts durch Anerkennung des Ministeriums für Kultus und Sport. Die Kirchengemeinden bleiben Körperschaften des öffentlichen Rechts, soweit sie es bisher waren.

(2) Die Religionsgemeinschaften geben vor Änderungen in dem Bestand der Kirchengemeinden oder ihrer Abgrenzung den räumlich beteiligten unteren Verwaltungsbehörden Gelegenheit zur Äußerung. Die Änderungen sind dem Ministerium für Kultus und Sport mitzuteilen und öffentlich bekanntzumachen.

(3) Für Gesamtkirchengemeinden gelten die Absätze 1 und 2 entsprechend.

§ 24a

Kirchenbezirke und kirchliche Bezirksverbände

(1) Für die aus Zusammenschlüssen von Kirchengemeinden gebildeten Kirchenbezirke (Dekanatsbezirke) gilt § 24 Abs 1 und 2 entsprechend.

(2) Verbänden einer Religionsgemeinschaft, die auf Grund kirchlicher Satzung aus mehreren Kirchenbezirken zur gemeinsamen Erfüllung bestimmter kirchlicher Aufgaben gebildet werden (kirchliche Bezirksverbände), kann das Ministerium für Kultus und Sport im Einvernehmen mit dem Ministerium, in dessen Geschäftsbereich der Zweck des Verbands überwiegend fällt, die Rechtsstellung einer Körperschaft des öffentlichen Rechts verleihen. § 24 Abs 2 gilt entsprechend.

§ 25

Vermögensverwaltung

(1) Die Religionsgemeinschaften ordnen für sich und ihre Unterverbände, Anstalten und Stiftungen die rechtsgeschäftliche Vertretung sowie die Grundzüge des Rechts der Wirtschaftsführung durch eigene Satzung. Die Satzung ist dem Ministerium für Kultus und Sport mitzuteilen und öffentlich bekanntzumachen.

(2) Bezüglich der rechtsgeschäftlichen Vertretung kann die Satzung erst in Kraft treten, wenn das Ministerium für Kultus und Sport nicht innerhalb eines Monats nach Eingang der Mitteilung widerspricht.

(3) § 2 Abs 3 und 4 gilt sinngemäß.

§ 26

Austritt aus einer Religionsgemeinschaft

(1) Jeder hat das Recht, aus einer Religionsgemeinschaft durch eine Erklärung gegenüber dem für seinen Wohnsitz oder gewöhnlichen Aufenthalt zuständigen Standesbeamten mit bürgerlicher Wirkung auszutreten. Die Erklärung ist persönlich zur Niederschrift abzugeben oder in öffentlich beglaubigter Form einzureichen; sie darf keine Bedingungen oder Zusätze enthalten. Der Nachweis der Zugehörigkeit zu der Religionsgemeinschaft ist nicht erforderlich. Für Personen unter 14 Jahren richtet sich die Berechtigung zur Erklärung des Austritts nach dem Gesetz über die religiöse Kindererziehung vom 15. Juli 1921 (RGBl S 939).

(2) Zur Niederschrift abgegebene Austrittserklärungen werden mit der Unterzeichnung der Niederschrift, in öffentlich beglaubigter Form eingereichte mit ihrem Eingang wirksam.

(3) Der Austritt ist dem Ausgetretenen zu bescheinigen und der für den Wohnsitz oder gewöhnlichen Aufenthalt des Ausgetretenen zuständigen Kirchengemeinde oder Religionsgemeinschaft unverzüglich mitzuteilen.

SECHSTER ABSCHNITT

Schlußbestimmungen

§ 27

Genehmigung

Soweit nicht die Zuständigkeit einer anderen Behörde vorgesehen ist, erteilt das Ministerium für Kultus und Sport die nach diesem Gesetz erforderlichen Genehmigungen, in den Fällen des § 2 Abs 2 Nr 4, des § 7 Abs 3 und des § 9 Abs 2 im Einvernehmen mit dem Finanzministerium.

§ 28

(aufgehoben)

§ 29

Weltanschauungsgemeinschaften

Die Bestimmungen dieses Gesetzes gelten für Weltanschauungsgemeinschaften, die Körperschaften des öffentlichen Rechts sind, entsprechend.

§ 30

Verwaltungsvorschriften

Das Ministerium für Kultus und Sport, das Finanzministerium und das Innenministerium erlassen jeweils für ihren Geschäftsbereich die zur Durchführung dieses Gesetzes erforderlichen Verwaltungsvorschriften.

§ 31

Inkrafttreten, Aufhebung von Rechtsvorschriften

(1) Dieses Gesetz tritt am Tage nach der Verkündung in Kraft*). Es ist erstmals für das Kalenderjahr 1970 anzuwenden. Für frühere Kalenderjahre werden die Steuern nach dem bisherigen Recht erhoben.

---

*) Das Gesetz in seiner ursprünglichen Fassung vom 18. Dezember 1969 (GBl 1970 S 1, BStBl 1970 I S 208) ist am 3. Januar 1970 in Kraft getreten. Der Zeitpunkt des Inkrafttretens der späteren Änderungen ergibt sich aus den in der vorangestellten Zusammenstellung (Tz 91) genannten Gesetzen.

(2) In den Kalenderjahren 1970 und 1971 gilt für die Erhebung der Steuern nach § 5 Abs 1 in Verbindung mit § 1 Abs 2 und § 18 hinsichtlich der Höhe des Mindestbetrages (§ 7 Abs 2) und des Kirchgeldes sowie für die Genehmigung und Veröffentlichung von Steuerbeschlüssen das bisherige Recht. Bei nach dem Inkrafttreten dieses Gesetzes gefaßten Steuerbeschlüssen gilt Satz 1 mit der Einschränkung, daß § 9, § 10 Abs 1 Satz 3 und Abs 2 sowie § 18 Satz 2 und zum Zeitpunkt der Beschlußfassung nach diesem Gesetz als Steuerordnung erlassene Vorschriften Anwendung finden.

(3) Rechtsvorschriften, die diesem Gesetz entsprechen oder widersprechen, treten außer Kraft. Im besonderen werden aufgehoben:

1. im Land Baden-Württemberg
   a) § 2 Abs 1 und 2 sowie § 3 des Gesetzes über die Anwendung bundesrechtlicher Vorschriften des allgemeinen Abgabenrechts vom 27. Juni 1955 (GBl S 102), zuletzt geändert durch § 40 des Grunderwerbsteuergesetzes vom 2. August 1966 (GBl S 165),
   b) § 11 Abs 1 Satz 2 des Zweiten Gesetzes zur Änderung des Gebiets von Landkreisen vom 22. April 1968 (GBl S 147);
2. in den Regierungsbezirken Nordwürttemberg und Nordbaden
   a) das württemberg-badische Gesetz Nr 1044 zur Ergänzung des Badischen Landeskirchensteuergesetzes und des Badischen Ortskirchensteuergesetzes vom 22. November 1949 (RegBl S 222),
   b) das württemberg-badische Gesetz Nr 410 zur Änderung des Kirchensteuerrechts im Landesbezirk Baden vom 21. Januar 1952 (RegBl S 3), geändert durch das Gesetz zur Änderung des Kirchensteuerrechts vom 30. Januar 1956 (GBl S 5),
   c) das württemberg-badische Gesetz Nr 587 über die Verwaltung von Kirchensteuern im Landesbezirk Württemberg vom 1. April 1952 (RegBl S 33), geändert durch das Gesetz zur Änderung des Kirchensteuerrechts vom 30. Januar 1956 (GBl S 5);
3. in den Regierungsbezirken Nordwürttemberg und Südwürttemberg-Hohenzollern, ausgenommen die Landkreise Hechingen und Sigmaringen
   a) § 2 Abs 3, § 3 Abs 1 und 2, §§ 11 bis 47, § 65 Abs 2 und 3, § 75 Abs 2 bis 5, § 86 und § 86a des württembergischen Gesetzes über die Kirchen vom 3. März 1924 (RegBl S 93), zuletzt geändert im Regierungsbezirk Südwürttemberg-Hohenzollern durch das württemberg-hohenzollerische Dritte Änderungsgesetz zum Württembergischen Gesetz über die Kirchen vom 4. September 1951 (RegBl S 101) und im Regierungsbezirk Nordwürttemberg durch das württemberg-badische Gesetz Nr 409 – Drittes Änderungsgesetz zum Württ Gesetz über die Kirchen – vom 1. April 1952 (RegBl S 33),

b) die württembergische Verfügung des Justizministeriums über die Verrichtungen der Standesbeamten beim Austritt aus einer Kirche vom 31. März 1924 (RegBl S 239), geändert durch die Verordnung des Justizministeriums über die Verrichtungen der Standesbeamten beim Austritt aus einer Religionsgesellschaft des öffentlichen Rechts vom 9. August 1928 (RegBl S 305),

c) die württembergische Verordnung des Kultusministeriums über die Kirchensteuern vom 21. März 1927 (RegBl S 119), geändert durch die Verordnung des Kultusministeriums zur Änderung der württembergischen Verordnung über die Kirchensteuern vom 5. April 1956 (GBl S 89),

d) § 1 Abs 2 Nr 2, 3 und 5 sowie die §§ 2, 4 und 7 der württembergischen Verordnung des Kultusministeriums über die neueren Religionsgesellschaften des öffentlichen Rechts vom 14. Juli 1928 (RegBl S 216),

e) das württembergische Gesetz über die Kirchensteuern vom 3. Juni 1937 (RegBl S 45);

4. in den Regierungsbezirken Nordbaden und Südbaden

a) das badische Landeskirchensteuergesetz vom 30. Juni 1922 (GVBl S 494), zuletzt geändert im Regierungsbezirk Südbaden durch das badische Landesgesetz zur Änderung des Kirchensteuerrechts vom 28. Juni 1951 (GVBl S 119) und im Regierungsbezirk Nordbaden durch das württemberg-badische Gesetz Nr 410 zur Änderung des Kirchensteuerrechts im Landesbezirk Baden vom 21. Januar 1952 (RegBl S 3),

b) das badische Ortskirchensteuergesetz vom 30. Juni 1922 (GVBl S 501), zuletzt geändert im Regierungsbezirk Südbaden durch das badische Landesgesetz zur Änderung des Kirchensteuerrechts vom 28. Juni 1951 (GVBl S 119) und im Regierungsbezirk Nordbaden durch das württemberg-badische Gesetz Nr 410 zur Änderung des Kirchensteuerrechts im Landesbezirk Baden vom 21. Januar 1952 (RegBl S 3),

c) die badische Katholische Landeskirchensteuer-Verordnung vom 28. November 1922 (GVBl S 845), geändert durch die badische Verordnung vom 23. Juni 1925 über die Änderung der Katholischen Landeskirchensteuer-Verordnung vom 28. November 1922 (GVBl S 173),

d) die badische Katholische Ortskirchensteuer-Verordnung vom 28. November 1922 (GVBl S 885), geändert durch die badische Verordnung vom 23. Juni 1925 über die Änderung der Katholischen Ortskirchensteuer-Verordnung vom 28. November 1922 (GVBl S 174),

e) die badische Evangelische Landeskirchensteuer-Verordnung vom 28. November 1922 (GVBl S 923), zuletzt geändert durch die badische Verordnung vom 23. Juni 1925 über die Änderung der Evangelischen Landeskirchensteuer-Verordnung vom 28. November 1922 (GVBl S 172),

f) die badische Evangelische Ortskirchensteuer-Verordnung vom 28. November 1922 (GVBl S 977), zuletzt geändert durch die badische Verordnung vom 23. Juni 1925 über die Änderung der Evangelischen Ortskirchensteuer-Verordnung vom 28. November 1922 (GVBl S 173),

g) die badische Verordnung zum Vollzug des Landeskirchensteuergesetzes vom 17. Mai 1923 (GVBl S 107), geändert im Regierungsbezirk Südbaden durch die Verordnung der Landesregierung zur Änderung der Ersten Vollzugsverordnung zum badischen Landeskirchensteuergesetz vom 12. Dezember 1955 (GBl S 271) und im Regierungsbezirk Nordbaden durch die Verordnung des Kultusministeriums zur Änderung der Ersten Vollzugsverordnung zum badischen Landeskirchensteuergesetz vom 12. Dezember 1955 (GBl S 272),

h) die badische Verordnung zum Vollzug des Ortskirchensteuergesetzes vom 17. Mai 1923 (GVBl S 108), geändert im Regierungsbezirk Südbaden durch die Verordnung der Landesregierung zur Änderung der Vollzugsverordnung zum badischen Ortskirchensteuergesetz vom 19. März 1956 (GBl S 71) und im Regierungsbezirk Nordbaden durch die Verordnung des Kultusministeriums zur Änderung der Vollzugsverordnung zum badischen Ortskirchensteuergesetz vom 19. März 1956 (GBl S 78),

i) die badische Israelitische Landeskirchensteuer-Verordnung vom 15. Juni 1923 (GVBl S 145), zuletzt geändert durch die badische Verordnung über die Änderung der israelitischen Landeskirchensteuer-Verordnung und der israelitischen Ortskirchensteuer-Verordnung vom 5. November 1925 (GVBl S 329),

k) die badische Israelitische Ortskirchensteuer-Verordnung vom 15. Juni 1923 (GVBl S 151), zuletzt geändert durch die badische Verordnung über die Änderung der israelitischen Landeskirchensteuer-Verordnung und der israelitischen Ortskirchensteuer-Verordnung vom 5. November 1925 (GVBl S 329),

l) die badische Altkatholische Kirchensteuer-Verordnung vom 3. Juli 1923 (GVBl S 176), geändert durch die badische Verordnung über die Änderung der Altkatholischen Kirchensteuer-Verordnung vom 6. April 1925 (GVBl S 68),

m) das badische Gesetz übere die Verwaltung des Vermögens der Religionsgesellschaften (Kirchenvermögensgesetz) vom 7. April 1927 (GVBl S 97),

n) die badische Zweite Verordnung zum Vollzug des Landeskirchensteuergesetzes vom 22. März 1932 (GVBl S 72),

o) die badische Verordnung über die Erhebung der Landes- und Ortskirchensteuer vom 15. April 1936 (GVBl S 65);

5. im Regierungsbezirk Südbaden
   a) das badische Landesgesetz zur Ergänzung des Badischen Landeskirchensteuergesetzes und des Badischen Ortskirchensteuergesetzes vom 28. Februar 1951 (GVBl S 48),
   b) das badische Landesgesetz zur Änderung des Kirchensteuerrechts vom 28. Juni 1951 (GVBl S 119), geändert durch das Gesetz zur Änderung des Kirchensteuerrechts vom 30. Januar 1956 (GBl S 5);
6. im Regierungsbezirk Südwürttemberg-Hohenzollern das württemberg-hohenzollerische Gesetz über die Verwaltung von Kirchensteuern im Lande Württemberg-Hohenzollern vom 8. April 1952 (RegBl S 32), geändert durch das Gesetz zur Änderung des Kirchensteuerrechts vom 30. Januar 1956 (GBl S 5);
7. in den Landkreisen Hechingen und Sigmaringen
   a) das preußische Gesetz, betreffend die Bildung kirchlicher Hilfsfonds für neu zu errichtende katholische Pfarrgemeinden vom 29. Mai 1903 (GS S 182),
   b) das preußische Gesetz, betreffend die Erhebung von Kirchensteuern in den Kirchengemeinden und Parochialverbänden der evangelischen Landeskirche der älteren Provinzen der Monarchie vom 14. Juli 1905 (GS S 277), zuletzt geändert durch das Gesetz zur Ausführung der Verwaltungsgerichtsordnung vom 22. März 1960 (GBl S 94),
   c) das preußische Gesetz, betreffend die Erhebung von Kirchensteuern in den katholischen Kirchengemeinden und Gesamtverbänden vom 14. Juli 1905 (GS S 281), zuletzt geändert durch das Gesetz zur Ausführung der Verwaltungsgerichtsordnung vom 22. März 1960 (GBl S 94),
   d) das preußische Gesetz, betreffend die Erhebung von Abgaben für kirchliche Bedürfnisse der Diözesen der katholischen Kirche in Preußen vom 21. März 1906 (GS S 105),
   e) die preußische Verordnung über das Inkrafttreten von Gesetzen, betreffend die Erhebung von Kirchensteuern vom 23. März 1906 (GS S 52),
   f) das preußische Gesetz, betreffend den Austritt aus den Religionsgesellschaften öffentlichen Rechts vom 30. November 1920 (GS 1921 S 119),
   g) das preußische Staatsgesetz, betreffend die Kirchenverfassungen der evangelischen Landeskirchen vom 8. April 1924 (GS S 221),
   h) das preußische Gesetz über die Verwaltung des katholischen Kirchenvermögens vom 24. Juli 1924 (GS S 585),
   i) die preußische Zuständigkeitsverordnung vom 4. August 1924 zur Ausführung des Staatsgesetzes, betreffend die Kirchenverfassungen der evangelischen Landeskirchen vom 8. April 1924 (GS S 594),

k) die preußische Anordnung vom 24. Oktober 1924 zur Ausführung des Gesetzes über die Verwaltung des katholischen Kirchenvermögens vom 24. Juli 1924 (GS S 732),

l) die Anordnung des preußischen Ministers für Wissenschaft, Kunst und Volksbildung, betreffend die Veröffentlichungen der Regelung der Rechtsgültigkeit der Beschlüsse der kirchlichen Verwaltungsorgane durch die bischöflichen Behörden vom 20. Februar 1928 (GS S 12),

m) das preußische Gesetz zur Änderung des Kirchensteuerrechts der evangelischen Landeskirchen vom 3. Mai 1929 (GS S 35),

n) das preußische Gesetz zur Änderung des Kirchensteuer- und Umlagerechts der katholischen Kirche vom 3. Mai 1929 (GS S 43),

o) das preußische Gesetz über die Kirchensteuer der Ledigen vom 6. Oktober 1936 (GS S 153),

p) die preußische Verordnung vom 11. Dezember 1939 zur Ausführung des Gesetzes über die Verwaltung des katholischen Kirchenvermögens vom 24. Juli 1924 (GS S 118),

q) die preußische Verordnung zur Änderung des Kirchensteuerrechts der katholischen Kirche in Preußen vom 23. Juli 1940 (GS S 40),

r) die Verordnung der Landesregierung zur Durchführung der in den Landkreisen Hechingen und Sigmaringen geltenden Kirchensteuergesetze (Zuständigkeitsverordnung) vom 19. März 1956 (GBl S 72).

(4) Sofern in anderen Gesetzen auf die nach Absatz 3 außer Kraft tretenden Vorschriften verwiesen wird, treten die entsprechenden Bestimmungen dieses Gesetzes in der jeweils geltenden Fassung an ihre Stelle. Soweit die in Absatz 3 genannten Vorschriften für die Religionsgemeinschaften und ihre örtlichen Gemeinden Kostenfreiheit vorsehen, bleibt diese bestehen. Wo in Bestimmungen des badischen Gesetzes die Kirchen- und Schulbaulichkeiten betreffend vom 26. April 1808 (RegBl S 462) das Kirchspiel genannt ist, treten an dessen Stelle die Kirchengemeinden, die zum Gebrauch der Baulichkeiten berechtigt sind.

(5) Der Bestand und die vorrangige Inanspruchnahme der nicht auf diesem Gesetz beruhenden Verpflichtungen zur Befriedigung kirchlicher Bedürfnisse bleiben unberührt.

Verordnung des Finanzministeriums über die Betriebstättenbesteuerung nach dem Kirchensteuergesetz

Vom 23. Dezember 1969

(GVBl 1970 S 17, BStBl 1970 I S 214)

Auf Grund von § 22 des Gesetzes über die Erhebung von Steuern durch öffentlich-rechtliche Religionsgemeinschaften in Baden-Württemberg (Kirchensteuergesetz – KiStG) vom 18. Dezember 1969 (GesBl 1970 S 1) wird verordnet:

§ 1

Kirchenlohnsteuer (§ 20 KiStG) behält der Arbeitgeber auch vom Arbeitslohn derjenigen Arbeitnehmer ein, die in Baden-Württemberg keinen Wohnsitz oder gewöhnlichen Aufenthalt haben, wenn sie nach dem Eintrag auf der Lohnsteuerkarte einer steuererhebenden evangelischen Kirche (ev, fr, lt, rf), römisch-katholischen Diözese (rk) oder altkatholischen Kirche (ak) angehören. Dies gilt nicht für Arbeitnehmer mit Wohnsitz oder gewöhnlichem Aufenthalt im Saarland.

§ 2

Der Arbeitgeber führt die nach § 1 einbehaltene Kirchenlohnsteuer zusammen mit der sonst von ihm einbehaltenen Kirchenlohnsteuer an das für die Betriebstätte (§ 43 der Lohnsteuer-Durchführungsverordnung in der Fassung vom 28. Juli 1969 – LStDV 1970 – BGBl I S 1033) zuständige Finanzamt ab.

§ 3

Diese Verordnung tritt am 1. Januar 1970 in Kraft.

Zweite Verordnung des Finanzministeriums Baden-Württemberg über die Betriebstättenbesteuerung nach dem Kirchensteuergesetz

Vom 30. Januar 1970

(GVBl 1970 S 47, BStBl 1970 I S 254)

Auf Grund von § 22 des Gesetzes über die Erhebung von Steuern durch öffentlich-rechtliche Religionsgemeinschaften in Baden-Württemberg (Kirchensteuergesetz – KiStG) vom 18. Dezember 1969 (GesBl 1970 S 1) wird verordnet:

§ 1

Kirchenlohnsteuer (§ 20 KiStG) behält der Arbeiteber vom Arbeitslohn der Arbeitnehmer, die nach den Einträgen auf der Lonsteuerkarte einen Wohnsitz oder den gewöhnlichen Aufenthalt in Baden-Württemberg haben und der Evangelischen Landeskirche in Baden oder der Evangelischen Landeskirche in Württemberg (ev, fr, lt, rf) oder einer Diözese der Römisch-Katholischen Kirche (rk) angehören, auch dann ein, wenn sich die Betriebstätte (§ 43 der Lohnsteuer-Durchführungsverordnung in der Fassung vom 28. Juli 1969 – LStDV 1970 – BGBl I S 1033) im Bereich der anderen Landeskirche oder einer anderen Diözese befindet.

§ 2

Der Arbeitgeber führt die nach § 1 eingehaltene Kirchenlohnsteuer zusammen mit der sonst von ihm einbehaltenen Kirchenlohnsteuer an das für die Betriebstätte zuständige Finanzamt ab.

§ 3

Diese Verordnung tritt mit Wirkung vom 1. Januar 1970 in Kraft.

Verordnung des Finanzministeriums über die Einführung der Betriebstättenbesteuerung nach dem Kirchensteuergesetz im Verhältnis zum Saarland

Vom 23. Dezember 1970

(GVBl 1971 S 6, BStBl 1971 I S 113)

Auf Grund von § 22 des Gesetzes über die Erhebung von Steuern durch öffentlich-rechtliche Religionsgemeinschaften in Baden-Württemberg (Kirchensteuergesetz – KiStG) vom 18. Dezember 1969 (GesBl 1970 S 1) wird verordnet:

§ 1

§ 1 Satz 2 der Verordnung des Finanzministeriums über die Betriebstättenbesteuerung nach dem Kirchensteuergesetz vom 23. Dezember 1969 (GesBl 1970 S 17) wird aufgehoben.

§ 2

Diese Verordnung tritt am 1. Januar 1971 in Kraft.

Verordnung des Finanzministeriums Baden-Württemberg über die Verwaltung der Kirchensteuer der Freireligiösen Landesgemeinde Baden

Vom 25. Oktober 1974

(GVBl 1974 S 444, BStBl 1975 I S 56)

Auf Grund des § 17 des Gesetzes über die Erhebung von Steuern durch öffentlich-rechtliche Religionsgemeinschaften in Baden-Württemberg (Kirchensteuergesetz – KiStG) vom 18. Dezember 1969 (GesBl 1970 S 1) wird im Einvernehmen mit dem Kultusministerium verordnet:

§ 1

Die Verwaltung der Kirchensteuer der Freireligiösen Landesgemeinde Baden durch die Landesfinanzbehörden wird in Abänderung der nach § 17 Abs 1 Satz 2 KiStG geltenden Regelung auf ganz Baden-Württemberg ausgedehnt.

§ 2

Die Verordnung tritt am Tage nach ihrer Verkündung in Kraft. Sie ist erstmals für das Kalenderjahr 1975 anzuwenden.

Verordnung des Finanzministeriums Baden-Württemberg über die Betriebstättenbesteuerung nach dem Kirchensteuergesetz

Vom 25. Oktober 1974

(GVBl 1974 S 444, BStBl 1975 I S 57)

Auf Grund des § 22 des Gesetzes über die Erhebung von Steuern durch öffentlich-rechtliche Religionsgemeinschaften in Baden-Württemberg (Kirchensteuergesetz –KiStG) vom 18. Dezember 1969 (GesBl 1970 S 1) wird verordnet:

§ 1

Kirchenlohnsteuer (§ 20 KiStG) behält der Arbeitgeber vom Arbeitslohn der Arbeitnehmer, die nach dem Eintrag auf der Lohnsteuerkarte der Israelitischen Religionsgemeinschaft Badens angehören und in deren Bereich einen Wohnsitz oder den gewöhnlichen Aufenthalt haben, auch dann ein, wenn sich die Betriebstätte außerhalb des Bereichs der Religionsgemeinschaft befindet.

§ 2

Der Arbeitgeber führt die nach § 1 einbehaltene Kirchenlohnsteuer zusammen mit der sonst von ihm einbehaltenen Kirchenlohnsteuer an das für die Betriebstätte zuständige Finanzamt ab.

§ 3

Die Verordnung tritt am Tage nach ihrer Verkündung in Kraft. Sie ist erstmals für das Kalenderjahr 1975 anzuwenden.

Verordnung des Finanzministeriums über die Verwaltung der Kirchensteuer der Israelitischen Religionsgemeinschaft Württembergs und die Betriebstättenbesteuerung nach dem Kirchensteuergesetz

Vom 11. Oktober 1979

(GVBl 1979 S 492, BStBl 1980 I S 57)

Auf Grund von § 17 Abs 1 Satz 1 und § 22 Abs 1 Satz 1 des Gesetzes über die Erhebung von Steuern durch öffentlich-rechtliche Religionsgemeinschaften in Baden-Württemberg (Kirchensteuergesetz – KiStG) in der Fassung vom 15. Juni 1978 (GBl S 370) wird im Einvernehmen mit dem Ministerium für Kultus und Sport verordnet:

§ 1

Die Verwaltung der als Zuschlag zur Einkommensteuer erhobenen Kirchensteuer der Israelitischen Religionsgemeinschaft Württembergs wird auf die Landesfinanzbehörden übertragen.

§ 2

Kirchenlohnsteuer (§ 20 KiStG) behält der Arbeitgeber vom Arbeitslohn der Arbeitnehmer, die nach dem Eintrag auf der Lohnsteuerkarte der Israelitischen Religionsgemeinschaft Württembergs angehören und in deren Bereich einen Wohnsitz oder den gewöhnlichen Aufenthalt haben, auch dann ein, wenn sich die Betriebstätte außerhalb des Bereichs der Religionsgemeinschaft befindet.

§ 3

Der Arbeitgeber führt die nach § 2 einbehaltene Kirchenlohnsteuer zusammen mit der sonst von ihm einbehaltenen Kirchenlohnsteuer an das für die Betriebstätte zuständige Finanzamt ab.

§ 4

Diese Verordnung tritt am Tage nach ihrer Verkündung in Kraft. Sie ist bei der Kircheneinkommensteuer erstmals für den Veranlagungszeitraum 1981, bei der Kirchenlohnsteuer erstmals bei der Besteuerung des Arbeitslohns, der nach den Bestimmungen des Einkommensteuergesetzes dem Kalenderjahr 1981 zugeordnet wird, anzuwenden.

Gesetz
über die Erhebung von Steuern durch Kirchen, Religions- und weltanschauliche Gemeinschaften (Kirchensteuergesetz – KirchStG) in der Fassung der Bekanntmachung

Vom 15. März 1967

(GVBl 1967 S 317, BStBl 1967 II S 177)

1. Teil: Besteuerung und Steuerpflicht

Art 1

(1) Kirchen und Religionsgemeinschaften sowie weltanschauliche Gemeinschaften, die Körperschaften des öffentlichen Rechts sind, sind berechtigt, Steuern (Kirchensteuern) zu erheben.

(2) Die Kirchensteuern können einzeln oder nebeneinander erhoben werden
a) in Form von Kirchenumlagen nach dem Maßstab der Einkommensteuer (veranlagte Einkommensteuer und Lohnsteuer) als Kircheneinkommen- und Kirchenlohnsteuer, nach dem Maßstab der Grundsteuermeßbeträge als Kirchengrundsteuer,
b) in Form von Kirchgeld.

Art 2

(1) Schuldner der Kirchensteuern sind die Angehörigen der in Art 1 genannten Gemeinschaften.

(2) Der Eintritt in eine solche Gemeinschaft bestimmt sich nach dem jeweiligen Satzungsrecht der betreffenden Gemeinschaft.

(3) Der Austritt bedarf zur öffentlich-rechtlichen Wirkung der mündlichen oder schriftlichen Erklärung bei dem Standesamt des Wohnsitzes oder gewöhnlichen Aufenthaltsortes. Die schriftliche Erklärung muß öffentlich beglaubigt sein; § 129 BGB gilt entsprechend.

Art 3

Gläubiger der Kirchenumlagen sind die gemeinschaftlichen Steuerverbände, Gläubiger des Kirchgeldes sind die gemeindlichen Steuerverbände.

Art 4

(1) Gemeinschaftliche Steuerverbände sind die in Art 1 genannten Gemeinschaften. Als gemeinschaftlicher Steuerverband gelten für die Römisch-Katho-

lische Kirche die Diözese und für das israelitische Bekenntnis der Landesverband der Israelitischen Kultusgemeinden in Bayern.

(2) Gemeindliche Steuerverbände sind – soweit Körperschaften des öffentlichen Rechts – die Kirchengemeinden (Pfarr-, Mutter- und Tochtergemeinden), die Religionsgemeinden und die von weltanschaulichen Gemeinschaften eingerichteten gemeindlichen Verbände. Die Gesamtkirchengemeinden gelten an Stelle der beteiligten Pfarr-, Mutter- und Tochtergemeinden als Steuerverbände.

(3) Gemeinden und gemeindlichen Verbänden im Sinne des Absatzes 2 wird die Eigenschaft einer Körperschaft des öffentlichen Rechts auf Antrag des gemeinschaftlichen Steuerverbandes durch das Staatsministerium für Unterricht und Kultus verliehen.

Art 5

(1) Jeder Steuerverband muß eine Vertretung haben, die durch Satzung bestimmt wird. In der Satzung muß folgenden Mindestforderungen genügt werden:

a) Jede Steuerverbandsvertretung muß einen Vorsitzenden und mindestens zwei weitere Mitglieder haben. Sie müssen sämtlich im Bereich des Steuerverbandes wohnen und kirchensteuerpflichtig sein. Die Mehrheit der Mitglieder einschließlich des Vorsitzenden muß die deutsche Staatsangehörigkeit besitzen.
b) Die Beschlußfähigkeit muß von der gehörigen Ladung der Mitglieder der Steuerverbandsvertretung abhängig gemacht werden.
c) Über die Beschlüsse muß fortlaufende Niederschrift geführt werden, die vom Vorsitzenden und einem weiteren Mitglied zu unterzeichnen ist und die erforderlichen Feststellungen zur Beurteilung der Beschlußfähigkeit sowie das Ergebnis der Abstimmung zu enthalten hat.
d) Für die Entscheidung von Streitigkeiten über den Vollzug der Satzung muß ein geordnetes Verfahren vorgesehen werden.

(2) Die Satzungen für die gemeinschaftlichen Steuerverbände sind dem Staatsministerium für Unterricht und Kultus, die Satzungen für die gemeindlichen Steuerverbände der zuständigen Regierung spätestens vier Wochen vor ihrem Inkrafttreten vorzulegen. Für die Änderung solcher Satzungen gilt diese Bestimmung entsprechend.

2. Teil: Kirchenumlagen

Erster Abschnitt
Kircheneinkommen- und Kirchenlohnsteuer

I. Allgemeine Vorschriften

Art 6

(1) Umlagepflichtig sind die Angehörigen der in Art 1 genannten Gemeinschaften, die im Freistaat Bayern einen Wohnsitz oder den gewöhnlichen Aufenthalt haben und mit einem Steuerbetrag zur Einkommensteuer veranlagt sind oder von deren Einkünften der Steuerabzug vom Arbeitslohn vorgenommen wird. Von der Umlagepflicht sind Arbeitnehmer mit einem Wohnsitz oder dem gewöhnlichen Aufenthalt im Freistaat Bayern insoweit ausgenommen, als sie in einem anderen Land zur Umlage im Lohnabzugsverfahren herangezogen werden.

(2) Umlagepflichtig sind außerdem die außerhalb des Freistaates Bayern wohnhaften Angehörigen der entsprechenden Gemeinschaften, soweit für ihre Einkünfte aus einer im Freistaat Bayern gelegenen Betriebstätte im Sinne des Lohnsteuerrechts Lohnsteuer einbehalten wird.

(3) Die Umlagepflicht besteht für den gleichen Zeitraum, für den die Pflicht zur Entrichtung der betreffenden Maßstabsteuer besteht. Treten ihre sonstigen Voraussetzungen erst nach Beginn dieses Zeitraumes ein oder fallen sie vor Ablauf desselben weg, so beginnt oder endet die Umlagepflicht mit dem Anfang des nächsten Kalendermonats.

Art 7

Die Kircheneinkommen- und die Kirchenlohnsteuer werden für den gleichen Zeitraum erhoben, für den die Maßstabsteuer erhoben wird.

Art 8

Die Kircheneinkommen- und die Kirchenlohnsteuer werden nach einem einheitlichen Umlagesatz erhoben. Die umlageerhebenden gemeinschaftlichen Steuerverbände bestimmen gemeinsam die Höhe des Umlagesatzes; der Umlagesatz darf 10 vH der Einkommen- und Lohnsteuer nicht übersteigen. Einigen sich die umlageerhebenden gemeinschaftlichen Steuerverbände nicht auf einen einheitlichen Umlagesatz, so bestimmt das Staatsministerium für Unterricht und Kultus im Einvernehmen mit dem Staatsministerium der Finanzen auf Antrag eines gemeinschaftlichen Steuerverbandes den Umlagesatz.

II. Kircheneinkommensteuer

Art 9

(1) Gehören nicht dauernd getrennt lebende umlagepflichtige Ehegatten verschiedenen umlageerhebenden Gemeinschaften an (konfessionsverschiedene Ehe), so wird die Umlage

1. in den Fällen der getrennten Veranlagung zur Einkommensteuer aus der Einkommensteuer jedes Ehegatten,
2. in den Fällen der Zusammenveranlagung zur Einkommensteuer für jede der beteiligten Gemeinschaften aus der Hälfte der Einkommensteuer erhoben.

(2) Gehört ein nicht dauernd getrennt lebender Ehegatte keiner umlageerhebenden Gemeinschaft an (glaubensverschiedene Ehe), so wird die Umlage

1. in den Fällen der getrennten Veranlagung zur Einkommensteuer aus der Einkommensteuer des umlagepflichtigen Ehegatten,
2. in den Fällen der Zusammenveranlagung zur Einkommensteuer für den umlagepflichtigen Ehegatten aus dem Teil der gemeinsamen Einkommensteuer erhoben, der auf diesen Ehegatten entfällt. Zur Feststellung des Anteils ist die für die Ehegatten veranlagte gemeinsame Einkommensteuer im Verhältnis der Einkommensteuerbeträge aufzuteilen, die sich bei Anwendung der für die getrennte Veranlagung geltenden Einkommensteuertabelle (Grundtabelle) auf die Einkünfte eines jeden Ehegatten ergeben würden.

Art 10

Wenn beide Ehegatten einer umlageerhebenden Gemeinschaft angehören und zur Einkommensteuer zusammen veranlagt werden, sind sie für die Kircheneinkommensteuer Gesamtschuldner.

Art 11

Bei Arbeitnehmern, die zur Kircheneinkommensteuer veranlagt werden, wird die einbehaltene Kirchenlohnsteuer auf die Kircheneinkommensteuer angerechnet. Kirchenlohnsteuer, die in einer Betriebstätte außerhalb des Freistaates Bayern erhoben worden ist, wird dabei höchstens mit dem Betrag angerechnet, der sich bei der Anwendung des nach Art 8 maßgebenden Umlagesatzes ergeben hätte.

Art 12

Die Umlagepflichtigen haben Vorauszahlungen auf die Umlagen zur veranlagten Einkommensteuer nach Maßgabe der Einkommensteuer-Vorauszahlungen an deren Fälligkeitstagen zu entrichten. Die Vorauszahlungen werden auf die Umlageschuld angerechnet.

III. Kirchenlohnsteuer

Art 13

(1) Die Kirchenlohnsteuer wird durch Abzug vom Arbeitslohn erhoben. Die Vorschriften über den Lohnsteuerabzug und den Lohnsteuer-Jahresausgleich gelten entsprechend.

(2) Arbeitgeber, in deren Betrieb die Lohnsteuerberechnung und die Führung des Lohnkontos von einer innerhalb des Freistaates Bayern gelegenen Betriebstätte im Sinne des Lohnsteuerrechtes vorgenommen werden, haben die Kirchenlohnsteuer für den umlagepflichtigen Arbeitnehmer bei jeder mit Lohnsteuerabzug verbundenen Lohnzahlung einzubehalten und mit der Lohnsteuer an das Finanzamt abzuführen, an das die Lohnsteuer zu entrichten ist.

(3) Gehören nicht dauernd getrennt lebende Ehegatten verschiedenen umlageerhebenden Gemeinschaften an (konfessionsverschiedene Ehe), so wird die Kirchenlohnsteuer für jede der beteiligten Gemeinschaften aus der Hälfte der Lohnsteuer erhoben. Gehört ein Ehegatte keiner umlageerhebenden Gemeinschaft an (glaubensverschiedene Ehe), so wird die Kirchenlohnsteuer für den anderen Ehegatten nur aus der von diesem Ehegatten zu entrichtenden Lohnsteuer erhoben.

(4) Ist von einer Betriebstätte außerhalb des Freistaates Bayern Kirchenlohnsteuer einbehalten worden, so gilt Art 11 Satz 2 entsprechend.

Art 14

Auf die Haftung des Arbeitgebers und die Inanspruchnahme des Arbeitnehmers für die Kirchenlohnsteuer finden die Vorschriften des Einkommensteuergesetzes über die Haftung des Arbeitgebers und die Inanspruchnahme des Arbeitnehmers für die Lohnsteuer entsprechende Anwendung.

Art 15

(1) Für Gemeinschaften, die in Bayern weniger als 25 000 Mitglieder haben, gelten die Art 13 und 14 nicht. Es bleibt diesen Gemeinschaften überlassen, ihre lohnsteuerpflichtigen Mitglieder zur Umlage heranzuziehen.

(2) Absatz 1 gilt nicht für Gemeinschaften, für die schon vor Inkrafttreten dieses Gesetzes die Umlagen zur Lohnsteuer im Weg des Abzugs vom Arbeitslohn erhoben worden sind.

Zweiter Abschnitt

Kirchengrundsteuer

Art 16

(1) Die in Art 1 genannten Gemeinschaften werden ermächtigt, zum Zweck der Erhebung von Kirchengrundsteuer eigene Steuerordnungen zu erlassen. Diese müssen vorsehen, unter welchen Voraussetzungen, in welchem Zeitraum und in welchem Umlagesatz der Grundbesitz zur Entrichtung von Kirchengrundsteuer heranzuziehen ist.

(2) Die Kirchengrundsteuer wird nur insoweit erhoben, als sie die Kircheneinkommen- bzw Kirchenlohnsteuer übersteigt.

(3) Der Kirchengrundsteuer dürfen nur diejenigen Grundstücke unterworfen werden, die im Bereich des Freistaates Bayern gelegen sind, und nur insoweit, als ein Angehöriger der erhebenden Gemeinschaft Eigentümer ist.

(4) Der Umlagesatz für die Kirchengrundsteuer darf 10 vH des Grundsteuermeßbetrages nicht übersteigen.

(5) Die Unterlagen, deren die Steuerverbände für die Besteuerung bedürfen, werden ihnen von den zuständigen Staats- und Gemeindebehörden zur Verfügung gestellt.

(6) Die Steuerordnungen sind den Staatsministerien für Unterricht und Kultus und der Finanzen spätestens zwei Monate vor deren Inkrafttreten vorzulegen. Für die Änderung der Steuerordnungen gilt diese Bestimmung entsprechend.

Dritter Abschnitt

Verwaltung und Rechtsbehelfe

Art 17

(1) Die Umlagen werden von den gemeinschaftlichen Steuerverbänden selbst verwaltet, soweit dieses Gesetz nichts anderes bestimmt. Darüber hinaus überträgt das Staatsministerium der Finanzen auf Antrag einer umlageerhebenden Gemeinschaft die Verwaltung der Kircheneinkommensteuer für diese Gemeinschaft den Finanzämtern. Eine Übertragung findet nicht statt, wenn eine Gemeinschaft in Bayern weniger als 25000 Mitglieder hat.

(2) Die Verwaltung der Kirchenlohnsteuer steht, außer in den Fällen des Art 15 Abs 1, den Finanzämtern zu. Die Erstattung der Kirchenlohnsteuer obliegt den gemeinschaftlichen Steuerverbänden, soweit nicht die Kirchenlohnsteuer im Zusammenhang mit dem Lohnsteuer-Jahresausgleich vom Arbeitgeber oder vom Finanzamt erstattet wird.

(3) Soweit die Umlagen von den gemeinschaftlichen Steuerverbänden selbst verwaltet werden, obliegt auf deren Ersuchen die Beitreibung der Umlagerückstände den Finanzämtern.

Art 18

(1) Für die Verwaltung der Kirchenumlagen gelten, soweit in diesem Gesetz nichts Abweichendes bestimmt ist, sinngemäß die Vorschriften, die nach der jeweiligen Fassung des Gesetzes über die Anwendung bundesrechtlicher Vorschriften des allgemeinen Abgabenrechts auf landesrechtlich geregelte Abgaben vom 12. Juni 1956 (BayBS III S 429) anwendbar sind.

(2) Vorschriften über Steuerstrafrecht und Steuerstrafverfahren finden auf die Kirchenumlagen keine Anwendung.

(3) Soweit die Kirchenumlagen von den gemeinschaftlichen Steuerverbänden verwaltet werden, sind Vorschriften über ein Sicherungsgeld nicht, Vorschriften über Zwangsmittel nur mit der Maßgabe anzuwenden, daß für die Anordnung des Zwangsmittels das für den Wohnort des Umlagepflichtigen zuständige Finanzamt zuständig ist. Die zuständige Behörde des gemeinschaftlichen Steuerverbandes kann das Finanzamt um die Anordnung des Zwangsmittels ersuchen. Andere Zwangsmittel als die Anordnung eines Erzwingungsgeldes sind unzulässig.

(4) Gegen die Kirchensteuerfestsetzung können keine Einwendungen erhoben werden, die sich gegen die Festsetzung der Maßstabsteuer richten.

(5) Soweit die Kirchenumlagen von den gemeinschaftlichen Steuerverbänden verwaltet werden, entscheidet über den Einspruch und über die Beschwerde der gemeinschaftliche Steuerverband. Die Klage ist gegen die Behörde des gemeinschaftlichen Steuerverbandes zu richten, die den ursprünglichen Verwaltungsakt erlassen oder den beantragten Verwaltungsakt oder die andere Leistung unterlassen oder abgelehnt hat.

(6) Soweit die Verwaltung der Kirchenumlagen den Finanzämtern obliegt, ist der umlageberechtigte gemeinschaftliche Steuerverband zu dem Einspruchsverfahren zuzuziehen, wenn über die Umlageberechtigung des gemeinschaftlichen Steuerverbandes zu entscheiden ist. Unter der gleichen Voraussetzung ist der umlageberechtigte gemeinschaftliche Steuerverband im Verfahren nach der Finanzgerichtsordnung von Amts wegen beizuladen.

Art 19

(1) Eine nachträgliche Änderung der Maßstabsteuer oder des Grundsteuermeßbetrages bewirkt die entsprechende Änderung der nach Art 7 oder nach der betreffenden Steuerordnung (Art 16 Abs 1) berechneten Umlage.

(2) Soweit die Finanzämter die Umlagen verwalten, sind sie auch zur Stundung (§ 127 AO) der Umlagen zuständig. Sie darf jedoch nur im Anschluß an die Stundung der Maßstabsteuer gewährt werden. Im übrigen entscheiden über Anträge auf Erlaß und Stundung sowie über die Niederschlagung von Umlagen, soweit sich aus den Satzungen nichts anderes ergibt, die gemeinschaftlichen Steuerverbände.

3. Teil: Kirchgeld

Art 20

Die gemeindlichen Steuerverbände können für ihre ortskirchlichen Zwecke mit Zustimmung des gemeinschaftlichen Steuerverbandes nach den folgenden Vorschriften Kirchgeld für das Kalenderjahr erheben.

Art 21

(1) Kirchgeldpflichtig sind alle über 18 Jahre alten Angehörigen der in Art 1 genannten Gemeinschaften mit Wohnsitz oder gewöhnlichem Aufenthalt im Bezirk des gemeindlichen Steuerverbandes, wenn sie eigene Einkünfte oder Bezüge, die zur Bestreitung des Unterhalts bestimmt oder geeignet sind, von mehr als jährlich 3600 DM haben.

(2) Wenn der Pflichtige in Bayern einen mehrfachen Wohnsitz hat, ist derjenige Steuerverband kirchgeldberechtigt, in dessen Bezirk sich der Pflichtige vorwiegend aufhält.

(3) Maßgebend für die Kirchgeldpflicht und für die Kirchgeldberechtigung sind die Verhältnisse bei Beginn des Kalenderjahres, für das das Kirchgeld erhoben wird.

Art 22

(1) Die gemeindlichen Steuerverbände dürfen das Kirchgeld im allgemeinen nur in einem für alle Pflichtigen gleich hohen Betrag erheben, der 3 DM nicht überschreiten darf. Mit Genehmigung des gemeinschaftlichen Steuerverbandes können sie jedoch durch Satzung ein höheres, nach den Einkünften und Bezügen im Sinne des Art 21 Abs 1 oder dem Einheitswert des Grundbesitzes zu staffelndes Kirchgeld bis zum Höchstbetrag von 30 DM erheben.

(2) Den Zeitpunkt der Fälligkeit des Kirchgeldes bestimmt der gemeindliche Steuerverband.

Art 23

Das Kirchgeld wird von den gemeindlichen Steuerverbänden verwaltet. Art 17 Abs 3 und Art 18 Abs 1, 2, 3 und 5 gelten entsprechend.

4. Teil: Schluß- und Übergangsbestimmungen

Art 24

(1) Die Verteilung des Aufkommens an Kirchenumlagen zwischen dem gemeinschaftlichen Steuerverband und den gemeindlichen Steuerverbänden bleibt dem gemeinschaftlichen Steuerverband überlassen.

(2) Die gemeinschaftlichen Steuerverbände haben den Staatsministerien für Unterricht und Kultus und der Finanzen das Aufkommen an Kirchenumlagen und an Kirchgeld alljährlich zum 1. April anzuzeigen.

Art 25

Wer mit einer Kirchensteuer in Anspruch genommen wird, hat der mit der Verwaltung dieser Steuer betrauten Stelle Auskunft über alle Tatsachen zu geben, von denen die Feststellung der Zugehörigkeit zu der Gemeinschaft abhängt. Angehörige der in Art 1 genannten Gemeinschaften haben darüber hinaus auch die zur Festsetzung der Kirchensteuern erforderlichen Erklärungen abzugeben.

Art 26

Das Staatsministerium für Unterricht und Kultus erläßt im Benehmen mit dem Staatsministerium der Finanzen die zum Vollzug dieses Gesetzes erforderlichen Ausführungs- und Überleitungsvorschriften.

Art 27*)

(1) Dieses Gesetz tritt am 1. Januar 1955 in Kraft.

(2) Mit dem Inkrafttreten des Gesetzes werden aufgehoben:

1. Das Religionsgesellschaftliche Steuergesetz vom 27. Juli 1921 (GVBl S 459) in der Fassung der Gesetze vom 21. Dezember 1922 (GVBl 1923 S 13), 1. August 1923 (GVBl S 351), 27. Juni 1927 (GVBl S 223), 20. Mai 1935 (GVBl S 429), 31. Mai 1939 (GVBl S 213) und 1. Dezember 1941 (GVBl S 169).
2. Das Gesetz über die Erhebung von Kirchensteuern vom 1. Dezember 1941 (GVBl S 169) in der Fassung des Gesetzes vom 30. September 1943 (GVBl S 141) und der VO vom 21. Dezember 1945 (GVBl 1946 S 22).

---

*) Diese Vorschrift betrifft das Inkrafttreten des Gesetzes in der ursprünglichen Fassung vom 26. November 1954 (BayBS II S 653).

Der Zeitpunkt des Inkrafttretens der späteren Änderungen ergibt sich aus Art 9 Abs 1 des Gesetzes zur Ausführung der Finanzgerichtsordnung (AGFGO) vom 23. Dezember 1965 (GVBl S 357) und aus § 2 Abs 1 des Gesetzes zur Änderung des Kirchensteuergesetzes vom 17. November 1966 (GVBl S 411).

Gesetz zur Änderung des Gesetzes über die Erhebung von Steuern durch Kirchen, Religions- und weltanschauliche Gemeinschaften (Kirchensteuergesetz – KirchStG)

Vom 22. Oktober 1974

(GVBl 1974 S 551, BStBl 1975 I S 55)

Der Landtag des Freistaates Bayern hat das folgende Gesetz beschlossen, das nach Anhörung des Senats hiermit bekanntgemacht wird:

§ 1

Das Kirchensteuergesetz in der Fassung der Bekanntmachung vom 15. März 1967 (GVBl S 317) wird wie folgt geändert:

1. Art 8 wird wie folgt geändert:
   a) Die bisherige Vorschrift wird Absatz 1.
   b) Folgender Absatz 2 wird angefügt:
   „(2) Sind für den Umlagepflichtigen Kinder nach § 32 Abs 4 bis 7 des Einkommensteuergesetzes zu berücksichtigen, so ist die Maßstabsteuer (Einkommen- und Lohnsteuer) um die in § 51 a des Einkommensteuergesetzes in der jeweiligen Fassung bezeichneten Beträge zu kürzen. Bei Ehegatten, die getrennt zur Einkommensteuer veranlagt werden oder bei denen die Lohnsteuer nach der Steuerklasse IV erhoben wird, werden die Kürzungsbeträge nach Satz 1 bei jedem Ehegatten nur zur Hälfte berücksichtigt."

2. Art 9 erhält folgende Fassung:

„Art 9

(1) Gehören nicht dauernd getrennt lebende umlagepflichtige Ehegatten verschiedenen umlageerhebenden Gemeinschaften an (konfessionsverschiedene Ehe), so wird die Umlage
1. in den Fällen der getrennten Veranlagung zur Einkommensteuer aus der nach Art 8 Abs 2 gekürzten Einkommensteuer jedes Ehegatten,
2. in den Fällen der Zusammenveranlagung zur Einkommensteuer für jede der beteiligten Gemeinschaften aus der Hälfte der nach Art 8 Abs 2 gekürzten Einkommensteuer erhoben.

(2) Gehört ein nicht dauernd getrennt lebender Ehegatte keiner umlageerhebenden Gemeinschaft an (glaubensverschiedene Ehe), so wird die Umlage
1. in den Fällen der getrennten Veranlagung zur Einkommensteuer aus der nach Art 8 Abs 2 gekürzten Einkommensteuer des umlagepflichtigen Ehegatten,

2. in den Fällen der Zusammenveranlagung zur Einkommensteuer für den umlagepflichtigen Ehegatten aus dem Teil der gemeinsamen nach Art 8 Abs 2 gekürzten Einkommensteuer erhoben, der auf diesen Ehegatten entfällt. Zur Feststellung des Anteils ist die für die Ehegatten veranlagte gemeinsame nach Art 8 Abs 2 gekürzte Einkommensteuer im Verhältnis der Einkommensteuerbeträge aufzustellen, die sich bei Anwendung der für die getrennte Veranlagung geltenden Einkommensteuertabelle (Grundtabelle) auf die Einkünfte eines jeden Ehegatten ergeben würden."

3. In Art 12 Satz 1 werden vor dem Wort „Einkommensteuervorauszahlungen" die Worte „nach Art 8 Abs 2 gekürzten" eingefügt.

4. In Art 13 Abs 3 werden jeweils vor dem Wort „Lohnsteuer" die Worte „nach Art 8 Abs 2 gekürzten" eingefügt.

§ 2

Dieses Gesetz ist dringlich; es tritt am 1. Januar 1975 in Kraft.

Gesetz zur Anpassung von Gesetzen an die Abgabenordnung (AOAnpG)

Vom 23. Dezember 1976

(GVBl 1976 S 566)

– Auszug –

Der Landtag des Freistaates Bayern hat das folgende Gesetz beschlossen, das nach Anhörung des Senats hiermit bekanntgemacht wird:

§ 4

Kirchensteuergesetz

Das **Kirchensteuergesetz** in der Fassung der Bekanntmachung vom 15. März 1967 (GVBl S 317), geändert durch Gesetz vom 22. Oktober 1974 (GVBl S 551), wird wie folgt geändert:

1. Art 11 Satz 2 wird aufgehoben.
2. Art 13 Abs 4 wird aufgehoben.
3. Art 18 wird wie folgt geändert:
   a) Absatz 1 erhält folgende Fassung:
   „(1) Für die Verwaltung der Kirchenumlagen gelten, soweit in diesem Gesetz nichts Abweichendes bestimmt ist, sinngemäß die Vorschriften

der Abgabenordnung und des Verwaltungszustellungsgesetzes in der jeweiligen Fassung. Das gleiche gilt für Rechtsvorschriften, die zur Durchführung der in Satz 1 bezeichneten Gesetze erlassen worden sind oder erlassen werden.",

b) Absatz 2 erhält folgende Fassung:
„(2) Die Straf- und Bußgeldvorschriften der Abgabenordnung sowie deren Vorschriften über das Straf- und Bußgeldverfahren finden auf die Kirchenumlagen keine Anwendung.",

c) in Absatz 3 wird
   aa) in Satz 1 der Satzteil „Vorschriften über ein Sicherungsgeld nicht," gestrichen,
   bb) in Satz 3 das Wort „Erzwingungsgeldes" durch das Wort „Zwangsgeldes" ersetzt.

4. Art 19 Abs 2 erhält folgende Fassung:
„(2) Soweit die Finanzämter die Umlagen verwalten, sind sie auch zur Stundung (§ 222 der Abgabenordnung), zum Absehen von der Steuerfestsetzung (§ 156 der Abgabenordnung) und zur Niederschlagung (§ 261 der Abgabenordnung) der Umlagen zuständig. Zur abweichenden Festsetzung aus Billigkeitsgründen (§ 163 der Abgabenordnung) und zum Erlaß (§ 227 der Abgabenordnung) der von ihnen verwalteten Umlagen sind die Finanzämter nur im Anschluß an die abweichende Festsetzung aus Billigkeitsgründen oder den Erlaß der Maßstabsteuer befugt. Im übrigen entscheiden über Anträge auf abweichende Festsetzung aus Billigkeitsgründen, Erlaß und Stundung sowie über das Absehen von der Steuerfestsetzung und die Niederschlagung von Umlagen, soweit sich aus den Satzungen nichts anderes ergibt, die gemeinschaftlichen Steuerverbände."

§ 11
Übergangsregelungen

(1) Verfahren, die am 1. Januar 1977 anhängig sind, werden nach den Vorschriften dieses Gesetzes zu Ende geführt, soweit in den nachfolgenden Absätzen nichts anderes bestimmt ist.

(2) Hinsichtlich der auf § 3 gestützten erstmaligen sinngemäßen Anwendung der Vorschriften der Abgabenordnung über die Fristen, den Verspätungszuschlag, die Aufhebung und Änderung von Verwaltungsakten, die Festsetzungsverjährung, die Haftung, die verbindliche Zusage aufgrund einer Außenprüfung, das Sicherungsgeld, die Zahlungsverjährung, die Zinsen, die Säumniszuschläge, die Angabe des Schuldgrundes im Vollstreckungsauftrag oder in der Pfändungsverfügung sowie die außergerichtlichen Rechtsbehelfe gelten die Bestimmungen in Art 97 §§ 2 und 8 bis 18 des Einführungsgesetzes zur Abgabenordnung entsprechend; dabei richtet sich die Anwendung der in diesen Bestimmungen

angezogenen bisherigen Vorschriften nach dem Gesetz über die Anwendung von bundesrechtlichen Vorschriften des allgemeinen Abgabenrechts auf landesrechtlich geregelte Abgaben.

(3) Hinsichtlich der auf § 4 Nr 3 Buchst a gestützten erstmaligen sinngemäßen Anwendung der Vorschriften der Abgabenordnung über die Fristen, die Aufhebung und Änderung von Verwaltungsakten, die Festsetzungsverjährung, die Haftung, die Zahlungsverjährung, die Zinsen, die Säumniszuschläge, die Angabe des Schuldgrundes im Vollstreckungsauftrag oder in der Pfändungsverfügung sowie die außergerichtlichen Rechtsbehelfe gelten die Bestimmungen in Art 97 §§ 2, 9 bis 11 und 14 bis 18 des Einführungsgesetzes zur Abgabenordnung entsprechend; dabei richtet sich die Anwendung der in diesen Bestimmungen angezogenen bisherigen Vorschriften nach der bisherigen Fassung des Kirchensteuergesetzes und dem Gesetz über die Anwendung von bundesrechtlichen Vorschriften des allgemeinen Abgabenrechts auf landesrechtlich geregelte Abgaben.

(4) Hinsichtlich der auf § 5 Nr 3 gestützten erstmaligen entsprechenden Anwendung der Vorschriften der Abgabenordnung über die Fristen, den Verspätungszuschlag, die Festsetzungsverjährung, die Haftung, die Zahlungsverjährung, die Zinsen sowie die Säumniszuschläge gelten die Bestimmungen in Art 97 §§ 2, 8, 10 Abs 1 Satz 1, §§ 11, 14, 15 Abs 1 und 3 sowie § 16 Abs 1 des Einführungsgesetzes zur Abgabenordnung entsprechend mit der Maßgabe, daß in § 11 Satz 1 die Bezugnahmen „§§ 69 bis 76“ durch die Bezugnahmen „§§ 69 bis 71 und §§ 73 bis 75“ ersetzt werden; dabei richtet sich die Anwendung der in diesen Bestimmungen des Einführungsgesetzes zur Abgabenordnung angezogenen bisherigen Vorschriften nach der bisherigen Fassung des Kommunalabgabengesetzes.

(5) Hinsichtlich der auf § 6 Nr 3 Buchst a gestützten erstmaligen entsprechenden Anwendung der Vorschriften der Abgabenordnung über den Verspätungszuschlag gilt die Bestimmung in Art 97 § 8 des Einführungsgesetzes zur Abgabenordnung entsprechend mit der Maßgabe, daß an die Stelle des § 168 Abs 2 der Reichsabgabenordnung der Art 18 Satz 1 des Vergnügungssteuergesetzes in der bisherigen Fassung tritt.

§ 12

Ermächtigungen

(1) Das Staatsministerium des Innern wird ermächtigt, das Kommunalabgabengesetz und das Vergnügungssteuergesetz neu bekanntzumachen.

(2) Das Staatsministerium für Unterricht und Kultus wird ermächtigt, im Einvernehmen mit dem Staatsministerium der Finanzen das Kirchensteuergesetz neu bekanntzumachen.

§ 13

Inkrafttreten, Außerkrafttreten

(1) Dieses Gesetz ist dringlich. Es tritt am 1. Januar 1977 in Kraft.

(2) Gleichzeitig tritt das Gesetz über die Anwendung von bundesrechtlichen Vorschriften des allgemeinen Abgabenrechts auf landesrechtlich geregelte Abgaben vom 12. Juni 1956 (BayBS III S 429), zuletzt geändert durch Gesetz vom 24. Juni 1969 (GVBl S 153), außer Kraft; § 11 Abs 2 letzter Halbsatz und Abs 3 letzter Halbsatz bleiben unberührt.

Gesetz zur Änderung des Kirchensteuergesetzes

Vom 4. Mai 1982

(GVBl 1982 S 234, BStBl 1982 I S 622)

Der Landtag des Freistaates Bayern hat das folgende Gesetz beschlossen, das nach Anhörung des Senats hiermit bekanntgemacht wird:

§ 1

Das Gesetz über die Erhebung von Steuern durch Kirchen, Religions- und weltanschauliche Gemeinschaften (Kirchensteuergesetz – KirchStG) in der Fassung der Bekanntmachung vom 15. März 1967 (GVBl S 317), zuletzt geändert durch Gesetz vom 23. Dezember 1976 (GVBl S 566), wird wie folgt geändert:

1. Dem Art 18 Abs 1 wird folgender Satz 3 angefügt:

„Die Kleinbetragsverordnung gilt für die Verwaltung der Kirchenumlagen nicht."

2. In Art 19 wird folgender Absatz 2 eingefügt:

   „(2) Festsetzungen der Kirchenumlagen werden zum Nachteil des Steuerpflichtigen nur geändert oder berichtigt, wenn die Abweichung von der bisherigen Festsetzung oder von dem bisherigen Erstattungsbetrag mindestens fünf Deutsche Mark beträgt oder der Steuerpflichtige die Änderung oder Berichtigung beantragt."

   Der bisherige Absatz 2 wird Absatz 3.

§ 2

Dieses Gesetz tritt am 1. Juli 1982 in Kraft.

Gesetz zur Änderung des Kirchensteuergesetzes

Vom 20. Dezember 1985

(GVBl 1985 S 816, BStBl 1986 I S 64)

Der Landtag des Freistaates Bayern hat das folgende Gesetz beschlossen, das nach Anhörung des Senats hiermit bekanntgemacht wird:

§ 1

Das Gesetz über die Erhebung von Steuern durch Kirchen, Religions- und weltanschauliche Gemeinschaften – Kirchensteuergesetz – KirchStG – (BayRS 2220-4-K) wird wie folgt geändert:

Art 8 Abs 2 erhält folgende Fassung:

„(2) Vor Erhebung der Kircheneinkommen- und der Kirchenlohnsteuer ist die Einkommen- und Lohnsteuer nach Maßgabe des § 51 a des Einkommensteuergesetzes in seiner jeweiligen Fassung zu kürzen."

§ 2

Dieses Gesetz tritt am 1. Januar 1986 in Kraft.

Verordnung zur Ausführung des Kirchensteuergesetzes

Vom 15. März 1967

(GVBl 1967 S 320, BStBl 1967 II S 181)

Auf Grund des Art 26 des Gesetzes über die Erhebung von Steuern durch Kirchen, Religions- und weltanschauliche Gemeinschaften (Kirchensteuergesetz – KirchStG) in der Fassung der Bekanntmachung vom 15. März 1967 (GVBl S 317) erläßt das Bayerische Staatsministerium für Unterricht und Kultus im Benehmen mit dem Bayerischen Staatsministerium der Finanzen folgende Verordnung:

Zu Art 1

§ 1

Wird die Einkommensteuer aus Kapitalerträgen durch Steuerabzug vom Kapitalertrag erhoben, ohne daß diese Kapitalerträge in eine Einkommensteuerveranlagung einbezogen werden, so werden aus der Kapitalertragsteuer Kirchenumlagen nicht erhoben.

Zu Art 2

§ 2

(1) Die Standesämter haben den Austritt eines Umlagepflichtigen oder seines Ehegatten aus einer das Besteuerungsrecht ausübenden Gemeinschaft unverzüglich dem Wohnsitzfinanzamt und dem bisher zuständigen gemeinschaftlichen Steuerverband (Kirchensteueramt) schriftlich mitzuteilen. Die Mitteilungsverpflichtung der Standesämter an die Pfarrämter auf Grund der Bekanntmachung über Vollzug des § 17 Abs III der Verfassungsurkunde des Freistaates Bayern (Austritt aus einer Religionsgesellschaft) vom 16. Januar 1922 (BayBS I S 306) bleibt unberührt.

(2) Erklärt ein Umlagepflichtiger seinen Austritt aus der umlageerhebenden Gemeinschaft während des Kalenderjahres, so endet seine Umlagepflicht mit dem Ablauf des Kalendermonats, in dem er die Austrittserklärung abgegeben hat.

Zu Art 5

§ 3

Die Aufgaben der Steuerverbandsvertretung werden durch deren Satzung bestimmt.

Zu Art 6

§ 4

(1) Unterhält ein Umlagepflichtiger innerhalb des Kalenderjahres gleichzeitig einen Wohnsitz im Freistaat Bayern und einen Wohnsitz in einem anderen Land der Bundesrepublik oder in Berlin (West), so wird er im Freistaat Bayern nur dann zur Kircheneinkommensteuer herangezogen, wenn für seine Einkommensbesteuerung ein Finanzamt im Freistaat Bayern örtlich zuständig ist.

(2) Unterhält ein Angehöriger der Römisch-Katholischen Kirche innerhalb des Kalenderjahres gleichzeitig je einen Wohnsitz in den Gebieten verschiedener bayerischer Diözesen, so ist die Diözese für die Erhebung der Kircheneinkommensteuer zuständig, in deren Gebiet die Wohnsitzgemeinde liegt, durch welche die örtliche Zuständigkeit des Finanzamts für die Einkommensbesteuerung begründet wird.

(3) Bei Arbeitnehmern mit Wohnsitz außerhalb Bayerns und Einkünften aus einer in Bayern gelegenen Betriebstätte beschränkt sich die Umlagepflicht im Freistaat Bayern auf die Kirchenlohnsteuer aus dem im Freistaat Bayern bezogenen Arbeitslohn; maßgeblich ist der in Bayern geltende Umlagesatz.

§ 5

Wenn während eines Kalenderjahres eine Person in eine umlageerhebende Gemeinschaft eintritt oder aus einer solchen Gemeinschaft austritt, wird die Kircheneinkommensteuer aus der Maßstabsteuer für das volle Kalenderjahr berechnet, aber nur mit je $^1/_{12}$ für jeden Kalendermonat erhoben, in dem die Umlagepflicht bestanden hat.

§ 6

(1) Wenn während des Kalenderjahres ein Umlagepflichtiger seinen Wohnsitz (gewöhnlichen Aufenthalt) im Freistaat Bayern begründet oder aufgibt, setzen der Kirchensteuergläubiger des Landes, in dessen Bereich der Umlagepflichtige für das Umzugsjahr zur Einkommensteuer veranlagt wird, oder wenn die Kircheneinkommensteuer dort durch das Finanzamt verwaltet wird, das zuständige Finanzamt dieses Landes die Kircheneinkommensteuer für das volle Kalenderjahr fest. Dabei ist, wenn in den beteiligten Ländern unterschiedliche Umlagesätze gelten, die Maßstabsteuer zu zwölfteln und die Kircheneinkommensteuer anteilig mit dem für das Land des jeweiligen Wohnsitzes (gewöhnlichen Aufenthalts) maßgebenden Umlagesatz festzusetzen. Der gleiche Kirchensteuergläubiger oder das gleiche Finanzamt setzen auch für die dem Umzugsjahr vorhergehenden Kalenderjahre die Kircheneinkommensteuer fest, wenn bei der Überweisung der Steuerakten die Einkommensteuerveranlagung für die Veranlagungszeiträume vor dem Jahr des Wohnsitzwechsels noch nicht durchgeführt ist. Entsprechend ist zu verfahren, wenn nach der Überweisung der Steuerakten die Einkommensteuerveranlagung für Veranlagungszeiträume vor dem Wohnsitzwechsel zu berichtigen ist.

(2) Auf die festgesetzte Kircheneinkommensteuer sind alle Vorauszahlungen des Umlagepflichtigen, die er auf die Kircheneinkommensteuer für die entsprechenden Kalenderjahre geleistet hat, anzurechnen. Für die Erhebung der Kircheneinkommensteuer sind zuständig:

a) für die Vorauszahlungen, die bis zum Zeitpunkt des Wegzugs fällig gewesen sind, der bisher zuständige Kirchensteuergläubiger oder das Finanzamt,

b) für die nach dem Zuzug fälligen Vorauszahlungen sowie für die Abschlußzahlungen und für etwaige Erstattungen der neu zuständig gewordene Kirchensteuergläubiger oder das Finanzamt.

§ 7

(1) Bei Wegzug eines Umlagepflichtigen aus dem Freistaat Bayern innerhalb eines Kalenderjahres ist das für die Einkommensteuerveranlagung bisher zuständig gewesene Finanzamt verpflichtet, dem gemeinschaftlichen Steuerverband (Kirchensteueramt) im Freistaat Bayern mitzuteilen, an welches Finanzamt die Steuerakten des Umlagepflichtigen überwiesen werden und für welche

Kalenderjahre die Einkommensteuerveranlagungen noch nicht durchgeführt sind. Der gemeinschaftliche Steuerverband (Kirchensteueramt) im Freistaat Bayern hat dem Kirchensteuergläubiger des Landes, in das der Umlagepflichtige verzogen ist, oder, wenn die Kircheneinkommensteuer dort durch das Finanzamt verwaltet wird, dem neu zuständig gewordenen Finanzamt einen Auszug aus der Sollkarte des Umlagepflichtigen zu übersenden.

(2) Bei Zuzug eines Umlagepflichtigen aus einem Land, in dem die Kircheneinkommensteuer durch das Finanzamt verwaltet wird, ist das für die Einkommensteuerveranlagung im Freistaat Bayern neu zuständig gewordene Finanzamt verpflichtet, dem gemeinschaftlichen Steuerverband (Kirchensteueramt) im Freistaat Bayern einen Auszug aus der Sollkarte über das Kirchensteuerkonto des Umlagepflichtigen für alle Kalenderjahre zu übermitteln, für die das bisherige Finanzamt die Kircheneinkommensteuer noch nicht festgesetzt hat.

§ 8

Wenn Angehörige der Römisch-Katholischen Kirche im Freistaat Bayern ihren Wohnsitz (gewöhnlichen Aufenthalt) innerhalb des Bereichs verschiedener bayerischer Diözesen wechseln, ist die Kircheneinkommensteuer von dem gemeinschaftlichen Steuerverband festzusetzen, in dessen Bereich die Einkommensteuerveranlagung vorgenommen wird. Der Ausgleich der geleisteten Vorauszahlungen innerhalb der beteiligten gemeinschaftlichen Steuerverbände bleibt diesen überlassen.

Zu Art 8

§ 9

(1) Eine Änderung des Umlagesatzes soll von den beteiligten gemeinschaftlichen Steuerverbänden jeweils spätestens zwei Monate vor Beginn des Kalenderjahres, von dem ab diese Änderung wirksam werden soll, beschlossen und im Bayerischen Staatsanzeiger veröffentlicht werden.

(2) Die Kircheneinkommensteuer und die Kirchenlohnsteuer werden auf den nächsten Pfennigbetrag nach unten abgerundet.

Zu Art 9

§ 10

(1) Gehören nicht dauernd getrennt lebende umlagepflichtige Ehegatten der gleichen umlageerhebenden Gemeinschaft an und tritt in den Fällen der Zusammenveranlagung zur Einkommensteuer innerhalb des Kalenderjahres ein Ehegatte aus der Gemeinschaft aus, so wird die Umlage aus der vollen gemeinsamen Einkommensteuer nur bis zum Ende des Kalendermonats erhoben, in dem der Austritt erfolgt ist. Die Umlage des anderen Ehegatten für den Rest des Kalenderjahres wird aus dem auf ihn entfallenden Teil der

gemeinsamen Einkommensteuer nur anteilig für die Kalendermonate erhoben, in denen eine Umlagepflicht für seinen Ehegatten nicht mehr bestanden hat. Entsprechendes gilt, wenn die Ehegatten ursprünglich verschiedenen umlageerhebenden Gemeinschaften angehört haben. Sinngemäß ist zu verfahren, wenn ein Ehegatte während des Kalenderjahres einer umlageerhebenden Gemeinschaft beitritt.

(2) Gehören nicht dauernd getrennt lebende umlagepflichtige Ehegatten verschiedenen umlageerhebenden Gemeinschaften an und stirbt innerhalb des Kalenderjahres ein umlagepflichtiger Ehegatte, so wird in den Fällen der Zusammenveranlagung zur Einkommensteuer für seine Gemeinschaft die Umlage aus der Hälfte der Einkommensteuer nur bis zum Ende des Kalendermonats erhoben, in dem er verstorben ist. Die Umlage für den anderen Ehegatten wird aus der Hälfte der Einkommensteuer für das volle Kalenderjahr und aus der anderen Hälfte der Einkommensteuer für die Kalendermonate erhoben, für die eine Erhebung der Umlage für den verstorbenen Ehegatten nicht mehr in Betracht kommt.

Zu Art 10

§ 11

Bei Gesamtschuldnerschaft der Ehegatten schuldet jeder Ehegatte die ganze Kircheneinkommensteuer, auch wenn ein Ehegatte einer anderen umlageerhebenden Gemeinschaft angehört. Der gemeinschaftliche Steuerverband (Kirchensteueramt) kann die geschuldete Kircheneinkommensteuer von jedem Gesamtschuldner ganz oder zum Teil fordern.

Zu Art 11

§ 12

(1) Die Kircheneinkommensteuer wird mit dem maßgebenden Umlagesatz aus der festgesetzten Einkommensteuer vor Anrechnung der Steuerabzugsbeträge (Lohnsteuer, Kapitalertragsteuer) erhoben. Auf die Kircheneinkommensteuer wird die im Abzugsweg erhobene Kirchenlohnsteuer angerechnet. Mit Ausnahme der in Art 9 Abs 2 Nr 2 genannten Fälle kann aus Vereinfachungsgründen die Kircheneinkommensteuer aus der festgesetzten Einkommensteuer nach Anrechnung der Lohnsteuer erhoben werden; in diesem Falle entfällt eine Anrechnung der Kirchenlohnsteuer auf die Kircheneinkommensteuer.

(2) Kirchenlohnsteuer, die in einer Betriebstätte außerhalb des Freistaates Bayern erhoben worden ist, wird höchstens mit dem Betrag angerechnet, der sich bei der Anwendung des nach Art 8 maßgebenden Umlagesatzes ergeben hätte. Die Regelung über eine etwaige Erstattung des Mehrbetrages der Kirchenlohnsteuer bleibt den Kirchensteuergläubigern überlassen.

(3) Gehören nicht dauernd getrennt lebende Ehegatten verschiedenen umla-

geerhebenden Gemeinschaften an, so wird in den Fällen der getrennten Veranlagung zur Einkommensteuer eine nach dem Halbteilungsgrundsatz einbehaltene Kirchenlohnsteuer nur insoweit auf die Kircheneinkommensteuer angerechnet, als sie vom Arbeitslohn des Umlagepflichtigen für dessen Religionsgemeinschaft einbehalten worden ist. Der Umlagepflichtige ist durch einen entsprechenden Vermerk im Kirchensteuerbescheid darauf hinzuweisen, daß ihm gegenüber der umlageerhebenden Gemeinschaft seines Ehegatten ein Erstattungsanspruch in Höhe der Kirchenlohnsteuer zusteht, die von seinem Arbeitslohn für die Religionsgemeinschaft seines Ehegatten einbehalten worden ist.

Zu Art 12

§ 13

(1) Vorauszahlungen auf die Kircheneinkommensteuer werden nur festgesetzt, wenn sie vierteljährlich mindestens drei Deutsche Mark betragen.

(2) Gehören nicht dauernd getrennt lebende Ehegatten verschiedenen umlageerhebenden Gemeinschaften an, so gilt in den Fällen der getrennten Veranlagung zur Einkommensteuer § 12 Abs 3 entsprechend, wenn von den Ehegatten Vorauszahlungen nach dem Halbteilungsgrundsatz entrichtet worden sind.

(3) Fälligkeitstage für die Entrichtung der Vorauszahlungen sind jeweils der 10. März, 10. Juni, 10. September und 10. Dezember eines Kalenderjahres.

Zu Art 13

§ 14

(1) Bei der Durchführung des Kirchenlohnsteuerabzugs durch die Arbeitgeber finden die Vorschriften der Lohnsteuer-Durchführungsverordnung über die Führung des Lohnkontos, über die Abführung und Anmeldung der Lohnsteuer und über die Ausschreibung der Lohnsteuerbescheinigungen und der Lohnzettel entsprechende Anwendung. Die Kirchenlohnsteuern sind in der Lohnsteueranmeldung für jede Religionsgemeinschaft getrennt anzugeben; dabei sind jedoch die evangelische, lutherische, reformierte und französisch-reformierte Kirchenlohnsteuer zusammenzufassen.

(2) Soweit Arbeitgeber den Lohnsteuer-Jahresausgleich für ihre Arbeitnehmer durchführen, müssen sie gleichzeitig auch den Kirchenlohnsteuer-Jahresausgleich durchführen; die Vorschriften über die Durchführung des Lohnsteuer-Jahresausgleichs gelten dabei entsprechend.

(3) Wird für glaubensverschiedene Ehegatten ein gemeinsamer Lohnsteuer-Jahresausgleich (Kirchenlohnsteuer-Jahresausgleich) durch das Finanzamt durchgeführt, weil beide Ehegatten Arbeitslohn beziehen, so ist die Kirchen-

lohnsteuer des umlagepflichtigen Ehegatten aus der gemeinsamen Jahreslohnsteuer wie folgt zu ermitteln:

a) Der Jahresarbeitslohn jedes Ehegatten ist um die auf der Lohnsteuerkarte eingetragenen oder im Rahmen des Lohnsteuer-Jahresausgleichs zu berücksichtigenden erhöhten Werbungskosten zu vermindern.

b) Für den nach Buchstabe a) für jeden Ehegatten ermittelten Betrag ist die Lohnsteuer nach Steuerklasse I der Jahreslohnsteuertabelle zu ermitteln.

c) Die bei der Durchführung des gemeinsamen Lohnsteuer-Jahresausgleichs festgestellte Jahreslohnsteuer ist im Verhältnis der nach Buchstabe b) ermittelten Steuerbeträge aufzuteilen.

d) Für den einer umlageerhebenden Gemeinschaft angehörenden Ehegatten ist die geschuldete Jahreskirchenlohnsteuer mit dem jeweils geltenden Umlagesatz aus dem nach Buchstabe c) auf diesen Ehegatten entfallenden Teilbetrag der Jahreslohnsteuerschuld zu berechnen.

e) Soweit die im Ausgleichsjahr einbehaltene Kirchenlohnsteuer den nach Buchstabe d) ermittelten Betrag übersteigt, ist sie zu erstatten.

(4) Wird für Arbeitnehmer ein Lohnsteuer-Jahresausgleich (Kirchenlohnsteuer-Jahresausgleich) durch ein bayerisches Finanzamt durchgeführt, so wird die von einer Betriebstätte außerhalb des Freistaates Bayern erhobene Kirchenlohnsteuer ohne Rücksicht auf die tatsächlich einbehaltene Kirchenlohnsteuer höchstens mit dem Betrag angerechnet, der sich bei der Anwendung des nach Art. 8 maßgebenden Umlagesatzes ergeben hätte. Die Regelung über eine etwaige Erstattung des Mehrbetrages der Kirchenlohnsteuer bleibt den Kirchensteuergläubigern überlassen.

§ 15

(1) Schuldner der ganzen Kirchenlohnsteuer ist der Arbeitnehmer.

(2) Wird die Lohnsteuer für mehrere Arbeitnehmer eines Betriebs ohne Ausscheidung auf den einzelnen Arbeitnehmer in einem Pauschbetrag erhoben, so ist auch für die Kirchenlohnsteuer ein Pauschbetrag festzusetzen. Dieser ist mit zwei Dritteln auf die Römisch-Katholische Kirche und mit einem Drittel auf die Evangelisch-Lutherische Kirche aufzuteilen.

Zu Art 15

§ 16

Die Kirchenlohnsteuer wird in Bayern im Wege des Abzugs vom Arbeitslohn erhoben für folgende umlageberechtigte Gemeinschaften:

die (Erz-)Diözesen der Römisch-Katholischen Kirche in Bayern,

die Evangelisch-Lutherische und Evangelisch-Reformierte Kirche in Bayern, die Alt-Katholische Kirche in Bayern,

den Landesverband der Israelitischen Kultusgemeinden in Bayern.

Zu Art 17

§ 17

(1) Soweit die Verwaltung der Kirchenumlagen den gemeinschaftlichen Steuerverbänden übertragen ist, obliegt sie den von diesen gebildeten Kirchensteuerämtern und deren Hilfsstellen.

(2) Die Finanzämter innerhalb des Freistaates Bayern sind verpflichtet, den Kirchensteuerämtern der gemeinschaftlichen Steuerverbände die für die Festsetzung der Kircheneinkommensteuer maßgebenden Besteuerungsgrundlagen laufend gegen Entrichtung einer vereinbarten Vergütung mitzuteilen. Dazu gehören insbesondere die Festsetzung der Einkommensteuer und der Einkommensteuervorauszahlungen, die Änderung von früheren Einkommensteuerfestsetzungen sowie die Höhe und Art der auf die festgesetzte Einkommensteuer angerechneten Steuerabzugsbeträge.

§ 18

(1) Die von den Arbeitgebern an die Finanzämter abgeführte Kirchenlohnsteuer ist durch die Oberfinanzkasse monatlich abzuliefern:

für die Römisch-Katholische Kirche an die Erzbischöfliche Finanzkammer München,

für die Evangelisch-Lutherische Kirche und die Evangelisch-Reformierte Kirche an die Landeskirchliche Stiftungsverwaltung München,

für die Alt-Katholische Kirche an den Landessynodalrat der Alt-Katholischen Kirche in Bayern,

für das israelitische Bekenntnis an den Landesverband der Israelitischen Kultusgemeinden in Bayern.

Auf die Ablieferungen an die Erzbischöfliche Finanzkammer München und an die Landeskirchliche Stiftungsverwaltung München können im Laufe des Monats angemessene Abschlagszahlungen geleistet werden. Die Oberfinanzkasse behält von den abzuliefernden Kirchenlohnsteuerbeträgen die vereinbarten Verwaltungskosten ein.

(2) Die Finanzämter sind verpflichtet, im Rahmen der Lohnsteueraußenprüfung auch die ordnungsmäßige Einbehaltung und Abführung der Kirchenlohnsteuer zu überwachen.

(3) Soweit die Finanzämter den Lohnsteuer-Jahresausgleich für Arbeitnehmer durchführen, müssen sie gleichzeitig auch den Kirchenlohnsteuer-Jahresausgleich durchführen; die Vorschriften über die Durchführung des Lohnsteuer-Jahresausgleichs gelten dabei entsprechend.

§ 19

Verlegt ein Umlagepflichtiger seinen Wohnsitz (gewöhnlichen Aufenthalt) nach einem Ort außerhalb des Freistaates Bayern, so ist ein etwaiges Beitreibungsersuchen des gemeinschaftlichen Steuerverbandes (Kirchensteueramt) an das bayerische Finanzamt zu richten, das bisher für den Umlagepflichtigen zuständig war. Dieses Finanzamt wird sich an das neue zuständige außerbayerische Finanzamt im Wege der Amtshilfe wenden.

Zu Art 21

§ 20

Bei der Ermittlung der Einkünfte oder Bezüge, die zur Bestreitung des Unterhalts bestimmt oder geeignet sind, sind auch solche Einnahmen zu berücksichtigen, die auf Grund besonderer Vorschriften des Einkommensteuerrechts steuerfrei sind. Versorgungsbezüge, Leibrenten und wiederkehrende Bezüge sind in voller Höhe als Einnahmen anzusetzen.

Zu Art 27

§ 21

(1) Diese Verordnung tritt vorbehaltlich des Absatzes 2 mit Wirkung vom 1. Januar 1966 in Kraft.

(2) § 20 dieser Verordnung tritt am 1. Januar 1967 in Kraft.

(3) Mit dem Inkrafttreten dieser Verordnung treten die Ausführungsvorschriften zum Vollzug des Gesetzes über die Erhebung von Steuern durch Kirchen, Religions- und weltanschauliche Gemeinschaften (Kirchensteuergesetz) vom 23. Dezember 1955 (BayBS II S 656) außer Kraft.

Verordnung zur Änderung der Verordnung zur Ausführung des Kirchensteuergesetzes

Vom 29. Januar 1975

(GVBl. 1975 S 21, BStBl 1975 I S 675)

Auf Grund des Art 26 des Kirchensteuergesetzes in der Fassung der Bekanntmachung vom 15. März 1967 (GVBl S 317), geändert durch Gesetz vom 22. Oktober 1974 (GVBl S 551), erläßt das Bayerische Staatsministerium für Unterricht und Kultus folgende Verordnung:

§ 1

Der Verordnung zur Ausführung des Kirchensteuergesetzes vom 15. März 1967 (GVBl S 320) wird wie folgt geändert:

1. In § 5 und § 6 Abs 1 werden jeweils vor dem Wort „Maßstabsteuer" die Worte „nach Art 8 Abs 2 gekürzten" eingefügt.

2. § 10 erhält folgende Fassung:

„§ 10

(1) Gehören nicht dauernd getrennt lebende umlagepflichtige Ehegatten der gleichen umlageerhebenden Gemeinschaft an und tritt in den Fällen der Zusammenveranlagung zur Einkommensteuer innerhalb des Kalenderjahres ein Ehegatte aus der Gemeinschaft aus, so wird die Umlage aus der gemeinsamen nach Art 8 Abs 2 gekürzten Einkommensteuer nur bis zum Ende des Kalendermonats erhoben, in dem der Austritt erfolgt ist. Die Umlage des anderen Ehegatten für den Rest des Kalenderjahres wird aus dem auf ihn entfallenden Teil der gemeinsamen nach Art 8 Abs 2 gekürzten Einkommensteuer nur anteilig für die Kalendermonate erhoben, in denen eine Umlagepflicht für seinen Ehegatten nicht mehr bestanden hat. Entsprechendes gilt, wenn die Ehegatten ursprünglich verschiedenen umlageerhebenden Gemeinschaften angehört haben. Sinngemäß ist zu verfahren, wenn ein Ehegatte während des Kalenderjahres einer umlageerhebenden Gemeinschaft beitritt.

(2) Gehören nicht dauernd getrennt lebende umlagepflichtige Ehegatten verschiedenen umlageerhebenden Gemeinschaften an und stirbt innerhalb des Kalenderjahres ein umlagepflichtiger Ehegatte, so wird in den Fällen der Zusammenveranlagung zur Einkommensteuer für seine Gemeinschaft die Umlage aus der Hälfte der nach Art 8 Abs 2 gekürzten Einkommensteuer nur bis zum Ende des Kalendermonats erhoben, in dem er verstorben ist. Die Umlage für den anderen Ehegatten wird aus der Hälfte der nach Art 8 Abs 2 gekürzten Einkommensteuer für das volle Kalenderjahr und aus der anderen Hälfte der nach Art 8 Abs 2 gekürzten Einkommensteuer für die Kalendermonate erhoben, für die eine Erhebung der Umlage für den verstorbenen Ehegatten nicht mehr in Betracht kommt."

3. § 12 Abs 1 erhält folgende Fassung:

„(1) Die Kircheneinkommensteuer wird mit dem maßgebenden Umlagesatz aus der festgesetzten, nach Art 8 Abs 2 gekürzten Einkommensteuer vor Anrechnung der Steuerabzugsbeträge (Lohnsteuer, Kapitalertragsteuer) erhoben. Auf die Kircheneinkommensteuer wird die im Abzugsweg erhobene Kirchenlohnsteuer angerechnet. Sofern die Einkommensteuer nicht nach Art 8 Abs 2 zu kürzen ist und es sich nicht um einen Fall des Art 9 Abs 2 Nr 2 handelt, kann aus Vereinfachungsgründen die Kircheneinkommensteuer aus der festgesetzten Einkommensteuer nach Anrechnung der Lohnsteuer erhoben werden; in diesem Falle entfällt eine Anrechnung der Kirchenlohnsteuer auf die Kircheneinkommensteuer."

4. In § 13 Abs 1 wird die Zahl „drei" durch die Zahl „acht" ersetzt.

5. § 14 wird wie folgt geändert:
   a) In Absatz 1 Satz 1 werden vor den Worten „der Lohnsteuer-Durchführungsverordnung" die Worte „des Einkommensteuergesetzes und" eingefügt.
   b) In Absatz 3 werden
      aa) im Satz 1 vor dem Wort „Jahreslohnsteuer" die Worte „nach Art 8 Abs 2 gekürzten",
      bb) in Buchstabe c vor dem Wort „Jahreslohnsteuer" die Worte „nach Art 8 Abs 2 gekürzte" sowie
      cc) in Buchstabe d vor dem Wort „Jahreslohnsteuerschuld" die Worte „nach Art 8 Abs 2 gekürzten"

      eingefügt.

6. § 17 Abs 2 erhält folgende Fassung:

   „(2) Die Finanzämter innerhalb des Freistaates Bayern sind verpflichtet, den Kirchensteuerämtern der gemeinschaftlichen Steuerverbände die für die Festsetzung der Kircheneinkommensteuer maßgebenden Besteuerungsgrundlagen laufend mitzuteilen. Dazu gehören insbesondere die Festsetzung der Einkommensteuer und die Einkommensteuervorauszahlungen, die Änderung von früheren Einkommensteuerfestsetzungen, die Höhe und Art der auf die festgesetzte Einkommensteuer angerechneten Steuerabzugsbeträge, die einbehaltene Kirchenlohnsteuer sowie die Zahl der nach § 32 Abs 4 bis 7 des Einkommensteuergesetzes zu berücksichtigenden Kinder. Für die Mitteilung werden Kosten nach dem Kostengesetz erhoben."

§ 2

Diese Verordnung tritt mit Wirkung vom 1. Januar 1975 in Kraft.

Verordnung zur Änderung der Verordnung zur Ausführung des Kirchensteuergesetzes

Vom 1. April 1976

(GVBl 1976 S 159)

Auf Grund des Art 26 des Kirchensteuergesetzes in der Fassung der Bekanntmachung vom 15. März 1967 (GVBl S 317), geändert durch Gesetz vom 22. Oktober 1974 (GVBl S 551), erläßt das Bayerische Staatsministerium für Unterricht und Kultus folgende Verordnung:

§ 1

Die Verordnung zur Ausführung des Kirchensteuergesetzes vom 15. März 1967 (GVBl S 320, ber S 381), geändert durch Verordnung vom 29. Januar 1975 (GVBl S 21), wird wie folgt geändert:

1. Der Überschrift der Verordnung wird die Abkürzung „(AVKirchstG)“ angefügt.
2. § 2 erhält folgende Fassung:

   „§ 2

   (1) Zur Entgegennahme einer Austrittserklärung ist der Standesbeamte zuständig, in dessen Bezirk der Erklärende seinen Wohnsitz, beim Fehlen eines Wohnsitzes seinen gewöhnlichen Aufenthalt hat. Unter mehreren zuständigen Standesbeamten hat der Erklärende die Wahl. Hat ein Deutscher im Bundesgebiet einschließlich des Landes Berlin keinen Wohnsitz oder gewöhnlichen Aufenthalt, ist er aber in Bayern kirchensteuerpflichtig, so ist zur Entgegennahme der Standesbeamte des Standesamtes I in München zuständig.

   (2) Ausländische Staatsangehörige, die ihren Wohnsitz oder gewöhnlichen Aufenthalt in Bayern haben, können gegenüber dem örtlich zuständigen Standesbeamten den Austritt erklären. Die Volljährigkeit und gesetzliche Vertretungsbefugnis richten sich nach dem jeweiligen Heimatrecht des Ausländers.

   (3) In der Austrittserklärung sind der Familienname und die Vornamen des Erklärenden, Tag und Ort seiner Geburt, sein Wohnsitz oder ständiger Aufenthalt, sein Beruf, sein Familienstand, bei Personen, die verheiratet sind oder waren, auch Kennzeichen und Führungsort des Familienbuches, wenn noch kein Familienbuch angelegt ist, Tag und Ort der Eheschließung anzugeben. In der Erklärung muß die Religions- oder Weltanschauungsgemeinschaft, aus der der Erklärende austreten will, eindeutig bezeichnet sein. Der Austritt darf nicht unter einer Bedingung, einer Einschränkung oder einem Vorbehalt erklärt werden.

   (4) Vertretung bei der Abgabe der Austrittserklärung ist zulässig. Der Vertreter hat seine Vertretungsmacht durch Vorlage einer schriftlichen Vollmacht nachzuweisen, die ausdrücklich zu der Abgabe einer Erklärung über den Austritt aus einer bestimmten Kirche, religions- oder weltanschaulichen Gemeinschaft bevollmächtigt. Absatz 3 Satz 3 findet auf die Vollmachterklärung entsprechende Anwendung.“

3. In § 4 Abs 1 werden die Worte „Wohnsitz in einem anderen Land der Bundesrepublik oder in Berlin (West)“ ersetzt durch die Worte „Wohnsitz in

einem anderen Land der Bundesrepublik Deutschland einschließlich des Landes Berlin".

§ 2

(1) Diese Verordnung tritt am 1. Mai 1976 in Kraft.

(2) Gleichzeitig tritt die Bekanntmachung über den Vollzug des § 17 Abs III der Verfassungsurkunde des Freistaates Bayern (Austritt aus einer Religionsgesellschaft) vom 16. Januar 1922 (BayBS I S 306) außer Kraft.

Verordnung zur Änderung der Verordnung zur Ausführung des Kirchensteuergesetzes

Vom 5. Mai 1982

(GVBl 1982 S 243, BStBl 1982 I S 622)

Auf Grund des Art 26 des Kirchensteuergesetzes in der Fassung der Bekanntmachung vom 15. März 1967 (GVBl S 317), zuletzt geändert durch Gesetz vom 4. Mai 1982 (GVBl S 234), erläßt das Bayerische Staatsministerium für Unterricht und Kultus folgende Verordnung:

§ 1

Die Verordnung zur Ausführung des Kirchensteuergesetzes (AVKirchStG) vom 15. März 1967 (GVBl S 320, ber S 381), zuletzt geändert durch Verordnung vom 1. April 1976 (GVBl S 159), wird wie folgt geändert:

1. § 9 Abs 2 erhält folgende Fassung:

   „(2) Bei der Berechnung der Kircheneinkommensteuer und der Kirchenlohnsteuer bleiben Bruchteile von Pfennigen unberücksichtigt. Die gegebenenfalls nach Anrechnung der Kirchenlohnsteuer, der Vorauszahlungen und sonstiger Beträge verbleibende Kircheneinkommensteuer ist zum Vorteil des Steuerpflichtigen auf volle zehn Pfennige zu runden. Im Kirchenlohnsteuer-Jahresausgleich zu erstattende Kirchenlohnsteuer ist auf volle zehn Pfennige aufzurunden. Bei konfessionsverschiedener Ehe sind diese Rundungen zugunsten beider Ehegatten vorzunehmen."

2. § 12 Abs 2 wird aufgehoben. Der bisherige Absatz 3 wird Absatz 2.

3. § 14 wird wie folgt geändert:

a) In Absatz 1 werden folgende Sätze 3 und 4 angefügt:

„Die nach Satz 2 in der Lohnsteueranmeldung anzugebenden Beträge sollen auf volle zehn Pfennige abgerundet werden. Wird Kirchenlohnsteuer durch Haftungs- oder Nachforderungsbescheid erhoben, gilt diese Rundungsregelung sinngemäß."

b) Absatz 4 wird aufgehoben.

4. In § 18 Abs 1 werden die Worte „Landeskirchliche Stiftungsverwaltung" jeweils durch das Wort „Landeskirchenkasse" ersetzt.

§ 2

Diese Verordnung tritt am 1. Juli 1982 in Kraft.

Gesetz über die Erhebung von Steuern durch öffentlich-rechtliche Religionsgemeinschaften im Land Berlin (Kirchensteuergesetz – KiStG) in der Fassung vom 9. Juli 1975

(GVBl 1975 S. 1829)

§ 1

Besteuerungsrecht

(1) Kirchen und andere Religionsgemeinschaften, die Körperschaften des öffentlichen Rechts sind, können nach Maßgabe dieses Gesetzes Steuern auf Grund eigener Steuerordnungen erheben (steuerberechtigte Religionsgemeinschaften).

(2) Die Verwaltung der Steuer obliegt der steuerberechtigten Religionsgemeinschaft, soweit sie nicht nach § 2 des Gesetzes über den Anwendungsbereich der Reichsabgabenordnung in der Fassung vom 6. Januar 1966 (GVBl S 90) den Berliner Finanzbehörden übertragen wird.

§ 2

Steuerpflicht

(1) Steuerpflichtig sind natürliche Personen, die einer steuerberechtigten Religionsgemeinschaft angehören und ihren Wohnsitz oder gewöhnlichen Aufenthalt im Sinne der Steuergesetze im Land Berlin haben.

(2) Bei mehrfachem Wohnsitz oder mehrfachem gewöhnlichen Aufenthalt eines Steuerpflichtigen darf die Steuer insgesamt nicht den Betrag übersteigen, den der Steuerpflichtige bei Heranziehung an dem Wohnsitz oder dem gewöhnli-

chen Aufenthalt mit der höchsten Steuerbelastung zu entrichten hätte; das Nähere ist in den Steuerordnungen zu regeln.

§ 3
Bemessungsgrundlagen und Höhe der Steuern

(1) Steuern können erhoben werden als

a) Steuern vom Einkommen,

b) Steuer vom Vermögen,

c) Steuer vom Grundbesitz,

d) Kirchgeld.

(2) Das Kirchgeld kann nach festen oder gestaffelten Sätzen erhoben werden. Das Nähere regeln die Steuerordnungen der steuerberechtigten Religionsgemeinschaften.

(3) Die Steuern nach Absatz 1 können nebeneinander erhoben werden. In den Steuerordnungen kann bestimmt werden, daß Steuern einer Art auf Steuern anderer Art angerechnet werden.

(4) Erhebungszeitraum ist das Kalenderjahr.

(5) Die Höhe der Steuern ist durch Beschluß der zuständigen Organe der steuerberechtigten Religionsgemeinschaft im voraus für längstens drei Erhebungszeiträume festzusetzen. Soweit die Steuer vom Einkommen, vom Vermögen oder vom Grundbesitz erhoben wird, ist sie jeweils nach einem Vomhundertsatz der um die Kürzungsbeträge nach Absatz 6 geminderten Einkommensteuer, der Vermögensteuer oder des Grundsteuermeßbetrags (Maßstabsteuern) zu bemessen; die Steuer vom Einkommen kann auch nach einem besonderen Tarif erhoben werden. Die Festsetzung einer Mindeststeuer vom Einkommen und von Höchstbeträgen ist zulässig.

(6) Vor Erhebung der Steuer vom Einkommen (Absatz 1 Buchst a) ist für Kinder, die nach § 32 Abs 4 bis 7 des Einkommensteuergesetzes bei dem Steuerpflichtigen zu berücksichtigen sind, die festgesetzte Einkommensteuer und die Jahreslohnsteuer um die in § 51 a des Einkommensteuergesetzes in der jeweils geltenden Fassung genannten Beträge zu kürzen. Bei Ehegatten, die nach § 26 a des Einkommensteuergesetzes getrennt veranlagt werden oder bei denen die Lohnsteuer nach der Steuerklasse IV erhoben wird, werden die Kürzungsbeträge nach Satz 1 bei jedem Ehegatten zur Hälfte berücksichtigt.

§ 4
Ehegattenbesteuerung

(1) Ehegatten, die derselben steuerberechtigten Religionsgemeinschaft angehören (konfessionsgleiche Ehen) und zur Maßstabsteuer zusammenveranlagt

werden, werden gemeinsam zu der von der Maßstabsteuer abhängigen Steuer herangezogen. Die Steuer bemißt sich nach der gegen die Ehegatten festgesetzten Maßstabsteuer. Entsprechendes gilt im Falle eines gemeinsamen Lohnsteuer-Jahresausgleichs. § 7 des Steueranpassungsgesetzes findet Anwendung.

(2) Gehören Ehegatten verschiedenen steuerberechtigten Religionsgemeinschaften an (konfessionsverschiedene Ehen) und haben sie bei der Veranlagung zur Maßstabsteuer die Zusammenveranlagung gewählt, so ist, wenn die steuerberechtigten Religionsgemeinschaften dies vereinbaren, von jedem Ehegatten die von der Maßstabsteuer abhängige Steuer in Höhe der Hälfte des Betrags zu erheben, der im Falle der konfessionsgleichen Ehe nach Absatz 1 gegen beide Ehegatten festzusetzen wäre. Fehlt eine Vereinbarung der steuerberechtigten Religionsgemeinschaften oder werden die Ehegatten zu einer Maßstabsteuer kraft Gesetzes zusammenveranlagt, so ist jeder Ehegatte nach seinem Anteil an der gegen die Ehegatten festgesetzten Maßstabsteuer zur Steuer heranzuziehen. Die Anteile der Ehegatten an der Maßstabsteuer bemessen sich nach dem Verhältnis der Beträge, die sich bei einer getrennten Veranlagung zur Maßstabsteuer ergeben würden. Entsprechendes gilt im Falle eines gemeinsamen Lohnsteuer-Jahresausgleichs.

(3) Gehört nur ein Ehegatte einer steuerberechtigten Religionsgemeinschaft an (glaubensverschiedene Ehen) und werden die Ehegatten zur Maßstabsteuer zusammenveranlagt, so ist die gegen beide Ehegatten festgesetzte Maßstabsteuer im Verhältnis der Beträge aufzuteilen, die sich bei einer getrennten Veranlagung für jeden Ehegatten ergeben würden. Die von der Maßstabsteuer abhängige Steuer des der steuerberechtigten Religionsgemeinschaft angehörenden Ehegatten ist nach dem auf ihn entfallenden Teil der Maßstabsteuer zu bemessen. Entsprechendes gilt im Falle eines gemeinsamen Lohnsteuer-Jahresausgleichs.

§ 5
Entstehung der Steuerschuld

(1) Bei der Steuer vom Einkommen und dem Kirchgeld entsteht die Steuerschuld mit Ablauf des Erhebungszeitraums. Sind Vorauszahlungen zu leisten, so entsteht die Schuld mit Beginn des Vorauszahlungszeitraums. Soweit die Steuer im Lohnabzugsverfahren erhoben wird, entsteht die Steuerschuld im Zeitpunkt des Zufließens der steuerabzugspflichtigen Einkünfte.

(2) Bei der Steuer vom Vermögen und der Steuer vom Grundbesitz entsteht die Steuerschuld mit Beginn des Erhebungszeitraums.

§ 6
Entrichtung der Steuer

(1) Für die Entrichtung der Steuer vom Einkommen und des Kirchgeldes finden die Vorschriften über die Entrichtung der Einkommensteuer entsprechende

Anwendung. Die Vorschriften des Einkommensteuergesetzes über den Steuerabzug vom Arbeitslohn (Lohnsteuer) gelten jedoch nur, wenn und soweit die Verwaltung der Steuer den Berliner Finanzbehörden übertragen worden ist.

(2) Für die Entrichtung der Steuer vom Vermögen und der Steuer vom Grundbesitz finden die Vorschriften über die Entrichtung der Vermögensteuer und der Grundsteuer entsprechende Anwendung.

§ 7

Anwendung allgemeiner Steuergesetze

Für die Steuern nach diesem Gesetz gelten die Vorschriften der Reichsabgabenordnung und ihrer Nebengesetze in der jeweils geltenden Fassung entsprechend. Die §§ 228 bis 259 und 391 bis 449 der Reichsabgabenordnung und die Finanzgerichtsordnung finden keine Anwendung. In den Steuerordnungen kann bestimmt werden, daß das Steuersäumnisgesetz keine Anwendung findet.

§ 8

Änderung von Steuerbescheiden

Ist die Festsetzung einer Maßstabsteuer berichtigt oder geändert worden, so sind Bescheide über Steuern nach diesem Gesetz, die auf der bisherigen Festsetzung beruhen, von Amts wegen durch neue Bescheide zu ersetzen, die der Berichtigung oder Änderung Rechnung tragen.

§ 9

Rechtsbehelfe

(1) Gegen die Heranziehung zu Steuern nach diesem Gesetz ist der Verwaltungsrechtsweg gegeben. Vor Erhebung der Klage ist die Heranziehung im Widerspruchsverfahren nach den §§ 68ff der Verwaltungsgerichtsordnung nachzuprüfen. Behörde im Sinne des § 70 Abs 1 Satz 1 und der §§ 72, 73 Abs 1 Satz 1 der Verwaltungsgerichtsordnung ist die Behörde oder Stelle der steuerberechtigten Religionsgemeinschaft, für die die Heranziehung vorgenommen worden ist. Die für die Entscheidung über den Widerspruch zuständigen Behörden oder Stellen sind in den Steuerordnungen zu bestimmen.

(2) Ein Bescheid über die Festsetzung einer Steuer nach diesem Gesetz kann nicht mit der Begründung angefochten werden, daß der Bescheid über die Festsetzung der Maßstabsteuer unzutreffend sei.

(3) Absatz 1 gilt auch für alle anderen Verfügungen in Steuerangelegenheiten, die von den Behörden oder Stellen der steuerberechtigten Religionsgemeinschaften mit Wirkung für oder gegen die zur Steuer herangezogenen Personen erlassen werden.

§ 10

Erhebung für steuerberechtigte Religionsgemeinschaften außerhalb von Berlin

Werden für die einer steuerberechtigten Religionsgemeinschaft angehörenden Arbeitnehmer, die weder einen Wohnsitz noch ihren gewöhnlichen Aufenthalt im Land Berlin haben, der Arbeitslohn und die Lohnsteuer in einem Betrieb oder Teilbetrieb des Arbeitgebers in Berlin berechnet und dort auch die Lohnsteuerkarten aufbewahrt, so kann der Senator für Finanzen auf Antrag einer Behörde oder Stelle der steuerberechtigten Religionsgemeinschaft außerhalb Berlins anordnen, daß Steuer vom Einkommen nach diesem Gesetz im Abzugsverfahren für die entsprechende steuerberechtigte Religionsgemeinschaft in Berlin einzubehalten und an das für die Lohnsteuer zuständige Berliner Finanzamt abzuführen ist. Ist die Steuer am Wohnsitz oder gewöhnlichen Aufenthalt des Arbeitnehmers niedriger als im Land Berlin, so ist dem Antrag nur stattzugeben, wenn die Erstattung zu viel einbehaltener Steuer gewährleistet ist.

§ 11

Beitreibung

Für die Beitreibung von Steuern nach diesem Gesetz gilt, soweit die Steuern von der steuerberechtigten Religionsgemeinschaft selbst verwaltet werden, das Verwaltungs-Vollstreckungsgesetz vom 27. April 1953 (BGBl I S 157/GVBl S 361) entsprechend.

§ 12

Steuerordnungen und Steuerbeschlüsse

(1) Die Steuerordnungen und die Steuerbeschlüsse bedürfen zu ihrer Wirksamkeit der Genehmigung des Senators für Finanzen.

(2) Liegt zu Beginn eines Erhebungszeitraums ein genehmigter Steuerbeschluß nicht vor, so ist der bisherige Steuerbeschluß bis zur Genehmigung eines neuen Steuerbeschlusses, längstens jedoch für einen Zeitraum von sechs Monaten, weiter anzuwenden.

§ 13

Änderung des Gesetzes zur Ausführung der Verwaltungsgerichtsordnung

§ 4 des Gesetzes zur Ausführung der Verwaltungsgerichtsordnung vom 22. März 1960 (GVBl S 269) wird aufgehoben.

§ 14

Inkrafttreten

Dieses Gesetz tritt mit Wirkung vom 1. Januar 1967 in Kraft.*)

Gesetz zur Anpassung von Steuergesetzen an die Abgabenordnung vom 16. März 1976 (AOAnpG)

Vom 10. Mai 1977

(GVBl 1977 S 922)

– Auszug –

Das Abgeordnetenhaus hat das folgende Gesetz beschlossen:

Artikel II

Das Gesetz über die Erhebung von Steuern durch öffentlich-rechtliche Religionsgemeinschaften im Land Berlin (Kirchensteuergesetz – KiStG) in der Fassung vom 9. Juli 1975 (GVBl S 1829) wird wie folgt geändert:

1. In § 1 Abs 2 werden die Worte „Reichsabgabenordnung in der Fassung vom 6. Januar 1966 (GVBl S 90)" durch die Worte „Abgabenordnung in der jeweils geltenden Fassung" ersetzt.

2. § 4 Abs 1 Satz 4 erhält folgende Fassung:
   „Die §§ 42, 268 bis 280 der Abgabenordnung finden entsprechende Anwendung."

3. § 7 wird wie folgt geändert:
   a) In Satz 1 werden die Worte „Reichsabgabenordnung und ihre Nebengesetze" durch das Wort „Abgabenordnung" ersetzt,
   b) Satz 2 erhält folgende Fassung:
   „Die §§ 347 bis 412 der Abgabenordnung und die Finanzgerichtsordnung finden keine Anwendung.",
   c) in Satz 3 werden die Worte „das Steuersäumnisgesetz keine Anwendung findet" durch die Worte „die §§ 233 bis 240 der Abgabenordnung keine Anwendung finden." ersetzt.

---

*) Diese Bestimmung betrifft das Inkrafttreten des Gesetzes in seiner ursprünglichen Fassung vom 15. Februar 1967 (GVBl S 189, BStBl 1967 II S 85).

4. § 8 erhält folgende Fassung:

„§ 8
Änderung von Steuerbescheiden

Ist die Festsetzung einer Maßstabsteuer aufgehoben, geändert oder berichtigt worden, so sind Bescheide über Steuern nach diesem Gesetz, die auf der bisherigen Festsetzung beruhen, von Amts wegen durch neue Bescheide zu ersetzen, die der Aufhebung, Änderung oder Berichtigung Rechnung tragen."

5. In § 9 Abs 3 wird das Wort „Verfügungen" durch das Wort „Verwaltungsakte" ersetzt.

6. In § 11 wird in der Überschrift und im Text jeweils das Wort „Beitreibung" durch das Wort „Vollstreckung" ersetzt.

Artikel VI

(1) Anhängige Verfahren werden nach den Vorschriften der Abgabenordnung zu Ende geführt, soweit in den nachfolgenden Vorschriften nichts anderes bestimmt ist.

(2) Die Übergangsvorschriften des Artikels 97 des Einführungsgesetzes zur Abgabenordnung vom 14. Dezember 1976 (BGBl I S 3341/GVBl S 2836) sind auf Steuern, Steuervergütungen und steuerliche Nebenleistungen nach § 1 Abs 1 Satz 1 des Gesetzes über den Anwendungsbereich der Abgabenordnung entsprechend anzuwenden, soweit sie den Beginn des Laufes von Fristen, die Vorschriften über den Verspätungszuschlag, Aufhebung und Änderung von Verwaltungsakten, Festsetzungsverjährung, Haftung, Zahlungsverjährung, Zinsen, Säumniszuschläge, Angabe des Schuldgrundes und die Zulässigkeit und Art außergerichtlicher Rechtsbehelfe betreffen.

Artikel VII

(1) Der Senator für Finanzen wird ermächtigt, das Gesetz über den Anwendungsbereich der Abgabenordnung in der sich aus diesem Gesetz ergebenden Fassung mit neuem Datum, neuer Überschrift und neuer Paragraphenfolge bekanntzumachen und dabei Unstimmigkeiten des Wortlauts zu beseitigen.

(2) Der Senator für Finanzen wird ermächtigt, das Kirchensteuergesetz in der sich aus diesem Gesetz ergebenden Fassung mit neuem Datum bekanntzumachen.

Artikel VIII

Dieses Gesetz tritt am Tage nach der Verkündung im Gesetz- und Verordnungsblatt für Berlin in Kraft.

Das vorstehende Gesetz wird hiermit verkündet.

Gesetz zur Änderung des Grunderwerbsteuergesetzes und anderer Gesetze

Vom 28. November 1978

(GVBl 1978 S 2208)

— Auszug —

Das Abgeordnetenhaus hat das folgende Gesetz beschlossen:

Artikel II

Änderung anderer Gesetze

2. Das Gesetz über die Erhebung von Steuern durch öffentlich-rechtliche Religionsgemeinschaften im Land Berlin (Kirchensteuergesetz – KiStG) in der Fassung vom 9. Juli 1975 (GVBl S 1829), geändert durch Gesetz vom 10. Mai 1977 (GVBl S 922), wird wie folgt geändert:

In § 4 Abs 1 Satz 4 wird die Zahl „42“ durch die Zahl „44“ ersetzt.

Gesetz zur Änderung des Kirchensteuergesetzes

Vom 11. Dezember 1985

(GVBl 1985 S 2414, BStBl 1986 I S 270)

Das Abgeordnetenhaus hat das folgende Gesetz beschlossen:

Artikel I

Das Gesetz über die Erhebung von Steuern durch öffentlich-rechtliche Religionsgemeinschaften im Land Berlin (Kirchensteuergesetz – KiStG) in der Fassung vom 9. Juli 1975 (GVBl S 1829), zuletzt geändert durch Gesetz vom 28. November 1978 (GVBl S 2208), wird wie folgt geändert:

§ 3 Abs 6 erhält folgende Fassung:

„(6) Vor Erhebung der Steuern vom Einkommen (Absatz 1 Buchstabe a) ist die festgesetzte Einkommensteuer und die Jahreslohnsteuer nach Maßgabe des § 51 a des Einkommensteuergesetzes in der Fassung vom 12. Juni 1985 (BGBl I S 977/GVBl S 1345), geändert durch Gesetz vom 26. Juni 1985 (BGBl I S 1153/GVBl S 1445), zu kürzen.“

Artikel II

Der Senator für Finanzen wird ermächtigt, das Kirchensteuergesetz in der geänderten Fassung mit neuem Datum bekanntzugeben.

Artikel III

Dieses Gesetz tritt am Tage nach der Verkündung im Gesetz- und Verordnungsblatt für Berlin in Kraft. Die Vorschriften dieses Gesetzes sind erstmals für das am 1. Januar 1986 beginnende Kalenderjahr anzuwenden, beim Steuerabzug vom Arbeitslohn erstmals auf laufenden Arbeitslohn, der für einen nach dem 31. Dezember 1985 endenden Lohnzahlungszeitraum gezahlt wird, und auf sonstige Bezüge, die nach dem 31. Dezember 1985 zufließen.

Das vorstehende Gesetz wird hiermit verkündet.

Gesetz über die Erhebung von Steuern durch Kirchen, andere Religionsgemeinschaften und Weltanschauungsgemeinschaften in der Freien Hansestadt Bremen (Kirchensteuergesetz – KiStG) –)

In der Fassung vom 10. Januar 1978

(GVBl 1978 S 59, BStBl 1978 I S 139)

Der Senat verkündet das nachstehende von der Bürgerschaft (Landtag) beschlossene Gesetz:

§ 1

Steuerberechtigung

Die Kirchen in der Freien Hansestadt Bremen sind berechtigt, von ihren Kirchenangehörigen aufgrund eigener Kirchensteuerverordnung Kirchensteuern zu erheben.

§ 2

Kirchen

Kirchen im Sinne dieses Gesetzes sind

1. die Bremische Evangelische Kirche sowie die Evangelisch-lutherische Landeskirche Hannovers, die Evangelisch-reformierte Kirche in Nordwestdeutschland und die Römisch-katholische Kirche mit ihren Kirchengemeinden und Kirchengemeindeverbänden (Kirchenkreisen) in der Freien Hansestadt Bremen,

2. andere Religionsgemeinschaften und Weltanschauungsgemeinschaften, die Körperschaften des öffentlichen Rechts sind.

§ 3

Kirchensteuerordnung

(1) Die Kirchensteuerordnung wird durch die Kirche erlassen. Durch die Kirchensteuerordnung kann ein Organ der Kirche ermächtigt werden, über die Höhe der Kirchensteuern zu beschließen (Kirchensteuerbeschluß). Die Kirchensteuerordnung und der Kirchensteuerbeschluß sowie deren Änderungen und Ergänzungen sind nach der Genehmigung (Absatz 3) durch die Kirche öffentlich bekanntzumachen.

(2) Die Kirchensteuerordnung und der Kirchensteuerbeschluß bedürfen zu ihrer Wirksamkeit der Genehmigung durch den Senator für Finanzen.

(3) Liegt zu Beginn eines Kalenderjahrs ein genehmigter Kirchensteuerbeschluß nicht vor, so gilt der bisherige Beschluß bis zur Genehmigung eines neuen Beschlusses weiter, längstens jedoch bis zum 30. Juni dieses Kalenderjahrs.

§ 4

Kirchensteuerpflicht

(1) Kirchensteuerpflichtig sind unbeschadet des § 9 Abs 6 natürliche Personen, die der Kirche angehören und ihren Wohnsitz oder ihren gewöhnlichen Aufenthalt im Sinne der Steuergesetze in der Freien Hansestadt Bremen haben.

(2) Die Kirchensteuerpflicht beginnt bei Begründung des Wohnsitzes oder des gewöhnlichen Aufenthalts und bei Aufnahme in die Kirche mit dem Anfang des folgenden Kalendermonats, bei Übertritt aus einer anderen steuererhebenden Kirche jedoch nicht vor dem Ende der bisherigen Kirchensteuerpflicht.

(3) Die Kirchensteuerpflicht endet

1. bei Aufgabe des Wohnsitzes oder des gewöhnlichen Aufenthalts mit dem Ende des Kalendermonats, in dem der Wohnsitz oder der gewöhnliche Aufenthalt aufgegeben worden ist;
2. bei Austritt aus der Kirche mit Ablauf des Kalendermonats, der auf die Erklärung des Kirchenaustritts (§ 10) folgt.

(4) Bei mehrfachem Wohnsitz darf die Belastung mit Kirchensteuern insgesamt den Betrag nicht übersteigen, den der Kirchensteuerpflichtige bei Heranziehung an dem Wohnsitz mit der höchsten Steuerbelastung zu entrichten hätte. Das Nähere regelt die Kirchensteuerordnung.

§ 5

Steuerarten

(1) Kirchensteuern können erhoben werden als

1. Kirchensteuer vom Einkommen mit einem festen Hundertsatz der Einkommensteuer (Lohnsteuer);
2. Kirchgeld in festen oder in gestaffelten Beträgen.

(2) Vor Erhebung der Kirchensteuer vom Einkommen ist für Kinder, die nach § 32 Abs 4 bis 7 des Einkommensteuergesetzes bei dem Steuerpflichtigen zu berücksichtigen sind, die festgesetzte Einkommensteuer und die Jahreslohnsteuer um die in § 51 a des Einkommensteuergesetzes in der jeweils geltenden Fassung genannten Beträge zu kürzen. Bei Ehegatten, die nach § 26 a des Einkommensteuergesetzes getrennt veranlagt werden oder bei denen die Lohnsteuer nach der Steuerklasse IV erhoben wird, werden die Kürzungsbeträge nach Satz 1 bei jedem Ehegatten je zur Hälfte berücksichtigt.

(3) Für die Kirchensteuer vom Einkommen können Höchstbeträge bestimmt werden.

§ 6

Bemessungsgrundlagen, Gesamtschuldner

(1) Die Kirchensteuern sind gemäß den jeweils in der Person des Kirchensteuerpflichtigen gegebenen Steuerbemessungsgrundlagen zu erheben.

(2) Gehören Ehegatten derselben steuerberechtigten Kirche an (konfessionsgleiche Ehe), so bemißt sich die Kirchensteuer vom Einkommen unbeschadet des § 5 Abs 2

1. bei getrennter Veranlagung zur Einkommensteuer und beim Steuerabzug vom Arbeitslohn nach der Steuer jedes Ehegatten;
2. bei der Zusammenveranlagung zur Einkommensteuer nach der gemeinsamen Einkommensteuer beider Ehegatten.

(3) Gehören Ehegatten verschiedenen steuerberechtigten Kirchen an (konfessionsverschiedene Ehe), so bemißt sich die Kirchensteuer vom Einkommen unbeschadet des § 5 Abs 2

1. bei getrennter Veranlagung zur Einkommensteuer und beim Steuerabzug vom Arbeitslohn nach der Steuer jedes Ehegatten;
2. bei der Zusammenveranlagung zur Einkommensteuer nach der Hälfte der gemeinsamen Einkommensteuer beider Ehegatten.

(4) Gehört nur ein Ehegatte einer steuerberechtigten Kirche an (glaubensverschiedene Ehe), so bemißt sich die Kirchensteuer vom Einkommen unbeschadet des § 5 Abs 2

1. bei getrennter Veranlagung zur Einkommensteuer und beim Steuerabzug vom Arbeitslohn nach der Steuer des kirchensteuerpflichtigen Ehegatten;
2. bei der Zusammenveranlagung zur Einkommensteuer nach dem Teil der gemeinsamen Einkommensteuer beider Ehegatten, der auf den kirchensteuerpflichtigen Ehegatten entfällt, wenn die gemeinsame Steuer – nach Kürzung um die Beträge nach § 5 Abs 2 – im Verhältnis der Einkommensteuerbeträge aufgeteilt wird, die sich bei Anwendung der Einkommensteuer-Grundtabelle (Anlage zu § 32a Abs 4 des Einkommensteuergesetzes) auf den Gesamtbetrag der Einkünfte eines jeden Ehegatten ergeben würden.

(5) Beim gemeinsamen Lohnsteuer-Jahresausgleich für Ehegatten gelten die für die Zusammenveranlagung zur Einkommensteuer getroffenen Regelungen entsprechend.

(6) Besteht bei Zuzug oder bei Wegzug des Kirchensteuerpflichtigen oder bei Eintritt in die Kirche oder bei Austritt aus der Kirche die Kirchensteuerpflicht nicht während des ganzen Kalenderjahrs, so ist die durch eine Einkommensteuerveranlagung oder durch einen Lohnsteuer-Jahresausgleich festgestellte Bemessungsgrundlage – nach Kürzung um die Beträge nach § 5 Abs 2 – für jeden Kalendermonat, in dem die Kirchensteuerpflicht nicht gegeben war, um ein Zwölftel zu kürzen; dies gilt nicht, wenn gleichzeitig mit dem Beginn oder dem Ende der Kirchensteuerpflicht die unbeschränkte Einkommensteuerpflicht beginnt oder endet.

(7) Ehegatten sind in den Fällen des Absatzes 2 Nr 2 und des Absatzes 3 Nr 2 Gesamtschuldner der Kirchensteuer. Die Vorschriften der Abgabenordnung über die Aufteilung einer Gesamtschuld sind sinngemäß anzuwenden.

§ 7

Anzuwendende Vorschriften

(1) Soweit sich aus diesem Gesetz oder aus der Kirchensteuerordnung nichts anderes ergibt, sind auf die Kirchensteuer vom Einkommen die für die Einkommensteuer geltenden Vorschriften entsprechend anzuwenden.

(2) Nicht anzuwenden sind die Vorschriften der Abgabenordnung über Säumniszuschläge, Strafen, Bußgelder und über das Straf- und Bußgeldverfahren.

§ 8

Verwaltung durch die Kirchen

(1) Die Kirchensteuern werden durch die in der Kirchensteuerordnung bezeichneten kirchlichen Einrichtungen verwaltet, soweit die Verwaltung nicht nach § 9 Abs 1 den Landesfinanzbehörden übertragen ist.

(2) Die zuständigen Landesfinanzbehörden haben den Kirchen auf Anfordern die Steuerbemessungsgrundlagen (§ 6 Abs 1) mitzuteilen und die für den kirchlichen Finanzausgleich erforderlichen Unterlagen zur Verfügung zu stellen.

(3) Für Streitigkeiten in Kirchensteuerangelegenheiten, die sich bei der Verwaltung durch die Kirchen ergeben, ist der Verwaltungsrechtsweg gegeben. Anfechtungsklage kann erst erhoben werden, wenn der kirchliche Verwaltungsakt von der in der Kirchensteuerordnung bezeichneten kirchlichen Einrichtung in einem Widerspruchsverfahren nach den Vorschriften des 8. Abschnitts der Verwaltungsgerichtsordnung nachgeprüft worden ist; dies gilt für Verpflichtungsklagen entsprechend, wenn der Antrag auf Vornahme des kirchlichen Verwaltungsakts abgelehnt worden ist.

(4) Rechtsbehelfe gegen Bescheide in Kirchensteuersachen können nicht darauf gestützt werden, die Einkommensteuer (Lohnsteuer) sei unrichtig festgesetzt worden.

(5) Wird die Einkommensteuer (Lohnsteuer) geändert, so ist die Kirchensteuer, die auf der geänderten Einkommensteuer (Lohnsteuer) beruht, von Amts wegen entsprechend zu ändern. Dies gilt auch dann, wenn der Kirchensteuerbescheid bereits unanfechtbar geworden ist.

(6) Soweit die Kirchensteuern durch die Kirchen verwaltet werden, gelten nicht die Vorschriften der Abgabenordnung über die Außenprüfung, die Steuerfahndung, die Steueraufsicht in besonderen Fällen, die Vollstreckung und über das außergerichtliche Rechtsbehelfsverfahren.

(7) Verwaltungsakte, mit denen Kirchensteuern gefordert werden, werden auf Antrag der kirchlichen Einrichtung, die diese Steuern verwaltet, durch die Finanzämter nach den Vorschriften der Abgabenordnung vollstreckt.

§ 9

Verwaltung durch die Landesfinanzbehörden

(1) Der Senator für Finanzen hat auf Antrag der Kirche die Verwaltung der Kirchensteuer vom Einkommen den Landesfinanzbehörden zu übertragen, wenn und solange

1. dieser Kirche wenigstens 1 vom Hundert der Bewohner der Freien Hansestadt Bremen angehören,
2. die in der Kirchensteuerordnung und in dem Kirchensteuerbeschluß getroffenen Regelungen mit den von den Landesfinanzbehörden anzuwendenden sonstigen steuerlichen Vorschriften und mit dem Erfordernis einer möglichst rationellen Verwaltung dieser Kirchensteuer zu vereinbaren sind, insbesondere die Kirchensteuer gemäß den gleichen Grundsätzen und mit den gleichen Steuersätzen und Höchstbeträgen zu erheben ist, die für die von

den Landesfinanzbehörden zu verwaltenden Kirchensteuern der anderen Kirchen gelten,

3. die Kirche dem Land für diese Verwaltung eine mit dem Senator für Finanzen zu vereinbarende angemessene Vergütung zahlt.

Soweit die Kirchensteuern beim Inkrafttreten dieses Gesetzes von den Landesfinanzbehörden verwaltet werden, gilt die Verwaltung als nach Satz 1 übertragen.

(2) Soweit die Kirchensteuern durch die Landesfinanzbehörden verwaltet werden, gelten unbeschadet des § 7 die folgenden Absätze 3 bis 8.

(3) Die Kirchensteuer der Einkommensteuerpflichtigen wird grundsätzlich zusammen mit der Einkommensteuer festgesetzt und erhoben. Der Kirchensteuerbetrag ist nach Anrechnung der durch Steuerabzug erhobenen Beträge (Absatz 4) zugunsten des Steuerpflichtigen auf den nächsten vollen Deutsche-Mark-Betrag ab- oder aufzurunden. Vorauszahlungen auf die Kirchensteuer sind bei der Festsetzung auf den nächsten vollen Deutsche-Mark-Betrag abzurunden; sie sind nur festzusetzen, wenn Vorauszahlungen auf die Einkommensteuer zu entrichten sind.

(4) Die Kirchensteuer der Lohnsteuerpflichtigen wird zusammen mit der Lohnsteuer durch Steuerabzug vom Arbeitslohn erhoben. Die einzelnen Abzugsbeträge sind auf den nächsten vollen Pfennig-Betrag abzurunden. Die Vorschriften über die Einbehaltung, Anmeldung und Abführung der Lohnsteuer, über den Lohnsteuer-Jahresausgleich und über die Haftung gelten entsprechend.

(5) Als Kirchgeld erhobene Kirchensteuerbeträge werden auf die Kirchensteuer vom Einkommen nicht angerechnet.

(6) Der Senator für Finanzen kann auf Antrag der beteiligten steuerberechtigten Kirchen (Absatz 1) die Einbehaltung und Abführung der Kirchensteuern auch für Arbeitnehmer anordnen, die ihren Wohnsitz oder ihren gewöhnlichen Aufenthalt nicht in der Freien Hansestadt Bremen haben, aber von einer in der Freien Hansestadt Bremen belegenen Betriebstätte (§ 41 Abs 2 des Einkommensteuergesetzes) entlohnt werden und der Evangelischen oder der Römisch-katholischen Kirche angehören. Wenn am Ort des Wohnsitzes oder des gewöhnlichen Aufenthalts dieser Arbeitnehmer niedrigere Steuersätze als in der Freien Hansestadt Bremen gelten, ist dem Antrag nur stattzugeben, wenn die Erstattung der zu viel einbehaltenen Kirchensteuer gewährleistet wird.

(7) § 8 Abs 4 und 5 gilt entsprechend.

(8) Wird die Einkommensteuer (Lohnsteuer) gestundet, niedergeschlagen oder aus Billigkeitsgründen abweichend festgesetzt oder erlassen oder wird die Vollziehung des Steuerbescheids ausgesetzt, so erstreckt sich diese Maßnahme in dem entsprechenden Umfang auch auf die Kirchensteuer. Das Recht der

Kirchen, darüber hinaus Kirchensteuer zu stunden oder zu erlassen, bleibt unberührt. Stundungszinsen werden von den Finanzämtern nicht erhoben.

§ 10

Austritt aus der Kirche

(1) Jeder hat das Recht, aus der Kirche auszutreten. Der Austritt ist gegenüber der Kirche oder der von ihr zu bestimmenden kirchlichen Stelle zu erklären. Die Zugehörigkeit zu der Kirche braucht nicht nachgewiesen zu werden.

(2) Die Erklärung ist persönlich zur Niederschrift abzugeben oder in öffentlich oder amtlich beglaubigter Form einzureichen; sie darf keinen Zusatz enthalten, insbesondere nicht unter einer Bedingung, einer Zeitbestimmung, einem Vorbehalt oder einer Beschränkung ihrer Wirksamkeit abgegeben werden. Für die amtliche Beglaubigung ist der Standesbeamte zuständig, in dessen Bezirk der Erklärende seinen Wohnsitz, beim Fehlen eines Wohnsitzes seinen gewöhnlichen Aufenthalt hat. Die Amtshandlungen des Standesbeamten sind gebührenfrei.

(3) Die mündliche Erklärung wird mit der Unterzeichnung der Niederschrift, die schriftliche Erklärung wird mit ihrem Eingang wirksam. Die Kirche hat den vollzogenen Austritt gebührenfrei zu bescheinigen.

§ 11

Aufhebung von Vorschriften

Mit dem Inkrafttreten dieses Gesetzes treten die Vorschriften des bisherigen Landesrechts, die diesem Gesetz entsprechen oder widersprechen, außer Kraft. Insbesondere werden aufgehoben:

1. die Steuerordnung für die Religionsgesellschaften und Weltanschauungsvereinigungen vom 9. November 1922 (SaBremR 61-d-1);
2. das Ermächtigungsgesetz für die Steuerordnung der Religionsgesellschaften und Weltanschauungsvereinigungen vom 30. Dezember 1923 (SaBremR 61-d-2);
3. das Gesetz betreffend die Erhebung von Kirchensteuern in den katholischen Kirchengemeinden und Gesamtverbänden vom 14. Juli 1905 (BremGBl 1965 S 107 – 101-a-2, Anlage B Nr 9, GS 1905 S 281);
4. das Gesetz, betreffend die Erhebung von Kirchensteuern in den Kirchengemeinden und Gesamt-(Parochial-)Verbänden der evangelisch-lutherischen Kirchen der Provinzen Hannover und Schleswig-Holstein sowie in den Kirchengemeinden der evangelisch-reformierten Kirche der Provinz Hannover vom 22. März 1906 (BremGBl 1965 S 107 – 101-a-2, Anlage B Nr 10, GS 1906 S 41);

5. das Gesetz, betreffend den Austritt aus den Religionsgesellschaften öffentlichen Rechts vom 30. November 1920 (BremGBl S 107 – 101-a-2, Anlage B Nr 18, GS 1921 S 119);
6. das Gesetz zur Änderung des Kirchensteuerrechts der evangelischen Landeskirchen vom 3. Mai 1929 (BremGBl 1965 S 107 – 101-a-2, Anlage B Nr 22, GS 1929 S 35);
7. das Gesetz zur Änderung des Kirchensteuer- und Umlagerechts der katholischen Kirche vom 3. Mai 1929 (BremGBl 1965 S 107 – 101-a-2, Anlage B Nr 23, GS 1929 S 43);
8. die §§ 3 und 4 des Bremischen Abgabengesetzes vom 15. Mai 1962 (SaBremR 60-a-1), zuletzt geändert durch Gesetz vom 22. März 1966 (BremGBl S 59).

§ 12

Übergangsvorschriften

(1) Die Kirchensteuerordnungen sind bis zum Ablauf des Kalenderjahrs 1975 den Erfordernissen dieses Gesetzes anzupassen oder neu zu schaffen. Bis dahin gelten unbeschadet des Absatzes 2 die bisherigen kirchenrechtlichen Regelungen weiter.

(2) Bisher erhobene Mindestbeträge an Kirchensteuer dürfen letztmalig für das Kalenderjahr 1975 erhoben werden. Beim Steuerabzug vom Arbeitslohn gilt Satz 1 mit der Maßgabe, daß der Mindestbetrag letztmalig von dem Arbeitslohn abgezogen werden darf, der bei laufendem Arbeitslohn für einen in diesem Kalenderjahr endenden Lohnzahlungszeitraum gezahlt wird, bei sonstigen Bezügen dem Arbeitnehmer vor Ablauf dieses Kalenderjahres zufließt.

(3) Die Kirchensteuer vom Einkommen ist bei Kirchenangehörigen, die in glaubensverschiedener Ehe leben, erstmalig für den Erhebungszeitraum 1975 entsprechend dem Aufteilungsmaßstab des § 6 Abs 4 Nr 2 aufzuteilen. Für die vorhergehenden Erhebungszeiträume gilt der bisherige Aufteilungsmaßstab.

§ 13*)

Inkrafttreten

Dieses Gesetz tritt am 1. Januar 1975 in Kraft.

---

*) Diese Vorschrift betrifft das Inkrafttreten des Gesetzes in der ursprünglichen Fassung vom 18. Dezember 1974 (BremGBl S 345 –)[1]). Der Zeitpunkt des Inkrafttretens der späteren Änderungen ergibt sich aus den Gesetzen vom 20. Dezember 1976 (BremGBl S 334)[2]) und vom 19. Dezember 1977 (BremGBl S 390)[3]).

1) BStBl 1975 I S 172.

2) BStBl 1977 I S 191.

3) BStBl 1978 I S 138.

Gesetz zur Änderung des Kirchensteuergesetzes

Vom 17. Dezember 1985

(GVBl 1985 S 235, BStBl 1986 I S 62)

Der Senat verkündet das nachstehende von der Bürgerschaft (Landtag) beschlossene Gesetz:

Artikel 1

Kirchensteuergesetz

Das Gesetz über die Erhebung von Steuern durch Kirchen, andere Religionsgemeinschaften und Weltanschauungsgemeinschaften in der Freien Hansestadt Bremen (Kirchensteuergesetz – KiStG –) in der Fassung der Bekanntmachung vom 10. Januar 1978 ((Brem GBl S 59 – 61-d-1) wird wie folgt geändert:

1. § 5 Abs 2 erhält folgende Fassung:

   „(2) Vor Berechnung der Kirchensteuer nach Absatz 1 Nr 1 ist die festgesetzte Einkommensteuer oder die Lohnsteuer nach Maßgabe des § 51 a des Einkommensteuergesetzes in seiner jeweiligen Fassung zu kürzen."

2. § 6 wird wie folgt geändert:

   a) Absatz 2 Nr 1 und Absatz 3 Nr 1 werden jeweils wie folgt gefaßt:

      „1. bei getrennter Veranlagung zur Einkommensteuer (§ 26 a des Einkommensteuergesetzes), bei der besonderen Veranlagung für den Veranlagungszeitraum der Eheschließung (§ 26 c des Einkommensteuergesetzes) und beim Steuerabzug vom Arbeitslohn nach der Steuer jedes Ehegatten;"

   b) Absatz 4 Nr 1 erhält folgende Fassung:

      „1. bei getrennter Veranlagung zur Einkommensteuer (§ 26 a des Einkommensteuergesetzes), bei der besonderen Veranlagung für den Veranlagungszeitraum der Eheschließung (§ 26 c des Einkommensteuergesetzes) und beim Steuerabzug vom Arbeitslohn nach der Steuer des kirchensteuerpflichtigen Ehegatten;"

Artikel 2

Inkrafttreten

Dieses Gesetz tritt am 1. Januar 1986 in Kraft.

Kirchensteuergesetz

Vom 15. Oktober 1973

(BStBl 1977 I S 195)

Der Senat verkündet das nachstehende von der Bürgerschaft beschlossene Gesetz:

Erster Abschnitt

Grundlagen der Besteuerung

§ 1

Steuerberechtigte

(1) Die evangelisch-lutherischen Kirchen und die römisch-katholische Kirche, ihre selbständigen gebietlichen Gliederungen und übergemeindlichen Verbände in der Freien und Hansestadt Hamburg sind berechtigt, sofern sie Körperschaften des öffentlichen Rechts sind, Kirchensteuern auf Grund eigener Steuervorschriften nach Maßgabe dieses Gesetzes zu erheben.

(2) Der Senat wird ermächtigt, durch Rechtsverordnung die Anwendung dieses Gesetzes oder von Teilen desselben auf Antrag auf andere Religionsgesellschaften, die Körperschaften des öffentlichen Rechts sind, zu erstrecken.

§ 2

Steuerpflicht

(1) Der Kirchensteuerpflicht dürfen nur Personen unterworfen werden, die der steuerberechtigten Körperschaft angehören und ihren Wohnsitz oder gewöhnlichen Aufenthalt in der Freien und Hansestadt Hamburg haben.

(2) Die Kirchensteuerpflicht beginnt mit dem ersten Tage des Kalendermonats, der auf die Begründung des Wohnsitzes oder gewöhnlichen Aufenthalts oder auf die Aufnahme in eine steuerberechtigte Körperschaft folgt; bei Übertritt aus einer anderen steuerberechtigten Körperschaft jedoch erst mit dem Ende der bisherigen Kirchensteuerpflicht.

(3) Die Kirchensteuerpflicht endet

a) bei Tod mit dem Ablauf des Sterbemonats;

b) bei Aufgabe des Wohnsitzes oder des gewöhnlichen Aufenthalts mit dem Ablauf des Kalendermonats, in dem der Wohnsitz oder der gewöhnliche Aufenthalt aufgegeben worden ist,

c) bei Austritt mit Wirksamwerden der Austrittserklärung.

§ 3

Steuerarten

(1) Kirchensteuern können erhoben werden

a) als Kirchensteuer vom Einkommen in Höhe eines Vomhundertsatzes der Einkommen- und Lohnsteuer,

b) als Kirchgeld in festen oder gestaffelten Beträgen.

(2) Vor Berechnung der Kirchensteuer nach Absatz 1 Buchstabe a ist für Kinder, die nach § 32 Absätze 4 bis 7 des Einkommensteuergesetzes bei dem Steuerpflichtigen zu berücksichtigen sind, die festgesetzte Einkommensteuer und die Jahreslohnsteuer um die in § 51a des Einkommensteuergesetzes genannten Beträge zu kürzen. Bei Ehegatten, die nach § 26a des Einkommensteuergesetzes getrennt veranlagt werden oder bei denen die Lohnsteuer nach der Steuerklasse IV erhoben wird, werden die Kürzungsbeträge nach Satz 1 bei jedem Ehegatten je zur Hälfte berücksichtigt.

(3) Für die Kirchensteuer können Mindestbeträge und Höchstbeträge bestimmt werden. Bei Kirchensteuern vom Einkommen ist auch eine Begrenzung auf einen bestimmten Bruchteil des zu versteuernden Einkommens zulässig; in diesem Fall gilt Absatz 2 entsprechend mit der Maßgabe, daß das zu versteuernde Einkommen vor Berechnung der Kirchensteuer um die in § 51a des Einkommensteuergesetzes genannten Beträge zu kürzen ist. Ein Mindestbetrag (Mindestkirchensteuer) darf bei der Kirchensteuer vom Einkommen nur erhoben werden, wenn Einkommensteuern festgesetzt oder Lohnsteuern einbehalten werden.

(4) Die Einkommen- und Lohnsteuer sind für die Kirchensteuer Maßstabsteuer im Sinne des Gesetzes.

(5) Die Kirchensteuer vom Einkommen wird auf das Kirchgeld angerechnet.

(6) Einkommensteuergesetz im Sinne der Absätze 2 und 3 ist das Einkommensteuergesetz in der Fassung vom 5. September 1974 (Bundesgesetzblatt I Seite 2166) in seiner jeweils geltenden Fassung.

§ 4

Kirchliche Steuervorschriften

(1) Art und Höhe der Kirchensteuern werden von den steuerberechtigten Körperschaften durch Steuervorschriften bestimmt. Die Steuervorschriften bedürfen insoweit der staatlichen Genehmigung.

(2) Die steuerberechtigten Körperschaften haben ihre Steuervorschriften nach Genehmigung gemäß Absatz 1 im Amtlichen Anzeiger bekannt zu machen.

§ 5

Kirchensteuer vom Einkommen bei glaubensverschiedenen Ehen

(1) Die Kirchensteuer vom Einkommen bemißt sich, wenn nur ein Ehegatte einer steuerberechtigten Körperschaft angehört (glaubensverschiedene Ehe), nach der in seiner Person gegebenen Steuerbemessungsgrundlage.

(2) Werden die Ehegatten zusammen zur Einkommensteuer veranlagt oder wird ein gemeinsamer Lohnsteuer-Jahresausgleich durchgeführt, so ist bei dem Ehegatten, der einer steuerberechtigten Körperschaft angehört, die Kirchensteuer vom Einkommen anteilig zu berechnen. Die Kirchensteuer ist nach dem Teil der gemeinsamen Einkommen- und Lohnsteuer zu berechnen, der auf den kirchensteuerpflichtigen Ehegatten entfällt, wenn die gemeinsame Steuer, gekürzt um die Beträge nach § 3 Absatz 2, im Verhältnis der Einkommensteuerbeträge, die sich bei Anwendung der Einkommensteuer-Grundtabelle auf die Einkünfte eines jeden Ehegatten ergeben würden, auf die Ehegatten verteilt wird.

§ 6

Abhängigkeit von der Maßstabsteuer

(1) Wird die Festsetzung der Maßstabsteuer durch gerichtliche Entscheidung oder durch Verwaltungsakt aufgehoben oder geändert, so ist von Amts wegen der Kirchensteuerbescheid anzupassen. Dies gilt auch dann, wenn der Kirchensteuerbescheid bereits unanfechtbar geworden ist.

(2) Wird die Maßstabsteuer ganz oder teilweise abweichend festgesetzt, gestundet, erlassen, erstattet, niedergeschlagen oder wird von der Steuerfestsetzung abgesehen, so wird eine entsprechende Entscheidung auch für die nach der jeweiligen Maßstabsteuer bemessene Kirchensteuer getroffen. Das gleiche gilt, wenn die Vollziehung des Bescheides über die Maßstabsteuer ausgesetzt oder wenn die Vollstreckung im Billigkeitswege einstweilen eingestellt oder beschränkt wird.

§ 7

Besteuerungsunterlagen

Die staatlichen Behörden erteilen den steuerberechtigten Körperschaften Auskunft über die Daten, deren sie zur Durchführung der Besteuerung und der Feststellung ihrer Anteile bedürfen.

Zweiter Abschnitt

Verwaltung der Kirchensteuer durch die steuerberechtigten Körperschaften

§ 8

Verfahren

Die Kirchensteuern werden von den steuerberechtigten Körperschaften verwaltet, soweit die Verwaltung nicht den staatlichen Behörden übertragen worden ist. Soweit sich aus den kirchlichen Steuervorschriften nichts anderes ergibt, sind dabei die für die Maßstabsteuern jeweils geltenden Vorschriften mit Ausnahme der Straf- und Bußgeldbestimmungen sowie der Vorschriften über Steuersäumnis und Stundungszinsen entsprechend anzuwenden; die Vorschriften über die Strafbarkeit der Verletzung des Steuergeheimnisses sind anwendbar.

§ 9

Beitreibung

Auf Antrag der steuerberechtigten Körperschaft kann der Senat durch Rechtsverordnung anordnen, daß Kirchensteuern gegen Erstattung die entstehenden Kosten im Verwaltungszwangsverfahren eingezogen werden können. In der Rechtsverordnung ist zu bestimmen, nach welchen Vorschriften die Kirchensteuern beigetrieben werden. Dabei können die entstehenden Kosten durch Pauschalbeträge festgesetzt werden.

Dritter Abschnitt

Verwaltung der Kirchensteuer durch staatliche Behörden

§ 10

Übertragung der Verwaltung

(1) Auf Antrag der steuerberechtigten Körperschaft kann der Senat durch Rechtsverordnung bestimmen, daß die staatlichen Behörden Kirchensteuern gegen Erstattung der entstehenden Kosten verwalten, sofern die zu verwaltenden Kirchensteuern nach einheitlichen Grundsätzen und mit gleichen Steuersätzen für alle steuerberechtigten Körperschaften erhoben werden. § 9 Satz 3 gilt entsprechend.

(2) Unberührt bleibt die Übernahme der Verwaltung der Kirchensteuer, soweit sie bereits vor Inkrafttreten dieses Gesetzes erfolgt ist. Die Fälle des Satzes 1 stellt der Senat durch Rechtsverordnung fest.

§ 11

Kirchensteuerabzug vom Arbeitslohn

(1) Wird die Kirchensteuer von staatlichen Behörden verwaltet, sind die Arbeitgeber, deren Betriebsstätten im Sinne des Lohnsteuerrechts in Hamburg liegen, verpflichtet, die Kirchensteuer von allen Arbeitnehmern, die einer steuerberechtigten Körperschaft angehören und ihren Wohnsitz oder gewöhnlichen Aufenthalt in Hamburg haben, einzubehalten und zusammen mit der Lohnsteuer abzuführen.

(2) Für den Kirchensteuerabzug ist die Eintragung über die Religionszugehörigkeit auf der Lohnsteuerkarte maßgebend.

(3) Die Vorschriften über das Verfahren bei der Einbehaltung und Abführung der Lohnsteuer und über die Haftung des Arbeitgebers gelten entsprechend.

(4) Der Senat kann durch Rechtsverordnung die Einbehaltung und Abführung der Kirchensteuer im Lohnabzugsverfahren nach den in der Freien und Hansestadt Hamburg geltenden Steuersätzen auch für Arbeitnehmer anordnen, die in Hamburg nicht ihren Wohnsitz oder gewöhnlichen Aufenthalt haben, wenn sie

a) von einer Betriebsstätte im Anwendungsbereich dieses Gesetzes entlohnt werden,
b) einer steuerberechtigten Körperschaft angehören, deren Gebiet ganz oder teilweise außerhalb Hamburgs liegt und
c) nach dem Recht ihres Wohnsitzes oder gewöhnlichen Aufenthalts verpflichtet sind, Kirchensteuern mindestens in Höhe der in Hamburg geltenden Steuersätze zu zahlen.

Die Rechtsverordnung ergeht nur auf Antrag der kirchlichen Körperschaft.

§ 12

Anwendung staatlicher Vorschriften

(1) Auf die von den staatlichen Behörden verwalteten Kirchensteuern finden die für die Maßstabsteuern jeweils geltenden Vorschriften mit Ausnahme der Straf- und Bußgeldbestimmungen sowie der Vorschriften über Steuersäumnis und Stundungszinsen entsprechende Anwendung; die Vorschriften über die Strafbarkeit der Verletzung des Steuergeheimnisses sind anwendbar.

(2) Wird gegen einen von den staatlichen Behörden erlassenen Bescheid in Kirchensteuersachen Einspruch eingelegt oder Klage erhoben, haben die staatlichen Behörden die zuständigen Kirchenbehörden zu unterrichten und anzuhören.

(3) Rechtsbehelfe gegen Bescheide in Kirchensteuersachen können nicht auf Einwendungen gegen die der Kirchensteuer zugrunde liegende Maßstabsteuer gestützt werden.

(4) Über Anträge auf abweichende Festsetzung, Stundung oder Erlaß von Kirchensteuern allein entscheiden die steuerberechtigten Körperschaften.

§ 13

Auskunftspflicht

Die steuerberechtigten Körperschaften sind auf Verlangen der staatlichen Behörden verpflichtet, in Einzelfällen die Begründung der Mitgliedschaft bei einer steuerberechtigten Körperschaft darzulegen.

Vierter Abschnitt

Schlußvorschriften

§ 14

Änderung von Vorschriften

§ 15

Aufhebung von Vorschriften

(1) Es treten außer Kraft:

1. das Gesetz, betreffend die Kirchensteuer der römisch-katholischen Gemeinde in Hamburg, vom 22. Januar 1904 (Sammlung des bereinigten hamburgischen Landesrechts I 61 – a),
2. das Gesetz, betreffend die Veranlagung und Erhebung von kirchlichen Steuern, vom 18. Februar 1914 (Sammlung des bereinigten hamburgischen Landesrechts I 61 – b),
3. die Bekanntmachung, betreffend die Veranlagung und Erhebung von kirchlichen Steuern, vom 3. September 1915 (Sammlung des bereinigten hamburgischen Landesrechts I 61 – b – 1),
4. das Gesetz über die Kirchensteuer der evangelisch-reformierten Gemeinde in Hamburg vom 23. Juni 1926 (Sammlung des bereinigten hamburgischen Landesrechts I 61 – c),
5. das Gesetz über die Kirchensteuer der römisch-katholischen Kirchengemeinden in Bergedorf und Cuxhaven vom 19. März 1928 (Sammlung des bereinigten hamburgischen Landesrechts I 61 – e),
6. das Gesetz über den Kirchensteuerabzug vom Arbeitslohn vom 18. Januar 1965 (Hamburgisches Gesetz- und Verordnungsblatt Seite 3).

(2) In der Freien und Hansestadt Hamburg sind folgende Vorschriften in ihrer geltenden Fassung nicht mehr anzuwenden:

1. das Gesetz, betreffend die Erhebung von Kirchensteuern in den katholischen Kirchengemeinden und Gesamtverbänden, vom 14. Juli 1905 (Preußische Gesetz-Sammlung Seite 281),
2. das Gesetz, betreffend die Erhebung von Kirchensteuern in den Kirchengemeinden und Gesamt-(Parochial-)verbänden der evangelisch-lutherischen Kirchen der Provinzen Hannover und Schleswig-Holstein sowie in den Kirchengemeinden der evangelisch-reformierten Kirche der Provinz Hannover, vom 22. März 1906 (Preußische Gesetz-Sammlung Seite 41),
3. die Artikel 7 und 8 des Staatsgesetzes, betreffend die Kirchenverfassungen der evangelischen Landeskirchen, vom 8. April 1924 (Preußische Gesetz-Sammlung Seite 221),
4. das Gesetz zur Änderung des Kirchensteuerrechts der evangelischen Landeskirche vom 3. Mai 1929 (Preußische Gesetz-Sammlung Seite 35),
5. das Gesetz zur Änderung des Kirchensteuer- und Umlagerechts der katholischen Kirche vom 3. Mai 1929 (Preußische Gesetz-Sammlung Seite 43).

§ 16

Inkrafttreten

Dieses Gesetz tritt am 1. Januar 1974 in Kraft. § 1 Absatz 2, § 9, § 10 und § 11 Absatz 4 treten mit dem auf die Verkündung des Gesetzes folgenden Tage in Kraft.

Ausgefertigt Hamburg, den 15. Oktober 1973.

Der Senat

Zweites Gesetz zur Änderung des Kirchensteuergesetzes

Vom 14. November 1977

(GVBl 1977 S 358, BStBl 1978 I S 182)

Der Senat verkündet das nachstehende von der Bürgerschaft beschlossene Gesetz:

Das Kirchensteuergesetz vom 15. Oktober 1973 (Hamburgisches Gesetz- und Verordnungsblatt Seite 431), zuletzt geändert am 31. Januar 1977 (Hamburgisches Gesetz- und Verordnungsblatt Seite 13), wird wie folgt geändert:

§ 1

§ 2 Absatz 3 Buchstabe c erhält folgende Fassung:

„c) bei Austritt mit Ablauf des Kalendermonats, der auf den Kalendermonat des Wirksamwerdens der Austrittserklärung folgt.“

§ 2

§ 3 wird wie folgt geändert:

1. Es wird folgender neuer Absatz 5 eingefügt:

   „(5) Besteht die Kirchensteuerpflicht infolge Begründung oder Aufgabe des Wohnsitzes oder gewöhnlichen Aufenthalts in der Freien und Hansestadt Hamburg oder infolge Eintritts oder Austritts nicht während des ganzen Kalenderjahres, so ist die Jahreskirchensteuer für jeden Kalendermonat, in dem die Kirchensteuerpflicht bestand, um ein Zwölftel zu kürzen. Das gilt nicht, wenn gleichzeitig die unbeschränkte Einkommensteuerpflicht beginnt oder endet.“

2. Die bisherigen Absätze 5 und 6 werden Absätze 6 und 7.

§ 3

Dieses Gesetz tritt am 1. Januar 1978 in Kraft.

Drittes Gesetz zur Änderung des Kirchensteuergesetzes

Vom 22. Mai 1986

(GVBl 1986 S 102, BStBl 1986 I S 426)

Der Senat verkündet das nachstehende, von der Bürgerschaft beschlossene Gesetz:

§ 1

Das Kirchensteuergesetz vom 15. Oktober 1973 (Hamburgisches Gesetz- und Verordnungsblatt Seite 431), zuletzt geändert am 14. November 1977 (Hamburgisches Gesetz- und Verordnungsblatt Seite 358), wird wie folgt geändert:

1. § 3 wird wie folgt geändert:

1.1 Die Überschrift erhält folgende Fassung: „Steuerarten und Steuermaßstab".

1.2 Absatz 2 erhält folgende Fassung:

„(2) Vor Berechnung der Kirchensteuer nach Absatz 1 Buchstabe a ist die festgesetzte Einkommensteuer und die Lohnsteuer nach Maßgabe des § 51 a des Einkommensteuergesetzes in der jeweiligen Fassung zu kürzen."

1.3 In Absatz 3 Satz 2 werden hinter dem Wort „Einkommensteuergesetzes" die Wörter „in der jeweils geltenden Fassung" eingefügt.

1.4 Absatz 7 wird gestrichen.

2. Hinter § 5 wird folgender § 5 a eingefügt:

„§ 5 a

Kirchensteuer vom Einkommen
bei konfessionsverschiedenen Ehen

(1) Gehören die Ehegatten verschiedenen steuerberechtigten Körperschaften an (konfessionsverschiedene Ehe) und werden sie zusammen zur Einkommensteuer veranlagt und werden die Steuern beider Körperschaften gemäß § 10 von staatlichen Behörden verwaltet, berechnet sich die Kirchensteuer vom Einkommen für jeden Ehegatten nach der Hälfte des Betrages, der im Falle der konfessionsgleichen Ehe gegen beide Ehegatten festzusetzen wäre.

(2) Werden die Steuern einer der Körperschaften nicht gemäß § 10 von staatlichen Behörden verwaltet, ist § 5 entsprechend anzuwenden."

§ 2

Dieses Gesetz tritt mit Wirkung vom 1. Januar 1986 in Kraft.

Verordnung über den Kirchensteuerabzug vom Arbeitslohn bei Arbeitnehmern, die in Hamburg weder Wohnsitz noch gewöhnlichen Aufenthalt haben (Lohnabzugsverordnung)

Vom 18. Dezember 1973

(GVBl 1973 S 534, BStBl 1974 I S 346)

Auf Grund des § 11 Absatz 4 des Kirchensteuergesetzes vom 15. Oktober 1973 (Hamburgisches Gesetz- und Verordnungsblatt Seite 431) wird nach Antragstellung durch die in § 1 Nummer 2 dieser Verordnung genannten kirchlichen Körperschaften verordnet:

§ 1

Die Kirchensteuer von Arbeitnehmern, die in Hamburg nicht ihren Wohnsitz oder gewöhnlichen Aufenthalt haben, ist im Lohnabzugsverfahren (§ 11 Absätze 1 bis 3 des Kirchensteuergesetzes) einzubehalten und abzuführen, wenn die Arbeitnehmer

1. von einer Arbeitsstätte im Anwendungsbereich des Kirchensteuergesetzes entlohnt werden und
2. einer evangelischen oder römisch-katholischen Kirchengemeinde angehören, deren Gebiet ganz oder teilweise außerhalb Hamburgs liegt.

§ 2

Diese Verordnung tritt am 1. Januar 1974 in Kraft.

Verordnung über die Erstreckung des Rechts zur Erhebung von Kirchensteuern auf Religionsgesellschaften

Vom 16. Dezember 1975

(GVBl 1975 S 303)

Auf Grund des § 1 Absatz 2 des Kirchensteuergesetzes vom 15. Oktober 1973 (Hamburgisches Gesetz- und Verordnungsblatt Seite 431) wird verordnet:

§ 1

Die Anwendung des Ersten und des Zweiten Abschnitts des Kirchensteuergesetzes wird auf folgende Religionsgesellschaften erstreckt:

1. die Mennonitengemeinde zu Hamburg und Altona,
2. die Evangelisch-reformierte Kirche in Hamburg.

§ 2

Diese Verordnung tritt am 1. Januar 1976 in Kraft. Gleichzeitig tritt die Verordnung über die Erstreckung des Rechts zur Erhebung von Kirchensteuern auf die Mennonitengemeinde zu Hamburg und Altona vom 10. September 1974 (Hamburgisches Gesetz- und Verordnungsblatt Seite 286) außer Kraft.

Verordnung über die Verwaltung von Kirchensteuern durch staatliche Behörden in der Freien und Hansestadt Hamburg

Vom 14. Dezember 1976

(GVBl 1976 S 254, BStBl 1977 S 198)

Auf Grund des § 10 des Kirchensteuergesetzes vom 15. Oktober 1973 (Hamburgisches Gesetz- und Verordnungsblatt Seite 431) wird verordnet:

§ 1

Für die in der Anlage aufgeführten steuerberechtigten Körperschaften werden die Kirchensteuern von staatlichen Behörden verwaltet, soweit sie sich auf das Gebiet der Freien und Hansestadt Hamburg erstrecken.

§ 2

(1) Die Verordnung tritt am 1. Januar 1977 in Kraft.

(2) Gleichzeitig tritt die Verordnung über die Verwaltung von Kirchensteuern durch staatliche Behörden in der Freien und Hansestadt Hamburg vom 18. Dezember 1973 (Hamburgisches Gesetz- und Verordnungsblatt Seite 532)[1]) außer Kraft.

Anlage

Verzeichnis der steuerberechtigten Körperschaften, deren Kirchensteuern von staatlichen Behörden verwaltet werden

I. Von der Nordelbischen Evangelisch-Lutherischen Kirche:
1. Kirchenkreis Alt-Hamburg
2. Kirchenkreis Altona
3. Kirchenkreis Blankenese
4. Kirchenkreis Harburg
5. Kirchenkreis Niendorf
6. Kirchenkreis Stormarn

II. Die Evangelisch-lutherische Landeskirche Hannovers

III. Von der Römisch-katholischen Kirche:
1. Verband der römisch-katholischen Kirchengemeinden in der Freien und Hansestadt Hamburg (Bistum Osnabrück)
2. Römisch-katholische Kirchengemeinde St Maria in Hamburg-Harburg
3. Römisch-katholische Kirchengemeinde St Franz Joseph Hamburg-Harburg
4. Römisch-katholische Kirchengemeinde St Bonifatius Hamburg-Wilhelmsburg
5. Römisch-katholische Kirchengemeinde Hl Kreuz in Hamburg-Neugraben

1) BStBl 1974 I S 345.

Gesetz über die Erhebung von Steuern durch die Kirchen, Religions- und Weltanschauungsgemeinschaften im Lande Hessen (Kirchensteuergesetz)

in der Fassung vom 12. Februar 1986

(GVBl 1986 S 90)

§ 1

Die Kirchen, die Körperschaften des öffentlichen Rechts sind, können von ihren Angehörigen, die einen Wohnsitz oder ihren gewöhnlichen Aufenthalt im Lande Hessen haben, auf Grund von Kirchensteuerordnungen Kirchensteuern als öffentliche Abgaben erheben.

§ 2

(1) Als Kirchensteuer können einzeln oder nebeneinander erhoben werden:

1. ein Zuschlag zur Einkommensteuer (Lohnsteuer),
2. eine Abgabe nach den Meßbeträgen der Grundsteuer,
3. ein Zuschlag zur Vermögensteuer,
4. ein Kirchgeld,
5. ein besonderes Kirchgeld von Kirchensteuerpflichtigen, deren Ehegatte keiner steuerberechtigten Kirche angehört (Kirchgeld in glaubensverschiedener Ehe).

(2) Vor Berechnung der Kirchensteuer nach Abs 1 Nr 1 ist die Einkommensteuer (Lohnsteuer) nach Maßgabe des § 51 a des Einkommensteuergesetzes in der jeweils geltenden Fassung zu kürzen.

(3) Anstelle der Zuschläge zur Einkommensteuer, der Abgaben nach den Meßbeträgen der Grundsteuer und der Zuschläge zur Vermögensteuer können auch besondere Steuertarife nach dem Einkommen, dem Grundbesitz und dem Vermögen aufgestellt werden. Soweit eine Steuer auf den Grundbesitz erhoben wird, können der gesamte Grundbesitz oder einzelne Arten des Grundbesitzes einheitlich oder nach besonderen Tarifen oder mit besonderen Zuschlägen herangezogen werden.

(4) Das Kirchgeld kann einheitlich oder gestaffelt erhoben werden.

§ 3

Für den Zuschlag zur Einkommensteuer (Lohnsteuer) (§ 2 Abs 1 Nr 1) gilt folgendes:

1. Gehören Ehegatten, bei denen die Voraussetzungen des § 26 Abs 1 des Einkommensteuergesetzes vorliegen, verschiedenen steuerberechtigten Kirchen an (konfessionsverschiedene Ehe), so wird die Kirchensteuer erhoben

   a) bei Zusammenveranlagung zur Einkommensteuer (§ 26 b des Einkommensteuergesetzes) und im Lohnsteuerabzugsverfahren für jede der beteiligten Kirchen als Zuschlag zur Hälfte der Einkommensteuer (Lohnsteuer);

   b) bei getrennter Veranlagung zur Einkommensteuer (§ 26 a des Einkommensteuergesetzes) oder besonderer Veranlagung (§ 26 c des Einkommensteuergesetzes) als Zuschlag zur Einkommensteuer jedes Ehegatten.

2. Gehört von Ehegatten, bei denen die Voraussetzungen des § 26 Abs 1 des Einkommensteuergesetzes vorliegen, nur ein Ehegatte einer steuerberechtigten Kirche an (glaubensverschiedene Ehe), so wird die Kirchensteuer erhoben

   a) bei Zusammenveranlagung zur Einkommensteuer und im Verfahren des gemeinsamen Lohnsteuerjahresausgleichs als Zuschlag zu dem Teil der gemeinsamen Einkommensteuer (Lohnsteuer), der auf den der steuerberechtigten Kirche angehörenden Ehegatten entfällt, wenn die gemeinsame Steuer – nach Kürzung um die Beträge nach § 2 Abs 2 – im Verhältnis der Steuerbeträge, die sich bei Anwendung der Grundtabelle (Anlage zu § 32 a des Einkommensteuergesetzes) auf die Einkünfte eines jeden Ehegatten ergeben würden, aufgeteilt wird;

   b) bei getrennter Veranlagung zur Einkommensteuer (§ 26 a des Einkommensteuergesetzes) oder besonderer Veranlagung (§ 26 c des Einkommensteuergesetzes) und im Lohnsteuerabzugsverfahren als Zuschlag zur Einkommensteuer (Lohnsteuer) des der steuerberechtigten Kirche angehörenden Ehegatten.

3. Liegen die Voraussetzungen des § 26 Abs 1 des Einkommensteuergesetzes nicht vor, so wird die Kirchensteuer als Zuschlag zur Einkommensteuer des der steuerberechtigten Kirche angehörenden Ehegatten erhoben; im Lohnsteuerabzugsverfahren und im Verfahren des getrennten Lohnsteuerjahresausgleichs gelten die Grundsätze für die Erhebung der Lohnsteuer.

§ 4

(1) Das Kirchgeld in glaubensverschiedener Ehe (§ 2 Abs 1 Nr 5) bemißt sich nach einem besonderen in den Kirchensteuerverordnungen festzulegenden Steuertarif.

(2) Das Kirchgeld in glaubensverschiedener Ehe kann nicht erhoben werden, wenn die Voraussetzungen des § 26 Abs 1 des Einkommensteuergesetzes nicht vorliegen.

(3) Auf das Kirchgeld in glaubensverschiedener Ehe ist eine Kirchensteuer nach § 2 Abs 1 Nr 1 bis zur Höhe des Kirchgeldes in glaubensverschiedener Ehe anzurechnen.

§ 5

(1) Die Kirchensteuerpflicht beginnt mit dem ersten Tag des Kalendermonats, der auf die Begründung des Wohnsitzes oder gewöhnlichen Aufenthalts oder auf die Aufnahme in die Landeskirche (Diözese) folgt; bei Übertritt aus einer anderen steuerberechtigten Kirche oder Religionsgemeinschaft jedoch erst mit dem Ende der bisherigen Kirchensteuerpflicht.

(2) Die Kirchensteuerpflicht endet

1. bei Tod mit dem Ablauf des Sterbemonats,
2. bei Aufgabe des Wohnsitzes oder des gewöhnlichen Aufenthalts mit dem Ablauf des Kalendermonats, in dem der Wohnsitz oder der gewöhnliche Aufenthalt aufgegeben worden ist,
3. bei Austritt mit dem Ablauf des Kalendermonats, der auf die Erklärung des Kirchenaustritts folgt.

§ 6

(1) Die Kirchensteuer kann als Landeskirchensteuer (Diözesankirchensteuer) von den Landeskirchen (Diözesen) oder als Ortskirchensteuer von den Kirchengemeinden und Gesamtverbänden oder nebeneinander als Landes- und Ortskirchensteuer erhoben werden.

(2) Die Kirchen können für ihren Gesamtbereich oder für einzelne Teile einheitliche Steuersätze auch für die Ortskirchensteuer festsetzen und für ihre Kirchengemeinden und Gesamtverbände einen Finanzausgleich herbeiführen.

§ 7

(1) Die Kirchensteuerordnungen und Steuertarife sind von den Landeskirchen (Diözesen) zu erlassen und bedürfen der staatlichen Genehmigung.

(2) Die Steuerbeschlüsse der Kirchengemeinden und der Landeskirchen (Diözesen), die auch für mehrere Rechnungsjahre gefaßt werden können, bedürfen der staatlichen Genehmigung.

(3) Werden die Kirchensteuern nur als Ortskirchensteuern erhoben, so können die Landeskirchen (Diözesen) zur Deckung ihrer Bedürfnisse eine landeskirchliche (Diözesan-)Umlage von den Kirchengemeinden erheben. Die Umlagebeschlüsse bedürfen der staatlichen Genehmigung.

§ 8

Die Unterlagen, deren die Kirchen (Kirchengemeinden) für die Besteuerung bedürfen, sind ihnen auf Anforderung von den zuständigen Staats- und Gemeindebehörden mitzuteilen.

§ 9

(1) Der Minister der Finanzen überträgt im Einvernehmen mit dem Kultusminister auf Antrag der steuerberechtigten Kirchen die Verwaltung der Kirchensteuern, die in Zuschlägen zur Einkommensteuer (Lohnsteuer) oder zur Vermögensteuer bestehen, den Finanzämtern. Das gleiche gilt für das Kirchgeld in glaubensverschiedener Ehe, wenn das Einkommen (§ 2 Abs 2 des Einkommensteuergesetzes) des Steuerpflichtigen und seines Ehegatten die in § 46 Abs 1 des Einkommensteuergesetzes festgelegte Einkommensgrenze übersteigt.

(2) Soweit die Einkommensteuer durch Steuerabzug vom Arbeitslohn erhoben wird (Lohnsteuer), kann durch Verordnung dieses Verfahren auf Antrag der Kirchen auch für die Kirchensteuer eingeführt werden, die als Zuschlag zur Lohnsteuer erhoben wird. Der Arbeitgeber hat dann auch die Kirchensteuer einzubehalten und an das Finanzamt gleichzeitig mit der Lohnsteuer abzuführen. Für die Haftung des Arbeitgebers und Arbeitnehmers bei der Abführung der Kirchensteuer gelten die gleichen Vorschriften wie für den Lohnsteuerabzug.

(3) Im übrigen regelt der Kultusminister im Einvernehmen mit dem Minister der Finanzen und den Kirchen das Verfahren. Dabei können Mindestbeträge sowie Abrundungs- oder Aufrundungsbeträge festgesetzt und Vorauszahlungen angeordnet werden.

(4) Soweit bei Inkrafttreten dieses Gesetzes die Finanzämter die in Abs 1 genannten Kirchensteuern verwalten, verbleibt es bei dieser Regelung.

§ 10

Auf Antrag von Kirchen außerhalb des Landes Hessen kann durch Verordnung die Einziehung der Kirchensteuer im Lohnsteuerabzugsverfahren auch für die Arbeitnehmer bestimmt werden, die nicht einen Wohnsitz oder ihren gewöhnlichen Aufenthalt im Lande Hessen haben, aber von einer Betriebsstätte im Lande Hessen entlohnt werden. § 9 gilt entsprechend.

§ 11

(1) Soweit die Finanzämter die Kirchensteuern verwalten, erstreckt sich eine abweichende Festsetzung aus Billigkeitsgründen, eine Stundung, ein Erlaß oder eine Niederschlagung der Einkommensteuer (Lohnsteuer) oder Vermögensteuer auch auf die Kirchensteuern, die als Zuschläge zu diesen Steuern erhoben werden.

(2) Das Recht der kirchlichen Behörden, die Kirchensteuer aus Billigkeitsgründen abweichend festzusetzen, zu stunden, ganz oder teilweise zu erlassen oder niederzuschlagen, bleibt unberührt.

§ 12

Die Abgabe nach den Meßbeträgen der Grundsteuer (§ 2 Abs 1 Nr 2) oder auf Grund eines besonderen Steuertarifs nach dem Grundbesitz (§ 2 Abs 3) kann auf Antrag der Landeskirche (Diözese) oder der Kirchengemeinde, in der der Grundstückseigentümer seinen Wohnsitz oder gewöhnlichen Aufenthalt hat, auch von der Landeskirche (Diözese) oder der Kirchengemeinde des Belegenheitsortes des Grundbesitzes verwaltet werden.

§ 13

(1) Für Streitigkeiten in Kirchensteuersachen ist der Verwaltungsrechtsweg gegeben. Richtet sich der Widerspruch gegen den Steuerbescheid einer Finanzbehörde, so ist die zuständige Kirchenbehörde zu hören.

(2) Rechtsbehelfe gegen die Heranziehung zur Kirchensteuer können nicht auf Einwendungen gegen die Bemessung der der Kirchensteuer zugrunde liegenden Einkommensteuer (Lohnsteuer), Vermögensteuer oder gegen die Meßbeträge der Grundsteuer gestützt werden.

(3) Jeder ablehnende Bescheid der kirchlichen Behörden ist zu begründen und mit einer Belehrung über den Rechtsbehelf zu versehen.

§ 14

(1) Vollstreckungsbehörde für die Kirchensteuer ist das Finanzamt, in dessen Bezirk die Vollstreckung erfolgen soll.

(2) Für Streitigkeiten aus dem Vollstreckungsverhältnis wegen Vollstrekkungsmaßnahmen, die durch die zuständige Vollstreckungsbehörde getroffen worden sind, ist der Verwaltungsrechtsweg gegeben, soweit nicht nach § 15 in Verbindung mit § 262 der Abgabenordnung der Rechtsweg zu den ordentlichen Gerichten eröffnet ist.

§ 15

(1) Soweit sich aus diesem Gesetz nichts anderes ergibt, finden auf das Besteuerungsverfahren die Abgabenordnung und das Verwaltungszustellungsgesetz in der jeweils geltenden Fassung sowie die zur Durchführung dieser Gesetze erlassenen Rechtsvorschriften entsprechende Anwendung.

(2) Die Vorschriften des Siebenten Teils (Außergerichtliches Rechtsbehelfsverfahren) und des Achten Teils (Straf- und Bußgeldvorschriften, Straf- und Bußgeldverfahren) sowie die Vorschriften über Säumniszuschläge und über Stundungszinsen der Abgabenordnung sind nicht anzuwenden.

§ 16

(1) Religions- und Weltanschauungsgemeinschaften, die Körperschaften des öffentlichen Rechts sind, können von ihren Mitgliedern, die einen Wohnsitz oder ihren gewöhnlichen Aufenthalt im Lande Hessen haben, auf Grund von Steuerordnungen (Satzungen) Kultussteuern als öffentliche Abgaben erheben.

(2) Für die Kultussteuern gelten die §§ 2 bis 15 entsprechend.

§ 17

Der Kultusminister erläßt im Einvernehmen mit dem Minister der Finanzen die zur Ausführung dieses Gesetzes erforderlichen Rechtsverordnungen und Verwaltungsvorschriften.

§ 18[1])

Das Gesetz tritt am 1. April 1950 in Kraft.

1) Die Vorschrift betrifft das Inkrafttreten des Gesetzes in seiner ursprünglichen Fassung vom 27. April 1950.

Verordnung zur Durchführung des Kirchensteuergesetzes

Vom 23. November 1968

(GVBl 1968 S 291)

Auf Grund des § 17 des Kirchensteuergesetzes in der Fassung vom 25. September 1968 (GVBl I S 268) wird im Einvernehmen mit dem Minister der Finanzen verordnet:

§ 1

(1) Die staatliche Genehmigung zu den Steuerordnungen, den Steuertarifen und den Steuerbeschlüssen der Landeskirchen (Diözesen) erteilt der Kultusminister.

(2) Die genehmigten Steuerordnungen und Steuertarife sowie Steuerbeschlüsse sind im Staats-Anzeiger für das Land Hessen bekanntzumachen.

§ 5

(1) Kirchensteuerbeträge, die als Zuschlag zur Einkommensteuer (Lohnsteuer) erhoben werden, sind auf 0,10 Deutsche Mark nach oben aufzurunden.

(2) Kirchensteuerbeträge, die als Zuschlag zur Lohnsteuer erhoben werden, sind bei monatlichen Lohnzahlungen auf 0,10 Deutsche Mark, bei wöchentlichen oder täglichen Lohnzahlungen auf 0,05 Deutsche Mark nach oben aufzurunden.

§ 2

(1) Die staatliche Genehmigung zu den Steuerbeschlüssen der Kirchengemeinden (Gesamtverbänden) erteilt der Regierungspräsident. Einer Einzelgenehmigung bedarf es nicht, wenn die Steuerbeschlüsse im Rahmen der vom Kultusminister allgemein genehmigten Steuersätze verbleiben.

(2) Die genehmigten Steuerbeschlüsse sind in ortsüblicher Weise bekanntzumachen.

§ 3

Der Minister der Finanzen setzt im Einvernehmen mit dem Kultusminister die Entschädigung für die Verwaltung der Kirchensteuern durch die Finanzämter fest.

§ 4

Soweit die Kirchensteuer als Zuschlag zur Einkommensteuer erhoben wird, ist sie mit dieser festzusetzen. Wenn die Einkommensteuer durch Steuerabzug vom

Arbeitslohn erhoben wird (Lohnsteuer), wird auch der Zuschlag im Lohnabzugsverfahren erhoben. Bei der Abführung hat der Arbeitgeber die Beträge getrennt nach steuerberechtigten Kirchen anzugeben. Auch auf den Lohnsteuerbescheinigungen hat der Arbeitgeber die entsprechenden Angaben zu machen.

§ 6

Wird Lohnsteuer abgezogen, so beträgt der als Kirchensteuer abzuführende Zuschlag mindestens 0,20 Deutsche Mark bei Lohnabzug für einen Monat; wird der Lohnabzug wöchentlich vorgenommen, 0,10 Deutsche Mark und bei täglichem Lohnabzug 0,05 Deutsche Mark.

§ 7

(1) Von den kirchensteuerpflichtigen Arbeitnehmern, die nicht im Lande Hessen ihren Wohnsitz haben, aber in einer Betriebsstätte des Landes Hessen entlohnt werden, ist die in einem Zuschlag zur Lohnsteuer bestehende Kirchensteuer mit dem im Lande Hessen geltenden Satze im Lohnabzugsverfahren vom Arbeitgeber einzubehalten und an das für die Betriebsstätte zuständige Finanzamt abzuführen.

(2) Die abgeführten Kirchensteuerbeträge sind von dem Finanzamt an diejenige Landeskirche (Diözese) weiterzuleiten, in deren Bezirk die Betriebsstätte gelegen ist.

(3) Die Landeskirche (Diözese) hat die Steuerbeträge an die steuerberechtigte Kirche abzuführen.

(4) Kirchensteuerpflichtige Arbeitnehmer mit einem Wohnsitz im Lande Hessen, denen von einer Betriebsstätte außerhalb des Landes Hessen eine in einem Zuschlag zur Lohnsteuer bestehende Kirchensteuer im Lohnabzugsverfahren nach einer dem Abs 1 entsprechenden Vorschrift einbehalten wird, dürfen im Lande Hessen nicht mehr zu einer gleichen Kirchensteuer herangezogen werden.

§ 8

Arbeitnehmer, die von einer Betriebsstätte außerhalb des Landes Hessen entlohnt werden und denen die Kirchensteuer nicht oder nicht in voller Höhe durch Steuerabzug vom Arbeitslohn einbehalten wird, können von den Landeskirchen (Diözesen) und Kirchengemeinden (Gesamtverbänden) unmittelbar zur Kirchensteuer herangezogen werden.

§ 9

Der als Kirchensteuer zu erhebende Zuschlag zur Vermögensteuer wird zusammen mit der Vermögensteuer veranlagt und eingezogen, § 5 Abs 1 findet entsprechend Anwendung.

§ 10

Die staatlichen Genehmigungen der Steuerordnungen, Steuertarife, Steuerbeschlüsse und Umlagebeschlüsse nach dem Kirchensteuergesetz vom 27. April 1950 bleiben auch über den 1. Januar 1969 hinaus in Kraft, soweit nicht die Steuerordnungen, Steuertarife, Steuerbeschlüsse und Umlagebeschlüsse dem Kirchensteuergesetz in der Fassung vom 25. September 1968 widersprechen.

§ 11

Die §§ 1 bis 10 gelten entsprechend für die Kultussteuern der Religions- und Weltanschauungsgemeinschaften, die Körperschaften des öffentlichen Rechts sind.

§ 12

Aufgehoben werden:

1. die Verordnung zur Durchführung des Gesetzes vom 27. April 1950 (GVBl S 63) über die Erhebung von Steuern durch die Kirchen, Religions- und Weltanschauungsgemeinschaften im Lande Hessen (Kirchensteuergesetz) vom 5. Juni 1950 (GVBl S 108),
2. die Zweite Verordnung zur Durchführung des Kirchensteuergesetzes vom 7. Juli 1952 (GVBl S 132).

§ 13

Diese Verordnung tritt am 1. Januar 1969 in Kraft.

Verordnung zur Änderung der Verordnung zur Durchführung des Kirchensteuergesetzes

Vom 20. Dezember 1974

(GVBl 1975 S 5)

Auf Grund des § 17 des Kirchensteuergesetzes in der Fassung vom 25. September 1968 (GVBl I S 268), zuletzt geändert durch die Gesetze vom 4. September 1974 (GVBl I S 361, 398), wird im Einvernehmen mit dem Minister der Finanzen verordnet:

Artikel 1

Die Verordnung zur Durchführung des Kirchensteuergesetzes vom 23. November 1968 (GVBl I S 291) wird wie folgt geändert:

1. § 5 erhält folgende Fassung:

„§ 5

Bei der Berechnung der Kirchensteuerbeträge, die als Zuschlag zur Einkommensteuer (Lohnsteuer) erhoben werden, bleiben Bruchteile von Pfennigen unberücksichtigt.“.

2. § 6 erhält folgende Fassung:

„§ 6

Ist Kirchensteuer als Zuschlag zur Einkommensteuer (Lohnsteuer) zu erheben, so beträgt der Zuschlag mindestens 3,60 Deutsche Mark jährlich; im Lohnsteuerabzugsverfahren beträgt der Zuschlag mindestens 0,30 Deutsche Mark monatlich, 0,07 Deutsche Mark wöchentlich und 0,01 Deutsche Mark täglich.“.

Artikel 2

Diese Verordnung tritt mit Wirkung vom 1. Januar 1975 in Kraft.

Gesetz über die Erhebung von Steuern durch Kirchen, andere Religionsgemeinschaften und Weltanschauungsgemeinschaften (Kirchensteuerrahmengesetz – KiStRG –)

in der Fassung vom 10. Juli 1986

(GVBl 1986 S 281)

Erster Abschnitt

§ 1

Geltungsbereich

Die Vorschriften dieses Abschnitts gelten im Land Niedersachsen für die Landeskirchen, Diözesen und anderen Religionsgemeinschaften, die Körperschaften des öffentlichen Rechts sind, ihre Kirchengemeinden und Kirchengemeindeverbände.

§ 2

Kirchensteuerberechtigung

(1) Die Landeskirchen, Diözesen, anderen Religionsgemeinschaften, Kirchengemeinden und Kirchengemeindeverbände können von ihren Ange-

hörigen (Kirchenangehörigen) auf Grund eigener Steuerordnungen Kirchensteuer erheben. Kirchensteuern können erhoben werden als

1. Steuer vom Einkommen
   a) in einem Vomhundertsatz der Einkommensteuer (Lohnsteuer) oder
   b) nach Maßgabe des Einkommens (Arbeitslohns),
2. Steuer vom Vermögen
   a) in einem Vomhundertsatz der Vermögensteuer oder
   b) nach Maßgabe des Vermögens,
3. Steuer vom Grundbesitz
   a) in einem Vomhundertsatz der Meßbeträge der Grundsteuer oder
   b) nach Maßgabe des Einheitswerts des Grundbesitzes,
4. Kirchgeld in festen oder gestaffelten Beträgen.

(2) Die Kirchensteuer kann als Steuer der Landeskirchen, Diözesen und anderen Religionsgemeinschaften (Landes- oder Diözesankirchensteuer) und als Kirchensteuer der Kirchengemeinden, Kirchengemeindeverbände und der entsprechenden Körperschaften der anderen Religionsgemeinschaften (Ortskirchensteuer) erhoben werden; jede in Absatz 1 Nrn 1 bis 3 bezeichnete Kirchensteuerart kann jedoch nur als Landes-(Diözesan-)Kirchensteuer oder nur als Ortskirchensteuer erhoben werden.

(3) Erhebt ein Kirchensteuerberechtigter von einem Kirchenangehörigen Kirchensteuer nach Absatz 1 Nr 1 und Kirchgeld nach Absatz 1 Nr 4, so sind die Kirchensteuer und das Kirchgeld aufeinander anzurechnen. Im übrigen ist in den Steuerordnungen (Absatz 1) zu bestimmen, inwieweit Kirchensteuern einer Art auf Kirchensteuern einer anderen Art anzurechnen sind.

(4) Für die Kirchensteuer können Mindestbeträge und Höchstbeträge bestimmt werden. Die Erhebung eines Mindestbetrages setzt

1. bei der in den Buchstaben a der Nummern 1 bis 3 in Absatz 1 bezeichneten Kirchensteuer voraus, daß jeweils die Einkommensteuer, Lohnsteuer oder Vermögensteuer (Maßstabsteuer) oder ein Meßbetrag der Grundsteuer festgesetzt oder abgezogen,
2. bei der in den Buchstaben b der Nummern 1 bis 3 in Absatz 1 bezeichneten Kirchensteuer voraus, daß jeweils ein Einkommen, Arbeitslohn oder Vermögen für steuerliche Zwecke ermittelt oder ein Einheitswert des Grundbesitzes festgestellt

worden ist.

(5) Die in Absatz 1 Nr 3 bezeichnete Kirchensteuer kann von dem Kirchenangehörigen

1. als Landes-(Diözesan-)Kirchensteuer insoweit erhoben werden, als er Eigentümer von Grundbesitz im Bezirk seiner Landeskirche, Diözese oder anderen Religionsgemeinschaft ist,
2. als Ortskirchensteuer insoweit erhoben werden, als er Eigentümer von Grundbesitz im Bezirk einer Kirchengemeinde oder eines Kirchengemeindeverbandes ist, die oder der zu seiner Landeskirche, Diözese oder anderen Religionsgemeinschaft gehört.

(6) Die in Absatz 1 Nr 4 bezeichnete Kirchensteuer darf nur von einem Kirchenangehörigen erhoben werden, der selbst oder dessen Ehegatte eigene Einnahmen oder eigenes Vermögen hat.

(7) In Steuerordnungen (Absatz 1) kann bestimmt werden, daß ein Kirchgeld vom Grundbesitz (Absatz 1 Nr 4) von dem kirchenangehörigen Pächter des Grundbesitzes erhoben wird. Absatz 5 gilt entsprechend. Das Kirchgeld darf vom Pächter nicht erhoben werden, soweit ein Kirchensteuerberechtigter ein solches Kirchgeld oder eine Kirchensteuer nach Absatz 1 Nr 3 für den gepachteten Grundbesitz von dessen Eigentümer erhebt.

(8) Bei mehrfachem Wohnsitz oder mehrfachem gewöhnlichen Aufenthalt eines Kirchenangehörigen darf die Kirchensteuer nicht den Betrag übersteigen, den der Kirchenangehörige bei Heranziehung an dem Wohnsitz oder dem gewöhnlichen Aufenthalt mit der höchsten Steuerbelastung zu entrichten hätte; Absatz 5 und die §§ 12 und 13 bleiben unberührt.

(9) Die Steuerordnungen, ihre Änderungen und Ergänzungen und die Beschlüsse der Landeskirchen, Diözesen, anderen Religionsgemeinschaften, Kirchengemeinden und Kirchengemeindeverbände über die Kirchensteuersätze bedürfen zu ihrer Wirksamkeit der staatlichen Genehmigung, die durch die Landesregierung oder die von ihr beauftragten Behörden erteilt wird. Der Kultusminister macht die Steuerordnungen und die Beschlüsse über die Kirchensteuersätze der Landeskirchen, Diözesen und anderen Religionsgemeinschaften im Niedersächsischen Ministerialblatt bekannt.

(10) Die für die staatliche Genehmigung nach Absatz 9 zuständige Stelle kann für

1. Landeskirchen, Diözesen und andere Religionsgemeinschaften außerhalb des Geltungsbereichs dieses Gesetzes, soweit sich ihr Gebiet auf den Geltungsbereich dieses Gesetzes erstreckt,
2. Kirchengemeinden und Kirchengemeindeverbände im Geltungsbereich dieses Gesetzes, die einer Landeskirche, Diözese oder anderen Religionsgemeinschaft außerhalb des Geltungsbereichs dieses Gesetzes angehören,

Abweichungen von den Absätzen 4 bis 6 und Absatz 9 Satz 2 zulassen.

§ 3

Kirchensteuerpflicht

(1) Kirchensteuerpflichtig ist unbeschadet des § 12 der Kirchenangehörige, der seinen Wohnsitz oder gewöhnlichen Aufenthalt im Sinne der §§ 8 und 9 der Abgabenordnung in der jeweils geltenden Fassung im Geltungsbereich dieses Gesetzes hat.

(2) Die Kirchensteuerpflicht

1. beginnt mit dem ersten Tag des auf den Beginn der Zugehörigkeit zu der Landeskirche, Diözese, anderen Religionsgemeinschaft, Kirchengemeinde oder dem Kirchengemeindeverband folgenden Kalendermonats,
2. endet
   a) bei Tod mit dem Ablauf des Sterbemonats,
   b) bei Aufgabe des Wohnsitzes oder des gewöhnlichen Aufenthalts mit dem Ablauf des Kalendermonats, in dem der Wohnsitz oder der gewöhnliche Aufenthalt aufgegeben worden ist,
   c) bei Kirchenaustritt mit dem Ablauf des Kalendermonats, in dem die Erklärung des Kirchenaustritts wirksam geworden ist.

Die Wirksamkeit des Kirchenaustritts ist durch eine Bescheinigung der für die Entgegennahme der Kirchenaustrittserklärung gesetzlich zuständigen Stelle nachzuweisen. Die für die staatliche Genehmigung nach § 2 Abs 9 zuständige Stelle kann für die in § 2 Abs 10 bezeichneten Kirchensteuerberechtigten Abweichungen von den Nummern 1 und 2 zulassen.

(3) Wechselt die Zugehörigkeit zu einer Landeskirche, Diözese, anderen Religionsgemeinschaft, Kirchengemeinde oder einem Kirchengemeindeverband, so beginnt die dadurch neu begründete Kirchensteuerpflicht nicht vor der Beendigung der bisherigen Kirchensteuerpflicht.

§ 4

Auskunfts- und Erklärungspflicht

Wer mit Kirchensteuer in Anspruch genommen werden soll, hat der mit der Verwaltung dieser Steuer beauftragten Stelle Auskunft über alle Tatsachen zu geben, von denen die Feststellung der Zugehörigkeit zu einer Landeskirche, Diözese, anderen Religionsgemeinschaft, Kirchengemeinde oder einem Kirchengemeindeverband abhängt. Der Kirchenangehörige hat darüber hinaus die zur Festsetzung der Kirchensteuer erforderlichen Erklärungen abzugeben.

§ 5
Entstehung des Anspruchs aus dem Steuerschuldverhältnis

(1) Die Kirchensteuer, die als Steuer vom Einkommen (§ 2 Abs 1 Nr 1) erhoben wird, entsteht vorbehaltlich des Satzes 2 mit Ablauf des Zeitraums, für den die Veranlagung vorgenommen wird (Veranlagungszeitraum). Für Steuerabzugsbeträge entsteht die Kirchensteuer im Zeitpunkt des Zufließens der steuerabzugspflichtigen Einkünfte, für Vorauszahlungen mit Beginn des Kalendervierteljahres, in dem die Vorauszahlungen zu entrichten sind, oder, wenn die Kirchensteuerpflicht erst im Laufe des Kalendervierteljahres begründet wird, mit Begründung der Kirchensteuerpflicht.

(2) Die Kirchensteuer, die als Steuer vom Vermögen (§ 2 Abs 1 Nr 2) erhoben wird, entsteht mit Beginn des Kalenderjahres, für das die Kirchensteuer erhoben wird.

(3) Die Kirchensteuer, die als Steuer vom Grundbesitz (§ 2 Abs 1 Nr 3) erhoben wird, entsteht mit Beginn des Kalenderjahres, für das die Kirchensteuer erhoben wird.

(4) Die Kirchensteuer, die als Kirchgeld (§ 2 Abs 1 Nr 4) erhoben wird, entsteht vorbehaltlich des Satzes 2 mit Beginn des Kalenderjahres, für das die Kirchensteuer erhoben wird. Wird die Kirchensteuer als Kirchgeld in Sätzen erhoben, die nach Maßgabe des Einkommens gestaffelt sind, so gilt Absatz 1 entsprechend.

§ 6
Anzuwendende Vorschriften

(1) Soweit sich aus diesem Gesetz nichts anderes ergibt, finden die Vorschriften der Abgabenordnung in der jeweils geltenden Fassung entsprechende Anwendung; nicht anzuwenden sind die Vorschriften über die Säumniszuschläge (§ 240), die Verzinsung (§§ 233 bis 239) und das Straf- und Bußgeldverfahren (§§ 385 bis 412).

(2) Sind die Festsetzung und Erhebung der Kirchensteuer den Finanzämtern übertragen (§§ 11, 12) oder von den Gemeinden, Landkreisen oder deren Hebestellen übernommen worden (§ 14), so finden auf die

1. als Steuer vom Einkommen und als Kirchgeld nach Maßgabe des Einkommens zu erhebende Kirchensteuer (§ 2 Abs 1 Nr 1 und Nr 4) die Vorschriften für die Einkommensteuer (Lohnsteuer), insbesondere die Vorschriften über das Lohnsteuerabzugsverfahren,
2. als Steuer vom Vermögen zu erhebende Kirchensteuer (§ 2 Abs 1 Nr 2) die Vorschriften für die Vermögensteuer,

3. als Steuer vom Grundbesitz zu erhebende Kirchensteuer (§ 2 Abs 1 Nr 3) die Vorschriften für die Grundsteuer

entsprechende Anwendung, sofern in diesem Gesetz und in den Steuerordnungen nichts Abweichendes bestimmt worden ist.

§ 7

Bemessungsgrundlagen der Kirchensteuer

(1) Die Bemessungsgrundlagen der Kirchensteuer sind in den Steuerordnungen zu bestimmen, sofern sie sich nicht aus den Absätzen 2 bis 5 ergeben.

(2) Die in einem Vomhundertsatz der Einkommensteuer (Lohnsteuer) zu erhebende Kirchensteuer (§ 2 Abs 1 Nr 1 Buchst a) ist nach der Einkommensteuer (Lohnsteuer) des Kirchenangehörigen zu bemessen.

1. Gehören Ehegatten derselben Landeskirche, Diözese oder anderen Religionsgemeinschaft an (konfessionsgleiche Ehe) und leben die Ehegatten nicht dauernd getrennt, so ist die als Landes-(Diözesan-)Kirchensteuer zu erhebende Kirchensteuer
   a) bei getrennter oder besonderer Veranlagung zur Einkommensteuer nach der Einkommensteuer jedes Ehegatten,
   b) bei Zusammenveranlagung zur Einkommensteuer nach der Einkommensteuer beider Ehegatten

   zu bemessen.
2. Gehören Ehegatten verschiedenen Landeskirchen, Diözesen oder anderen Religionsgemeinschaften an (konfessionsverschiedene Ehe) und leben die Ehegatten nicht dauernd getrennt, so ist die als Landes-(Diözesan-)Kirchensteuer zu erhebende Kirchensteuer
   a) bei getrennter oder besonderer Veranlagung zur Einkommensteuer nach der Einkommensteuer jedes Ehegatten,
   b) bei Zusammenveranlagung zur Einkommensteuer für jeden Ehegatten nach der Hälfte der Einkommensteuer beider Ehegatten

   zu bemessen. Gehört ein Ehegatte einer Landeskirche, Diözese oder anderen Religionsgemeinschaft an, die Kirchensteuer in einem Vomhundertsatz der Einkommensteuer nicht erhebt, so gilt für die Bemessung der Kirchensteuer des anderen Ehegatten, dessen Landeskirche, Diözese oder andere Religionsgemeinschaft Kirchensteuer in einem Vomhundertsatz der Einkommensteuer erhebt, Nummer 3 entsprechend.
3. Gehört nur ein Ehegatte einer Landeskirche, Diözese oder anderen Religionsgemeinschaft an (glaubensverschiedene Ehe) und leben die

Ehegatten nicht dauernd getrennt, so ist die als Landes-(Diözesan-)Kirchensteuer zu erhebende Kirchensteuer

a) bei getrennter oder besonderer Veranlagung zur Einkommensteuer nach der Einkommensteuer des kirchenangehörigen Ehegatten,
b) bei Zusammenveranlagung zur Einkommensteuer nach dem Teil der Einkommensteuer beider Ehegatten zu bemessen, der auf den kirchenangehörigen Ehegatten entfällt. Zur Feststellung dieses Anteils ist die Einkommensteuer beider Ehegatten im Verhältnis der Einkommensteuerbeträge aufzuteilen, die sich bei Anwendung der für die getrennte Veranlagung geltenden Einkommensteuertabelle (Grundtabelle) auf die Einkünfte eines jeden Ehegatten ergeben würden. Die Einkommensteuerbeträge sind dabei auf volle 10 Deutsche Mark nach unten abzurunden.

4. Bei gemeinsamem Lohnsteuer-Jahresausgleich gelten die Nummern 1 bis 3 entsprechend.

Vor Berechnung der Kirchensteuer nach § 2 Abs 1 Nr 1 Buchst a ist die Einkommensteuer (Lohnsteuer) nach Maßgabe des § 51 a des Einkommensteuergesetzes in der jeweils geltenden Fassung zu kürzen.

(3) Die in einem Vomhundertsatz der Vermögensteuer zu erhebende Kirchensteuer (§ 2 Abs 1 Nr 2 Buchst a) ist nach der Vermögensteuer des Kirchenangehörigen zu bemessen. Gehören zur Vermögensteuer zusammenveranlagte Ehegatten oder Eltern und Kinder derselben Landeskirche, Diözese, anderen Religionsgemeinschaft, Kirchengemeinde oder demselben Kirchengemeindeverband an, so gilt Absatz 2 Nr 1 Buchst b entsprechend. Liegen diese Voraussetzungen nicht vor, so ist bei Zusammenveranlagung von Ehegatten oder von Eltern und Kindern zur Vermögensteuer die gemeinsame Vermögensteuer im Verhältnis der Vermögensteuerbeträge aufzuteilen, die sich bei der Veranlagung jedes einzelnen von ihnen zur Vermögensteuer ergeben würden. § 2 Abs 4 bleibt unberührt.

(4) Die in einem Vomhundertsatz der Meßbeträge der Grundsteuer zu erhebende Kirchensteuer (§ 2 Abs 1 Nr 3 Buchst a) ist nach den Grundsteuermeßbeträgen zu bemessen, die für den Grundbesitz des Kirchenangehörigen festgesetzt worden sind. Bei der Zusammenfassung von Wirtschaftsgütern zu einer wirtschaftlichen Einheit gilt Absatz 3 Sätze 2 und 3 entsprechend. § 2 Abs 4 bleibt unberührt. Regelungen zur Vereinfachung des Verfahrens bei der Aufteilung der Meßbeträge der Grundsteuer bleiben den Steuerordnungen (§ 2 Abs 1) vorbehalten.

(5) Für die nach Maßgabe des Einkommens (Arbeitslohns), des Vermögens und des Einheitswerts des Grundbesitzes (§ 2 Abs 1 Nrn 1 Buchst b, 2

Buchst b, 3 Buchst b) zu erhebende Kirchensteuer gelten die Absätze 2 bis 4 entsprechend.

§ 8
Gesamtschuldner der Kirchensteuer

(1) Angehörige derselben steuerberechtigten Landeskirche, Diözese, anderen Religionsgemeinschaft, Kirchengemeinde oder desselben Kirchengemeindeverbandes, die zur Einkommensteuer oder zur Vermögensteuer zusammenveranlagt oder deren Wirtschaftsgüter zu einer wirtschaftlichen Einheit zusammengefaßt worden sind, sind Gesamtschuldner der als Steuer vom Einkommen, vom Vermögen oder vom Grundbesitz (§ 2 Abs 1 Nrn 1 bis 3) festgesetzten Kirchensteuer.

(2) Der Gesamtschuldner, gegen den Vollstreckungsmaßnahmen durchgeführt werden, kann beantragen, die Vollstreckung auf den Kirchensteuerbetrag zu beschränken, der sich bei Aufteilung der im Zeitpunkt der Einleitung der Vollstreckung rückständigen Kirchensteuer ergibt. Für die Aufteilung gilt § 6 Abs 1. Für den Aufteilungsbescheid des Finanzamts ist abweichend von § 10 Abs 2 die Vorschrift des § 348 der Abgabenordnung in Verbindung mit § 33 der Finanzgerichtsordnung vom 6. Oktober 1965 (Bundesgesetzbl I S 1477) in der jeweils geltenden Fassung anzuwenden. Die als Steuer vom Grundbesitz zu erhebende Kirchensteuer ist in dem Verhältnis aufzuteilen, in dem die den einzelnen Beteiligten zuzurechnenden Anteile am Grundstück zueinander stehen. § 7 Abs 4 Satz 4 gilt entsprechend.

§ 9
– aufgehoben –

§ 10
Verwaltung der Kirchensteuer

(1) Die Verwaltung der Kirchensteuer obliegt vorbehaltlich der §§ 11 bis 15 den Landeskirchen, Diözesen, anderen Religionsgemeinschaften, Kirchengemeinden oder Kirchengemeindeverbänden. Die Unterlagen, deren sie für die Besteuerung bedürfen, werden ihnen auf Anfordern von den zuständigen Landesbehörden und den Gemeinden, Landkreisen oder kommunalen Zusammenschlüssen zur Verfügung gestellt. § 6 Abs 1 gilt auch für die Kirchensteuer, die nicht durch Landesfinanzbehörden verwaltet wird. Die Verfolgung von Steuerstraftaten tritt nur auf Antrag des Steuerberechtigten ein.

(2) Gegen jede Verfügung, Entscheidung oder andere Maßnahme, die von einer staatlichen oder kirchlichen Stelle zur Regelung eines Einzelfalls auf

dem Gebiet des Kirchensteuerrechts getroffen wird und die auf unmittelbare Rechtswirkung nach außen gerichtet ist, ist vorbehaltlich der Regelung in § 8 Abs 2 der Rechtsweg nach der Verwaltungsgerichtsordnung vom 21. Januar 1960 (Bundesgesetzbl I S 17) in der jeweils geltenden Fassung gegeben. Über einen Rechtsbehelf entscheiden die nach der Steuerordnung zuständigen kirchlichen Stellen. Die Klage vor dem Verwaltungsgericht ist nur zulässig, wenn das Verfahren über den nach der Steuerordnung gegebenen außergerichtlichen Rechtsbehelf ganz oder zum Teil erfolglos geblieben ist. Rechtsbehelfe, die sich gegen die Besteuerungsgrundlage richten, sind unzulässig, wenn die Kirchensteuer auf der Grundlage der Veranlagung zur Einkommensteuer, zur Vermögensteuer oder des festgestellten Einheitswerts des Grundbesitzes erhoben worden ist. Dies gilt nicht für Rechtsbehelfe gegen die Ermittlung der für die Aufteilung der Besteuerungsgrundlage nach § 7 und der für die Aufteilung der Kirchensteuer nach § 8 Abs 2 maßgebenden Beträge.

§ 11

Mitwirkung der Finanzämter

(1) Auf Antrag der Landeskirchen oder Diözesen sind die Festsetzung und Erhebung ihrer staatlich genehmigten Landes-(Diözesan-)Kirchensteuer nach § 2 Abs 1 Nrn 1, 2 und 4 durch den Minister der Finanzen den Finanzämtern zu übertragen; das gleiche gilt für die Durchführung des Kirchensteuer-Jahresausgleichs, sofern der Lohnsteuer-Jahresausgleich durchgeführt und der Kirchensteuer-Jahresausgleich mit ihm verbunden wird. Die Festsetzung und Erhebung der Kirchensteuer und die Durchführung des Kirchensteuer-Jahresausgleichs setzen voraus, daß der Kirchensteuersatz, der Mindestbetrag, der Höchstbetrag und die Grundsätze für die Ermittlung der Bemessungsgrundlage der Kirchensteuer innerhalb des Geltungsbereichs dieses Gesetzes einheitlich sind. Die einzelnen Kirchensteuerbeträge sind auf 0,05 Deutsche Mark nach unten abzurunden. Für die in § 2 Abs 10 bezeichneten Landeskirchen und Diözesen kann die für die staatliche Genehmigung nach § 2 Abs 9 zuständige Stelle Abweichungen von den Sätzen 2 und 3 zulassen.

(2) Die für die Mitwirkung der Finanzämter bei der Verwaltung der Kirchensteuer zu leistende Vergütung wird zwischen der Landesregierung und den Landeskirchen und Diözesen vereinbart.

(3) Hat das Finanzamt die Landes-(Diözesan-)Kirchensteuer festzusetzen und zu erheben und ändert sich die Bemessungsgrundlage für die Kirchensteuer, so hat es die Kirchensteuerfestsetzung von Amts wegen zu berichtigen. § 6 bleibt unberührt.

(4) Über Stundung, Niederschlagung, Erlaß und Erstattung der Kirchensteuer entscheiden die Landeskirchen oder Diözesen. Wird die Maßstabsteuer ganz oder teilweise gestundet, niedergeschlagen, erlassen oder erstattet oder wird die Vollziehung des Steuerbescheides ausgesetzt, so ist das Finanzamt berechtigt, die gleiche Entscheidung auch für die entsprechende Landes-(Diözesan-)Kirchensteuer zu treffen; das gleiche gilt, wenn die Kirchensteuer nach Maßgabe des Einkommens (Arbeitslohns) oder des Vermögens erhoben wird.

(5) Die Zuständigkeit der Landeskirchen oder Diözesen zur Entscheidung über Rechtsbehelfe (§ 10 Abs 2) bleibt unberührt.

(6) Die Festsetzung und Erhebung der staatlich genehmigten Landes-(Diözesan-)Kirchensteuer (§ 2 Abs 2) der anderen Religionsgemeinschaften können durch den Minister der Finanzen den Finanzämtern übertragen werden; das gleiche gilt für die Durchführung des Kirchensteuer-Jahresausgleichs, sofern der Lohnsteuer-Jahresausgleich durchgeführt und der Kirchensteuer-Jahresausgleich mit ihm verbunden wid. Absatz 1 Sätze 2 bis 4 und Absätze 2 bis 5 gelten entsprechend.

§ 12

Kirchensteuerabzug vom Arbeitslohn

(1) Sind die Festsetzung und Erhebung der Landes-(Diözesan-)Kirchensteuer den Finanzämtern übertragen worden (§ 11), so gelten unbeschadet des § 6 die nachstehenden Vorschriften über den Kirchensteuerabzug vom Arbeitslohn.

(2) Der Arbeitgeber, der im Geltungsbereich dieses Gesetzes eine Betriebstätte (§ 41 Abs 2 des Einkommensteuergesetzes) unterhält, hat bei dem Arbeitnehmer, der nach der Eintragung auf der Lohnsteuerkarte einer Landeskirche, Diözese oder anderen Religionsgemeinschaft angehört, die in einem Vomhundertsatz der Lohnsteuer (§ 2 Abs 1 Nr 1 Buchst a) oder nach Maßgabe des Arbeitslohns (§ 2 Abs 1 Nr 1 Buchst b) zu erhebende Kirchensteuer vom Arbeitslohn abzuziehen und an das Finanzamt der Betriebsstätte zu denselben Zeitpunkten wie die Lohnsteuer abzuführen. Die einzelnen Kirchensteuerbeträge sind bei Monats-, Wochen- und Tageslohnzahlungen jeweils auf 0,01 Deutsche Mark, bei anderen Lohnzahlungen auf 0,05 Deutsche Mark nach unten abzurunden. Die Kirchensteuer ist nicht abzuziehen, wenn der Arbeitnehmer die Bescheinigung einer Landeskirche, Diözese oder anderen Religionsgemeinschaft vorlegt, aus der sich ergibt, daß von seinem Arbeitslohn der Kirchensteuerabzug nicht vorzunehmen ist. Für die in § 2 Abs 10 bezeichneten Landeskirchen und Diözesen kann die für die staatliche Genehmigung nach § 2 Abs 9 zuständige Stelle Abweichungen von Satz 2 zulassen.

(3) Der Arbeitgeber hat die Bestimmungen, insbesondere den Kirchensteuersatz anzuwenden, die am Ort der Betriebstätte für die dem Bekenntnis des Arbeitnehmers angehörenden Kirchenangehörigen gelten. Gilt am Ort des Wohnsitzes oder des gewöhnlichen Aufenthalts des Arbeitnehmers ein anderer Kirchensteuersatz, so kann das Finanzamt der Betriebstätte dem Arbeitgeber auf Antrag genehmigen, die Kirchensteuer dieses Arbeitnehmers nach dem am Ort des Wohnsitzes oder des gewöhnlichen Aufenthalts geltenden Kirchensteuersatz abzuziehen und abzuführen. Die Genehmigung des Finanzamts bedarf zu ihrer Wirksamkeit der Zustimmung der Landeskirche, Diözese oder anderen Religionsgemeinschaft, in deren Gebiet der Arbeitgeber die Betriebstätte unterhält.

(4) Für den Kirchensteuerabzug vom Arbeitslohn gilt der Kirchensteuersatz des Vorjahres weiter, bis der Kirchensteuersatz für das laufende Jahr veröffentlicht worden ist, längstens jedoch bis zum 30. Juni des laufenden Jahres.

(5) Bei der Durchführung des Lohnsteuer-Jahresausgleichs hat der Arbeitgeber auch die nach der Lohnsteuer oder nach Maßgabe des Arbeitslohns zu bemessende Kirchensteuer zu erstatten.

(6) Die für die Lohnsteuer geltenden Vorschriften über die Haftung des Arbeitgebers und die Inanspruchnahme des Arbeitnehmers sowie über die Nachversteuerung finden auf die Kirchensteuer entsprechende Anwendung.

(7) Der Minister der Finanzen macht die von den Landeskirchen, Diözesen und anderen Religionsgemeinschaften beschlossenen und staatlich genehmigten Kirchensteuersätze, die beim Kirchensteuerabzug vom Arbeitslohn anzuwenden sind, im Niedersächsischen Ministerialblatt bekannt.

§ 13
Erhebung oder Erstattung von Kirchensteuer nach Durchführung des Kirchensteuerabzugs vom Arbeitslohn

(1) Von einem Arbeitnehmer mit Wohnsitz oder gewöhnlichem Aufenthalt im Geltungsbereich dieses Gesetzes, der Arbeitslohn aus einer Betriebstätte (§ 41 Abs 2 des Einkommensteuergesetzes) außerhalb des Geltungsbereichs dieses Gesetzes bezogen hat, darf vorbehaltlich des Absatzes 2 insoweit Kirchensteuer vom Einkommen (§ 2 Abs 1 Nr 1) nicht erhoben werden, als ihm Kirchensteuer von diesem Arbeitslohn abgezogen worden ist.

(2) Einem Arbeitnehmer mit Wohnsitz oder gewöhnlichem Aufenthalt im Geltungsbereich dieses Gesetzes, dem bei ordnungsmäßiger Vornahme des Kirchensteuerabzugs vom Arbeitslohn Kirchensteuer nach einem

höheren Kirchensteuersatz endgültig abgezogen worden ist, als er bei Veranlagung zu der Kirchensteuer vom Einkommen an seinem Wohnsitz oder gewöhnlichen Aufenthalt zu entrichten hätte, ist der Unterschiedsbetrag von der Landes-(Diözesan-)Kirchensteuer erhebenden Landeskirche, Diözese oder anderen Religionsgemeinschaft, der er angehört oder zuletzt angehört hat, auf Antrag zu erstatten. Ist die Kirchensteuer nach einem niedrigeren Kirchensteuersatz abgezogen worden, so kann die Landes-(Diözesan-)Kirchensteuer erhebende Landeskirche, Diözese oder andere Religionsgemeinschaft den Unterschiedsbetrag im Wege der Veranlagung selbst nacherheben. § 11 bleibt unberührt.

§ 14

Mitwirkung der Gemeinden und Landkreise

Die Festsetzung und Erhebung der staatlich genehmigten Ortskirchensteuer, insbesondere einer Kirchensteuer nach § 2 Abs 1 Nr 3 und Abs 2 können durch die Gemeinde, den Landkreis oder deren Hebestelle auf Grund einer Vereinbarung mit der Kirchengemeinde oder dem Kirchengemeindeverband übernommen werden. Dabei ist auch die zu leistende Vergütung zu regeln.

§ 15

Vollstreckung

Die Vollstreckung der staatlich genehmigten Kirchensteuer obliegt den Finanzämtern und in den Fällen des § 14 den Gemeinden, den Landkreisen oder deren Hebestellen. Diese können auch in anderen Fällen die Vollstreckung durch Vereinbarung übernehmen. Die Gemeinden, Landkreise oder deren Hebestellen vollstrecken die Kirchensteuer nach den Vorschriften über das Verwaltungszwangsverfahren.

§ 15 a

Vollstreckung von Friedhofsgebühren

Die Vollstreckung der auf Grund kirchenbehördlich genehmigter Gebührenordnungen erhobenen kirchlichen Friedhofsgebühren obliegt den Gemeinden. Diese führen die Vollstreckung nach dem Niedersächsischen Verwaltungsvollstreckungsgesetz durch.

Zweiter Abschnitt

§ 16
Weltanschauungsgemeinschaften

Für Weltanschauungsgemeinschaften im Land Niedersachsen, die Körperschaften des öffentlichen Rechts sind, gelten die §§ 2 bis 8, 10, 11 Abs 6 und 12 bis 15 entsprechend.

Dritter Abschnitt

§ 17
Ermächtigungen

Das Landesministerium wird ermächtigt, zur Durchführung dieses Gesetzes, zur Wahrung der Gleichmäßigkeit bei der Besteuerung und zur Vereinfachung des Besteuerungsverfahrens

1. über die Erhebung von Kirchensteuern in den Fällen, in denen die Einkommensteuer durch Steuerabzug vom Kapitalertrag erhoben wird,
2. über den Zeitpunkt, von dem an der Arbeitgeber den Kirchensteuerabzug und den Abzug der Steuern der Weltanschauungsgemeinschaften vom Arbeitslohn vorzunehmen und einzustellen hat,
3. über die Angaben, die der Arbeitgeber bei der Abführung der abgezogenen Kirchensteuer und Steuern der Weltanschauungsgemeinschaften an das Finanzamt zu machen hat,
4. über die Berechnung der Kirchensteuer in den Fällen des § 7, wenn die Kirchensteuerpflicht im Laufe des Veranlagungszeitraums beginnt oder endet,
5. über die Bekanntmachung der Steuerordnungen und der Beschlüsse der Kirchengemeinden oder Kirchengemeindeverbände und Weltanschauungsgemeinschaften, die Ortskirchensteuer und örtliche Steuern der Weltanschauungsgemeinschaften betreffen,

Rechtsverordnungen zu erlassen.

§ 18
Aufhebung bestehender Rechtsvorschriften

(1) Mit Ausnahme der Bestimmungen des Vertrages des Landes Niedersachsen mit den Evangelischen Landeskirchen in Niedersachsen vom 19. März 1955 (Nieders GVBl Sb I S 369), des Ergänzungsvertrages zum Vertrag des Landes Niedersachsen mit den Evangelischen Landeskirchen in Niedersachsen vom 4. März 1965 (Nieders GVBl 1966 S 4) und des Konkordats zwischen dem Heiligen Stuhle und dem Lande Niedersachsen vom

26. Februar 1965 (Nieders GVBl S 192) werden alle Gesetze und Verordnungen über Kirchensteuer und Steuern der Weltanschauungsgemeinschaften aufgehoben. Insbesondere werden aufgehoben

1. das Gesetz zur Vereinheitlichung und Vereinfachung des Kirchensteuerwesens vom 21. Dezember 1948 (Nieders GVBl Sb I S 529),
2. die Verordnung zur Durchführung des Gesetzes zur Vereinheitlichung und Vereinfachung des Kirchensteuerwesens vom 30. Juli 1952 (Nieders GVBl Sb I S 529),
3. die folgenden für die ehemals preußischen Gebietsteile des Landes erlassenen Gesetze und Verordnungen:
   a) Gesetz, betreffend die Erhebung von Kirchensteuern in den Kirchengemeinden und Parochialverbänden der evangelischen Landeskirche der älteren Provinzen der Monarchie vom 14. Juli 1905 (Nieders GVBl Sb III S 112),
   b) Gesetz, betreffend die Erhebung von Kirchensteuern in den katholischen Kirchengemeinden und Gesamtverbänden vom 14. Juli 1905 (Nieders GVBl Sb III S 112),
   c) Gesetz, betreffend die Erhebung von Kirchensteuern in den Kirchengemeinden und Gesamt-(Parochial-)Verbänden der evangelisch-lutherischen Kirchen der Provinzen Hannover und Schleswig-Holstein sowie in den Kirchengemeinden der evangelisch-reformierten Kirche der Provinz Hannover vom 22. März 1906 (Nieders GVBl Sb III S 113),
   d) Verordnung über das Inkrafttreten von Gesetzen, betreffend die Erhebung von Kirchensteuern vom 23. März 1906 (Nieders GVBl Sb III S 114),
   e) Art 76 Abs 1 Satz 2 der Verfassung des Freistaats Preußen vom 30. November 1920 (Nieders GVBl Sb II S 5),
   f) § 2 Abs 1 des Gesetzes, betreffend den Austritt aus den Religionsgesellschaften öffentlichen Rechts vom 30. November 1920 (Nieders GVBl Sb II S 361),
   g) Art 19 Nr 6 des Staatsgesetzes, betreffend die Kirchenverfassungen der evangelischen Landeskirchen vom 8. April 1924 (Nieders GVBl Sb II S 362),
4. die folgenden für das ehemalige Land Oldenburg erlassenen Gesetze:
   a) §§ 20 und 21 Abs 2 Nr 1 der Verfassung für den Freistaat Oldenburg vom 17. Juni 1919 (Nieders GVBl Sb II S 6) in der Fassung des Artikels II des Fünften Gesetzes zur Änderung des Gesetzes über das öffentliche Schulwesen in Niedersachsen vom 4. Juli 1969 (Nieders GVBl S 140),

b) § 2 Abs 1 des Gesetzes für den Freistaat Oldenburg, betreffend den Austritt aus den Religionsgesellschaften öffentlichen Rechts vom 18. Mai 1922 (Nieders GVBl Sb II S 403),

5. die folgenden für das ehemalige Land Schaumburg-Lippe erlassenen Gesetze und Verordnungen:
   a) Gesetz, betreffend die Erhebung von Kirchensteuern in den evangelisch-lutherischen Kirchengemeinden vom 24. April 1894 (Nieders GVBl Sb III S 124),
   b) Verordnung zur Ausführung des Gesetzes, betreffend die Erhebung von Kirchensteuern in den evangelisch-lutherischen Kirchengemeinden vom 12. Oktober 1894 (Nieders GVBl Sb III S 125),
   c) Gesetz, betreffend die Erhebung der Kirchensteuern in den über die Landesgrenzen ausgepfarrten Gemeinden und Gemeindeteilen vom 20. März 1896 (Nieders GVBl Sb III S 125),
   d) § 4 Abs 1 des Gesetzes, betreffend den Austritt aus der Kirche vom 21. März 1896 (Nieders GVBl Sb III S 125),
   e) Gesetz, betreffend die Erhebung von allgemeinen Kirchensteuern in der evangelisch-lutherischen Landeskirche vom 6. April 1903 (Nieders GVBl Sb III S 127),
   f) §§ 6, 7 und 8 des Gesetzes, betreffend die Erhebung von Kirchensteuern in den evangelisch-reformierten Kirchengemeinden vom 17. März 1910 (Nieders GVBl Sb III S 127),
   g) §§ 7 und 8 des Gesetzes über die rechtliche Stellung der katholischen Pfarrgemeinden vom 18. März 1911 (Nieders GVBl Sb III S 129),
   h) Ergänzungsgesetz über das Besteuerungsrecht der Religionsgemeinschaften vom 18. März 1913 (Nieders GVBl Sb III S 129),
   i) Gesetz, betreffend die Erhebung von Kirchensteuern vom 20. Februar 1925 (Nieders GVBl Sb II S 404),
   k) Gesetz über das Besteuerungsrecht der Religionsgemeinschaften vom 21. Juni 1933 (Nieders GVBl Sb II S 406),
   l) Gesetz über das Besteuerungsrecht der Religionsgesellschaften vom 22. November 1933 (Nieders GVBl Sb II S 406).

(2) Soweit Rechtsvorschriften sich nicht auf Kirchensteuer oder Steuern der Weltanschauungsgemeinschaften beziehen, werden sie durch Absatz 1 nicht berührt.

§ 19

Übergangsvorschriften

(1) Das Gesetz zur Vereinheitlichung und Vereinfachung des Kirchensteuerwesens vom 21. Dezember 1948 (Nieders GVBl Sb I S 529) und die

Verordnung zur Durchführung des Gesetzes zur Vereinheitlichung und Vereinfachung des Kirchensteuerwesens vom 30. Juli 1952 (Nieders GVBl Sb I S 529) sind bis einschließlich Erhebungszeitraum 1971 weiter anzuwenden. Für den Kirchensteuerabzug vom Arbeitslohn gilt Satz 1 mit der Maßgabe, daß das Gesetz und die Verordnung bei laufendem Arbeitslohn letztmals auf den Arbeitslohn anzuwenden sind, der für den Zeitraum gezahlt wird, der vor dem 1. Januar 1972 endet, bei sonstigen Bezügen auf den Arbeitslohn, der dem Arbeitnehmer vor dem 1. Januar 1972 zufließt.

(2) Die nach § 18 Abs 1 aufgehobenen Rechtsvorschriften bleiben zunächst in Kraft, soweit sie Gegenstände betreffen, die durch Steuerordnungen geregelt werden können, aber für die einzelne steuerberechtigte Landeskirche, Diözese, andere Religionsgemeinschaft, Kirchengemeinde, Weltanschauungsgemeinschaft oder den einzelnen Kirchengemeindeverband noch nicht geregelt worden sind. Diese Rechtsvorschriften treten jedoch spätestens am 1. Januar 1973 außer Kraft.

(3) Die vor dem Inkrafttreten dieses Gesetzes erfolgte Übertragung der Festsetzung und Erhebung staatlich genehmigter Landes-(Diözesan-)Kirchensteuern auf die Finanzämter gilt in dem bisherigen Umfang als Übertragung der Festsetzung und Erhebung nach § 11. Das gleiche gilt für die Genehmigung von Kirchensteuersätzen nach § 2 Abs 9 für den Erhebungszeitraum 1972.

§ 20

Inkrafttreten*)

Dieses Gesetz tritt am 1. Januar 1972 in Kraft; es ist erstmals für den Erhebungszeitraum 1972 anzuwenden. Für den Kirchensteuerabzug und den Abzug der Steuern der Weltanschauungsgemeinschaften vom Arbeitslohn gilt Satz 1 mit der Maßgabe, daß dieses Gesetz bei laufendem Arbeitslohn erstmals auf den Arbeitslohn anzuwenden ist, der für den Zeitraum gezahlt wird, der nach dem 31. Dezember 1971 endet, bei sonstigen Bezügen auf den Arbeitslohn, der dem Arbeitnehmer nach dem 31. Dezember 1971 zufließt.

---

*) Diese Vorschrift betrifft das Inkrafttreten des Gesetzes in der ursprünglichen Fassung vom 10. Februar 1972 (Nieders GVBl S 109). Der Zeitpunkt des Inkrafttretens der späteren Änderungen ergibt sich aus den in der vorangestellten Bekanntmachung näher bezeichneten Gesetzen.

Verordnung zur Durchführung des Kirchensteuerrahmengesetzes (Kirchensteuerdurchführungsverordnung – KiStDV –)

Vom 8. Dezember 1972

(GVBl 1972 S 492, BStBl 1973 I S 16)

Auf Grund des § 17 Nrn 1, 2, 4 und 5 des Kirchensteuerrahmengesetzes (KiStRG) vom 10. Februar 1972 (Nieders GVBl S 109) wird verordnet:

§ 1

(1) Bei der Erhebung der Einkommensteuer durch Abzug vom Kapitalertrag (Kapitalertragsteuer) wird Kirchensteuer nicht erhoben.

(2) In den Fällen, in denen Kapitalertragsteuer auf die Einkommensteuerschuld angerechnet wird, ist Bemessungsgrundlage für die in einem Vomhundertsatz der Einkommensteuer zu erhebende Kirchensteuer die Einkommensteuerschuld vor Anrechnung der Kapitalertragsteuer. Soweit die Einkommensteuer durch den Steuerabzug vom Kapitalertrag abgegolten ist, erhöht sich die Bemessungsgrundlage um diesen Betrag.

§ 2

Beginnt oder endet für einen Arbeitnehmer die Zugehörigkeit zu einer Landeskirche, Diözese, anderen Religionsgemeinschaft oder Weltanschauungsgemeinschaft, für die Steuern durch Abzug vom Arbeitslohn erhoben werden, so hat der Arbeitgeber dies zu berücksichtigen, sobald ihm die geänderte Lohnsteuerkarte vorgelegt wird. § 12 Abs 2 Satz 3 KiStRG bleibt unberührt.

§ 3

(1) Beginnt die Kirchensteuerpflicht bei bestehender oder endet sie bei fortbestehender unbeschränkter Einkommensteuerpflicht im Laufe des Veranlagungszeitraums, so ist die Kirchensteuer vom Einkommen nach der vollen für diesen Veranlagungszeitraum maßgebenden Bemessungsgrundlage zu berechnen, jedoch nur anteilig mit je einem Zwölftel für jeden Kalendermonat des Bestehens der Kirchensteuerpflicht festzusetzen.

(2) Liegen die Voraussetzungen für eine konfessionsgleiche, konfessionsverschiedene oder glaubensverschiedene Ehe im Sinne des § 7 Abs 2 Nrn 1 bis 3 KiStRG nicht während des gesamten Veranlagungszeitraums vor, so sind die nach den Buchstaben b des § 7 Abs 2 Nrn 1 bis 3 KiStRG maßgebenden Bemessungsgrundlagen der Festsetzung der Kirchensteuer anteilig mit je einem Zwölftel für jeden Kalendermonat zugrunde zu legen, in dem eine konfessions-

gleiche, konfessionsverschiedene oder glaubensverschiedene Ehe bestanden hat.

§ 4

(1) Steuerordnungen und Beschlüsse über die Kirchensteuersätze der Kirchengemeinden oder Kirchengemeindeverbände, die Ortskirchensteuern betreffen, sind öffentlich bekanntzumachen. Die Form der öffentlichen Bekanntmachung bleibt der Regelung durch die Landeskirchen, Diözesen oder anderen Religionsgemeinschaften überlassen.

(2) Für Steuerordnungen und Beschlüsse der Weltanschauungsgemeinschaften, die örtliche Steuern betreffen, gilt Absatz 1 entsprechend.

§ 5

Die Vorschriften der §§ 1 bis 3 sind erstmals für den Erhebungszeitraum 1972, die Vorschrift des § 4 ist erstmals für den Erhebungszeitraum 1973 anzuwenden.

§ 6

Diese Verordnung tritt mit Wirkung vom 1. Januar 1972 in Kraft.

Zweite Verordnung zur Durchführung des Kirchensteuerrahmengesetzes (2. Kirchensteuerdurchführungsverordnung – 2. KiStDV –)

Vom 2. Juli 1982

(GVBl 1982 S 272, BStBl 1982 I S 637)

Auf Grund des § 17 Nr 3 des Kirchensteuerrahmengesetzes vom 10. Februar 1972 (Nieders GVBl S 109), zuletzt geändert durch Artikel 3 des Niedersächsischen Abgabenordnung-Anpassungsgesetzes vom 20. Dezember 1976 (Nieders GVBl S 325), wird verordnet:

§ 1

Für Lohnsteuer-Anmeldungszeiträume ab 1. Januar 1983 ist die vom Arbeitgeber in einem Vomhundertsatz der Lohnsteuer zu erhebende Kirchensteuer als evangelische oder katholische Lohnkirchensteuer einzubehalten, anzumelden und abzuführen. Die abzuführende Lohnkirchensteuer ist auch bei der Zahlung an die Finanzbehörde als evangelische oder katholische kenntlich zu machen.

§ 2

(1) Als evangelische Lohnkirchensteuer gilt Kirchensteuer, die nach Maßgabe der auf der Lohnsteuerkarte eingetragenen Merkmale „lt", „rf" und „ev", und als katholische Lohnkirchensteuer diejenige, die auf Grund der Merkmale „rk" und „ak" einzubehalten ist.

(2) Wird die Lohnsteuer pauschaliert erhoben, ist die danach zu berechnende Lohnkirchensteuer in einen evangelischen und einen katholischen Teil nach dem Schlüssel aufzuteilen, der von den Steuerberechtigten bestimmt und zusammen mit den Kirchensteuersätzen im Niedersächsischen Ministerialblatt bekannt gemacht wird.

§ 3

Diese Verordnung tritt am 1. Januar 1983 in Kraft.

Bekanntmachung der Neufassung des Gesetzes über die Erhebung von Kirchensteuern im Land Nordrhein-Westfalen (Kirchensteuergesetz – KiStG)

Vom 22. April 1975

(GVBl 1975 S 438)

Auf Grund des Artikels 3 des Gesetzes zur Änderung des Gesetzes über die Erhebung von Kirchensteuern im Land Nordrhein-Westfalen vom 29. Oktober 1974 (GV NW S 1066) wird nachstehend der vom 1. Januar 1975 an geltende Wortlaut des Gesetzes über die Erhebung von Kirchensteuern im Land Nordrhein-Westfalen in der Fassung der Bekanntmachung vom 13. November 1968 (GV NW S 375) unter Berücksichtigung der Änderungen durch das Gesetz zur Änderung des Kirchensteuergesetzes vom 29. Oktober 1974 (GV NW S 1066) bekanntgemacht.

Gesetz über die Erhebung von Kirchensteuern im Land Nordrhein-Westfalen (Kirchensteuergesetz – KiStG)

In der Fassung der Bekanntmachung vom 22. April 1975

(GVBl 1975 S 439)

I. Besteuerungsrecht

§ 1

Die Katholische Kirche und die Evangelische Kirche erheben im Land Nordrhein-Westfalen Kirchensteuern auf Grund eigener Steuerordnungen.

§ 2

(1) Kirchensteuern können nach Maßgabe der Steuerordnungen

1. als Diözesankirchensteuer oder Landeskirchensteuer,
2. als Ortskirchensteuer,
3. nebeneinander als Diözesankirchensteuer oder Landeskirchensteuer und als Ortskirchensteuer

erhoben werden.

(2) Die Steuerordnungen werden von den Diözesen der Katholischen Kirche und den Evangelischen Landeskirchen erlassen.

(3) Über die Höhe der zu erhebenden Kirchensteuern beschließt die nach der Steuerordnung zuständige Körperschaft.

II. Persönliche Steuerpflicht

§ 3

Kirchensteuerpflichtig sind alle Angehörigen der Katholischen Kirche und der Evangelischen Kirche, die ihren Wohnsitz oder gewöhnlichen Aufenthalt im Sinn der §§ 13 und 14 Abs 1 des Steueranpassungsgesetzes vom 16. Oktober 1934 (RGBl I S 925) im Land Nordrhein-Westfalen haben.

III. Grundsätze über die Erhebung von Kirchensteuern

§ 4

(1) Kirchensteuern können erhoben werden

1. a) als Zuschlag zur Einkommensteuer und Lohnsteuer, auch unter Festsetzung von Mindestbeträgen, oder

b) nach Maßgabe des Einkommens auf Grund eines besonderen Tarifs (Kirchensteuer vom Einkommen),

2. als Zuschlag zur Vermögensteuer (Kirchensteuer vom Vermögen),
3. als Zuschlag zu den Grundsteuermeßbeträgen (Kirchensteuer vom Grundbesitz),
4. als Kirchgeld.

(2) Vor Erhebung der Kirchensteuer nach Absatz 1 Nummer 1 Buchstabe a ist, soweit nach § 32 Abs 4 bis 7 des Einkommensteuergesetzes bei den Steuerpflichtigen Kinder zu berücksichtigen sind, die festgesetzte Einkommensteuer und die Jahreslohnsteuer um die in § 51 a des Einkommensteuergesetzes in der jeweils geltenden Fassung genannten Beträge zu kürzen. Bei Ehegatten, die nach § 26 a des Einkommensteuergesetzes getrennt veranlagt werden oder bei denen die Lohnsteuer nach der Steuerklasse IV erhoben wird, werden die Kürzungsbeträge nach Satz 1 bei jedem Ehegatten je zur Hälfte berücksichtigt.

(3) Kirchensteuern nach Absatz 1 können nebeneinander erhoben werden. Die Kirchensteuern vom Einkommen nach Absatz 1 Nr 1 Buchstabe a) und nach Absatz 1 Nr 1 Buchstabe b) können nicht nebeneinander erhoben werden.

(4) In den Steuerordnungen kann bestimmt werden, daß Kirchensteuern einer Art auf Kirchensteuern einer anderen Art angerechnet werden.

(5) Wird die Kirchensteuer vom Einkommen als Diözesankirchensteuer oder Landeskirchensteuer und als Ortskirchensteuer nebeneinander erhoben, so ist dafür ein gemeinsamer Steuersatz festzusetzen.

§ 5

Auf die im § 4 Abs 1 Nr 1 bis 3 bezeichneten Kirchensteuern finden die Vorschriften für die Einkommensteuer und die Lohnsteuer, insbesondere die Vorschriften über das Lohnabzugsverfahren, die Vorschriften für die Grundsteuer und die Vorschriften für die Vermögensteuer entsprechende Anwendung.

§ 6

(1) Gehören Ehegatten verschiedenen steuerberechtigten Kirchen an (konfessionsverschiedene Ehe) und liegen die Voraussetzungen für eine Zusammenveranlagung bei der Einkommensteuer vor, so erheben beide Kirchen die Kirchensteuer in der Form des Zuschlags zur Einkommensteuer und Lohnsteuer (§ 4 Abs 1 Nr 1 Buchstabe a) von beiden Ehegatten in folgender Weise:

1. wenn die Ehegatten zusammen zur Einkommensteuer veranlagt werden, von der Hälfte der Einkommensteuer;

2. wenn ein Ehegatte oder beide Ehegatten lohnsteuerpflichtig sind, von der Hälfte der Lohnsteuer.

Die Ehegatten haften als Gesamtschuldner. Im Lohnabzugsverfahren ist die Kirchensteuer bei jedem Ehegatten auch für den anderen einzubehalten.

(2) Liegen die Voraussetzungen für eine Zusammenveranlagung zur Einkommensteuer nicht vor oder werden die Ehegatten getrennt veranlagt (§ 26a des Einkommensteuergesetzes), so wird die Kirchensteuer vom Einkommen von jedem Ehegatten nach seiner Kirchenangehörigkeit und nach der jeweils in seiner Person gegebenen Steuerbemessungsgrundlage erhoben.

(3) Für die Erhebung der anderen in § 4 Abs 1 genannten Kirchensteuerarten gilt Absatz 2 entsprechend.

§ 7

(1) Gehört nur ein Ehegatte einer steuerberechtigten Kirche an (glaubensverschiedene Ehe), so erhebt die steuerberechtigte Kirche die Kirchensteuer von ihm nach der in seiner Person gegebenen Steuerbemessungsgrundlage.

(2) Werden die Ehegatten zusammen zur Einkommensteuer veranlagt (§ 26b des Einkommensteuergesetzes) oder wird ein gemeinsamer Lohnsteuer-Jahresausgleich durchgeführt, so ist bei dem steuerpflichtigen Ehegatten die Kirchensteuer in der Form des Zuschlags zur Einkommensteuer und Lohnsteuer anteilig zu berechnen. Die Kirchensteuer ist nach dem Teil der gemeinsamen Einkommen- und Lohnsteuer zu berechnen, der auf den steuerpflichtigen Ehegatten entfällt, wenn die gemeinsame Steuer – nach Kürzung um die Beträge nach § 4 Abs 2 – im Verhältnis der Einkommensteuerbeträge, die sich bei Anwendung der Einkommensteuer-Grundtabelle (Anlage zu § 32a Abs 4 des Einkommensteuergesetzes) auf die Einkünfte eines jeden Ehegatten ergeben würde, auf die Ehegatten verteilt wird.

IV. Besteuerungsverfahren

§ 8

(1) Die Vorschriften der Reichsabgabenordnung und ihrer Nebengesetze finden in der jeweils geltenden Fassung auf die Kirchensteuern entsprechende Anwendung, soweit nicht in diesem Gesetz eine besondere Regelung getroffen ist.

(2) Die Vorschriften des Dritten Teils der Reichsabgabenordnung (Straf- und Bußgeldvorschriften, Straf- und Bußgeldverfahren) sind nicht anzuwenden.

(3) Die Verjährungsfrist für Kirchensteuern beträgt 5 Jahre, bei hinterzogenen Kirchensteuern 10 Jahre.

(4) Für die Entstehung der Steuerschuld bei den Kirchensteuern vom Einkommen und beim Kirchgeld gelten die Vorschriften über die Entstehung der Steuerschuld bei der Einkommensteuer; für die Entstehung der Steuerschuld bei den Kirchensteuern vom Vermögen und vom Grundbesitz gelten die Vorschriften über die Entstehung der Steuerschuld bei der Vermögensteuer und der Grundsteuer.

(5) Für die Stundung und den Erlaß der Kirchensteuern sind die Kirchen zuständig. Sie können für die von den Finanzämtern oder von den Gemeinden (Gemeindeverbänden) verwalteten Kirchensteuern die Befugnis auf diese Stellen übertragen. Stundungszinsen werden nicht erhoben.

(6) Säumniszuschläge stehen auch in den Fällen der §§ 9 und 11 den Kirchen zu. In der Steuerordnung kann die Anwendung des Steuersäumnisgesetzes ausgeschlossen werden.

V. Verwaltung der Kirchensteuern

§ 9

Auf Antrag der Diözesen der Katholischen Kirche oder auf Antrag der Evangelischen Landeskirchen hat der Finanzminister den Finanzämtern die Verwaltung der Kirchensteuern vom Einkommen und Vermögen zu übertragen. Wird die Kirchensteuer vom Einkommen auf Grund eines besonderen Tarifs erhoben, so besteht die Verpflichtung zur Übertragung nur hinsichtlich der Steuerpflichtigen, die zur Einkommensteuer oder Lohnsteuer herangezogen werden. In den übrigen Fällen – mit Ausnahme des Kirchgelds – kann den Finanzämtern die Verwaltung der Kirchensteuer übertragen werden. Die Übernahme der Verwaltung erfolgt gegen eine zu vereinbarende Vergütung.

§ 10

(1) Soweit die Kirchensteuer vom Einkommen durch die Finanzämter verwaltet wird, sind die Arbeitgeber, deren Betriebsstätten im Land Nordrhein-Westfalen liegen, verpflichtet, die Kirchensteuer von allen katholischen und evangelischen Arbeitnehmern mit Wohnsitz oder gewöhnlichem Aufenthalt im Sinn der §§ 13 und 14 Abs 1 des Steueranpassungsgesetzes im Land Nordrhein-Westfalen in Höhe des für den Ort der Betriebsstätte – im Sinn des Lohnsteuerrechts – maßgeblichen Steuersatz einzubehalten und an das für den Arbeitgeber zuständige Finanzamt abzuführen.

(2) Auf Antrag von Diözesen der Katholischen Kirche oder auf Antrag von Evangelischen Landeskirchen, deren Gebiet ganz oder teilweise außerhalb des Landes Nordrhein-Westfalen liegt, kann der Finanzminister im Einvernehmen mit dem Kultusminister die Einbehaltung und Abführung der Kirchensteuer im

Lohnabzugsverfahren auch für die diesen gegenüber steuerpflichtigen Arbeitnehmer anordnen, die nicht im Land Nordrhein-Westfalen ihren Wohnsitz oder gewöhnlichen Aufenthalt haben, aber von einer Betriebsstätte im Land Nordrhein-Westfalen entlohnt werden. Sofern die Steuersätze an dem Wohnsitz niedriger als an der Betriebsstätte sind, ist dem Antrag nur stattzugeben, wenn die Erstattung zu viel einbehaltener Kirchensteuer gewährleistet wird.

§ 11

Die Kirchensteuer vom Grundbesitz kann auf Antrag der nach der Steuerordnung zuständigen Körperschaft durch die Gemeinden (Gemeindeverbände) verwaltet werden. Die Übernahme der Verwaltung erfolgt gegen eine zu vereinbarende Vergütung.

§ 12

Wird die Kirchensteuer von den Kirchen selbst verwaltet, so wird die Kirchensteuer einschließlich der Nebenleistungen auf Antrag durch die Finanzämter nach den Vorschriften der Reichsabgabenordnung sowie ihrer Nebengesetze oder durch die kommunalen Vollstreckungsbehörden, soweit diese die Maßstabsteuern einziehen, nach den Vorschriften über das Verwaltungszwangsverfahren beigetrieben.

§ 13

Die zuständigen Landes- oder Gemeindebehörden haben den Kirchen auf Anfordern die für die Besteuerung und den kirchlichen Finanzausgleich erforderlichen Unterlagen zur Verfügung zu stellen.

VI. Rechtsbehelfe

§ 14

(1) Dem Steuerpflichtigen steht gegen die Heranziehung zur Kirchensteuer als außergerichtlicher Rechtsbehelf der Einspruch zu, der binnen einer Frist von einem Monat seit Zustellung des Steuerbescheides bei der in der Steuerordnung angegebenen Stelle einzulegen ist. Wird die Steuer im Wege des Lohnabzugs erhoben, so ist der Einspruch bis zum Ablauf des Kalendermonats zulässig, der auf den Lohnzahlungszeitraum folgt, in dem der Abzug erfolgt ist.

(2) Über den Einspruch entscheidet die in der Steuerordnung bestimmte Stelle. Für das Verfahren gelten die §§ 228 bis 259 der Reichsabgabenordnung sinngemäß.

(3) Die Vorschriften der Absätze 1 und 2 sind bei Ablehnung von Stundungs- und Erlaßanträgen sinngemäß anzuwenden.

(4) In den Fällen der Absätze 1 und 3 ist der Finanzrechtsweg gegeben. Die Vorschriften der Finanzgerichtsordnung vom 6. Oktober 1965 (BGBl I S 1477) finden Anwendung, soweit nicht in diesem Gesetz eine besondere Regelung getroffen ist.

(5) Beteiligte Behörde (§ 57 der Finanzgerichtsordnung) ist nur diejenige Stelle, die nach der Steuerordnung über den Einspruch (Absatz 2) zu entscheiden hat; § 122 Abs 2 der Finanzgerichtsordnung bleibt unberührt. Prozeßzinsen (§ 112 der Finanzgerichtsordnung) werden nicht erhoben.

(6) Einwendungen gegen die zugrundegelegte Maßstabsteuer (§ 4 Abs 1 Nr 1 bis 3) sind unzulässig.

VII. Öffentlich-rechtliche Religionsgemeinschaften

§ 15

(1) Dieses Gesetz findet auf Religionsgemeinschaften, die die Rechte einer Körperschaft des öffentlichen Rechts haben, entsprechende Anwendung.

(2) Die Verpflichtung zur Übertragung der Verwaltung der Kirchensteuern auf die Finanzämter im Sinne des § 9 besteht in diesem Fall nur, wenn

1. die steuerberechtigte Religionsgemeinschaft mindestens 40000 Angehörige im Land hat,
2. die steuerberechtigte Religionsgemeinschaft die Kirchensteuern nach den gleichen Steuersätzen wie die steuerberechtigten Kirchen erhebt,
3. bei Bestehen von Religionsgemeinschaften mit dem gleichen Bekenntnis im Land diese alle Kirchensteuern nach einheitlichen Grundsätzen erheben.

Nummer 1 gilt nicht für Religionsgemeinschaften, für die bei Inkrafttreten des Gesetzes vom 5. November 1968 die Verwaltung der Kirchensteuer auf die Finanzämter übertragen ist.

VIII. Schlußbestimmungen

§ 16

(1) Die Kirchensteuerordnungen und -beschlüsse bedürfen der staatlichen Anerkennung.

(2) Liegt zu Beginn eines Steuerjahres ein anerkannter Kirchensteuerbeschluß nicht vor, so gilt für das Steuerjahr der vorjährige Kirchensteuerbeschluß weiter, bis ein neuer Kirchensteuerbeschluß anerkannt ist.

§ 17

(1) Die Anerkennung nach § 16 sprechen der Kultusminister und der Finanzminister aus, soweit im Absatz 2 nichts anderes bestimmt ist.

(2) Werden die Kirchensteuern als Ortskirchensteuern erhoben, so sind die Regierungspräsidenten für die Anerkennung der Kirchensteuerbeschlüsse zuständig. Einer Anerkennung der einzelnen Kirchensteuerbeschlüsse bedarf es nicht, wenn der Kultusminister und der Finanzminister auf Antrag der Diözesen der Katholischen Kirche oder auf Antrag der Evangelischen Landeskirchen die Steuersätze generell anerkennen und die nach der Steuerordnung zuständigen Körperschaften diese Steuersätze beschließen.

§ 18

(1) Rechtsverordnungen über

1. den Zeitraum, für den die Kirchensteuer erhoben wird,
2. den Zeitpunkt, zu dem die Verwaltung von Kirchensteuern durch die Finanzämter und die kommunalen Steuerbehörden übernommen oder zurückgegeben werden kann,
3. die Einziehung der Kirchensteuer im Lohnabzugsverfahren nach § 10 Abs 2 und
4. das Verfahren bei der Anerkennung nach § 16 und § 17

erlassen der Kultusminister und der Finanzminister im Benehmen mit den Kirchen.

(2) Rechtsverordnungen, die die Verwaltung von Kirchensteuern sowie die Stundung und den Erlaß von Kirchensteuern durch die Finanzämter nach § 9 und § 8 Abs 5 regeln, erläßt der Finanzminister. Rechtsvorschriften, die die Verwaltung der Kirchensteuer vom Grundbesitz sowie die Stundung und den Erlaß dieser Kirchensteuer durch die zuständige Gemeinde oder den zuständigen Gemeindeverband nach § 11 und § 8 Abs 5 regeln, erlassen diese.

(3) Die zur Durchführung dieses Gesetzes erforderlichen Verwaltungsvorschriften erlassen der Kultusminister und der Finanzminister.

§ 19

(1) Dieses Gesetz tritt am 1. Januar 1963 in Kraft*). Mit dem gleichen Zeitpunkt treten alle Vorschriften des bisherigen Landesrechts über die Kirchensteuern außer Kraft.

---

*) Die Vorschrift betrifft das Inkrafttreten des Gesetzes in der Fassung vom 30. April 1962. Die vorstehende Neubekanntmachung gilt ab 1. Januar 1975. Die von 1962 bis zu diesem Zeitpunkt eingetretenen Änderungen ergeben sich aus der vorangestellten Bekanntmachung.

(2) Die Vorschriften des Preußischen Staatsgesetzes, betreffend den Austritt aus den Religionsgemeinschaften öffentlichen Rechts vom 30. November 1920 (PrGS NW S 63) bleiben unberührt und gelten auch im Landesteil Lippe. Die Vorschriften des Lippischen Gesetzes, betreffend den Austritt aus einer Religionsgemeinschaft vom 16. Mai 1919 (L-V Bd 26 S 972), werden aufgehoben.

Landesgesetz zur Anpassung von Gesetzen an die Abgabenordnung (AO-Anpassungsgesetz – AOAnpG)

Vom 21. Dezember 1976

(GVBl 1976 S 473, BStBl 1977 I S 28)

– Auszug –

Der Landtag hat das folgende Gesetz beschlossen, das hiermit verkündet wird:

Artikel 4

Kirchensteuergesetz

Das Gesetz über die Erhebung von Kirchensteuern im Land Nordrhein-Westfalen (Kirchensteuergesetz – KiStG) in der Fassung der Bekanntmachung vom 22. April 1975 (GV NW S 438) wird wie folgt geändert:

1. In § 3 werden die Worte „§§ 13 und 14 Abs 1 des Steueranpassungsgesetzes vom 16. Oktober 1934 (RGBl I S 925)" durch die Worte „§§ 8 und 9 der Abgabenordnung" ersetzt.
2. § 8 wird wie folgt geändert:
   a) In Absatz 1 werden die Worte „Reichsabgabenordnung und ihrer Nebengesetze" durch die Worte „Abgabenordnung und des Verwaltungszustellungsgesetzes" ersetzt;
   b) Absatz 2 erhält folgende Fassung:
   „(2) Die Vorschriften des Achten Teils der Abgabenordnung (Straf- und Bußgeldvorschriften, Straf- und Bußgeldverfahren) und § 235 der Abgabenordnung sind nicht anzuwenden.";
   c) Absatz 3 wird gestrichen; die bisherigen Absätze 4 bis 6 werden Absätze 3 bis 5;
   d) im neuen Absatz 5 erhält Satz 2 folgende Fassung:
   „In der Steuerordnung kann die Anwendung des § 240 der Abgabenordnung ausgeschlossen werden."

3. In § 10 Abs 1 werden die Worte „§§ 13 und 14 Abs 1 des Steueranpassungsgesetzes“ durch die Worte „§§ 8 und 9 der Abgabenordnung“ ersetzt.
4. In § 12 werden die Worte „Reichsabgabenordnung sowie ihrer Nebengesetze“ durch das Wort „Abgabenordnung“ ersetzt.
5. § 14 wird wie folgt geändert:
   a) In Absatz 1 Satz 1 wird das Wort „Zustellung“ durch das Wort „Bekanntgabe“ ersetzt;
   b) in Absatz 2 Satz 2 werden die Worte „gelten die §§ 228 bis 259 der Reichsabgabenordnung“ durch die Worte „gilt der Siebente Teil der Abgabenordnung“ ersetzt;
   c) in Absatz 5 erhält Satz 2 folgende Fassung: „Aussetzungszinsen (§ 237 der Abgabenordnung) werden nicht erhoben.“

Artikel 9

Übergangsvorschriften

Auf die Kirchensteuer (Artikel 4), die Spielbankabgabe (Artikel 5) und die Umlage der Landwirtschaftskammern (Artikel 6) sind, soweit nicht für diese Abgaben besondere Vorschriften bestehen, die §§ 1, 2, 8, 9, 10, 11, 14, 15, § 16 Abs 1 sowie § 18 des Artikels 97 des Einführungsgesetzes zur Abgabenordnung in der jeweiligen Fassung entsprechend anzuwenden.

Artikel 10

Verweisungen in Rechtsvorschriften

Soweit in Rechtsvorschriften auf Vorschriften verwiesen wird, die durch das Einführungsgesetz zur Abgabenordnung aufgehoben werden, treten an deren Stelle die entsprechenden Vorschriften der Abgabenordnung.

Artikel 12

Inkrafttreten

Dieses Gesetz tritt am 1. Januar 1977 in Kraft.

Gesetz zur Regelung des Austritts aus Kirchen, Religionsgemeinschaften und Weltanschauungsgemeinschaften des öffentlichen Rechts (Kirchenaustrittsgesetz – KiAustrG)

Vom 26. Mai 1981

(GVBl 1981 S 260)

– Auszug –

Der Landtag hat das folgende Gesetz beschlossen, das hiermit verkündet wird:

§ 7

Das Kirchensteuergesetz in der Fassung der Bekanntmachung vom 22. April 1975 (GV NW S 438), geändert durch Gesetz vom 21. Dezember 1976 (GV NW S 473), wird wie folgt geändert:

1. § 3 wird wie folgt geändert:
   a) Der bisherige Wortlaut wird Absatz 1.
   b) Es wird der folgende Absatz 2 angefügt:

„Die Kirchensteuerpflicht endet bei einem nach Maßgabe der geltenden staatlichen Vorschriften erklärten Kirchenaustritt mit dem Ablauf des Kalendermonats, der auf den Zeitpunkt des Wirksamwerdens des Kirchenaustritts folgt."

2. In § 19 wird Absatz 2 gestrichen.

Gesetz zur Änderung des Gesetzes über die Erhebung von Kirchensteuern im Land Nordrhein-Westfalen

Vom 22. November 1983

(GVBl 1983 S 558, BStBl 1984 I S 7)

Der Landtag hat das folgende Gesetz beschlossen, das hiermit verkündet wird:

Artikel I

In § 10 des Gesetzes über die Erhebung von Kirchensteuern im Land Nordrhein-Westfalen in der Fassung der Bekanntmachung vom 22. April

1975 (GV NW S 438), zuletzt geändert durch Gesetz vom 26. Mai 1981 (GV NW S 260), wird folgender Absatz 3 angefügt:

„(3) Gilt für den Ort des Wohnsitzes oder des gewöhnlichen Aufenthalts von Arbeitnehmern ein anderer Steuersatz als für den Ort der Betriebsstätte, so kann das Finanzamt der Betriebsstätte in den Fällen des Absatzes 2 dem Arbeitgeber auf Antrag gestatten, die Kirchensteuer dieser Arbeitnehmer nach dem am Ort des Wohnsitzes oder des gewöhnlichen Aufenthalts geltenden Steuersatz einzubehalten und abzuführen. Die Entscheidung des Finanzamtes bedarf zu ihrer Wirksamkeit der Einwilligung der Diözese der Katholischen Kirche und der Evangelischen Landeskirche, in deren Gebiet der Arbeitgeber die Betriebsstätte unterhält."

Artikel II

Dieses Gesetz tritt mit Wirkung vom 1. Januar 1983 in Kraft.

Gesetz zur Änderung des Kirchensteuergesetzes des Landes Nordrhein-Westfalen

Vom 17. Dezember 1985

(GVBl 1985 S 766, BStBl 1986 I S 83)

Der Landtag hat das folgende Gesetz beschlossen, das hiermit verkündet wird:

Artikel I

Das Gesetz über die Erhebung von Kirchensteuern im Land Nordrhein-Westfalen in der Fassung der Bekanntmachung vom 22. April 1975 (GV NW S 438), zuletzt geändert durch Gesetz vom 22. November 1983 (GV NW S 558), wird wie folgt geändert:

1. § 4 Abs 2 erhält folgende Fassung:

   „(2) Vor Berechnung der Kirchensteuer nach Absatz 1 Nr 1 Buchstabe a ist die festgesetzte Einkommensteuer und die Lohnsteuer nach Maßgabe des § 51 a des Einkommensteuergesetzes in seiner jeweiligen Fassung zu kürzen."

2. § 6 Abs 2 erhält folgende Fassung:

   „(2) Liegen die Voraussetzungen für eine Zusammenveranlagung zur Einkommensteuer nicht vor oder werden die Ehegatten getrennt (§ 26 a des Einkommensteuergesetzes) oder besonders (§ 26 c des Einkommensteuergesetzes) veranlagt, so wird die Kirchensteuer vom Einkommen von jedem Ehegatten nach seiner Kirchenangehörigkeit und nach der jeweils in seiner Person gegebenen Steuerbemessungsgrundlage erhoben.“

Artikel II

Artikel I Nrn 1 und 2 ist erstmals für das am 1. Januar 1986 beginnende Steuerjahr anzuwenden. Beim Steuerabzug vom Arbeitslohn gilt Satz 1 mit der Maßgabe, daß die dort bezeichneten Vorschriften erstmals auf den laufenden Arbeitslohn anzuwenden sind, der für einen nach dem 31. Dezember 1985 endenden Lohnzahlungszeitraum gezahlt wird, und auf sonstige Bezüge, die nach dem 31. Dezember 1985 zufließen.

Artikel III

Der Kultusminister wird ermächtigt, eine Neufassung des Gesetzes über die Erhebung von Kirchensteuern im Land Nordrhein-Westfalen bekanntzumachen.

Artikel IV

Dieses Gesetz tritt am Tage nach der Verkündigung in Kraft.

Verordnung zur Durchführung des Gesetzes über die Erhebung von Kirchensteuern im Land Nordrhein-Westfalen

Vom 27. Dezember 1962

(GVBl 1963 S 52, BStBl 1963 II S 25)

Auf Grund des § 17 Absätze 1 und 2 des Gesetzes über die Erhebung von Kirchensteuern im Land Nordrhein-Westfalen vom 30. April 1962 (GV NW S 223) wird, soweit gesetzlich vorgeschrieben, im Benehmen mit den Diözesen der Katholischen Kirche und den Evangelischen Landeskirchen im Land Nordrhein-Westfalen verordnet:

§ 1

Die Kirchensteuern werden für das Steuerjahr erhoben. Steuerjahr ist das Kalenderjahr.

§ 2

Die Verwaltung der Kirchensteuern durch die Finanzämter und die Gemeinden (Gemeindeverbände) kann nur zum Beginn eines Steuerjahres übernommen und nur zum Schluß eines Steuerjahres unter Einhaltung einer Frist von einem Jahr zurückgegeben werden.

§ 3

Bemessungsgrundlage bei der Kirchensteuer vom landwirtschaftlichen Einheitswert (§ 4 Absatz 1 Ziffer 4 des Gesetzes) ist der Einheitswert des land- und forstwirtschaftlichen Betriebs im Sinne des § 3 der Verordnung über die Aufstellung von Durchschnittsätzen für die Ermittlung des Gewinns aus Land- und Forstwirtschaft vom 2. Juni 1949 (WiGB S 95, StuZBl S 158).

§ 4

(1) Die Verwaltung der Kirchensteuer vom Einkommen (§ 4 Absatz 1 Ziffer 1 Buchstabe a des Gesetzes), die in den Diözesen der Katholischen Kirche und den Evangelischen Landeskirchen im Land Nordrhein-Westfalen erhoben wird, wird den Finanzämtern übertragen.

(2) Die Verwaltung der Kirchensteuer vom Vermögen (§ 4 Absatz 1 Ziffer 2 des Gesetzes), die in der Lippischen Landeskirche erhoben wird, wird den Finanzämtern Detmold und Lemgo übertragen.

(3) Die Verwaltung der Kirchensteuer vom landwirtschaftlichen Einheitswert (§ 4 Absatz 1 Ziffer 4 des Gesetzes), die in den Diözesen der Katholischen Kirche im Land Nordrhein-Westfalen erhoben wird, wird den Finanzämtern übertragen.

§ 5

Die Finanzämter sind befugt, bei einer Stundung oder einem Erlaß von Einkommensteuer und Lohnsteuer zugleich auch den entsprechenden Teil der Kirchensteuer vom Einkommen (§ 4 Absatz 1 Ziffer 1 Buchstabe a des Gesetzes), die in den Diözesen der Katholischen Kirche und den Evangelischen Landeskirchen im Land Nordrhein-Westfalen erhoben wird, zu stunden oder zu erlassen. Das gleiche gilt für die Kirchensteuer vom Vermögen (§ 4 Absatz 1 Ziffer 2 des Gesetzes), soweit die Verwaltung auf die Finanzämter übertragen ist.

§ 6

Die Arbeitgeber haben für die Diözesen der Katholischen Kirche und für die Evangelischen Landeskirchen in der Bundesrepublik Deutschland einschließlich Berlin (West), deren Gebiet ganz oder teilweise außerhalb des Landes Nordrhein-Westfalen liegt, die Kirchensteuer im Lohnabzugsverfahren auch für die diesen gegenüber steuerpflichtigen Arbeitnehmer einzubehalten und abzuführen, die nicht im Land Nordrhein-Westfalen ihren Wohnsitz oder gewöhnlichen Aufenthalt haben, aber von einer Betriebstätte im Land Nordrhein-Westfalen entlohnt werden; maßgebend ist der für den Ort der Betriebstätte geltende Hundertsatz der Kirchensteuer.

§ 7

Die Anerkennung der Kirchensteuerordnungen der Diözesen der Katholischen Kirche und der Evangelischen Landeskirchen setzt voraus, daß in den Kirchensteuerordnungen geregelt sind:

1. die zur Steuererhebung berechtigten kirchlichen Körperschaften,
2. Beginn und Ende der persönlichen Kirchensteuerpflicht,
3. die Kirchensteuern, die im Rahmen des § 4 Absatz 1 des Gesetzes erhoben werden können,
4. die zur Entscheidung über den Einspruch und die Beschwerde gemäß § 13 des Gesetzes zuständigen Stellen.

§ 8

In den Kirchensteuerbeschlüssen sind die Steuersätze für die einzelnen Kirchensteuerarten festzusetzen.

§ 9

(1) Werden die Kirchensteuern als Diözesankirchensteuer oder Landeskirchensteuer (§ 2 Absatz 1 Ziffer 1 des Gesetzes) erhoben, so haben die Diözesen der Katholischen Kirche und die Evangelischen Landeskirchen dem Kultusminister und dem Finanzminister bis zum 30. September den Kirchensteuerbeschluß für das folgende Steuerjahr zur Anerkennung vorzulegen. Dabei ist der im kirchlichen Haushalt durch Kirchensteuer zu deckende Fehlbetrag unter Vorlage der Haushaltspläne darzutun. Der Kultusminister und der Finanzminister entscheiden bis zum 15. November über die Anerkennung.

(2) Das gleiche gilt, wenn die Kirchensteuern nebeneinander als Diözesankirchensteuer oder Landeskirchensteuer und als Ortskirchensteuer (§ 2 Absatz 1 Ziffer 3 des Gesetzes) erhoben werden, hinsichtlich der Diözesankirchensteuer oder Landeskirchensteuer.

(3) Die Diözesen und Landeskirchen teilen dem Kultusminister bis zum 1. Mai das Steueraufkommen des vorausgegangenen Steuerjahres für die einzelnen Kirchensteuerarten mit.

Übersicht über die Haushaltspläne der Kirchengemeinden darzulegen. Der Kultusminister und der Finanzminister können die Anerkennung der Steuersätze bis zum 15. November widerrufen.

(3) Werden die Kirchensteuern nebeneinander als Diözesankirchensteuer oder Landeskirchensteuer und als Ortskirchensteuer (§ 2 Absatz 1 Ziffer 3 des Gesetzes) erhoben, so gelten die Absätze 1 und 2 für die Ortskirchensteuer.

(4) Beantragen die Diözesen oder Landeskirchen im Falle der Ortskirchensteuer nicht eine generelle Anerkennung der Steuersätze, so findet auf die Anerkennung der Kirchensteuerbeschlüsse durch die Regierungspräsidenten (§ 16 Absatz 2 Satz 1 des Gesetzes) § 10 Absätze 1 und 2 mit der Maßgabe

§ 10

(1) Werden die Kirchensteuern als Ortskirchensteuer (§ 2 Absatz 1 Ziffer 2 des Gesetzes) erhoben, so können die Diözesen der Katholischen Kirche und die Evangelischen Landeskirchen gemäß § 16 Absatz 2 Satz 2 des Gesetzes die generelle Anerkennung der Steuersätze für die Kirchengemeinden ihres Kirchengebietes bei dem Kultusminister und dem Finanzminister beantragen. Der Kultusminister und der Finanzminister erkennen die Steuersätze für das Steuerjahr oder bis auf weiteres unter dem Vorbehalt des Widerrufs an, wenn die Höhe der Steuersätze nach dem im Haushalt der Kirchengemeinden durch Kirchensteuern zu deckenden Fehlbetrag für das nächste Jahr angemessen ist. Mit der generellen Anerkennung der Steuersätze gelten die Kirchensteuerbeschlüsse, die sich in diesem Rahmen halten, als anerkannt.

(2) Bei einer generellen Anerkennung der Steuersätze haben die Diözesen und die Landeskirchen dem Kultusminister und dem Finanzminister jährlich bis zum 30. September den im Haushalt der Kirchengemeinden durch Kirchensteuer zu deckenden Fehlbetrag für das folgende Steuerjahr unter Vorlage einer entsprechende Anwendung, daß die Kirchengemeinden dem Regierungspräsidenten ihre Haushaltspläne vorzulegen haben.

(5) Die Diözesen und Landeskirchen teilen dem Kultusminister bis zum 1. Mai das Steueraufkommen der Kirchengemeinden im vorausgegangenen Steuerjahr für die einzelnen Kirchensteuerarten mit.

§ 11

Diese Verordnung tritt am 1. Januar 1963 in Kraft.

2. Verordnung zur Durchführung des Gesetzes über die Erhebung von Kirchensteuern im Land Nordrhein-Westfalen

Vom 29. Juli 1964

(GVBl 1964 S 289, BStBl 1964 II S 160)

§ 1

Auf die Erhebung von Kirchensteuern durch die Alt-Katholische Kirche im Land Nordrhein-Westfalen finden §§ 1, 2, 5 Satz 1, 7, 8, 9 und 10 der Verordnung zur Durchführung des Gesetzes über die Erhebung von Kirchensteuern im Land Nordrhein-Westfalen vom 27. Dezember 1962 (GV NW 1963 S 52) entsprechende Anwendung.

§ 2

Die Verwaltung der Kirchensteuer vom Einkommen im Sinne des § 4 Abs 1 Nr 1 Buchstabe a) des Gesetzes über die Erhebung von Kirchensteuern im Land Nordrhein-Westfalen vom 30. April 1962 (GV NW S 223), die das Katholische Bistum der Alt-Katholiken in Deutschland im Gebiet von Nordrhein-Westfalen erhebt, wird den Finanzämtern übertragen.

§ 3

Die Arbeitgeber haben für die in den anderen Ländern zur Steuererhebung berechtigten Körperschaften des Katholischen Bistums der Alt-Katholiken in Deutschland die Kirchensteuer vom Einkommen im Lohnabzugsverfahren auch für die diesen gegenüber steuerpflichtigen Arbeitnehmer einzubehalten und abzuführen, die nicht im Land Nordrhein-Westfalen ihren Wohnsitz oder gewöhnlichen Aufenthalt haben, aber von einer Betriebstätte im Land Nordrhein-Westfalen entlohnt werden; maßgebend ist der für den Ort der Betriebstätte geltende Hundertsatz der Kirchensteuer.

§ 4

(1) Diese Verordnung tritt am 1. Januar 1965 in Kraft.

(2) Die Verordnung wird erlassen

a) vom Kultusminister und Finanzminister gemeinsam im Benehmen mit dem Katholischen Bistum der Alt-Katholiken in Deutschland auf Grund des § 17 Abs 1 des Gesetzes,

b) vom Finanzminister auf Grund des § 17 Abs 2 des Gesetzes.

Dritte Verordnung zur Durchführung des Gesetzes über die Erhebung von Kirchensteuern im Land Nordrhein-Westfalen

Vom 29. Oktober 1968

(GVBl 1968 S 339, BStBl 1968 I S 1213)

§ 1

Auf die Erhebung von Kultussteuern durch die jüdischen Kultusgemeinden im Land Nordrhein-Westfalen finden §§ 1, 2, 5 Satz 1, 7, 8 und 10 der Verordnung zur Durchführung des Gesetzes über die Erhebung von Kirchensteuern im Land Nordrhein-Westfalen vom 27. Dezember 1962 (GV NW 1963 S 52) entsprechende Anwendung.

§ 2

Die Verwaltung der Kultussteuer vom Einkommen im Sinne des § 4 Abs 1 Nr 1 Buchstabe a) des Gesetzes über die Erhebung von Kirchensteuern im Land Nordrhein-Westfalen – KiStG – vom 30. April 1962 (GV NW S 223), geändert durch Gesetz vom 1. Februar 1966 (GV NW S 23), die die jüdischen Kultusgemeinden im Gebiet von Nordrhein-Westfalen erheben, wird den Finanzämtern mit Wirkung vom 1. Januar 1969 übertragen.

§ 3

(1) Diese Verordnung tritt am Tage nach der Verkündung in Kraft.

(2) Die Verordnung wird erlassen

a) vom Kultusminister und Finanzminister gemeinsam im Benehmen mit den Landesverbänden der jüdischen Kultusgemeinden von Nordrhein und Westfalen und der Synagogengemeinde Köln auf Grund des § 17 Abs 1 KiStG,

b) vom Finanzminister auf Grund des § 17 Abs 2 KiStG.

Landesgesetz über die Steuern der Kirchen, Religionsgemeinschaften und Weltanschauungsgesellschaften (Kirchensteuergesetz – KiStG –)

Vom 24. Februar 1971

(GVBl 1971 S 59, BStBl 1971 I S 162)

Inhaltsübersicht

Der Landtag Rheinland-Pfalz hat das folgende Gesetz beschlossen:

Abschnitt I

Steuerberechtigung der katholischen Kirche und der evangelischen Landeskirchen

§ 1

(1) Die Diözesen der katholischen Kirche und die evangelischen Landeskirchen sowie ihre Kirchengemeinden (Kirchengemeindeverbände) sind berechtigt, im Lande Rheinland-Pfalz Kirchensteuern auf Grund von Kirchensteuerverordnungen zu erheben.

(2) Diözesan- oder Landeskirchensteuern und Ortskirchensteuern können nach Maßgabe der Kirchensteuerordnungen nebeneinander erhoben werden.

§ 2

(1) Die Kirchensteuerordnungen werden durch die Diözesen und die Landeskirchen erlassen.

(2) Die nach der Kirchensteuerordnung zuständige Stelle bestimmt durch besonderen Beschluß die Höhe der Kirchensteuern.

§ 3

(1) Die Kirchensteuerordnungen und die Kirchensteuerbeschlüsse sowie ihre Änderungen bedürfen der staatlichen Anerkennung. Über die Anerkennung entscheiden der Minister für Unterricht und Kultus und der Minister für Finanzen und Wiederaufbau gemeinsam. Betreffen Kirchensteuerbeschlüsse ausschließlich Ortskirchensteuern, entscheidet die Bezirksregierung über die Anerkennung. Der Minister für Unterricht und Kultus und der Minister für Finanzen und Wiederaufbau können jedoch auf Antrag der Diözesen oder Landeskirchen bestehende und künftige Kirchensteuerbeschlüsse, die ausschließlich Ortskirchensteuern betreffen, für das Kirchengebiet unter der Voraussetzung allgemein anerkennen, daß die Höhe der Kirchensteuern bestimmte Grenzen nicht überschreitet.

(2) Die Anerkennung eines Kirchensteuerbeschlusses nach Absatz 1 Sätze 2 und 3 und die allgemeine Anerkennung nach Absatz 1 Satz 4 können nach Ablauf eines Jahres seit der Anerkennung unter Einhaltung einer Frist von drei Jahren mit Wirkung für die nachfolgenden Steuerjahre widerrufen werden. Ein Widerruf ist nur zulässig, wenn sich die im Zeitpunkt der Anerkennung bestehenden Verhältnisse, soweit sie für die Höhe der Kirchensteuern maßgebend waren, wesentlich geändert haben. Vor dem Widerruf sind mit der jeweiligen Diözese oder Landeskirche Verhandlungen mit dem Ziele einer Verständigung zu führen.

(3) Liegt zu Beginn eines Steuerjahres kein anerkannter Kirchensteuerbeschluß vor, gilt der bisherige bis zur Anerkennung eines neuen weiter, längstens jedoch bis zum 31. März des neuen Steuerjahres.

(4) Die Kirchensteuerordnungen und die Kirchensteuerbeschlüsse, ihre Änderungen und die Anerkennungen durch den Minister für Unterricht und Kultus und den Minister für Finanzen und Wiederaufbau werden in den kirchlichen Amtsblättern und durch den Minister für Unterricht und Kultus im Staatsanzeiger für Rheinland-Pfalz bekanntgemacht. Kirchensteuerbeschlüsse, die ausschließlich Ortskirchensteuern betreffen, werden zusammen mit einer Anerkennung nach Absatz 1 Satz 3 in ortsüblicher Weise von den Kirchengemeinden (Kirchengemeindeverbänden) bekanntgemacht. Die Sätze 1 und 2 gelten für die Bekanntmachung des Widerrufs einer Anerkennung entsprechend.

Abschnitt II

Steuerpflicht

§ 4

(1) Kirchensteuerpflichtig sind nach näherer Maßgabe der Kirchensteuerordnungen natürliche Personen, die einer steuererhebenden Diözese, Landeskirche oder Kirchengemeinde (Kirchengemeindeverband) angehören, unbeschränkt einkommensteuerpflichtig sind und im Lande Rheinland-Pfalz ihren Wohnsitz oder Aufenthalt haben.

(2) Die Kirchensteuerpflicht beginnt bei Begründung des Wohnsitzes oder des Aufenthalts und bei Aufnahme in die Kirche mit dem Anfang des folgenden Kalendermonats, bei Übertritt aus einer anderen Kirche jedoch erst mit dem Ende der bisherigen Kirchensteuerpflicht.

(3) Die Kirchensteuerpflicht endet

1. bei Tod mit dem Ende des Sterbemonats;
2. bei Aufgabe des Wohnsitzes oder des Aufenthalts mit dem Ende des Kalendermonats, in dem der Wohnsitz oder Aufenthalt aufgegeben worden ist;
3. bei Austritt aus der Kirche mit dem Ende des Kalendermonats, in dem der Kirchenaustritt wirksam wird.

Abschnitt III

Die einzelnen Kirchensteuern

§ 5

(1) Die Kirchensteuerordnungen können die Erhebung von Kirchensteuern vorsehen in Form

1. einer Kirchensteuer vom Einkommen
   mit einem festen Hundertsatz der Einkommensteuer;
2. einer Kirchensteuer vom Vermögen
   mit einem festen Hundertsatz der Vermögensteuer;
3. einer Kirchensteuer vom Grundbesitz
   mit einem festen Hundertsatz der Grundsteuermeßbeträge, soweit diese auf Grundbesitz in Rheinland-Pfalz entfallen;
4. eines Kirchgeldes;
5. eines besonderen Kirchgeldes von Kirchensteuerpflichtigen, deren Ehegatte nicht kirchensteuerpflichtig ist.

(2) Die in Absatz 1 Nr 1 bis 5 bezeichneten Kirchensteuern können einzeln oder nebeneinander erhoben werden. Eine Kirchensteuer kann jedoch nicht gleichzeitig als Diözesan- oder Landeskirchensteuer und als Ortskirchensteuer erhoben werden. In den Kirchensteuerordnungen kann bestimmt werden, daß eine Kirchensteuer auf eine andere anzurechnen ist. Eine Kirchensteuer nach dem Maßstab der Einkommensteuer (Absatz 1 Nr 1) ist stets auf ein besonderes Kirchgeld (Absatz 1 Nr 5) anzurechnen.

(3) Die Kirchensteuer nach dem Maßstab der Einkommensteuer (Absatz 1 Nr 1) kann mit einem Mindestbetrag erhoben werden, wenn für den Kirchensteuerpflichtigen eine Einkommensteuerschuld festzusetzen ist oder wenn er eine Lohnsteuer zu entrichten hat.

(4) Bei der Kirchensteuer nach dem Maßstab der Grundsteuermeßbeträge (Absatz 1 Nr 3) kann der Hundertsatz der Grundsteuermeßbeträge für das land- und forstwirtschaftliche Vermögen und für die anderen Arten des Grundbesitzes in unterschiedlicher Höhe festgelegt werden.

(5) Für das Kirchgeld und das besondere Kirchgeld (Absatz 1 Nr 4 und 5) werden die Bemessungsgrundlagen in den Kirchensteuerordnungen näher bestimmt. Die Höhe dieser Kirchensteuern kann sowohl in festen Beträgen als auch durch gestaffelte Sätze festgelegt werden.

(6) Die Kirchensteuern vom Einkommen, Vermögen und Grundbesitz können auch nach Maßgabe des Einkommens, des Vermögens und des Grundbesitzes erhoben werden. Die Bemessungsgrundlagen werden in den Kirchensteuerordnungen bestimmt. Dabei sind die Bestimmungen dieses Gesetzes im Grundsatz zu beachten. Die Höhe der einzelnen Kirchensteuern kann durch Tarife festgelegt werden.

§ 6

(1) Soweit sich aus diesem Gesetz nichts anderes ergibt, gelten für den Kirchensteueranspruch entsprechend

1. bei der Kirchensteuer vom Einkommen
   die Bestimmungen über die Einkommensteuer,
2. bei der Kirchensteuer vom Vermögen
   die Bestimmungen über die Vermögensteuer,
3. bei der Kirchensteuer vom Grundbesitz
   die Bestimmungen über die Grundsteuer.

(2) Für die übrigen Kirchensteuern werden die erforderlichen Bestimmungen in den Kirchensteuerordnungen getroffen. Die Verjährungsfrist beträgt auch bei diesen Kirchensteuern fünf Jahre, bei hinterzogenen Steuerbeträgen zehn Jahre.

Abschnitt IV

Bemessungsgrundlagen

§ 7

(1) Vorbehaltlich des Absatzes 2 bemißt sich die Kirchensteuer nach dem Maßstab der Einkommensteuer (§ 5 Abs 1 Nr 1)
1. soweit eine Veranlagung zur Einkommensteuer vorzunehmen ist, nach der Einkommensteuerschuld des Kirchensteuerpflichtigen,
2. soweit ein Steuerabzug vom Arbeitslohn vorzunehmen ist nach der Lohnsteuer des Kirchensteuerpflichtigen.

Soweit für mehrere Personen eine Zusammenveranlagung zur Einkommensteuer oder ein gemeinsamer Lohnsteuer-Jahresausgleich vorzunehmen ist, gilt als Einkommensteuerschuld oder als Lohnsteuer des einzelnen kirchensteuerpflichtigen Beteiligten der Teil der gemeinsamen Einkommensteuerschuld oder der gemeinsamen Lohnsteuer, der auf ihn entfällt, wenn die gemeinsame Steuer im Verhältnis der Einkommensteuerbeträge aufgeteilt wird, die sich bei Anwendung der Einkommensteuertabelle (Anlage zum Einkommensteuergesetz) auf die Einkünfte oder auf den nach Abzug der Werbungskosten verbleibenden steuerpflichtigen Arbeitslohn eines jeden Beteiligten ergeben.

(2) Sind Ehegatten beide kirchensteuerpflichtig, so bemißt sich die Kirchensteuer für den einzelnen Ehegatten abweichend von Absatz 1,
1. soweit eine Zusammenveranlagung zur Einkommensteuer vorzunehmen ist, nach der Hälfte der gemeinsamen Einkommensteuerschuld der Ehegatten;
2. soweit ein Steuerabzug vom Arbeitslohn nach den Grundsätzen der Zusammenveranlagung zur Einkommensteuer vorzunehmen ist, nach der Hälfte der Lohnsteuer beider Ehegatten.

Die Ehegatten sind Gesamtschuldner.

(3) Soweit die Einkommensteuer durch den Steuerabzug vom Kapitalertrag abgegolten ist, erhöht sich die Einkommensteuerschuld um diesen Betrag.

(4) Maßstab für die Kirchensteuer sind die für das Steuerjahr festzusetzende Einkommensteuerschuld und die für das Steuerjahr zu entrichtende Lohnsteuer.

§ 8

(1) Vorbehaltlich der Absätze 2 und 3 bemißt sich die Kirchensteuer nach dem Maßstab der Vermögensteuer (§ 5 Abs 1 Nr 2) nach der Vermögensteuerschuld des Kirchensteuerpflichtigen. Soweit für mehrere Personen eine Zusammenveranlagung zur Vermögensteuer vorzunehmen ist, gilt als Vermögensteuerschuld des einzelnen kirchensteuerpflichtigen Beteiligten der Teil der gemeinsamen Vermögensteuerschuld, der auf ihn entfällt, wenn die gemeinsame Steuer im Verhältnis der Vermögensteuerbeträge aufgeteilt wird, die sich bei einer getrennten Veranlagung der Beteiligten zur Vermögensteuer ergeben. Die Vorschriften über den Aufteilungsmaßstab für die Vermögensteuer in der Aufteilungsverordnung vom 8. November 1963 (BGBl I S 785) finden in der jeweils geltenden Fassung entsprechende Anwendung.

(2) Soweit für mehrere Personen, von denen mindestens zwei zu Beginn des Steuerjahres kirchensteuerpflichtig sind, eine Zusammenveranlagung zur Vermögensteuer vorzunehmen ist, bemißt sich die Kirchensteuer für den einzelnen kirchensteuerpflichtigen Beteiligten abweichend von Absatz 1 nach der durch die Zahl der kirchensteuerpflichtigen Beteiligten geteilten gemeinsamen Vermögensteuerschuld. Sind nicht alle Beteiligten zu Beginn des Steuerjahres kirchensteuerpflichtig, so scheidet der Teil der gemeinsamen Vermögensteuerschuld aus, der bei einer Aufteilung nach Absatz 1 Sätze 2 und 3 auf diese Beteiligten entfällt. Die kirchensteuerpflichtigen Bcteiligten sind Gesamtschuldner.

(3) Gehören im Falle des Absatzes 2 die kirchensteuerpflichtigen Beteiligten verschiedenen Kirchen an, so kann jeder von ihnen der Steuererhebung nach Absatz 2 widersprechen und beantragen, daß seine Kirchensteuer nach Absatz 1 bemessen wird. Für die übrigen kirchensteuerpflichtigen Beteiligten gilt Absatz 2 mit der Maßgabe, daß der Antragsteller im Verhältnis zu ihnen wie ein nicht kirchensteuerpflichtiger Beteiligter behandelt wird. Der Antrag kann nur gestellt werden, solange die Festsetzung der Kirchensteuer noch nicht unanfechtbar geworden ist. Er kann nicht widerrufen werden.

(4) Maßstab für die Kirchensteuer ist die für das Steuerjahr festzusetzende Vermögensteuerschuld.

§ 9

(1) Vorbehaltlich der Absätze 2 und 3 bemißt sich die Kirchensteuer nach dem Maßstab der Grundsteuermeßbeträge (§ 5 Abs 1 Nr 3) nach den Grundsteuermeßbeträgen, die einer Grundsteuerschuld des Kirchensteuerpflichtigen zu-

grundezulegen sind. Soweit für mehrere Personen ein Grundsteuermeßbetrag gemeinsam festzusetzen und ihrer gemeinsamen Grundsteuerschuld zugrundezulegen ist, gilt als Grundsteuermeßbetrag des einzelnen kirchensteuerpflichtigen Beteiligten der Teil des gemeinsamen Grundsteuermeßbetrages, der auf ihn entfällt, wenn der gemeinsame Meßbetrag in dem Verhältnis aufgeteilt wird, in dem die auf die einzelnen Beteiligten entfallenden Anteile am festgestellten Einheitswert des Grundbesitzes zueinanderstehen.

(2) Soweit für Ehegatten, die zu Beginn des Steuerjahres beide kirchensteuerpflichtig sind und nicht dauernd getrennt leben, oder für solche Ehegatten und noch andere Personen ein Grundsteuermeßbetrag gemeinsam festzusetzen und ihrer gemeinsamen Grundsteuerschuld zugrundezulegen ist, bemißt sich die Kirchensteuer für den einzelnen Ehegatten abweichend von Absatz 1 nach der Hälfte der auf die Ehegatten nach Absatz 1 Satz 2 insgesamt entfallenden Teile des gemeinsamen Grundsteuermeßbetrages. Die Ehegatten sind insoweit Gesamtschuldner.

(3) Gehören im Falle des Absatzes 2 die Ehegatten verschiedenen Kirchen an, so kann jeder von ihnen der Steuererhebung nach Absatz 2 widersprechen und beantragen, daß die Kirchensteuer für jeden Ehegatten nach Absatz 1 bemessen wird. Die Vorschriften des § 8 Absatz 3 Sätze 3 und 4 finden entsprechende Anwendung.

(4) Maßstab für die Kirchensteuer sind die Grundsteuermeßbeträge, die für den Beginn des Steuerjahres oder für einen früheren Zeitpunkt festzusetzen und einer Grundsteuerschuld für das Steuerjahr zugrundezulegen sind.

§ 10

Beginnt oder endet die Kirchensteuerpflicht während des Steuerjahres, so werden die Bemessungsgrundlagen zeitanteilig aufgeteilt, und dementsprechend beschränkt sich eine Gesamtschuld des nur in einem Teil des Steuerjahres Kirchensteuerpflichtigen in den Fällen der § 7 Abs 2 Satz 2, § 8 Abs 2 Satz 3 und § 9 Abs 2 Satz 2. Bei der Kirchensteuer nach dem Maßstab der Einkommensteuer (§ 5 Abs 1 Nr 1) unterbleibt eine Aufteilung, wenn gleichzeitig die unbeschränkte Einkommensteuerpflicht beginnt oder endet.

Abschnitt V

Besteuerungsverfahren

§ 11

(1) Die Kirchensteuern werden für das Steuerjahr erhoben. Steuerjahr ist das Kalenderjahr.

(2) Soweit sich aus diesem Gesetz nichts anderes ergibt, finden auf die Veranlagung, Festsetzung und Entrichtung der Kirchensteuern

1. bei der Kirchensteuer vom Einkommen
   die Bestimmungen über die Einkommensteuer,
2. bei der Kirchensteuer vom Vermögen
   die Bestimmungen über die Vermögensteuer,
3. bei der Kirchensteuer vom Grundbesitz
   die Bestimmungen über die Grundsteuer

entsprechende Anwendung. Für die übrigen Kirchensteuern werden die erforderlichen Bestimmungen in den Kirchensteuerordnungen getroffen. Ein Steuerabzug wird nur im Rahmen des § 15 vorgenommen.

(3) Soweit sich aus diesem Gesetz nichts anderes ergibt, finden auf das Besteuerungsverfahren im übrigen die Vorschriften der Reichsabgabenordnung vom 22. Mai 1931 (RGBl I S 161), des Steueranpassungsgesetzes vom 16. Oktober 1934 (RGBl I S 925), des Verwaltungszustellungsgesetzes vom 3. Juli 1952 (BGBl I S 379), des Gesetzes über die Kosten der Zwangsvollstreckung nach der Reichsabgabenordnung vom 12. April 1961 (BGBl I S 429) in der für die bundesrechtlich geregelten Steuern jeweils geltenden Fassung Anwendung. Ein Gleiches gilt für Rechtsvorschriften, die zur Durchführung der in Satz 1 bezeichneten Gesetze erlassen worden sind oder erlassen werden. Das Steuersäumnisgesetz vom 13. Juli 1961 (BGBl I S 993) findet keine Anwendung.

(4) Die Straf- und Bußgeldvorschriften der Reichsabgabenordnung und ihre Vorschriften über das Straf- und Bußgeldverfahren sind mit Ausnahme der Vorschriften über Verletzung des Steuergeheimnisses nicht anzuwenden. Die Vorschriften über die Verletzung des Steuergeheimnisses (§§ 400, 401 der Reichsabgabenordnung) gelten mit der Maßgabe, daß Freiheitsstrafe nur bis zu zwei Jahren verhängt und neben einer Freiheitsstrafe von mindestens einem Jahr nur die Entziehung öffentlicher Ämter ausgesprochen werden darf.

§ 12

(1) Ein Kirchensteuerbescheid wird von Amts wegen durch einen neuen Bescheid ersetzt, wenn der ihm jeweils zugrundeliegende Einkommensteuerbescheid, Vermögensteuerbescheid oder Grundsteuermeßbescheid geändert wird und wenn die Änderung die Bemessungsgrundlagen der festgesetzten Kirchensteuer berührt. Ein Gleiches gilt für einen Kirchensteuer-Vorauszahlungsbescheid. Die Änderung der Bemessungsgrundlagen ist in dem neuen Bescheid insoweit zu berücksichtigen, als sie die Höhe der festgesetzten Kirchensteuer beeinflußt. Der neue Bescheid trägt der Änderung auch dann Rechnung, wenn der zu ersetzende Bescheid bereits unanfechtbar geworden ist.

(2) Die Vorschriften des Absatzes 1 gelten sinngemäß bei einer Nachforderung oder Erstattung von Lohnsteuer.

(3) Die Vorschriften des Absatzes 1 gelten sinngemäß für einen Kirchensteuer-Haftungsbescheid, wenn und soweit der ihm entsprechende Haftungsbescheid für die Einkommensteuer, Vermögensteuer oder Grundsteuer aufgehoben oder geändert wird.

(4) Unabhängig von den Voraussetzungen des Absatzes 1 wird ein Kirchensteuerbescheid von Amts wegen durch einen neuen ersetzt, wenn die Kirchensteuerpflicht während des Steuerjahres endet und der vorher ergangene Kirchensteuerbescheid dies nicht berücksichtigt hat.

(5) Wird bei einer Verfügung, die einer Kirchensteuerfestsetzung zugrunde liegt, die Vollziehung ausgesetzt, ist diese Maßnahme in entsprechendem Umfang auch für die Kirchensteuerfestsetzung zu treffen.

§ 13

(1) In öffentlich-rechtlichen Streitigkeiten über Kirchensteuerangelegenheiten ist der Verwaltungsrechtsweg nach der Verwaltungsgerichtsordnung vom 21. Januar 1960 (BGBl I S 17) in der jeweils geltenden Fassung gegeben.

(2) Werden die Kirchensteuern von den Landesfinanzbehörden oder den Gemeindebehörden verwaltet, ist vor einer Entscheidung über den Widerspruch die in der Kirchensteuerordnung bezeichnete Kirchenbehörde zu hören.

(3) Verfügungen, die unanfechtbar gewordene Verfügungen ändern, können nur insoweit angegriffen werden, als die Änderung reicht.

(4) Entscheidungen in einem Einkommensteuer- oder Vermögensteuerbescheid oder in einem Grundsteuermeßbescheid können nicht durch Anfechtung des Kirchensteuerbescheides angegriffen werden, dem sie zugrundeliegen. Ein Kirchensteuer-Haftungsbescheid kann insoweit nicht angegriffen werden, als die Einwendungen gegen die Inanspruchnahme durch Anfechtung des entsprechenden Haftungsbescheides für die Einkommensteuer, Vermögensteuer oder Grundsteuer geltend gemacht werden können.

Abschnitt VI

Verwaltung der Kirchensteuern

§ 14

(1) Auf Antrag der Diözesen oder Landeskirchen überträgt der Minister für Finanzen und Wiederaufbau die Verwaltung der Kirchensteuern nach dem

Maßstab der Einkommensteuer und der Vermögensteuer (§ 5 Abs 1 Nr 1 und 2) durch Rechtsverordnung den Landesfinanzbehörden. Die Verwaltung kann nur zu Beginn eines Steuerjahres übertragen werden. Die Verwaltung durch die Landesfinanzbehörden setzt voraus, daß die Kirchensteuern im Lande Rheinland-Pfalz jeweils in allen Diözesen und allen Landeskirchen mit einheitlichen Hundertsätzen und einheitlichen Mindestbeträgen erhoben werden. Die Diözesen und Landeskirchen sind gehalten, sich auch untereinander über einheitliche Hundertsätze und Mindestbeträge zu verständigen. Der Minister für Finanzen und Wiederaufbau gibt zu Beginn jedes Steuerjahres die im Lande Rheinland-Pfalz geltenden Hundertsätze und Mindestbeträge der Kirchensteuern im Staatsanzeiger für Rheinland-Pfalz bekannt.

(2) Wird neben der Kirchensteuer nach dem Maßstab der Einkommensteuer ein besonderes Kirchgeld (§ 5 Abs 1 Nr 5) erhoben, so überträgt auf Antrag der Minister für Finanzen und Wiederaufbau die Verwaltung auch dieser Kirchensteuer den Landesfinanzbehörden insoweit, als die Steuer von einem kirchensteuerpflichtigen Ehegatten erhoben wird, dessen Einkommen zusammen mit dem des anderen Ehegatten die Einkommensgrenze übersteigt, von der an Personen mit Einkünften aus nichtselbständiger Arbeit stets zur Einkommensteuer veranlagt werden. Absatz 1 Sätze 2 bis 5 gelten sinngemäß. Bei Verwaltung des besonderen Kirchgeldes durch die Landesfinanzbehörden finden auf diese Kirchensteuer die Vorschriften des § 6 Abs 1 Nr 1 und des § 11 Abs 2 Nr 1 Anwendung.

(3) Die Diözesen und Landeskirchen benennen jedem Finanzamt eine Stelle, wohin die den Diözesen und ihren Kirchengemeinden einerseits und den Landeskirchen und ihren Kirchengemeinden andererseits zustehenden Kirchensteuern geschlossen abzuführen sind. Eine Aufgliederung der Steuereinnahmen nach der Gemeindezugehörigkeit der Kirchensteuerpflichtigen kann nicht verlangt werden.

(4) Die Befugnis, Kirchensteuern zu erlassen und zu stunden, verbleibt den Kirchenbehörden. Wird jedoch die Einkommen-(Lohn-) oder Vermögensteuer gestundet oder aus Billigkeitsgründen ganz oder zum Teil erlassen, so kann die Finanzbehörde diese Maßnahmen auch in entsprechendem Umfang auf die nach dem Maßstab dieser Steuern festgesetzten Kirchensteuern erstrecken. Entsprechendes gilt bei einer Niederschlagung und bei einem Vollstreckungsaufschub.

(5) Anträge nach § 8 Abs 3 sind an das zuständige Finanzamt zu richten.

(6) Für die Verwaltung leisten die steuererhebenden Diözesen, Landeskirchen und Kirchengemeinden (Kirchengemeindeverbände) an das Land einen Verwaltungskostenbeitrag in einem für alle Kirchensteuern einheitlichen Hundertsatz des Steueraufkommens. Der Hundertsatz wird zwischen den Diözesen und Landeskirchen und dem Minister für Finanzen und Wiederaufbau vereinbart.

§ 15

(1) Wird die Kirchensteuer nach dem Maßstab der Einkommensteuer (§ 5 Abs 1 Nr 1) durch die Landesfinanzbehörden verwaltet, so sind alle Arbeitgeber, die eine Betriebstätte im Sinne des Lohnsteuerrechts im Lande Rheinland-Pfalz unterhalten, verpflichtet, von ihren Arbeitnehmern die Kirchensteuer, soweit sie sich nach der von ihnen zu entrichtenden Lohnsteuer bemißt, nach Maßgabe der Eintragungen auf der Lohnsteuerkarte einzubehalten und zusammen mit der Lohnsteuer an das zuständige Finanzamt abzuführen.

(2) Die Gemeindeverwaltung hat bei Ausschreibung der Lohnsteuerkarte und bei Änderung oder Ergänzung der Eintragungen die für den Steuerabzug vom Arbeitslohn erforderlichen Angaben über die Religionszugehörigkeit des Arbeitnehmers und seines Ehegatten auf der Lohnsteuerkarte einzutragen. Auf Antrag sind auch Änderungen der Religionszugehörigkeit auf der Lohnsteuerkarte einzutragen.

(3) Die Bestimmungen über den Lohnsteueranspruch, den Steuerabzug vom Arbeitslohn bei der Lohnsteuer und über die Veranlagung bei Einkünften aus nichtselbständiger Arbeit finden entsprechende Anwendung, soweit sich aus diesem Gesetz nichts anderes ergibt. Die Vorschriften des § 12 und des § 13 Abs 4 gelten sinngemäß.

(4) Sind Ehegatten beide kirchensteuerpflichtig und ist der laufende Steuerabzug vom Arbeitslohn bei der Lohnsteuer nach den Grundsätzen der Zusammenveranlagung zur Einkommensteuer vorzunehmen, wird von jedem Ehegatten für die Dauer seiner Kirchensteuerpflicht die Kirchensteuer auch für den anderen Ehegatten einbehalten oder nachgefordert, soweit sie sich nach der von ihm zu entrichtenden Lohnsteuer bemißt. Ist der Lohnsteuer-Jahresausgleich nach denselben Grundsätzen vorzunehmen, so gilt die Hälfte einer im Laufe des Steuerjahres nur für den Ehegatten selbst einbehaltenen oder nachgeforderten Kirchensteuer als für den anderen Ehegatten einbehalten oder nachgefordert. Ist der Lohnsteuer-Jahresausgleich in anderer Weise vorzunehmen, so gilt eine im Laufe des Steuerjahres für den anderen Ehegatten einbehaltene oder nachgeforderte Kirchensteuer als für den Ehegatten selbst einbehalten oder nachgefordert.

(5) Soweit von einem Arbeitnehmer eine Kirchensteuer, die sich nach der von ihm zu entrichtenden Lohnsteuer bemißt, wegen fehlender Verpflichtung zum Steuerabzug vom Arbeitslohn nicht einbehalten wird und die Steuer nicht bei einer Veranlagung oder beim Jahresausgleich erhoben werden kann, verbleibt die Verwaltung den Kirchenbehörden.

(6) Die Vorschriften der Absätze 2 und 3, des Absatzes 4 Sätze 2 und 3 und des Absatzes 5 gelten auch, wenn der Arbeitslohn und die Lohnsteuer des Kirchensteuerpflichtigen in einer Betriebstätte außerhalb des Landes Rheinland-Pfalz berechnet werden.

(7) Auf Antrag einer Diözese oder Landeskirche, deren Gebiet ganz oder zum Teil außerhalb des Landes Rheinland-Pfalz liegt, kann der Minister für Finanzen und Wiederaufbau im Einvernehmen mit den Diözesen oder Landeskirchen durch Rechtsverordnung bestimmen, daß durch Steuerabzug vom Arbeitslohn die Kirchensteuer nach dem Maßstab der Lohnsteuer gemäß den am Ort der Betriebstätte geltenden Kirchensteuerordnungen und Kirchensteuerbeschlüssen auch von Arbeitnehmern einbehalten und abgeführt wird, die der antragstellenden Diözese oder Landeskirche oder deren Kirchengemeinden gegenüber kirchensteuerpflichtig sind und nicht im Lande Rheinland-Pfalz ihren Wohnsitz oder Aufenthalt haben, deren Arbeitslohn und Lohnsteuer jedoch in einer Betriebstätte im Lande Rheinland-Pfalz berechnet werden. Gelten für den Ort des Wohnsitzes oder des Aufenthaltes des Arbeitnehmers andere Hundertsätze als für den Ort der Betriebstätte, so kann das örtlich zuständige Finanzamt dem Arbeitgeber auf Antrag mit Zustimmung der Diözese oder Landeskirche, in deren Gebiet der Arbeitgeber die Betriebstätte unterhält, gestatten, die Kirchensteuer dieses Arbeitnehmers nach dem am Ort seines Wohnsitzes oder Aufenthaltes geltenden Hundertsatz und Mindestbetrag einzubehalten und abzuführen.

§ 16

(1) Auf Antrag der in der Kirchensteuerordnung bezeichneten Kirchenbehörde übernehmen die Gemeinden die Verwaltung der Kirchensteuer nach dem Maßstab der Grundsteuermeßbeträge (§ 5 Abs 1 Nr 3), soweit der für die Bemessung maßgebende Grundbesitz in ihrem Gebiet gelegen ist. Die Verwaltung kann nur zu Beginn eines Steuerjahres übernommen werden. Die in den Kirchensteuerordnungen bezeichneten Kirchenbehörden der einzelnen Diözesen und der einzelnen Landeskirchen können sich jeweils gegenseitig ermächtigen, den Antrag zu stellen.

(2) Eine Gemeinde kann die Verwaltung bei Kirchensteuerpflichtigen, die ihren Wohnsitz oder Aufenthalt nicht in der Gemeinde haben, ablehnen, wenn deren Kirchensteuer mit anderen Hundertsätzen erhoben wird, als sie für Kirchensteuerpflichtige derselben Kirche mit Wohnsitz oder Aufenthalt in der Gemeinde gelten. Die Gemeindeverwaltung führt die den Diözesen und ihren Kirchengemeinden einerseits und den Landeskirchen und ihren Kirchengemeinden andererseits zustehende Kirchensteuer geschlossen an eine Stelle ab, die von der für ihren Bereich zuständigen Kirchenbehörde benannt wird.

(3) Abweichend von § 11 Abs 3 Sätze 1 und 2 finden auf das Besteuerungsverfahren die Bestimmungen über das Besteuerungsverfahren bei der Grundsteuer entsprechende Anwendung, soweit sich aus diesem Gesetz nichts anderes ergibt. Die Vorschriften des § 14 Abs 4 gelten entsprechend.

(4) Anträge nach § 9 Abs 3 sind an die zuständige Gemeindeverwaltung zu richten.

(5) Für die Verwaltung leisten die steuererhebenden Diözesen, Landeskirchen und Kirchengemeinden (Kirchengemeindeverbände) an die Gemeinden einen Verwaltungskostenbeitrag in einem Hundertsatz des Steueraufkommens. Der Hundertsatz wird zwischen den Diözesen und Landeskirchen und dem Minister des Innern vereinbart.

§ 17

(1) Werden die Kirchensteuern von den steuererhebenden Diözesen, Landeskirchen oder Kirchengemeinden (Kirchengemeindeverbänden) selbst verwaltet, finden von den Vorschriften der Reichsabgabenordnung, abweichend von § 11 Abs 3 Sätze 1 und 2, nur die über das Steuergeheimnis, über Fristen, Verfügungen, Steuer- und Erstattungsansprüche, ferner über die Abgabe von Steuererklärungen und über das Verfahren zur Ermittlung und Festsetzung der Steuer Anwendung. Auf Antrag der Kirchenbehörden können die Finanzämter nach den Bestimmungen der Reichsabgabenordnung Zwangsmittel festsetzen und andere Personen zur Erteilung von Auskünften anhalten.

(2) Die Kirchensteuern vom Einkommen und Vermögen einschließlich der Nebenleistungen werden auf Antrag der Kirchenbehörden durch die Finanzämter nach den Vorschriften der Reichsabgabenordnung und ihrer Nebengesetze und der dazu erlassenen Rechtsverordnungen in der für die bundesrechtlich geregelten Steuern jeweils geltenden Fassung, andere Kirchensteuern durch die kommunalen Vollstreckungsbehörden nach den Vorschriften des Verwaltungsvollstreckungsgesetzes für Rheinland-Pfalz vom 8. Juli 1957 (GVBl S 101, BS 2010-2) in der jeweils geltenden Fassung beigetrieben.

§ 18

Die Landes- und Gemeindebehörden haben den Kirchenbehörden auf Anforderung ihre Unterlagen zur Verfügung zu stellen, soweit diese für die Besteuerung und für den kirchlichen Finanzausgleich erforderlich sind.

Abschnitt VII

Vorschriften für andere Steuerberechtigte

§ 19

(1) Dieses Gesetz findet auf andere als die in § 1 Abs 1 bezeichneten Kirchen sowie auf Religionsgemeinschaften und Weltanschauungsgesellschaften entsprechende Anwendung, sofern diese Kirchen, Gemeinschaften und Gesellschaften Körperschaften des öffentlichen Rechts sind.

(2) Der Minister für Finanzen und Wiederaufbau kann die Übertragung der Verwaltung der Kirchensteuern nach dem Maßstab der Einkommensteuer und

Vermögensteuer (§ 5 Abs 1 Nr 1 und 2) auf die Landesfinanzbehörden davon abhängig machen, daß die einzelnen steuerberechtigten Körperschaften des gleichen Bekenntnisstandes, soweit sie die Übertragung der Verwaltung beantragen, diese Kirchensteuern im Lande Rheinland-Pfalz nach einheitlichen Grundsätzen und mit den gleichen Hundertsätzen und Mindestbeträgen erheben. Der Minister für Finanzen und Wiederaufbau kann die Verpflichtung zur Einbehaltung der Kirchensteuer nach dem Maßstab der Lohnsteuer (§ 15 Abs 1 und 7) auf Arbeitgeber mit Betriebstätten in bestimmten Gebieten entsprechend der örtlichen Verbreitung der steuerberechtigten Körperschaft beschränken.

(3) Unbeschadet der Vorschrift des § 16 Abs 2 Satz 1 kann eine Gemeinde die Übernahme der Verwaltung der Kirchensteuer nach dem Maßstab der Grundsteuermeßbeträge (§ 5 Abs 1 Nr 3) auch dann ablehnen, wenn kein Angehöriger der steuerberechtigten Körperschaft, die die Übernahme beantragt, seinen Wohnsitz oder Aufenthalt in der Gemeinde hat und wenn die Gemeinde die Verwaltung für eine steuerberechtigte Körperschaft desselben Bekenntnisstandes noch nicht übernommen hat.

Abschnitt VIII

Verwaltungsanordnungen

§ 20

Die zur Durchführung dieses Gesetzes erforderlichen Verwaltungsanordnungen erlassen der Minister für Unterricht und Kultus und der Minister für Finanzen und Wiederaufbau gemeinsam. Verwaltungsanordnungen, die ausschließlich das von den Landesfinanzbehörden zu beachtende Besteuerungsverfahren betreffen, erläßt der Minister für Finanzen und Wiederaufbau allein. Verwaltungsanordnungen, die ausschließlich das von den Gemeindeverwaltungen zu beachtende Besteuerungsverfahren betreffen, erlassen der Minister des Innern und der Minister für Finanzen und Wiederaufbau gemeinsam.

Abschnitt IX

Übergangs- und Schlußbestimmungen

§ 21

(1) Die Vorschriften der §§ 4 bis 18 sind erstmals für das am 1. Januar 1972 beginnende Steuerjahr anzuwenden. Beim Steuerabzug vom Arbeitslohn gilt Satz 1 mit der Maßgabe, daß die dort genannten Vorschriften erstmals auf laufenden Arbeitslohn anzuwenden sind, der für einen nach dem 31. Dezember

1971 endenden Lohnzahlungszeitraum gezahlt wird, und auf sonstige Bezüge, die nach dem 31. Dezember 1971 zufließen.

(2) Auf Steuerjahre, die vor dem 1. Januar 1972 enden, sind die bis zum Inkrafttreten dieses Gesetzes geltenden, den Vorschriften der §§ 4 bis 18 entsprechenden kirchensteuerrechtlichen Bestimmungen anzuwenden mit der Maßgabe, daß die Vorschrift des § 4 bereits für das Steuerjahr 1971 anzuwenden ist.

§ 22

(1) Die beim Inkrafttreten dieses Gesetzes wirksamen Kirchensteuerordnungen und Kirchensteuerbeschlüsse gelten ohne neue Anerkennung weiter, soweit ihr Inhalt nicht mit diesem Gesetz im Widerspruch steht.

(2) Soweit die Landesfinanzbehörden die Kirchensteuer nach dem Maßstab der Einkommensteuer beim Inkrafttreten dieses Gesetzes bereits verwalten, bedarf es keiner Übertragung im Sinne des § 14 Abs 1 Satz 1 mehr. Soweit der Minister für Finanzen und Wiederaufbau bereits angeordnet hat, daß die Arbeitgeber Kirchensteuer nach dem Maßstab der Lohnsteuer auch von Arbeitnehmern einzubehalten und abzuführen haben, die ihren Wohnsitz oder Aufenthalt nicht im Lande Rheinland-Pfalz haben, sind sie auch ohne eine neue Bestimmung im Sinne des § 15 Abs 7 Satz 1 weiterhin hierzu verpflichtet.

(3) Soweit die Gemeinden die Kirchensteuer nach dem Maßstab der Grundsteuermeßbeträge bereits verwalten, bedarf es keines neuen Antrags im Sinne des § 16 Abs 1 Satz 1 mehr. Soweit die Landesfinanzbehörden die Kirchensteuer nach dem Maßstab der Grundsteuermeßbeträge bisher verwalten, verbleibt es dabei, sofern die Kirchenbehörden nichts anderes beantragen. Im Falle der Verwaltung durch die Landesfinanzbehörden finden die Vorschriften des § 14 Abs 1 Sätze 3 und 4, Abs 3, Abs 4 Satz 1 und Abs 6 sinngemäß Anwendung.

(4) Bis zum Abschluß der Vereinbarungen über Verwaltungskostenbeiträge (§ 14 Abs 6 Satz 2 und § 16 Abs 5 Satz 2) belaufen sich die Verwaltungskostenbeiträge auf vier vom Hundert der Steueraufkommen.

§ 23

§ 4 Satz 2 des Landesgesetzes zur Ausführung der Finanzgerichtsordnung vom 16. Dezember 1965 (GVBl S 265, BS 305-1) erhält folgende Fassung:

„§ 13 Abs 1 des Landesgesetzes über die Steuern der Kirchen, Religionsgemeinschaften und Weltanschauungsgesellschaften bleibt unberührt."

§ 24

(1) Dieses Gesetz tritt am Tage nach seiner Verkündung in Kraft.

(2) Das Landesgesetz über die Erhebung von Kirchensteuern im Lande Rheinland-Pfalz vom 19. Januar 1950 (GVBl S 12, BS 222-30) und die Landesverordnung zur Durchführung des Landesgesetzes über die Erhebung von Kirchensteuern im Lande Rheinland-Pfalz vom 30. Januar 1950 (GVBl S 49), geändert durch Landesverordnung vom 26. Juni 1961 (GVBl S 149), BS 222-30-1, werden mit Wirkung vom 1. Januar 1972 aufgehoben.

Das vorstehende Gesetz wird hiermit verkündet.

Landesgesetz zur Änderung des Kirchensteuergesetzes

Vom 3. Dezember 1974

(GVBl 1974 I S 577, BStBl 1975 I S 73)

Der Landtag Rheinland-Pfalz hat das folgende Gesetz beschlossen:

Artikel 1

Das Landesgesetz über die Steuern der Kirchen, der Religionsgemeinschaften und der Weltanschauungsgesellschaften (Kirchensteuergesetz – KiStG –) vom 24. Februar 1971 (GVBl S 59, BS 222-31) wird wie folgt geändert:

1. § 7 Abs 4 werden folgende Sätze 2 bis 4 angefügt:

   „Vor Erhebung der Kirchensteuer ist für Kinder, die nach § 32 Abs 4 bis 7 des Einkommensteuergesetzes bei dem Steuerpflichtigen zu berücksichtigen sind, die Einkommensteuerschuld und die Lohnsteuer um die in § 51 a des Einkommensteuergesetzes in der jeweils geltenden Fassung genannten Beträge zu kürzen. Bei Ehegatten, die nach §§ 26, 26 a des Einkommensteuergesetzes getrennt zur Einkommensteuer veranlagt werden oder bei denen die Lohnsteuer nach der Steuerklasse IV erhoben wird, werden die Kürzungsbeträge nach Satz 2 bei jedem Ehegatten je zur Hälfte berücksichtigt. In den Fällen des Absatzes 1 Satz 2 sind die Kürzungsbeträge vor der Aufteilung der gemeinsamen Einkommensteuerschuld oder der gemeinsamen Lohnsteuer zu berücksichtigen."

2. § 15 Abs 4 wird wie folgt geändert:

   a) In Satz 1 werden nach dem Wort „Ehegatten" ein Komma und die Worte „die nicht dauernd getrennt leben," eingefügt und die Worte „nach den Grundsätzen der Zusammenveranlagung zur Einkommensteuer" gestrichen.

b) In Satz 2 werden die Worte „nach denselben Grundsätzen" durch die Worte „nach den Grundsätzen der Zusammenveranlagung zur Einkommensteuer" ersetzt.

3. Soweit im Gesetz die Bezeichnungen „Minister für Finanzen und Wiederaufbau" und „Minister für Unterricht und Kultus" verwendet werden, werden sie durch die Bezeichnungen „Minister der Finanzen" und „Kultusminister" ersetzt.

Artikel 2

Artikel 1 Nr 1 und 2 ist erstmals für das am 1. Januar 1975 beginnende Steuerjahr anzuwenden. Beim Steuerabzug vom Arbeitslohn gilt Satz 1 mit der Maßgabe, daß die dort genannten Vorschriften erstmals auf laufenden Arbeitslohn anzuwenden sind, der für einen nach dem 31. Dezember endenden Lohnzahlungszeitraum gezahlt wird, und auf sonstige Bezüge, die nach dem 31. Dezember 1974 zufließen.

Artikel 3

Dieses Gesetz tritt am Tage nach der Verkündung in Kraft.

Das vorstehende Gesetz wird hiermit verkündet.

Landesgesetz zur Anpassung von Gesetzen und Verordnungen an die Abgabenordnung (Abgabenordnung-Anpassungsgesetz – AOAnpG –)

Vom 23. Dezember 1976

(GVBl 1976 S 301, BStBl 1977 I S 40)

– Auszug –

Erster Teil

Zweiter Abschnitt

Änderung des Kirchensteuergesetzes

Artikel 3

Das Landesgesetz über die Steuern der Kirchen, der Religionsgemeinschaften und Weltanschauungsgesellschaften (Kirchensteuergesetz – KiStG –) vom 24.

Februar 1971 (GVBl S 59), geändert durch Landesgesetz vom 3. Dezember 1974 (GVBl S 577), BS 222-31, wird wie folgt geändert:

1. § 4 wird wie folgt geändert:
   a) In Absatz 1 werden die Worte „unbeschränkt einkommensteuerpflichtig sind" und das davorstehende Komma gestrichen; vor dem Wort „Aufenthalt" wird das Wort „gewöhnlichen" eingefügt.
   b) In Absatz 2 wird vor dem Wort „Aufenthalts" das Wort „gewöhnlichen" eingefügt.
   c) In Absatz 3 Nr 2 werden vor dem Wort „Aufenthalts" das Wort „gewöhnlichen" und vor dem Wort „Aufenthalt" das Wort „gewöhnliche" eingefügt.
2. § 6 Abs 2 Satz 2 wird gestrichen.
3. § 8 wird wie folgt geändert:
   a) Absatz 1 wird wie folgt geändert:
      aa) In Satz 2 werden die Worte „vorzunehmen ist" durch die Worte „vorgenommen wird" ersetzt.
      bb) In Satz 3 werden die Worte „in der Aufteilungsverordnung vom 8. November 1963 (BGBl I S 785)" durch die Worte „in der Abgabenordnung" ersetzt.
   b) In Absatz 2 Satz 1 werden die Worte „vorzunehmen ist" durch die Worte „vorgenommen wird" ersetzt.
4. § 11 wird wie folgt geändert:
   a) Die Absätze 2 und 3 erhalten folgende Fassung:

      „(2) Soweit sich aus diesem Gesetz nichts anderes ergibt, finden auf das Besteuerungsverfahren die Abgabenordnung in der für die bundesrechtlich geregelten Steuern jeweils geltenden Fassung sowie die zur Durchführung dieser Gesetze erlassenen Rechtsvorschriften Anwendung. Nicht anzuwenden sind die Vorschriften über Stundungszinsen, Säumniszuschläge, die Straf- und Bußgeldvorschriften sowie die Bestimmungen über das Straf- und Bußgeldverfahren. Zum Erlaß von Rechtsverordnungen nach § 156 Abs 1 der Abgabenordnung ist ermächtigt
      1. der Minister der Finanzen für die Verwaltung der Kirchensteuern durch die Landesfinanzbehörden;
      2. der Minister der Finanzen im Einvernehmen mit dem Minister des Innern für die Verwaltung der Kirchensteuern durch die Gemeinden.

      Soweit die Diözesen, Landeskirchen oder Kirchengemeinden (Kirchengemeindeverbände) die Kirchensteuern selbst verwalten, bleibt es ihnen vorbehalten, Regelungen nach § 156 Abs 1 der Abgabenordnung selbst zu treffen.

(3) Außerdem finden, soweit sich aus diesem Gesetz nichts anderes ergibt, die jeweiligen Bestimmungen über die Veranlagung, Festsetzung, Erhebung und Entrichtung

1. des Einkommensteuergesetzes, bei der Kirchensteuer vom Einkommen,
2. des Vermögensteuergesetzes, bei der Kirchensteuer vom Vermögen,
3. des Grundsteuergesetzes, bei der Kirchensteuer vom Grundbesitz

entsprechende Anwendung. Für die übrigen Kirchensteuern werden die erforderlichen Bestimmungen in der Kirchensteuerordnung getroffen. Ein Steuerabzug wird nur im Rahmen des § 15 vorgenommen."

b) Absatz 4 wird gestrichen.

5. § 12 wird wie folgt geändert:

a) Absatz 1 Satz 1 erhält folgende Fassung:

„Wird der einem Kirchensteuerbescheid zugrunde liegende Einkommensteuerbescheid, Vermögensteuerbescheid oder Grundsteuermeßbescheid aufgehoben oder geändert, so wird, soweit die Änderung die Höhe der festgesetzten Kirchensteuer berührt, auch der Kirchensteuerbescheid aufgehoben oder geändert."

b) Absatz 5 erhält folgende Fassung:

„(5) Soweit die Vollziehung eines Verwaltungsaktes ausgesetzt wird, der einer Kirchensteuerfestsetzung zugrunde liegt, ist auch die Vollziehung des Kirchensteuerbescheids auszusetzen."

6. In § 13 Abs 3 wird das Wort „Verfügungen" jeweils durch das Wort „Verwaltungsakte" ersetzt.

7. § 14 wird wie folgt geändert:

a) In Absatz 2 Satz 3 werden die Worte „Abs 2" durch die Worte „Abs 3 Satz 1" ersetzt.

b) Absatz 4 wird wie folgt geändert:

aa) Satz 2 erhält folgende Fassung:

„Soweit jedoch die Einkommen-(Lohn-) oder Vermögensteuer aus Billigkeitsgründen abweichend festgesetzt, erlassen oder gestundet wird, ist die Finanzbehörde befugt, hinsichtlich der von ihr nach dem Maßstab dieser Steuern verwalteten Kirchensteuer entsprechend zu verfahren."

bb) Satz 3 wird gestrichen.

8. In § 16 Abs 3 Satz 1 werden die Worte „Abs 3 Sätze 1 und 2" durch die Worte „Abs 2 Satz 1" ersetzt.

9. § 17 erhält folgende Fassung:

„§ 17

Werden die Kirchensteuern von den steuererhebenden Diözesen, Landeskirchen oder Kirchengemeinden (Kirchengemeindeverbänden) selbst verwaltet, so werden die Kirchensteuern vom Einkommen und Vermögen einschließlich der Nebenleistungen sowie Verwaltungsakte, mit denen eine sonstige Handlung, eine Duldung oder Unterlassung gefordert wird, durch die Finanzämter, andere Kirchensteuern einschließlich der Nebenleistungen durch die kommunalen Vollstreckungsbehörden auf Antrag der Kirchenbehörden vollstreckt.“

Dritter Teil

Übergangs- und Schlußbestimmungen

Artikel 11

Soweit in Rechtsvorschriften auf Bestimmungen der Reichsabgabenordnung oder auf Bestimmungen verwiesen wird, die durch das Einführungsgesetz zur Abgabenordnung aufgehoben werden, treten an deren Stelle die entsprechenden Bestimmungen der Abgabenordnung.

Artikel 12

Soweit durch dieses Gesetz Verordnungen geändert werden, bleiben die Befugnisse der zuständigen Stellen, diese Verordnung künftig zu ändern oder aufzuheben, unberührt.

Artikel 13

Auf die Kirchensteuer, die Spielbankabgabe, die Kurtaxe und auf Abgaben nach § 1 des Kommunalabgabengesetzes ist Artikel 97 des Einführungsgesetzes zur Abgabenordnung entsprechend anzuwenden.

Artikel 14

Dieses Gesetz tritt am 1. Januar 1977 in Kraft.

Zweites Landesgesetz zur Änderung des Kirchensteuergesetzes

Vom 18. Dezember 1985

(GVBl 1985 S 277, BStBl 1986 I S 64)

Der Landtag Rheinland-Pfalz hat das folgende Gesetz beschlossen:

Artikel 1

Das Kirchensteuergesetz vom 24. Februar 1971 (GVBl S 59), zuletzt geändert durch Artikel 3 des Gesetzes vom 23. Dezember 1976 (GVBl S 301), BS 222-31, wird wie folgt geändert:

§ 7 Abs 4 Satz 2 und 3 wird durch folgenden Satz ersetzt:

„Vor Berechnung der Kirchensteuer nach § 5 Abs 1 Nr 1 sind die festgesetzte Einkommensteuer und die Lohnsteuer nach Maßgabe des § 51 a des Einkommensteuergesetzes in seiner jeweiligen Fassung zu kürzen."

Artikel 2

(1) Dieses Gesetz tritt am Tage nach der Verkündung in Kraft.

(2) § 7 Abs 4 Satz 2 des Kirchensteuergesetzes in der Fassung des Artikels 1 dieses Gesetzes ist erstmals für das am 1. Januar 1986 beginnende Steuerjahr anzuwenden. Beim Steuerabzug vom Arbeitslohn gilt Satz 1 mit der Maßgabe, daß die dort genannte Bestimmung erstmals auf laufenden Arbeitslohn anzuwenden ist, der für einen nach dem 31. Dezember 1985 endenden Lohnzahlungszeitraum gezahlt wird, und auf sonstige Bezüge, die nach dem 31. Dezember 1985 zufließen.

Das vorstehende Gesetz wird hiermit verkündet.

Landesverordnung über die Verwaltung des besonderen Kirchgelds durch die Landesfinanzbehörden (Kirchgeldverwaltungsverordnung)

Vom 27. September 1972

(GVBl 1972 S 336)

Auf Grund des § 14 Abs 2 Satz 1 und 2 in Verbindung mit § 14 Abs 1 Satz 2 des Kirchensteuergesetzes (KiStG) vom 24. Februar 1971 (GVBl S 59, BS 222-31) wird auf Antrag der Diözesen Limburg, Mainz und Trier sowie der Evangelischen Kirche in Hessen und Nassau verordnet:

§ 1

Die Verwaltung des gemäß § 5 Abs 1 Nr 5 des Kirchensteuergesetzes erhobenen besonderen Kirchgelds wird vom 1. Januar 1973 an auf die Landesfinanzbehörden insoweit übertragen, als das Einkommen des kirchensteuerpflichtigen Ehegatten zusammen mit dem des anderen Ehegatten die Einkommensgrenze übersteigt, von der an Personen mit Einkünften aus nichtselbständiger Arbeit stets zur Einkommensteuer veranlagt werden.

§ 2

Diese Verordnung tritt am Tag nach der Verkündung in Kraft.

Landesverordnung über die Verwaltung der Kirchensteuer vom Einkommen für die Unitarische Religionsgemeinschaft Freie Protestanten durch die Landesfinanzbehörden

Vom 10. Mai 1979

(GVBl 1979 S 122, BStBl 1979 I S 603)

Auf Grund des § 19 Abs 1 in Verbindung mit § 14 Abs 1 Satz 1 und des § 19 Abs 2 Satz 2 des Kirchensteuergesetzes (KiStG) vom 24. Februar 1971 (GVBl S 59), zuletzt geändert durch Artikel 3 des Landesgesetzes zur Anpassung von Gesetzen und Verordnungen an die Abgabenordnung (Abgabenordnung-Anpassungsgesetz – AOAnpG –) vom 23. Dezember 1976 (GVBl S 301), BS 222-31, wird auf Antrag der Unitarischen Religionsgemeinschaft Freie Protestanten verordnet:

§ 1

Die Verwaltung der gemäß § 5 Abs 1 Nr 1 des Kirchensteuergesetzes erhobenen Kirchensteuer vom Einkommen mit einem festen Hundertsatz der Einkommensteuer wird vom 1. Januar 1980 an auf die Landesfinanzbehörden übertragen.

§ 2

Die Verpflichtung zur Einbehaltung der Kirchensteuer nach dem Maßstab der Lohnsteuer (§ 15 Abs 1 des Kirchensteuergesetzes) wird auf Arbeitgeber mit Betriebstätten im Bereich der Finanzämter Alzey, Bad Kreuznach, Bingen (Rhein), Frankenthal (Pfalz), Kirchheimbolanden, Ludwigshafen (Rhein), Mainz und Worms beschränkt.

§ 3

Diese Verordnung tritt am Tage nach der Verkündung in Kraft.

Landesverordnung über die Verwaltung der Kirchensteuer vom Einkommen durch die Landesfinanzbehörden

Vom 18. August 1986

(GVBl 1986 S 221, BStBl 1986 I S 497)

Auf Grund des § 19 Abs 1 in Verbindung mit § 14 Abs 1 Satz 1 und des § 19 Abs 2 Satz 2 des Kirchensteuergesetzes (KiStG) vom 24. Februar 1971 (GVBl S 59), zuletzt geändert durch Gesetz vom 18. Dezember 1985 (GVBl S 277, BS 222-31), wird verordnet:

§ 1

Unitarische Religionsgemeinschaft
Freie Protestanten

Die Verwaltung der gemäß § 5 Abs 1 Nr 1 KiStG zu erhebenden Kirchensteuer vom Einkommen mit einem festen Hundertsatz der Einkommensteuer wird auf die Landesfinanzbehörden übertragen.

§ 2

Freireligiöse Landesgemeinde Pfalz

(1) Die Verwaltung der gemäß § 5 Abs 1 Nr 1 KiStG zu erhebenden Kirchensteuer vom Einkommen mit einem festen Hundertsatz der Einkommensteuer wird auch insoweit auf die Landesfinanzbehörden übertragen, als die steuerpflichtigen Mitglieder der Freireligiösen Landesgemeinde Pfalz ihren Wohnsitz oder gewöhnlichen Aufenthalt in Landesteilen außerhalb der Pfalz haben.

(2) Die Verpflichtung zur Einbehaltung der Kirchensteuer nach dem Maßstab der Lohnsteuer (§ 15 Abs 1 KiStG) wird auf alle Arbeitgeber mit Betriebsstätten im Lande ausgedehnt.

§ 3

Freireligiöse Gemeinde Mainz

Die Verpflichtung zur Einbehaltung der Kirchensteuer nach dem Maßstab der Lohnsteuer (§ 15 Abs 1 KiStG) wird auf alle Arbeitgeber mit Betriebsstätten im Lande ausgedehnt.

§ 4

Inkrafttreten

Diese Verordnung tritt am 1. Januar 1987 in Kraft. Gleichzeitig tritt die Landesverordnung über die Verwaltung der Kirchensteuer vom Einkommen für die Unitarische Religionsgemeinschaft Freie Protestanten durch die Landesfinanzbehörden vom 10. Mai 1979 (GVBl S 122, BS 222-31-2) außer Kraft.

Saarländisches Kirchensteuergesetz (KiStG-Saar)

Vom 1. Juni 1977

(GVBl 1977 S 598, BStBl 1977 I S 438)

I. Besteuerungsrecht

§ 1

Die Römisch-Katholische Kirche und die Evangelische Kirche können im Saarland auf Grund eigener Steuerordnungen Kirchensteuern erheben. Andere Religionsgemeinschaften, die Körperschaften des öffentlichen Rechts sind, insbesondere das Katholische Bistum der Altkatholiken und die Synagogengemeinde Saar, können unter den gleichen Voraussetzungen und in entsprechender Anwendung der folgenden Bestimmungen Kirchensteuern erheben.

§ 2

(1) Kirchensteuern können nach Maßgabe der von den Diözesen der Römisch-Katholischen Kirche und den Evangelischen Landeskirchen zu erlassenden Steuerordnungen erhoben werden

1. als Diözesankirchensteuer oder Landeskirchensteuer,
2. als Ortskirchensteuer,
3. nebeneinander als Diözesan- oder Landeskirchensteuer und als Ortskirchensteuer.

(2) Die Steuerordnungen bestimmen die zur Kirchensteuererhebung berechtigten kirchlichen Körperschaften und die Zuständigkeit für die Festsetzung der Steuersätze.

II. Steuerpflicht

§ 3

Kirchensteuerpflichtig sind alle Angehörigen der Römisch-Katholischen Kirche und der Evangelischen Kirche, die ihren Wohnsitz oder gewöhnlichen Aufenthalt im Saarland haben.

III. Grundsätze über die Erhebung von Kirchensteuern

§ 4

(1) Kirchensteuern können erhoben werden

1. a) als Zuschlag zur Einkommensteuer und Lohnsteuer, auch unter Festsetzung von Mindestbeträgen, oder
   b) nach Maßgabe des Einkommens auf Grund eines besonderen Tarifs
   (Kirchensteuer vom Einkommen),
2. als Zuschlag zur Vermögensteuer (Kirchensteuer vom Vermögen),
3. a) nach einem Vomhundertsatz von den Grundsteuermeßbeträgen oder
   b) nach Maßgabe des Einheitswertes vom Grundbesitz auf Grund eines besonderen Tarifs,
   soweit der Grundbesitz im Saarland belegen ist (Kirchensteuer vom Grundbesitz),
4. als Mindestkirchensteuer,
5. als Kirchgeld.

(2) Vor Erhebung der Kirchensteuer nach Absatz 1 Nr 1 Buchstabe a ist für Kinder, die nach § 32 Abs 4 bis 7 des Einkommensteuergesetzes bei dem Steuerpflichtigen zu berücksichtigen sind, die festgesetzte Einkommensteuer und die Jahreslohnsteuer um die in § 51 a des Einkommensteuergesetzes in der jeweils geltenden Fassung genannten Beträge zu kürzen. Bei Ehegatten, die nach § 26 a des Einkommensteuergesetzes getrennt zur Einkommensteuer veranlagt werden oder bei denen die Lohnsteuer nach der Steuerklasse IV erhoben wird, werden die Kürzungsbeträge nach Satz 1 bei jedem Ehegatten je zur Hälfte berücksichtigt.

(3) Die Kirchensteuern nach Absatz 1 können einzeln oder nebeneinander erhoben werden, jedoch nicht die Kirchensteuer vom Einkommen nach Absatz 1 Nr 1 Buchstabe a neben der Steuer nach Nummer 1 Buchstabe b und die

Kirchensteuer vom Grundbesitz nach Absatz 1 Nr 3 Buchstabe a neben der Steuer nach Nummer 3 Buchstabe b.

(4) In den Steuerordnungen kann bestimmt werden, daß Kirchensteuern einer Art auf Kirchensteuern einer anderen Art angerechnet werden. Die Steuern nach Absatz 1 Nrn 1 bis 3 können nur auf das Kirchgeld und die Mindestkirchensteuer angerechnet werden; eine Anrechnung des Kirchgeldes und der Mindestkirchensteuer auf die vorgenannten Steuern ist ausgeschlossen.

(5) Wird die Kirchensteuer einer Art als Diözesankirchensteuer oder Landeskirchensteuer und als Ortskirchensteuer nebeneinander erhoben, so ist dafür ein gemeinsamer Steuersatz festzusetzen.

§ 5

(1) Soweit sich aus diesem Gesetz nichts anderes ergibt, gelten für die in § 4 Abs 1 Nrn 1 bis 3 bezeichneten Kirchensteuern entsprechend

1. bei der Kirchensteuer vom Einkommen die Vorschriften über die Einkommensteuer und Lohnsteuer,
2. bei der Kirchensteuer vom Vermögen die Vorschriften über die Vermögensteuer,
3. bei der Kirchensteuer vom Grundbesitz die Vorschriften über die Grundsteuer.

(2) Besteht die Kirchensteuerpflicht nicht während des ganzen Kalenderjahres, so wird bei der Kirchensteuer vom Einkommen für die vollen Kalendermonate, in denen die Steuerpflicht bestanden hat, je ein Zwölftel des Betrages erhoben, der sich bei ganzjähriger Steuerpflicht als Kirchensteuerschuld ergäbe. Die Vorschriften in Satz 1 sind nicht anzuwenden, wenn gleichzeitig mit dem Beginn oder dem Ende der Kirchensteuerpflicht die unbeschränkte Einkommensteuerpflicht beginnt oder endet.

§ 6

Die Kirchensteuern werden nach Maßgabe der §§ 7 bis 10 nach den jeweils in der Person des Kirchensteuerpflichtigen gegebenen Steuerbemessungsgrundlagen erhoben.

§ 7

(1) Gehören Ehegatten, die beide unbeschränkt einkommensteuerpflichtig sind und nicht dauernd getrennt leben, verschiedenen steuerberechtigten Kirchen an (konfessionsverschiedene Ehe), bemißt sich die Kirchensteuer in der Form des Zuschlags zur Einkommensteuer und Lohnsteuer

1. bei getrennter Veranlagung nach der nach § 4 Abs 2 gekürzten Steuer jedes Ehegatten,

2. bei der Zusammenveranlagung, beim Steuerabzug vom Arbeitslohn sowie beim Lohnsteuer-Jahresausgleich für jeden Ehegatten nach der Hälfte der nach § 4 Abs 2 gekürzten Steuer beider Ehegatten.

(2) In den Fällen des Absatzes 1 Nr 2 haften die Ehegatten als Gesamtschuldner. Im Lohnabzugsverfahren ist die Kirchensteuer bei jedem Ehegatten auch für den anderen einzubehalten.

(3) Für die Kirchensteuer vom Einkommen nach § 4 Abs 1 Nr 1 Buchstabe b gelten die Absätze 1 und 2 sinngemäß.

§ 8

(1) Leben Ehegatten nicht dauernd getrennt und gehört nur ein Ehegatte einer steuerberechtigten Kirche an (glaubensverschiedene Ehe), bemißt sich die Kirchensteuer in der Form des Zuschlages zur Einkommensteuer und Lohnsteuer

1. bei getrennter Veranlagung und beim Steuerabzug vom Arbeitslohn nach der nach § 4 Abs 2 gekürzten Steuer des kirchensteuerpflichtigen Ehegatten,
2. bei der Zusammenveranlagung und beim gemeinsamen Lohnsteuer-Jahresausgleich für den kirchensteuerpflichtigen Ehegatten nach dem Teil der gemeinsamen Steuer, der auf diesen Ehegatten entfällt, wenn die gemeinsame Steuer – nach Kürzung um die Beträge nach § 4 Abs 2 – im Verhältnis der Steuerbeträge aufgeteilt wird, die sich bei der Anwendung der Einkommensteuer-Grundtabelle auf den Gesamtbetrag der Einkünfte jedes Ehegatten ergeben.

(2) Für die Kirchensteuer vom Einkommen nach § 4 Abs 1 Nr 1 Buchstabe b gilt Absatz 1 sinngemäß.

§ 9

Die Kirchensteuer vom Vermögen ist nach der Vermögensteuer des Kirchenangehörigen zu bemessen. Soweit für mehrere Personen eine Zusammenveranlagung zur Vermögensteuer vorzunehmen ist, gilt als Vermögensteuerschuld des einzelnen kirchensteuerpflichtigen Beteiligten der Teil der gemeinsamen Vermögensteuerschuld, der auf ihn entfällt, wenn die gemeinsame Steuer im Verhältnis der Vermögensteuerbeträge aufgeteilt wird, die sich bei einer getrennten Veranlagung der Beteiligten ergeben würden.

§ 10

Die Kirchensteuer vom Grundbesitz kann nur insoweit erhoben werden, als der Grundbesitz einer kirchensteuerpflichtigen Person zuzurechnen ist. Ist der Grundbesitz mehreren Personen zuzurechnen, so ist die Kirchensteuer für die steuerpflichtigen Beteiligten aus ihrem Anteil an der Bemessungsgrundlage zu berechnen.

IV. Verfahren

§ 11

(1) Soweit sich aus diesem Gesetz nichts anderes ergibt, finden auf das Besteuerungsverfahren die Abgabenordnung und das Verwaltungszustellungsgesetz in der für die bundesrechtlich geregelten Steuern jeweils geltenden Fassung Anwendung. Nicht anzuwenden sind die Vorschriften über die Verzinsung, die Säumniszuschläge, die Straf- und Bußgeldvorschriften sowie die Vorschriften über das Straf- und Bußgeldverfahren.

(2) Über Stundung, Niederschlagung und Erlaß der Kirchensteuer entscheiden die in den Steuerordnungen bestimmten kirchlichen Stellen. Wird eine Maßstabsteuer (§ 4 Abs 1 Nr 1 Buchst a und Nr 2) ganz oder teilweise gestundet, niedergeschlagen, erlassen oder abweichend festgesetzt, so umfaßt diese Entscheidung ohne besonderen Antrag auch die danach bemessene Kirchensteuer; das gilt auch, soweit die Vollstreckung eines Verwaltungsaktes ausgesetzt wird, der einer Kirchensteuerfestsetzung zugrunde liegt. Entsprechendes gilt, wenn die Festsetzung einer Maßstabsteuer geändert oder berichtigt wird oder eine Maßstabsteuer aus Rechtsgründen zu erstatten ist.

V. Verwaltung der Kirchensteuern

§ 12

(1) Die Verwaltung der Kirchensteuern obliegt den in den Steuerordnungen bestimmten kirchlichen Stellen oder Behörden, soweit die Verwaltung nicht nach § 14 den Finanzämtern oder nach § 15 den Gemeinden übertragen ist.

(2) Wird die Kirchensteuer in kircheneigener Verwaltung veranlagt und erhoben, obliegt die Beitreibung auf Antrag den Finanzämtern nach den Vorschriften der Abgabenordnung oder den Gemeinden, soweit diese die Grundsteuern einziehen, nach den Vorschriften über das Verwaltungszwangsverfahren.

§ 13

Die Finanzämter und die Gemeinden haben den Diözesen der Römisch-Katholischen Kirche und den Evangelischen Landeskirchen auf Anforderung die für die Besteuerung, für die Feststellung ihrer Steueransprüche und für den innerkirchlichen Finanzausgleich erforderlichen Unterlagen zur Verfügung zu stellen.

§ 14

(1) Auf Antrag einer Diözese der Römisch-Katholischen Kirche oder einer Evangelischen Landeskirche wird die Kirchensteuer in der Form des Zuschlages

zur Einkommensteuer und Lohnsteuer sowie die Kirchensteuer vom Vermögen von den Finanzämtern verwaltet, sofern sie im Saarland nach einheitlichen Grundsätzen und mit gleichen Steuersätzen für die Kirchen gleicher Konfession erhoben wird. Unter den gleichen Voraussetzungen kann die Verwaltung dieser Kirchensteuern für die in § 1 Satz 2 genannten Religionsgemeinschaften übertragen werden. Über den Antrag entscheidet der Minister der Finanzen. Soweit Kirchensteuern bis zum Inkrafttreten dieses Gesetzes von den Finanzämtern verwaltet werden, gilt die Verwaltung als nach den Sätzen 1 und 2 übertragen.

(2) Im Falle des Absatzes 1 sind die Kirchensteuern zugleich mit der Einkommensteuer, der Lohnsteuer und der Vermögensteuer zu veranlagen und zu erheben. Kirchensteuer der Lohnsteuerpflichtigen ist im Lohnabzugsverfahren zu erheben. Die Arbeitgeber, die im Saarland eine Betriebsstätte im Sinne des Lohnsteuerrechts unterhalten, sind verpflichtet, von ihren Arbeitnehmern, die nach den Eintragungen auf ihrer Lohnsteuerkarte einer steuerberechtigten Kirche angehören und nach diesem Gesetz kirchensteuerpflichtig sind, die Kirchensteuer einzubehalten und an das zuständige Finanzamt abzuführen.

(3) Auf Antrag einer Diözese oder einer Landeskirche ist unter der Voraussetzung der Gegenseitigkeit die Kirchensteuer im Lohnabzugsverfahren auch für solche kirchensteuerpflichtigen Arbeitnehmer einzubehalten und abzuführen, die ihren Wohnsitz oder gewöhnlichen Aufenthalt außerhalb des Saarlandes haben und deren Lohnsteuer von einer im Saarland belegenen Betriebsstätte berechnet und einbehalten wird.

(4) Die Verwaltung der Kirchensteuern durch die Finanzämter erfolgt gegen eine zwischen dem Minister der Finanzen und der Diözese oder der Landeskirche oder einer der in § 1 Satz 2 genannten Religionsgemeinschaften zu vereinbarende angemessene Vergütung.

§ 15

(1) Die Kirchensteuer vom Grundbesitz wird auf Antrag einer in der Steuerordnung genannten kirchlichen Körperschaft durch die Gemeinden verwaltet. Für die Kirchensteuer nach § 4 Abs 1 Nr 3 Buchstabe b gilt dies nur hinsichtlich derjenigen Steuerpflichtigen, die zur Grundsteuer herangezogen werden.

(2) Die Verpflichtung zur Übernahme der Verwaltung besteht nur, wenn die Kirchensteuer vom Grundbesitz in der Gemeinde für die steuerberechtigten kirchlichen Körperschaften gleicher Konfession nach einheitlichen Grundsätzen und mit gleichen Steuersätzen erhoben wird.

(3) Für die Abgeltung der den Gemeinden entstehenden Kosten ist § 5 des Kommunalfinanzausgleichsgesetzes – KFAG – vom 12. Juni 1974 (Amtsbl S 578) in der jeweiligen Fassung entsprechend anzuwenden.

VI. Rechtsbehelfe

§ 16

(1) Im Verfahren zur Festsetzung und Erhebung von Kirchensteuern in kircheneigener Verwaltung ist der Finanzrechtsweg nach den Vorschriften der Finanzgerichtsordnung vom 6. Oktober 1965 (Bundesgesetzbl I S 1477) in der für bundesgesetzlich geregelte Steuern jeweils geltenden Fassung gegeben. Die Klage kann erst erhoben werden, wenn der in einer Kirchensteuerangelegenheit ergangene Bescheid in einem außergerichtlichen Rechtsbehelfsverfahren nachgeprüft ist. Die Vorschriften des siebenten Teils der Abgabenordnung gelten entsprechend. Über den Einspruch entscheidet die in der Steuerordnung zu bestimmende Behörde oder Stelle der steuerberechtigten Kirche.

(2) Werden Kirchensteuern von den Finanzämtern nach § 14 dieses Gesetzes verwaltet, gelten für Rechtsbehelfe und Rechtsmittel die Vorschriften der Abgabenordnung und der Finanzgerichtsordnung. Die Finanzämter haben die in der Steuerordnung zu bestimmende Behörde oder Stelle der steuerberechtigten Kirche im außergerichtlichen Rechtsbehelfsverfahren zuzuziehen, wenn über die Steuerberechtigung der Kirche zu entscheiden ist. Unter der gleichen Voraussetzung ist die steuerberechtigte Kirche im Verfahren nach der Finanzgerichtsordnung von Amts wegen beizuladen.

(3) Im Verfahren zur Festsetzung und Erhebung von Kirchensteuern in Verwaltung der Gemeinden ist der Verwaltungsrechtsweg gegeben. Im Vorverfahren nach den Vorschriften des achten Abschnittes der Verwaltungsgerichtsordnung vom 21. Januar 1960 (Bundesgesetzbl I S 17) in der jeweiligen Fassung ist die in der Steuerordnung zu bestimmende Behörde oder Stelle der steuerberechtigten Kirche zu hören.

(4) Im Verfahren zur Festsetzung und Erhebung von Kirchensteuern können keine Einwendungen erhoben werden, die sich gegen die Festsetzung der Maßstabsteuern oder die Steuerbemessungsgrundlage nach § 4 Abs 1 Nr 3 dieses Gesetzes richten.

VII. Anerkennungsverfahren

§ 17

(1) Die Kirchensteuerordnungen und -beschlüsse bedürfen der Anerkennung durch den Minister für Kultus, Bildung und Sport und den Minister der Finanzen.

(2) Werden die Kirchensteuern als Ortskirchensteuern erhoben, bedarf es keiner Anerkennung der einzelnen Kirchensteuerbeschlüsse, wenn auf Antrag der Diözesen der Römisch-Katholischen Kirche oder der Evangelischen

Landeskirchen die Steuersätze generell anerkannt werden und die nach der Steuerordnung zuständigen Stellen keine höheren Steuersätze beschließen.

(3) Liegt zu Beginn eines Steuerjahres ein anerkannter Kirchensteuerbeschluß nicht vor, gilt der bisherige Kirchensteuerbeschluß weiter.

VIII. Schlußbestimmungen

§ 18

(1) Das Preußische Staatsgesetz betreffend den Austritt aus den Religionsgesellschaften öffentlichen Rechts vom 30. November 1920 (Preuß Gesetzessamml 1921 S 119) erhält in § 2 Abs 1 Satz 2 mit Wirkung vom 1. Januar 1970 folgende Fassung:

„Die Befreiung tritt ein mit dem Ende des Monats, in dem die Austrittserklärung rechtlich wirksam wird."

(2) Die Rechtsverordnung zur Änderung des Erlasses betreffend die Änderung der Zuschläge (Kirchensteuer) zur Einkommensteuer (Lohnsteuer) für die katholischen, evangelischen und altkatholischen Kirchengemeinden und -verbände und die Synagogengemeinde Saar vom 29. Juni 1959 (Amtsbl S 1072) erhält mit Wirkung vom Tage nach ihrer Verkündung Gesetzeskraft.

§ 19

(1) Der Minister für Kultus, Bildung und Sport und der Minister der Finanzen können durch gemeinsam zu erlassende Rechtsverordnung das Verfahren bei der Anerkennung nach § 17 dieses Gesetzes regeln.

(2) Die zur Durchführung dieses Gesetzes erforderlichen Verwaltungsvorschriften werden von dem Minister für Kultus, Bildung und Sport und dem Minister der Finanzen gemeinsam erlassen. Verwaltungsvorschriften, die die Festsetzung und Erhebung der Kirchensteuer durch die Finanzämter regeln, erläßt der Minister der Finanzen, soweit die Kirchensteuer durch die Gemeinden festgesetzt und erhoben wird, der Minister des Innern.

(3) Der Minister für Kultus, Bildung und Sport wird ermächtigt, den Wortlaut dieses Gesetzes in der jeweils geltenden Fassung mit neuem Datum, unter neuer Überschrift und in neuer Paragraphenfolge bekanntzumachen und dabei Unstimmigkeiten im Wortlaut zu beseitigen.

§ 20*)

(1) Dieses Gesetz tritt mit dem Tage nach der Verkündung im Amtsblatt des Saarlandes in Kraft. Die in den §§ 1 bis 16 enthaltenen Vorschriften sind

*) Diese Vorschrift betrifft das Inkrafttreten des Gesetzes in der ursprünglichen Fassung vom 25. November 1970 (Amtsbl S 950).

erstmals für das Kalenderjahr 1972 anzuwenden. Für frühere Kalenderjahre werden die Steuern nach dem bisherigen Recht mit der Maßgabe erhoben, daß unter den in § 14 Abs 3 genannten Voraussetzungen im Kalenderjahr 1971 auch für solche kirchensteuerpflichtige Arbeitnehmer, die ihren Wohnsitz oder gewöhnlichen Aufenthalt außerhalb des Saarlandes haben und deren Lohnsteuer von einer im Saarland belegenen Betriebsstätte berechnet und einbehalten wird, die Kirchensteuer im Lohnabzugsverfahren einzubehalten und abzuführen ist.

(2) Die Vorschriften des bisherigen Landesrechts über die Kirchensteuern treten mit Ablauf des 31. Dezember 1971 außer Kraft.

Im besonderen werden aufgehoben:

a) das Preußische Gesetz betreffend die Erhebung von Kirchensteuern in den Kirchengemeinden und Parochialverbänden der evangelischen Landeskirchen der älteren Provinzen der Monarchie vom 14. Juli 1905 (Preuß Gesetzessamml S 277),

b) das Preußische Gesetz betreffend die Erhebung von Kirchensteuern in den katholischen Kirchengemeinden und Gesamtverbänden vom 14. Juli 1905 (Preuß Gesetzessamml S 281),

c) das Preußische Gesetz betreffend die Erhebung von Abgaben für kirchliche Bedürfnisse der Diözesen der katholischen Kirche in Preußen vom 21. März 1906 (Preuß Gesetzessamml S 105),

d) die Preußische Verordnung über das Inkrafttreten von Gesetzen betreffend die Erhebung von Kirchensteuern vom 23. März 1906 (Preuß Gesetzessamml S 52),

e) die Kirchensteuerverordnung für das Saarland vom 20. Dezember 1935 (Reichsgesetzbl I S 1527),

f) § 2 des Gesetzes Nr 746 über die Anwendung der Reichsabgabenordnung und anderer Abgabengesetze auf öffentlich-rechtliche Abgaben, die der Gesetzgebung des Landes unterliegen und durch Landesfinanzbehörden verwaltet werden, vom 7. November 1961 (Amtsblatt S 631).

Gesetz zur Änderung des Saarländischen Kirchensteuergesetzes

Vom 13. Dezember 1985

(GVBl 1986 S 26, BStBl 1986 I S 62)

Der Landtag des Saarlandes hat folgendes Gesetz beschlossen, das hiermit verkündet wird:

Artikel 1

Das Gesetz Nr 926 über die Erhebung von Kirchensteuern im Saarland (Saarländisches Kirchensteuergesetz – KiStG-Saar) in der Fassung der Bekanntmachung vom 1. Juni 1977 (Amtsbl S 598) wird wie folgt geändert:

1. § 4 Abs 2 erhält folgende Fassung:

   „(2) Vor Berechnung der Kirchensteuer nach Absatz 1 Nr 1 Buchstabe a ist die festgesetzte Einkommensteuer und die Lohnsteuer nach Maßgabe des § 51 a des Einkommensteuergesetzes in seiner jeweiligen Fassung zu kürzen."

2. § 7 Abs 1 Nr 1 erhält folgende Fassung:

   "1. bei der getrennten Veranlagung (§ 26 a des Einkommensteuergesetzes) und bei der besonderen Veranlagung (§ 26 c des Einkommensteuergesetzes) nach der nach § 4 Abs 2 gekürzten Steuer jedes Ehegatten,"

3. § 8 Abs 1 Nr 1 erhält folgende Fassung:

   „1. bei der getrennten Veranlagung (§ 26 a des Einkommensteuergesetzes), bei der besonderen Veranlagung (§ 26 c des Einkommensteuergesetzes) und beim Steuerabzug vom Arbeitslohn nach der nach § 4 Abs 2 gekürzten Steuer des kirchensteuerpflichtigen Ehegatten,"

Artikel 2

Dieses Gesetz tritt mit Wirkung vom 1. Januar 1986 in Kraft.

Verordnung zur Durchführung des § 17 des Gesetzes über die Erhebung von Kirchensteuern im Saarland

Vom 12. Juli 1971

(GVBl 1971 S 523, BStBl 1971 I S 402)

Auf Grund des § 19 Abs 1 des Gesetzes über die Erhebung von Kirchensteuern im Saarland (Saarländisches Kirchensteuergesetz – KiStG-Saar –) vom 25. November 1970 (Amtsbl S 950) wird verordnet:

§ 1

Die Kirchensteuerordnungen und die Kirchensteuerbeschlüsse sind dem Minister für Kultus, Unterricht und Volksbildung und dem Minister für Finanzen und Forsten spätestens bis zum 15. Oktober des Jahres zur Anerkennung vorzulegen, das dem Steuerjahr (Kalenderjahr) vorausgeht, für das sie erstmals gelten sollen. Entsprechendes gilt für Anträge nach § 17 Abs 2 des Gesetzes.

§ 2

Der Minister für Kultus, Unterricht und Volksbildung macht die anerkannten Kirchensteuerordnungen und Kirchensteuerbeschlüsse sowie jede generelle Anerkennung von Steuersätzen nach § 17 Abs 2 des Gesetzes im Amtsblatt des Saarlandes öffentlich bekannt.

§ 3

Diese Verordnung tritt mit dem Tage nach der Verkündigung im Amtsblatt des Saarlandes in Kraft.

Gesetz über die Erhebung von Kirchensteuern im Lande Schleswig-Holstein (Kirchensteuergesetz – KiStG)

In der Fassung vom 18. August 1975

(GVBl 1975 S 220)

§ 1

(1) Die evangelisch-lutherischen Landeskirchen und die Katholische Kirche erheben im Lande Schleswig-Holstein Kirchensteuern aufgrund eigener Steuergesetze und -verordnungen. Diese gelten für alle Glieder der evangelischen Kirchen oder der Katholischen Kirche, die ihren Wohnsitz oder gewöhnlichen Aufenthalt im Lande Schleswig-Holstein haben.

(2) Die Kirchen regeln
1. die Zuständigkeit zur Steuererhebung im kirchlichen Bereich,
2. Beginn und Ende der Kirchensteuerpflicht,
3. die Erhebung von Kirchensteuern im Rahmen des § 3 Abs 1,
4. das Rechtsbehelfsverfahren im kirchlichen Bereich,
5. das Besteuerungsverfahren, soweit die Kirchensteuern von ihnen verwaltet werden.

§ 2

(1) Die kirchlichen Steuergesetze und -verordnungen der evangelisch-lutherischen Landeskirchen und der Katholischen Kirche werden dem Kultusminister vor der Verkündung vorgelegt. Innerhalb eines Monats nach der Vorlage kann der Kultusminister verlangen, daß die Verkündung unterbleibt, wenn
1. durch sie die Einheitlichkeit der Steuergesetze und -verordnungen der Kirchen beeinträchtigt wird,
2. sie nicht mit den staatlichen Steuerbestimmungen in Einklang stehen.

(2) Beschlüsse der Kirchen über die Höhe der Kirchensteuern bedürfen der Genehmigung des Kultusministers. Sie bleiben in Kraft, bis neue genehmigte Beschlüsse an ihre Stelle treten. Die Genehmigung gilt als erteilt, wenn sie nicht bis zum Ablauf eines Monats nach Eingang des Antrages auf Genehmigung ausdrücklich versagt wird.

§ 3

(1) Kirchensteuern können – einzeln oder nebeneinander – erhoben werden als
1. Kirchensteuer vom Einkommen in Höhe eines Vomhundertsatzes der Einkommen-(Lohn-)steuer,

2. Kirchensteuer vom Vermögen in Höhe eines Vomhundertsatzes der Vermögensteuer,
3. Kirchensteuer vom Grundbesitz in Höhe eines Vomhundertsatzes der Grundsteuermeßbeträge,
4. Mindestkirchensteuer,
5. gleiches oder gestaffeltes Kirchgeld.

Einkommen-(Lohn-)steuer, Vermögensteuer und Grundsteuer sind für die Kirchensteuer Maßstabsteuern im Sinne des Gesetzes.

(2) Vor Berechnung der Kirchensteuer nach Absatz 1 Satz 1 Nr 1 ist für Kinder, die nach § 32 Absätze 4 bis 7 des Einkommensteuergesetzes bei dem Steuerpflichtigen zu berücksichtigen sind, die festzusetzende Einkommensteuer oder die Jahreslohnsteuer um die in § 51a des Einkommensteuergesetzes genannten Beträge zu kürzen. Bei Ehegatten, die nach § 26a des Einkommensteuergesetzes getrennt veranlagt werden oder bei denen die Lohnsteuer nach der Steuerklasse IV erhoben wird, werden die Kürzungsbeträge nach Satz 1 bei jedem Ehegatten je zur Hälfte berücksichtigt.

(3) Bei der Kirchensteuer vom Einkommen ist eine Begrenzung auf einen bestimmten Bruchteil des zu versteuernden Einkommens zulässig; Absatz 2 gilt mit der Maßgabe, daß das zu versteuernde Einkommen vor Berechnung der Kirchensteuer um die in § 51a des Einkommensteuergesetzes genannten Beträge zu kürzen ist.

(4) Die Mindestkirchensteuer wird auf dic Kirchensteuer vom Einkommen angerechnet. Im übrigen regeln die Kirchen, welche Kirchensteuern auf die von ihnen verwalteten Kirchensteuern angerechnet werden.

§ 4

(1) Die Kirchensteuer vom Einkommen bemißt sich, wenn nur ein Ehegatte einer evangelischen oder der Katholischen Kirche angehört (glaubensverschiedene Ehe),

1. bei getrennter Veranlagung zur Einkommensteuer nach der festzusetzenden Einkommensteuer des kirchenangehörigen Ehegatten,
2. bei Zusammenveranlagung zur Einkommensteuer oder bei einem gemeinsamen Lohnsteuer-Jahresausgleich nach dem Teil der festzusetzenden und um die Beträge nach § 3 Abs 2 gekürzten Einkommen-(Lohn-)steuer, der auf den kirchenangehörigen Ehegatten entfällt.

(2) Bei der Zusammenveranlagung zur Vermögensteuer wird die Kirchensteuer von dem kirchenangehörigen Ehegatten, Elternteil oder Kind nur in Höhe des auf ihn entfallenden Teils an der gemeinsamen Vermögensteuer erhoben.

§ 5

Die Kirchensteuern werden für das Kalenderjahr erhoben. Beginnt oder endet die Kirchensteuerpflicht während eines Kalenderjahres, ist die Kirchensteuer nur für einen Zeitraum zu erheben, der der Dauer der Kirchensteuerpflicht in diesem Kalenderjahr entspricht. Ist die Maßstabsteuer für das Kalenderjahr oder für mehrere Kalenderjahre festgesetzt, wird die Kirchensteuer anteilig für jeden vollen Monat erhoben, in dem die Kirchensteuerpflicht bestanden hat.

§ 6

(1) Der Finanzminister kann auf Antrag der Kirchen die Verwaltung von Kirchensteuern den Finanzämtern übertragen, sofern die Kirchensteuern im ganzen Lande nach einheitlichen Grundsätzen und mit gleichen Steuersätzen für alle Kirchen erhoben werden. Die Kirchen erstatten dem Land die durch die Verwaltung der Kirchensteuern entstehenden Kosten.

(2) Die Gemeinden (Gemeindeverbände) können die Verwaltung der örtlich erhobenen Kirchensteuern durch Vereinbarung mit den Kirchengemeinden gegen Ersatz der entstehenden Kosten übernehmen.

(3) Unberührt bleibt die Übernahme der Verwaltung der Kirchensteuern, soweit sie bereits vor Inkrafttreten dieses Gesetzes erfolgt ist.

§ 7

(1) Soweit die Finanzämter die Kirchensteuern verwalten, sind die Arbeitgeber, deren Betriebsstätten im Sinne des Lohnsteuerrechts im Lande Schleswig-Holstein liegen, verpflichtet, die Kirchensteuer von allen kirchensteuerpflichtigen Arbeitnehmern, die ihren Wohnsitz oder gewöhnlichen Aufenthalt in Schleswig-Holstein haben, mit dem für Schleswig-Holstein geltenden einheitlichen Steuersatz einzubehalten und an das für die Arbeitgeber zuständige Finanzamt abzuführen. Das gilt auch für die Mindestkirchensteuer, soweit der Arbeitgeber andere Steuerabzugsbeträge an das Finanzamt abzuführen hat.

(2) Der Finanzminister kann die Einbehaltung und Abführung der Kirchensteuer im Lohnabzugsverfahren auch für Arbeitnehmer anordnen, die nicht im Lande Schleswig-Holstein ihren Wohnsitz oder gewöhnlichen Aufenthalt haben, aber von einer Betriebsstätte im Lande Schleswig-Holstein entlohnt werden und einer evangelischen Landeskirche angehören oder zu einer Diözese der Katholischen Kirche gehören, deren Gebiet ganz oder teilweise außerhalb des Landes Schleswig-Holstein liegt. Die Anordnung ergeht nur auf Antrag der insoweit beteiligten Kirchen. Sofern die Steuerhebesätze an dem Wohnsitz niedriger sind als im Lande Schleswig-Holstein, ist dem Antrag nur stattzugeben, wenn die Erstattung zu viel einbehaltener Kirchensteuer gewährleistet wird.

§ 8

Auf die von den finanzämtern und den Gemeinden verwalteten Kirchensteuern finden die für die Maßstabsteuern geltenden Vorschriften entsprechende Anwendung; im übrigen gelten das Gesetz über die Anwendung der Reichsabgabenordnung und anderer Abgabengesetze auf öffentlich-rechtliche Abgaben, die der Gesetzgebung des Landes unterliegen, vom 15. Juli 1955 (GVOBl Schl-H S 139) sowie die Vorschriften über das Verwaltungszwangsverfahren in ihrer jeweiligen Fassung, soweit sich nicht aus den geltenden kirchengesetzlichen Bestimmungen etwas anderes ergibt.

§ 9

(1) Ist die Festsetzung einer Maßstabsteuer berichtigt oder geändert worden, so sind Bescheide über Kirchensteuern, die auf der bisherigen Festsetzung beruhen, von Amts wegen durch neue Bescheide zu ersetzen, die der Berichtigung oder Änderung Rechnung tragen. Dies gilt auch dann, wenn die Festsetzung der Kirchensteuer bereits unanfechtbar geworden ist.

(2) Wird die Maßstabsteuer gestundet, erlassen, niedergeschlagen oder ihre Vollziehung oder Beitreibung ausgesetzt, so umfaßt diese Entscheidung ohne besonderen Antrag auch die nach der jeweiligen Maßstabsteuer bemessene Kirchensteuer.

(3) Entscheidungen der Kirche über Anträge auf Stundung, Erlaß, Niederschlagung oder Aussetzung der Vollziehung von Kirchensteuern binden die Landes- und Gemeindebehörden.

§ 10

(1) Wer zur Kirchensteuer herangezogen ist, kann gegen die letztinstanzliche kirchliche Entscheidung das Verwaltungsgericht unmittelbar anrufen.

(2) Rechtsbehelfe können nicht auf Einwendungen gegen die der Kirchensteuer zugrunde liegende Maßstabsteuer gestützt werden.

§ 11

Dieses Gesetz findet auf andere Religionsgesellschaften, die Körperschaften des öffentlichen Rechts sind, entsprechende Anwendung.

§ 12

Der Finanzminister erläßt die zur Durchführung dieses Gesetzes erforderlichen Rechtsverordnungen über

1. den Zeitpunkt, zu dem die Verwaltung von Kirchensteuern von den Finanzämtern und Gemeinden übernommen oder den Kirchen zurückgegeben werden kann;

2. die Aufteilung des zu versteuernden Einkommens bei der Zusammenveranlagung glaubensverschiedener Ehegatten in den Fällen des § 3 Abs 3. Dabei ist vom Grundsatz der getrennten Veranlagung auszugehen; die das Einkommen mindernden Sonderfreibeträge nach § 32 Abs 2 des Einkommensteuergesetzes sowie die sonstigen abzuziehenden Beträge können ganz oder teilweise bei einem Ehegatten berücksichtigt werden;
3. die Aufteilung der gemeinsam festzusetzenden Einkommensteuer und der gemeinsam festgesetzten Vermögensteuer in den Fällen des § 4. Dabei kann bestimmt werden, die Aufteilung der Kirchensteuer vom Einkommen auf der Grundlage der Einkünfte beider Ehegatten und die Aufteilung der Kirchensteuer vom Vermögen nach dem steuerpflichtigen Vermögen der zusammenveranlagten Personen vorzunehmen;
4. die Aufteilung der Kirchensteuern vom Grundbesitz, wenn mehrere Personen beteiligt sind, nach Maßgabe des auf den Steuerpflichtigen entfallenden Anteils;
5. das Verfahren bei der Veranlagung und Erhebung der von den Finanzämtern und Gemeinden verwalteten Kirchensteuern und beim Kirchensteuerabzug vom Arbeitslohn. Dabei kann eine Veranlagung zur Mindestkirchensteuer auf die Fälle beschränkt werden, in denen für dasselbe Kalenderjahr eine Einkommensteuer festgesetzt wird.

§ 13

§ 1 Abs 1 Satz 2 des Gesetzes über die Anwendung der Reichsabgabenordnung und anderer Abgabengesetze auf öffentlich-rechtliche Abgaben, die der Gesetzgebung des Landes unterliegen, vom 15. Juli 1955 (GVOBl Schl-H S 139) in der Fassung des § 1 Abs 1 des Gesetzes vom 20. Dezember 1965 (GVOBl Schl-H S 189) erhält folgende Fassung:

„Auf Kirchensteuern sind das Steuersäumnisgesetz, die Finanzgerichtsordnung, die Vorschriften der Reichsabgabenordnung über die außergerichtlichen Rechtsbehelfe und der Dritte Teil der Reichsabgabenordnung mit Ausnahme der Bestimmungen über die Verletzung des Steuergeheimnisses nicht anzuwenden.“

§ 14

(1) Dieses Gesetz tritt am 1. Januar 1968 in Kraft[1]).

(2)[2])

1) Diese Vorschrift betrifft das Inkrafttreten des Gesetzes in der ursprünglichen Fassung vom 15. März 1968 (GVOBl Schl-H S 81).

2) Aufhebungsvorschriften.

Gesetz zur Anpassung des schleswig-holsteinischen Landesrechts an die Abgabenordnung (Abgabenordnungsanpassungsgesetz – AOAnpG)

Vom 20. Dezember 1977

(GVBl 1977 S 502)

– Auszug –

Abschnitt I

Artikel 9

Kirchensteuergesetz

Das Kirchensteuergesetz in der Fassung der Bekanntmachung vom 18. August 1975 (GVOBl Schl-H S 219) wird wie folgt geändert:

1. § 8 erhält folgende Fassung:

„§ 8

(1) Auf die von den Finanzämtern und den Gemeinden verwalteten Kirchensteuern finden die für die Maßstabsteuern geltenden Vorschriften entsprechende Anwendung; im übrigen gelten die Vorschriften der Abgabenordnung und die über das Verwaltungszwangsverfahren in ihrer jeweiligen Fassung sowie die zur Durchführung dieser Gesetze erlassenen Rechtsvorschriften sinngemäß, soweit sich nicht aus den geltenden kirchengesetzlichen Bestimmungen etwas anderes ergibt.

(2) Die Vorschriften des Fünften Teils Zweiter Abschnitt (Verzinsung, Säumniszuschläge), des Siebenten Teils (außergerichtliches Rechtsbehelfsverfahren) und des Achten Teils (Straf- und Bußgeldvorschriften, Straf- und Bußgeldverfahren) sind nicht anzuwenden.“

2. § 13 wird aufgehoben.

Artikel 20

Übergangsvorschriften

1. Verfahren, die bei Inkrafttreten dieses Gesetzes anhängig sind, werden nach den Vorschriften dieses Gesetzes zu Ende geführt.
2. Soweit für die Abgaben nicht besondere Vorschriften bestehen, sind § 2 und die §§ 8 bis 18 des Artikels 97 des Einführungsgesetzes zur Abgabenordnung vom 14. Dezember 1976 (BGBl I S 3341) entsprechend anzuwenden.

3. Der Innenminister wird ermächtigt, das Kommunalabgabengesetz des Landes Schleswig-Holstein in der geltenden Fassung bekanntzumachen.

Artikel 22

Inkrafttreten

Artikel 6 Nrn 1, 1a, 2, 3, Nr 5 hinsichtlich § 16 KAG, Nrn 6 und 7 treten am ersten Tage des auf die Verkündung dieses Gesetzes folgenden Monats in Kraft; im übrigen tritt dieses Gesetz mit Wirkung vom 1. Januar 1977 in Kraft.

Gesetz zur Änderung des Kirchensteuergesetzes

Vom 16. Dezember 1985

(GVBl 1985 S 435, BStBl 1986 I S 145)

Der Landtag hat das folgende Gesetz beschlossen:

Artikel 1

Änderung des Kirchensteuergesetzes

Das Kirchensteuergesetz in der Fassung der Bekanntmachung vom 18. August 1975 (GVOBl SchlH S 219), geändert durch Gesetz vom 20. Dezember 1977 (GVOBl SchlH S 502), wird wie folgt geändert:

1. § 3 wird wie folgt geändert:
   a) In Absatz 1 werden in Satz 1 der Punkt durch einen Beistrich ersetzt und folgende Nummer 6 angefügt:
      „6. besonderes Kirchgeld von Kirchensteuerpflichtigen, deren Ehegatte keiner steuerberechtigten Religionsgesellschaft angehört (Kirchgeld in glaubensverschiedener Ehe)."
   b) Absatz 2 erhält folgende Fassung:
      „(2) Vor Berechnung der Kirchensteuer vom Einkommen ist die festgesetzte Einkommensteuer und die Lohnsteuer nach Maßgabe des § 51 a des Einkommensteuergesetzes zu kürzen."
   c) In Absatz 4 Satz 1 wird das Wort „wird" durch die Worte „und das Kirchgeld in glaubensverschiedener Ehe werden" ersetzt.
   d) Folgender Absatz 5 wird angefügt:
      „(5) Das Kirchgeld in glaubensverschiedener Ehe ist nach der wirtschaftlichen Leistungsfähigkeit des Kirchensteuerpflichtigen in

Anknüpfung an den Lebensführungsaufwand zu bemessen, wobei das gemeinsame Einkommen beider Ehegatten als Anhaltspunkt dienen kann."

2. In § 4 Abs 1 Nr 1 werden hinter dem Wort „getrennter" die Worte „oder besonderer" eingefügt.
3. § 9 wird wie folgt geändert:
   a) Folgender neuer Absatz 2 wird eingefügt:
   „(2) Auf Bescheide über das Kirchgeld in glaubensverschiedener Ehe ist Absatz 1 sinngemäß anzuwenden."
   b) Die bisherigen Absätze 2 und 3 werden Absätze 3 und 4.

Artikel 2

Inkrafttreten

(1) Dieses Gesetz tritt am 1. Januar 1986 in Kraft. Beim Steuerabzug vom Arbeitslohn gilt Satz 1 mit der Maßgabe, daß die Vorschriften erstmals auf den laufenden Arbeitslohn anzuwenden sind, der für einen nach dem 31. Dezember 1985 endenden Lohnzahlungszeitraum gezahlt wird, und auf sonstige Bezüge, die nach dem 31. Dezember 1985 zufließen.

(2) Abweichend von Absatz 1 treten Artikel 1 Nr 1 Buchst a, c und d sowie Nr 3 mit Wirkung vom 1. Januar 1979 in Kraft.

Das vorstehende Gesetz wird hiermit verkündet.

Landesverordnung zur Durchführung des Gesetzes über die Erhebung von Kirchensteuern im Lande Schleswig-Holstein

Vom 3. April 1968

(GVBl 1968 S 100, BStBl 1968 I S 729)

Auf Grund des § 12 des Gesetzes über die Erhebung von Kirchensteuern im Lande Schleswig-Holstein vom 15. März 1968 (GVOBl Schl-H S 81) wird verordnet:

§ 1

Die Verwaltung von Kirchensteuern durch die Finanzämter und die Gemeinden kann unter Einhaltung einer Frist von einem Jahr nur zum Beginn eines Kalenderjahres übernommen und nur zum Schluß eines Kalenderjahres zurückgegeben werden. Die Verwaltung umfaßt die Festsetzung und Erhebung der Kirchensteuern für die Kirchen.

§ 2

Kirchensteuer ist von allen Personen zu erheben, die einer steuerberechtigten Kirche (der evangelischen – evangelisch-lutherischen, evangelisch-reformierten – Kirche, der Katholischen Kirche oder der Altkatholischen Kirche) angehören und eine der folgenden Religionsbezeichnungen führen:

evangelisch = ev. (ev.-luth., lt., ref., rf., fr.)
katholisch = kath. (rk.)
altkatholisch = ak.

§ 3

(1) Die Kirchensteuer wird bemessen

1. bei Steuerpflichtigen, die zur Einkommensteuer oder zur Vermögensteuer veranlagt werden, nach der vom Finanzamt festgesetzten Maßstabsteuer; in die Maßstabsteuer ist auch die durch Steuerabzug vom Kapitalertrag abgegoltene Einkommensteuer einzubeziehen,
2. bei Steuerpflichtigen, die dem Steuerabzug vom Arbeitslohn unterliegen, nach der einbehaltenen Lohnsteuer,
3. bei Steuerpflichtigen, die zur Grundsteuer veranlagt werden, nach dem vom Finanzamt festgesetzten Grundsteuermeßbetrag.

(2) Die Mindestkirchensteuer wird mit festen Beträgen erhoben. Das Finanzamt zieht den Steuerpflichtigen nur dann zur Mindestkirchensteuer heran, wenn für das gleiche Kalenderjahr eine Einkommensteuer festgesetzt wird. Für die Einbehaltung der Kirchensteuer durch den Arbeitgeber gilt § 6 Abs 3.

(3) Wird die Kirchensteuer auf einen Vomhundertsatz des zu versteuernden Einkommensbetrages begrenzt (§ 3 Abs 1 Nr 1 des Gesetzes) und gehört nur ein Ehegatte einer steuerberechtigten Kirche an (glaubensverschiedene Ehe), so bemißt sich die Kirchensteuer

1. bei getrennter Veranlagung zur Einkommensteuer nach dem zu versteuernden Einkommensbetrag des kirchenangehörigen Ehegatten,
2. bei der Zusammenveranlagung zur Einkommensteuer nach dem zu versteuernden Einkommensbetrag, der sich bei getrennter Veranlagung zur Einkommensteuer für den kirchenangehörigen Ehegatten ergeben würde. Abweichend hiervon sind jedoch die Sonderausgaben nach § 10 und § 10b des Einkommensteuergesetzes und die vom Einkommen abzuziehenden Beträge bei jedem Ehegatten zur Hälfte und die Sonderausgaben nach § 10a und § 10d des Einkommensteuergesetzes bei dem Ehegatten zu berücksichtigen, mit dessen Einkünften sie in Zusammenhang stehen.

(4) Im Falle des § 4 Abs 1 Nr 2 des Gesetzes ist die festgesetzte gemeinsame Einkommensteuer im Verhältnis der Einkommensteuerbeträge aufzuteilen, die sich bei Anwendung der für die getrennte Veranlagung geltenden Einkommen-

steuertabelle (Grundtabelle) auf den Gesamtbetrag der Einkünfte eines jeden Ehegatten ergeben würden; dies gilt entsprechend, wenn für die Ehegatten ein gemeinsamer Lohnsteuerjahresausgleich durchgeführt wird.

(5) Im Falle des § 4 Abs 2 des Gesetzes ist die festgesetzte gemeinsame Vermögensteuer im Verhältnis der Vermögensteuerbeträge aufzuteilen, die sich bei der Veranlagung eines jeden Ehegatten oder eines jeden Elternteiles und eines jeden Kindes zur Vermögensteuer ergeben würden.

(6) Steht der Grundbesitz mehreren Personen zu, so ist der Grundsteuermeßbetrag in dem Verhältnis der Anteile der Miteigentümer oder Berechtigten aufzuteilen. Von jedem Beteiligten ist die Kirchensteuer nach seinem Anteil am Grundsteuermeßbetrag zu erheben. Gehört ein Beteiligter nicht der Kirche an, wird er auch nicht zur Kirchensteuer herangezogen.

§ 4

(1) Die Festsetzung und Erhebung der Kirchensteuer durch das Finanzamt beginnt mit der Begründung der Steuerpflicht, frühestens jedoch, wenn ein in Schleswig-Holstein belegenes Finanzamt für die Veranlagung zur Maßstabsteuer zuständig wird. Die Festsetzung und Erhebung endet, wenn die Steuerpflicht erlischt.

(2) Im Falle des Kirchenaustritts erhebt das Finanzamt die Kirchensteuer nur bis zum Ablauf des Kalenderjahres, in dem die Austrittserklärung abgegeben wird.

§ 5

Die von dem Steuerpflichtigen auf die veranlagte Kirchensteuer zu entrichtenden Vorauszahlungen bemessen sich nach den jeweiligen Vorauszahlungen auf die Maßstabsteuern und sind gleichzeitig mit diesen an die Finanzämter zu entrichten.

§ 6

(1) Jeder Arbeitgeber im Lande Schleswig-Holstein hat von allen kirchensteuerpflichtigen Arbeitnehmern bei jeder Lohnzahlung die der Lohnsteuer entsprechende Kirchensteuer oder die Mindestkirchensteuer einzubehalten.

(2) Der Arbeitgeber hat in dem Lohnkonto die von den einzelnen Arbeitnehmern einbehaltene Kirchensteuer gesondert von der Lohnsteuer anzugeben.

(3) Soweit im Anmeldungszeitraum vom Arbeitgeber für sämtliche Arbeitnehmer keine Lohnsteuer einzubehalten ist, hat er auch keine Mindestkirchensteuer einzubehalten.

§ 7

Die Arbeitgeber haben für die steuerberechtigten Kirchen, deren Gebiet ganz oder teilweise außerhalb des Landes Schleswig-Holstein liegt, die Kirchensteuer im Lohnabzugsverfahren auch von den steuerpflichtigen Arbeitnehmern einzubehalten und abzuführen, die nicht im Lande Schleswig-Holstein ihren Wohnsitz oder gewöhnlichen Aufenthalt haben, aber von einer Betriebsstätte im Lande Schleswig-Holstein entlohnt werden; maßgebend ist der für den Ort der Betriebsstätte geltende Vomhundertsatz der Kirchensteuer.

§ 8

(1) Der Arbeitgeber hat die einbehaltene Kirchensteuer zugleich mit der Lohnsteuer an das zuständige Finanzamt abzuführen. Lohnsteuer und Kirchensteuer sind in der Lohnsteueranmeldung getrennt anzugeben. Eine Aufteilung der Kirchensteuer nach der Kirchenzugehörigkeit der Arbeitnehmer findet nicht statt.

(2) Der Arbeitgeber hat in den Lohnsteuerbescheinigungen auch den Betrag der einbehaltenen Kirchensteuer anzugeben.

§ 9

(1) Der Arbeitgeber hat die Kirchensteuer erstmals für den auf die Einstellung oder den Kircheneintritt folgenden Lohnzahlungszeitraum vom Arbeitslohn abzuziehen.

(2) Der Kirchensteuerabzug ist im Falle des Kirchenaustritts noch bis zum Ende des Kalenderjahres vorzunehmen, in dem die Austrittserklärung abgegeben worden ist.

§ 10

Über außergerichtliche Rechtsbehelfe entscheiden die Kirchen. Das gleiche gilt für Anträge auf Erlaß, Stundung und Aussetzung der Vollziehung, die nur die Kirchensteuer betreffen. Die Behörden, die die Kirchensteuer und zugleich die Maßstabsteuer erheben, haben in die Entscheidung über Anträge auf Erlaß, Stundung und Aussetzung der Vollziehung, die die Maßstabsteuer betreffen, die Kirchensteuer einzubeziehen (§ 9 Abs 2 des Gesetzes). Entsprechendes gilt für Verfügungen über die Niederschlagung und die Aussetzung der Beitreibung. Ist die Kirchensteuer vom Finanzamt festgesetzt oder vom Arbeitgeber einbehalten worden, so gilt ein außergerichtlicher Rechtsbehelf als frist- und formgerecht eingelegt, wenn er beim Finanzamt innerhalb der gleichen Frist und in derselben Form angebracht wird wie ein außergerichtlicher Rechtsbehelf, der sich gegen die Heranziehung zur Maßstabsteuer richtet.

§ 11

Die Vorschriften dieser Verordnung sind erstmals für das Kalenderjahr 1968 anzuwenden.

§ 12

Diese Verordnung tritt am Tage nach ihrer Verkündung in Kraft. Gleichzeitig tritt die Durchführungsverordnung zum Gesetz zur Vereinfachung der Kirchensteuererhebung vom 15. Juni 1955 (GVOBl Schl-H S 133) außer Kraft.

Landesverordnung zur Änderung der Landesverordnung zur Durchführung des Gesetzes über die Erhebung von Kirchensteuern im Lande Schleswig-Holstein

Vom 26. Juni 1975

(GVBl 1975 S 178, BStBl 1975 S 943)

Auf Grund des § 12 des Gesetzes über die Erhebung von Kirchensteuern im Lande Schleswig-Holstein vom 15. März 1968 (GVOBl Schl-H S 81), geändert durch Gesetz vom 20. Januar 1975 (GVOBl Schl-H S 8), wird verordnet:

Artikel 1

Die Landesverordnung zur Durchführung des Gesetzes über die Erhebung von Kirchensteuern im Lande Schleswig-Holstein vom 3. April 1968 (GVOBl Schl-H S 100) wird wie folgt geändert:

1. § 3 wird wie folgt geändert:

   a) Die Absätze 1 bis 3 erhalten folgende Fassung:

   „(1) Die Kirchensteuer wird bemessen

   1. bei Steuerpflichtigen, die zur Einkommensteuer veranlagt werden, nach der vom Finanzamt festgesetzten Maßstabsteuer unter Berücksichtigung etwaiger Kürzungsbeträge nach § 51 a des Einkommensteuergesetzes; in die Maßstabsteuer ist auch die durch Steuerabzug vom Kapitalertrag abgegoltene Einkommensteuer einzubeziehen,
   2. bei Steuerpflichtigen, die dem Steuerabzug vom Arbeitslohn unterliegen, nach der einbehaltenen Lohnsteuer unter Berücksichtigung etwaiger auf den Lohnzahlungszeitraum entfallenden anteiligen Kürzungsbeträge nach § 51 a des Einkommensteuergesetzes,
   3. bei Steuerpflichtigen, die zur Vermögensteuer veranlagt werden, nach der vom Finanzamt festgesetzten Maßstabsteuer und
   4. bei Steuerpflichtigen, die zur Grundsteuer veranlagt werden, nach dem vom Finanzamt festgesetzten Grundsteuermeßbetrag.

   (2) Gehört nur ein Ehegatte einer evangelischen oder der katholischen Kirche an (glaubensverschiedene Ehe), ist im Falle der Zusammenveran-

lagung die festgesetzte Einkommensteuer im Verhältnis der Einkommensteuerbeträge, die sich bei Anwendung der Einkommensteuer-Grundtabelle auf den Gesamtbetrag der Einkünfte eines jeden Ehegatten ergeben würden, aufzuteilen und gegebenenfalls um die Hälfte der Beträge nach § 51 a Satz 1 des Einkommensteuergesetzes zu kürzen.

(3) Wird im Falle einer glaubensverschiedenen Ehe die Kirchensteuer auf einen Vomhundertsatz des zu versteuernden Einkommens begrenzt (§ 3 Abs 3 des Gesetzes über die Erhebung von Kirchensteuern im Lande Schleswig-Holstein), so bemißt sich die Kirchensteuer

1. bei getrennter Veranlagung zur Einkommensteuer nach dem zu versteuernden Einkommen des kirchenangehörigen Ehegatten, gegebenenfalls unter Berücksichtigung der Hälfte der Beträge nach § 51 a Satz 1 des Einkommensteuergesetzes,
2. bei der Zusammenveranlagung zur Einkommensteuer nach dem zu versteuernden Einkommen, das sich bei getrennter Veranlagung zur Einkommensteuer für den kirchenangehörigen Ehegatten ergeben würde, gegebenenfalls gekürzt um die Hälfte der Beträge nach § 51 a Satz 1 des Einkommensteuergesetzes. Anders als bei der getrennten Veranlagung sind jedoch die Sonderausgaben nach den §§ 10 und 10 b des Einkommensteuergesetzes und die außergewöhnlichen Belastungen (§§ 33 bis 33 b des Einkommensteuergesetzes) bei jedem Ehegatten zur Hälfte und die Sonderausgaben nach den §§ 10 a und 10 d des Einkommensteuergesetzes bei dem Ehegatten zu berücksichtigen, mit dessen Einkünften sie in Zusammenhang stehen."

b) Absatz 4 wird gestrichen.

c) Die bisherigen Absätze 5 und 6 werden die Absätze 4 und 5 und der bisherige Absatz 2 wird Absatz 6.

2. § 5 erhält folgende Fassung:

„§ 5

Der Kirchensteuerpflichtige hat gleichzeitig mit den Vorauszahlungen auf die Maßstabsteuern an das Finanzamt Vorauszahlungen auf die Kirchensteuer zu entrichten, die er für den laufenden Veranlagungszeitraum voraussichtlich schulden wird. Das Finanzamt setzt die Vorauszahlungen durch Vorauszahlungsbescheid fest. Die Vorauszahlungen bemessen sich grundsätzlich nach der Kirchensteuer, die sich bei der letzten Veranlagung ergeben hat."

3. In § 6 Abs 1 wird das Wort „Jeder" durch das Wort „Der" ersetzt, und die Worte „im Lande Schleswig-Holstein" werden gestrichen.
4. In § 7 werden die Worte „Die Arbeitgeber haben" durch die Worte „Der Arbeitgeber hat" ersetzt.

5. § 9 Abs 2 erhält folgende Fassung:

„(2) Der Kirchensteuerabzug endet im Falle des Kirchenaustritts mit dem Ablauf des Monats, in dem die rechtlichen Wirkungen der Austrittserklärung eintreten; dieses ist dem Arbeitgeber durch eine amtliche Bescheinigung auf der Lohnsteuerkarte nachzuweisen."

Artikel 2

Die sich aus Artikel 1 ergebenden Änderungen sind erstmals für das Kalenderjahr 1975 anzuwenden.

Artikel 3

Diese Verordnung tritt am Tage nach ihrer Verkündung in Kraft.

Zweite Landesverordnung zur Änderung der Landesverordnung zur Durchführung des Gesetzes über die Erhebung von Kirchensteuern im Lande Schleswig-Holstein

Vom 11. Januar 1978

(GVBl 1978 S 19, BStBl 1978 I S 142)

Aufgrund des § 12 des Kirchensteuergesetzes in der Fassung der Bekanntmachung vom 18. August 1975 (GVOBl Schl-H S 219) wird verordnet:

Artikel 1

Die Landesverordnung zur Durchführung des Gesetzes über die Erhebung von Kirchensteuern im Lande Schleswig-Holstein vom 3. April 1968 (GVOBl Schl-H S 100), geändert durch Landesverordnung vom 26. Juni 1975 (GVOBl Schl-H S 178), wird wie folgt geändert:

1. § 3 wird wie folgt geändert:

a) Absatz 2 erhält folgende Fassung:

„(2) Gehört nur ein Ehegatte einer evangelischen oder der katholischen Kirche an (glaubensverschiedene Ehe), ist im Falle der Zusammenveranlagung die festgesetzte Einkommensteuer gegebenenfalls um die Beträge nach § 51a Satz 1 des Einkommensteuergesetzes zu kürzen und im Verhältnis der Einkommensteuerbeträge, die sich bei Anwendung der

Einkommensteuergrundtabelle auf den Gesamtbetrag der Einkünfte eines jeden Ehegatten ergeben würden, aufzuteilen."

b) Absatz 3 Nr 2 letzter Satz erhält folgende Fassung:

„Anders als bei der getrennten Veranlagung sind jedoch die Sonderausgaben nach den §§ 10, 10b und 10c des Einkommensteuergesetzes und die außergewöhnlichen Belastungen (§§ 33 bis 33b des Einkommensteuergesetzes) bei jedem Ehegatten zur Hälfte und die Sonderausgaben nach den §§ 10a und 10d des Einkommensteuergesetzes bei dem Ehegatten zu berücksichtigen, mit dessen Einkünften sie in Zusammenhang stehen."

2. § 4 Abs 2 erhält folgende Fassung:

„(2) Im Falle des Kirchenaustritts erhebt das Finanzamt die Kirchensteuer bis zum Ablauf des Monats, der dem Monat folgt, in dem die Austrittserklärung wirksam geworden ist."

3. § 9 Abs 2 erhält folgende Fassung:

„(2) Der Kirchensteuerabzug endet im Falle des Kirchenaustritts mit dem Ablauf des Monats, der dem Monat folgt, in dem die Austrittserklärung wirksam geworden ist; dieses ist dem Arbeitgeber durch eine amtliche Bescheinigung auf der Lohnsteuerkarte nachzuweisen."

Artikel 2

Diese Verordnung tritt mit Wirkung vom 1. Januar 1978 in Kraft.

Dritte Landesverordnung zur Änderung der Landesverordnung zur Durchführung des Gesetzes über die Erhebung von Kirchensteuern im Lande Schleswig-Holstein

Vom 28. November 1979

(GVBl 1979 S 530)

Aufgrund des § 12 Nr 5 des Kirchensteuergesetzes in der Fassung der Bekanntmachung vom 18. August 1975 (GVOBl Schl-H S 219), geändert durch Gesetz vom 20. Dezember 1977 (GVOBl Schl-H S 502), wird verordnet:

Artikel 1

§ 8 Abs 1 Satz 2 und 3 der Landesverordnung zur Durchführung des Gesetzes über die Erhebung von Kirchensteuern im Lande Schleswig-Holstein vom 3. April 1968 (GVOBl Schl-H S 100), zuletzt geändert durch Landesverordnung vom 11. Januar 1978 (GVOBl Schl-H S 18), erhält folgende Fassung:

„In den Lohnsteueranmeldungen und Lohnsteuerbescheinigungen sind die Lohnsteuer und die Kirchensteuer gesondert anzugeben. Dabei ist die Kirchensteuer nach der Kirchenzugehörigkeit der Arbeitnehmer getrennt auszuweisen."

Artikel 2

Die sich aus Artikel 1 ergebenden Änderungen sind erstmals für das Kalenderjahr 1980 anzuwenden.

Artikel 3

Diese Verordnung tritt am Tage nach ihrer Verkündung in Kraft.

Stichwortverzeichnis